David Osborne　Peter Hutchinson

政府的价格

如何应对公共财政危机

〔美〕戴维·奥斯本　彼得·哈钦森 著

商红日　吕鹏 译　吕鹏 校

The Price of Government

Getting the Results We Need in an Age of Permanent Fiscal Crisis

上海译文出版社

献给我爱的妻子罗斯

——**戴维·奥斯本**

献给阿尔米，从始至终她都支持着我

献给卡拉，朱莉娅和埃米莉，她们付出了爱

——**彼得·哈钦森**

财政黑洞、“乌鸦嘴”和杞人忧天

（推荐序一）

像《改革政府》一样，《政府的价格》同样带给我震撼和惊奇。震撼的是，没有高福利拖累的美国同样面临财政黑洞和可持续困境。惊奇的是，《政府的价格》作者提出了根本的解决之道。结果导向的预算也许不是唯一的解决之道，甚至不一定是最佳解决之道，但它体现了直面现实的勇气、可贵的探索求新精神，并且被实践证明切实有效。

正如商红日教授所言，本书“贯通了政治学、公共行政与公共财政等多学科知识，融入理论和实际生活的广泛视野”，因而，它带给人们的启示将是全方位、多层面的。就本人而言，才识所限，只能在震撼、惊奇之余，结合书的主题谈一点“题外”的感想。

最近一段时期，欧洲国家政府债务危机，财政黑洞日益成为一个热门词汇，相关乱象时刻冲击着人们脆弱的神经。欧洲的窘境往往被归结为欧洲的市场经济模式，高税收、高福利导致缺乏活力，经济增长不温不火，难以为高福利提供足够的经济基础，从而为债务危机埋下了祸根。美国的经济社会模式和欧洲的主要不同难以用一两句话来概括，但美国较少受高福利的拖累应该是不争的事实。美国联邦政府承担巨额债务时有所闻，但似乎都在可控范围之内：一方面，世界霸主的角色固然带来巨额军事开支等负担，但也为审时度势的“抽身”留下了相当的余地；另一方面，《政府的价格》给我的震撼，就是直言各种因素的聚集犹如“完美风暴”，美国公共部门从此进入“持续财政危机”的时代：到 2030 年，社会保障和医疗保险占 GDP 的比重仍将从当前的约 6.6% 提升至近 15%，而到 2050 年则几近 22%；到 2030 年，准备金加上目前工作人员倾其一生所缴纳的社会保障税总共有 3.5 万亿美元，但亏欠退休人员以及同期工作人员的收益达 14 万亿；有 9 个州的债务已经超过了它们的年度预算，而且在未来 7 年里，总缺口可能高达 1 万亿，与其他州、市、县的缺口加起来可能超过 2 万亿美元……

值得一提的是，该书英文版首次出版于 2004 年，那时“持续财政危机”的说法有点危言耸听。但在今天我们终于看到，2007 年 10 月 1 日，美国政府长期债务达到 52.7 万亿美元，其中财政负债 11 万亿，社会保障给付缺口 7 万亿，已经承诺而未到位的医疗保险 34 万亿，外加其他项目负债 1 万多亿；美国居民负担的公共债务人均高达 17.5 万美元！ IMF 预计，如果美国政府不采取措施，至 2030 年，债务占 GDP 的比重将上升至 135%。美联储前主席格林斯潘惊呼，美国越来越像希腊！

发达国家的财政困境不是那么明摆着的，但谁都能感受得到。平民百姓的无知和漠然可以理解，难道政治精英们也会如此无知吗？显然不是！书中支撑“持续财政危机”的数据，大多数来自官方统计。问题症结在于：出于种种目的，政治家使出浑身解数，使用“比安然首席财务官更多的技巧”掩盖财政危机的事实，其中许多做法如果在私营部门使用将会面临牢狱之灾。由此看来，《政府的价格》不只是直面现实、揭示问题，而且还直面政治家，揭示问题产生的主要根源。

由此我联想到学者的角色。真正的学者应首先定位于批判家，运用自己的良知、学识和敏锐观察力，觉察、确认并促使社会广泛认识到问题所在。从这个意义上说，学者都应该是“乌鸦嘴”，只有让大家共同意识到问题，才会有探索解决之道的可能。当然，“乌鸦嘴”不等同于“愤青”。

“乌鸦嘴”以批判为己任，有时会给人“杞人忧天”的感觉。在数年前的一篇文章中，我曾写了一段文字：“强化社会职能和公共服务同样存在可持续问题，而且比经济发展的可持续性更为重要，也更为复杂。……公共服务尤其社会福利具有能上不能下的刚性特征，公众没有享受到应该享受的公共服务或福利时无疑会不满，从而影响到社会稳定。可以设想，当出现资源严重不足，政府不得不剥夺公众已经享受到的服务或福利时，公众的反应绝不是‘不满’一词所能形容的。”文章刊发不久，一个学生提出疑问：在公共服务水平如此低下的情况下，担忧可持续问题是否有点为时过早？当时我几乎无言以对，这确实是一个值得思考的问题。

现在看来，英文版《政府的价格》出版于2004年，当时的财政状况似乎不那么悲观，因此该书也有点“杞人忧天”的味道。时至今日，当财政危机形成“完美风暴”的时候，“杞人忧天”行为显然一点也不可笑。本人之所以对中国公共服务的可持续性“杞人忧天”，是因为觉察到一些现实和潜在的风险：薄弱的现有基础和巨大且日益增长的潜在需求之间的冲突；各级政府特别是基层政府的巨额债务；可能的经济波动，等等。其实我最担忧的是政府运行机制，其主要特征是自上而下的指令和自下而上的响应。前些年，每当中央政府确立经济增长目标，地方政府多半会层层拔高、层层加码，呈现出某种轰轰烈烈的运动式特征。强化社会职能和公共服务恐怕难以摆脱这一“规律”。这样，发达国家几十年才进入的社会职能可持续陷阱和财政黑洞，中国可能用不了多少年就深陷其中。这方面的例子其实已经不少。

“乌鸦嘴”、杞人忧天本属贬义，也许是感觉太过震撼，我越来越从中看到褒义的成分。学者应该以“乌鸦嘴”自居，杞人忧天也应该得到些许宽容和尊敬。杞人式的忧虑不会带来厄运，但当厄运降临的时候，真正的学者不会享受“未卜先知”的快乐，只能承受比其他人更多的内心痛苦。我想这正是良知的表现。“乌鸦嘴”需要学者的内心自觉，当然也需要环境的宽容。

感谢上海译文出版社和商红日教授选择并组织翻译了《政府的价格》一书，该书对于中国公共管理研究领域的学者而言是一部不可多得的精彩读本，非常荣幸有先睹为快的机会！

周志忍

北京大学政府管理学院教授

政府的价格：有效政府、有效财政的价值体现

（推荐序二）

当前，不少国家受国际金融危机影响，经济不景、财政拮据，人们寻求破解财政危机之良策的愿望尤甚。置身于发展转型、结构调整背景下的中国行政系统，正在加快推进行政体制改革和服务型政府建设的进程。如何有效地控制行政成本、高效低耗地开展公共行政管理活动和提供公共服务，业已成为我国政府机构和公共部门亟需解决却又难以解决的一个重要课题。值此之际，商红日教授领衔翻译的上海译文版的《政府的价格》一书"应时而出"，当属公共行政管理学界的一件盛事。该书的责任编辑要求本人作一短序以为推荐，余欣然受托：一则以先睹为快，毕竟戴维·奥斯本是 20 世纪 90 年代那本风靡一时的《改革政府》一书的作者之一；二则以求获新知，期望从中得到新的启迪与思考。

环视当今欧美诸国行政系统的运作情形，每当政府机构与公共部门为公共财政危机所困扰时，人们通常都会对行政系统的决策者给出两个备选项作为抉择：或是削减机构、项目和开支，或是提高税收增加预算。于是，机构经常聚散离合，经费随时消长盈缩；形

式运动周而复始，财政困境依然如斯。这一“循环圈”现象在许多国家的行政改革中几成常态。对这种机构与经费“少了多一点、多了少一点”的时增时减之现象，我国行政学者曾以中国式的幽默戏称之为“扭秧歌”：“5 6 5 6 i 6 i……（少了少了多了多……）。”显而易见，“两极徘徊”式的传统行政革新范式亟须超越。《政府的价格》一书给我们展示了实现这种“超越”的可行性：将政府价值“具象化”为政府的价格，通过改变预算流程、实行合理的制度安排、注重价值控制和结果效能等方式，让政府开支实现相对的成本最小化、价值最大化，进而有效应对公共财政危机。

一如《改革政府：企业家精神如何改革着公共部门》的写法，作者通过对一个个具体案例的透析，提出了一条值得不懈地探索前行的新路径。书中提及的以骆家辉为州长的华盛顿州政府应对2002—2003财政年度财政危机的做法，颇能引人深思。当时，财政年度刚过半，入不敷出的危机已然显现。为此，州政府不得不削减15亿美元，并减少1 340个就业机会。此举立即招致公众的不满，信任度和支持率的下降令州长倍感苦恼。今后如何走出这个“迪莱默（Dilemma）”两难困境？公共战略研究所建议为“结果”而做预算，即从公民所希望的结果出发，预算不要基于去年的开支，而要基于大多数公众的需求。州政府采纳了这个建议，“结果取向的预算编制洞开了一扇门，骆家辉州长全力以赴拖着他的州通过这扇门。其目的不仅为了省钱，而是为了树立战略思维和实施更大的改革，这将有助于政府花更少的钱办更多的事”。该研究所为州政府做了新的设计，即首先要搞清楚：实际的问题是短期的还是长期存在的；公民愿意花的钱是多少；公民希望政府用他们的钱做什么；产生这些结果州政府将花费多少。在此基础上，实行“流程再造”：即界定问题，找准政府的价格定位，确立政府的优先事项，在优先事项之间进行预算的合理配置，以及为每一个优先事项制定采购计划等都属于这一范畴。在整个运行流程完成之后，实行行政相对人（公民）对自己向政府所支付的代价是否物有所值的认可度调查和绩效考核。

由此可见，这种“结果取向的预算编制”，体现了政府与公共部门在一定年度计划期限内，不是以形式上的时增时减，而是以实际结果为价值尺度来进行预算安排，包括资金投入方向、预算执行活动的规模和顺序等。戴维·奥斯本、彼得·哈钦森所提出的这个令人难以捉摸的“政府的价格（The Price Of Government）”的概念，实际上是通过结果取向的预算编制方法将抽象的“政府价值”具体化为“政府的价格”。这里所说的“价值（Value）”，主要是指一种具有衡量意义的“尺度”，即衡量和评价行政行为有益程度的尺度。如公共管理活动中某项工作价值较高则说明其有益程度高、有利因素多、工作效益大；反之，则说明其有益程度低、有利因素少、工作效益小。价值的具体表现是价格，“政府价值”尺度的量化和具体化，即为“政府的价格”。具体而言之，作者运用“政府的价格”这个概念，就是要求政府和公共部门根据行政相对人的需求确定“政府优先事项”，以结果取向的预算方法确定行政相对人支付代价（预算资金），购买政府与公共部门的高效公共服务，并通过价值控制和效能稽考充分实现一定限度内政府开支的价值最大化，然后在行政相对人对所支付代价形成价值认同的基础上真正实现“政府的价格”。

毕读之后，掩卷深思。本人以为，《政府的价格》一书的主旨并非仅仅是为摆脱公共财政危机而提出一个权宜之计。作者寓以深意于其中的一个观点是，面对行政机构“精简—膨胀—再精简—再膨胀”和财政预算“削减—增加—再削减—再增加”的怪圈现象，让行政相对人、政府与公共部门共同来摒弃传统的“趋极”思维和方法，再造一个全新的结果取向的预算编制，进而在使公民享受到优质公共服务的进程中充分地体现“政府价值”、兑现“政府的价格”，真正揖别财政危机，实现有效政府（无所谓“大政府”或“小政府”）、有效财政（无所谓“紧预算”或“宽预算”）的价值。

对于正在努力适应时代发展的经济必然性要求、努力为公众提供低成本高质量服务的中国行政系统而言，这是一个颇具启迪意义的新思路。公共行政管理的制度与行为是从属于一定社会物质生产方式的关系物，而经济关系的领域则是决定性的因素，行政系统全部运作活动变迁的终极原因在于各时代的经济必然性因素。政府与公共部门管理活动自身带有反映社会经济必然性的特点，必须依循和体现节约、经济、精干、高效和控制行政成本的原则，从而达到客观上的经济必然性要求和主观上的行政主体精简高效的有机契合，这是我国政府系统、公共部门与公共行政管理学界的一个共识。运用《政府的价格》一书所倡导的“结果取向的预算”的方法，将有利于我们实际地而非形式上地控制行政成本额度，注重预算执行结果的有效性（价值），把有限的财力资源集中用于公众关心的优先决策目标执行过程的主要环节，并根据执行过程中的信息反馈来调整公共管理各部门的资金分配额度，确保有效项目得到有效经费保障、重点工作得到重点财力支持。同时，这种新的预算方法以及与之相应的理念，将有利于推动政府机构与公共部门的行政管理活动进一步沿着节俭、经济、规划合理和讲究效益的轨道前行。

是为荐，是为序。

李　琪

中国行政管理学会副会长、教授

目　录

致　谢

这本书和很多书一样，不是从石头缝里蹦出来的。它们也并非仅仅是那些将自己名字印在精美封面上的那些人的成果。无论在什么意义上，本书都是合作的结晶。该书经历了一个较长的酝酿时期，它起始于一些经过检验和不断培育的思想，这些思想又得到了其他一些思想的丰富、强化和细化，最后由许多不同的人将其放在不同框架中使用和质疑。经历了这样的过程以后，这些思想成为系统化的思考与可描述的经验。这就是本书的由来。

我们十分感激所有参与这个过程的人，他们和我们一起为公共部门及其问题投入了极大的热情，不辞辛劳地与我们一起孵化和升华这些思想，并使其更精准。他们中为首的是我们公共战略研究所的朋友。公共战略研究所不仅是一个咨询公司，更是朋友与合作者的大家庭，10 多年来，它一直支持着我们。首席执行官巴巴克·阿马加尼和运营总监杰夫·兹洛尼斯把支持这项工作视为研究所的投资。安娜·施马尔茨鲍尔、比尔·洛弗和史蒂夫·斯特拉瑟斯帮了大忙，他（她）们潜心研究，汇编数据，回答永无止境的问题。卡米尔·巴尼特、安妮·金尼、康妮·纳尔逊和贝弗利·斯坦，他们每天要跑很远的路来参与我们的研究。洛兰·常、道格·法伯拉泽、莱里 · 格兰特、里克 · 海丁格、埃伦 · 哈钦森、杰夫 · 科伯、莉萨 · 马洛里霍奇、洛里 · 奥曼 · 施莱、鲍勃 · 斯通、查克和玛丽 · 洛弗、米娅 · 莫里斯塔克、詹尼弗 · 斯潘塞、彼得 · 贝克以及塔沃 · 史密斯等，他（她）们都为我们提供了各种力所能及的帮助。

在民选官员中，前任州长鲁迪 · 珀皮奇是接受“政府的价格”这一概念的第一人。约翰 · 詹姆斯、巴巴克 · 阿马嘉尼、汤姆 · 斯廷森、查利 · 贝来克和比尔 · 布拉扎等都见证了这个概念的采纳，他们是这一思想的支持者。

我们在华盛顿州的朋友向我们展示出他们极大的预算工作的实力。我们感谢他们以这样的方式所表达的诚意和心愿。他们是：骆家辉州长，以及弗雷德 · 凯、乔 · 迪尔、玛蒂 · 布朗、沃尔夫冈 · 奥皮兹及他整个预算团队成员、莱尼 · 麦圭尔、坎达丝 · 艾斯普塞茨、吉姆 · 海德里克、玛丽 · 坎贝尔和她的熟练的团队、埃德 · 彭黑尔、艾尔 · 莱夫伯格、理查德 · 戴维斯、费尔 · 毕塞、威廉姆 · 沃格勒、保罗 · 帕克、德马 · 哈利斯和唐 · 博鲁奈尔。

在衣阿华州，我们也从与我们一起工作的汤姆 · 维尔塞克州长及他的幕僚那里学到许多东西。我们十分感谢维尔塞克州长以及辛迪 · 艾森豪尔、杰斯 · 拉斯穆森、吉姆 · 基辛格和鲍勃 · 拉弗蒂。感谢明尼阿波利斯公共学院的路易斯 · 松丁、戴维 · 黑斯泰德、戴维 · 杜迪查和学院董事会，他们给公共战略研究所创造了别开生面的机会。感谢纽约州的乔 · 鲍德曼和露丝 · 沃特斯，他们一直给我们极大的帮助。

在本书付梓之际，我们不能忘记那些富有经验并提出质疑的改革实践者们，他们主动给我们打电话、回复我们的电子邮件，我们从他们在改革实践中的知识、经验和接触中，获益匪浅。感谢约翰 · 卡缅斯基、埃莱娜 · 卡玛克、里尔 · 瑞、约翰 · 京尤、杰伊 · 凯德罗夫斯基、蒂姆 · 彭妮、鲍勃 · 奥尼尔、尼尔 · 约翰逊、杰 ·

方丹、布迪·麦凯、鲍伯·奥里瑞、泰德·考尔德瑞、丹尼斯·麦克纳、保罗·泰勒（Paul Taylor）和库尔特·约翰逊。还有许多人，他们多年来贡献了他们的时间和智慧，恕不能一一列举出他们的名字，对所有这些人，我们深表谢意！

我们要特别向我们的朋友比尔·帕特里克致谢，他帮助我们在规定时间内完成本书书稿。自本书动笔时起，他几乎每天都在他的办公室与我们一起工作。这期间，他研究、拟订出版方案、编辑书稿。他让我们的想法和范例更加清晰。这本书凝结着他的许多心血。

这本书里也能够听到彼得·普拉斯德里克的声音。在合作前两部书时，戴维·奥斯本和彼得·普拉斯德里克一起在政府改革的领域探险。他对本书的其中一章贡献极大，对他多年来的合作和友谊以及他为本书所做的非凡的工作，我们感激之至。

感谢基础图书公司的编辑团队，他们了解《政府的价格》的意义，在他们的努力下，本书如期面市。他们是：本书责任编辑比尔·弗鲁赫特、责任编辑助理戴维·休梅克、出版协调人克里斯蒂娜·马拉以及本书编审戴维·P·克雷默。

我们一如既往地感谢克里斯蒂·达尔，他是世界上最好的图书代理商。

我们也把最深切的感激和爱送给我们的孩子们，感谢他们的爱和支持；送给西尔维娅·沃尔夫，感谢她在艰苦的一年里所给予的不寻常的支持；送给卡拉·埃克达尔，是她使好梦成真。

最后，我们都想感谢对方：写作是高强度的和身体力行的活动。因为一起写作这本书，我们成了更好的朋友。谢谢！

戴维·奥斯本

彼得·哈钦森

前　言

1992 年总统大选期间，总统候选人比尔·克林顿经常嘲笑“左与右的脑瘫政治”。

与此同时，罗斯·佩罗直到 6 月晚期放弃竞选前，一直影响着总统布什和候选人克林顿的民意测验结果。为什么？恰是因为佩罗一直设法超越被克林顿责骂的脑瘫政治。他代言的是那些“激进中间派”，也就是那些对惯常政治感到厌倦的美国人，他们对近 3 000 亿美元的赤字深感忧虑，对经济和财政失去信心。

最近 10 多年，美国政治似乎止步不前。我们再次面临巨大的财政赤字，在我们的目光所能及的这个时代，财政危机难以改变。依然是一脸苦相和老调重弹。从右翼那里，我们听到的是“不增加任何新税”，“节流”和“节约”，保守派仿佛没有看到公立学校的学生因学校财政猛减而挣扎，没有看到无家可归者大幅增加，尽管面临着恐怖主义的威胁和 4 400 万美国人没有健康保险，但是警察和消防队仍呈锐减趋势。

传统自由主义者看到了这些问题却实无良策。他们仍然是为新的计划发表同样的宣言，仍然讨论提高税收。对高税收的抵抗和深刻的财政危机，他们仿佛视而不见。

在不得不对付批评者时，双方最终会使用会计伎俩寅吃卯粮，甚至不惜牺牲再下一代来举债。

太多的媒体在此期间也促使这种盲目无知和党派的表演进一步恶化。这些在电视与广播中巧舌如簧的人——比尔·奥赖利斯、拉什·林博斯、迈克尔·莫尔斯以及阿尔弗兰肯——他们对如何真正解决这些问题没什么方案。

美国公众倍感沮丧。他们为政府买单，但他们所需要的是值得为其付费的政府。

已经到了超越左与右的意识形态的时候了。在持续的财政危机向未来延伸时，本书为一个新的时代提出了解决之道。本书告诉人们何以能够将财政危机转化为机会以从公共机构中赢取更多的价值。第一步是改变预算流程。预算流程要从所要求的结果和情愿付出的价格开始，而不是从已有的项目及其产生的费用开始。第二步是构建仅仅由购买这些项目所决定的预算，这些项目能够呈现所需要的结果，多余的要遗弃。此后，必须精简政府使其规模适度、形态合理以更有效率。并且，要进行战略的再检讨、合并与合理化，运用竞争机制从每笔税金中挤出更多的价值，使每个项目、组织和雇员都能够对结果负责，运用授权技术以实现节约，以及通过政府的内部改革（管理制度和科层原则）来提高政府外部的行动能力等，这些都是重要途径。《政府的价格》将帮助公共部门的领导者在预算、组织规模、开支、管理，最终在领导活动和政治等方面，变得更加明智。

1992 年《改革政府》出版以后，在美国乃至在世界各国，都引发了政府变革的浪潮，并且自 1992 年以来，政府已经做了大量的变革。当时的许多思想被认为是有争议的或不切实际的，而现在，仅就客户授权、绩效评估、引入竞争这三个方面的思想来说，已经成为主流。改革的边界在继续移动，本书将带领读者沿着这个边界去做出更深刻的思考。

《政府的价格》在以下两个方面区别于《改革政府》。一个方面是，它主要聚焦于公共财政的危机，为那些陷入痛苦窘境且又无力摆脱的人提供解决之策；另一方面，它远比《改革政府》更具有说明性。《改革政府》在各个层面上描述过去发生在贯穿于公共部门的实验，并且阐述政府的一种新的后官僚模式正在形成，如更具柔韧性、富有改革精神、企业化管理等。今天，我们已经完全超越了这个阶段。我们所论证的关于实施政府改革的战略与工具的价值，在许多不同的公共环境（和许多国家）得到证实。他们所做的工作是有条理的。我们在本书中认为，任何一位称职的领导者都应在实施这些建议上不遗余力。

《政府的价格》并非提供领导者在这样做的时候所需要的所有的细节。在《改革政府》出版以后，戴维 · 奥斯本和彼得 · 普拉斯德里克已经出版了两本指导性的著作：一是《摒弃官僚制》（艾迪生—韦斯利出版公司，1997），该书强调了改革官僚制使政府更有能力的五项战略；二是《政府改革手册》（乔斯—巴斯出版公司，2000），该书有针对性地提供了使用 5 项战略和 70 余个不同工具的建议，从履行合同到保证人都提到了。这些建议将有助于细节的操作。

本书以更广泛的读者为目标。它是为领导者、活动家而写的，也是为那些来自美国生活各个领域（既包括政治与政府的，也包括市民与企业的）与公民相关的人而写的。1992 年，特德 · 盖布勒和戴维 · 奥斯本说：《改革政府》是这样一部书，它“为探索者……为这些知道政府需要往哪里去，但却不清楚政府应如何到达那里”的人而作。《政府的价格》则是为那些已经准备登上改革列车的人，那些知道左和右的传统议程不能提供解决方案而要从根本上变革的人写的。是的，它是为这些不是在意识形态上，而是在一般意义上要求进行根本性变革的人而作，为这些希望超越左与右而发现第三种方式的人而作，这样的第三条道路能够让美国人以他们愿意支付的价格来实现他们想要的结果。

导　论

> 以政治的方式来解决赤字问题，通常是削减上一年度预算，犹如开着去年的家用汽车，卸下喷灯和园艺剪刀以减少它的一点重量。但是，如果从这辆车上削下20亿美元的部件，不但它成不了一辆汽车，而且会把它毁了。我们所需要的预算设计恰恰是自下而上的。
>
> ——2002年11月17日《西雅图时报》

美国政府深深陷进自第二次世界大战以来最严重的财政危机之中。

2003年4月7日，纽约市长宣布临时解雇3 400名城市雇员，关闭8家消防站。随后，城市的教育部门又削减了另外的3 200个工作岗位。从布隆伯格市长就职以来，尽管城市财产税增长了18.5%，并缩减了14 000个工作岗位，但美国最大的城市依然面临着35亿美元的预算短缺。

从全国看，2002年有16%的城镇被迫缩减警察岗位，并且尽管犯罪率上升，国内安全的压力也在增大，38%的大城市仍然预报削减警察服务，俄勒冈的最大城市波特兰连续3年削减警察部门预算超过10%。现在，警察分局夜间已经关门，由于不能提供公共预防的供给，城市正在变成非暴力犯罪的自由空间。县一级的警察部门不得不停止对吸毒，以及一些财产犯罪如入室行窃、汽车偷窃等的检查。犯罪率已经急剧上升。

2003年初，俄勒冈许多学区因为州基金的削减而不得不提前放假。俄克拉何马市已经关闭了7所学校，600名教师被解职。伯明翰、阿拉巴马关闭了9所学校，波士顿关闭了5所。100多片跨县的地方学区每周减少上学一天以节约资金。

但是，地方政府的问题是由于这些州的州政府的财政缺口过大而造成的。在逼近2004财政年度的时候，所有州政府预算缺口总数达820亿美元。根据全国州长协会(NGA)的预测，2004年的财政状况是自第二次世界大战以来最可怕的一年。全国州长协会行政总管瑞·谢泼克说，“财政压力远比我们所看到的还要大得多”。

在2002财政年度，38个州削减预算近137亿美元。在2003年，40个州又另外削减118亿——据全国州长协会的《财政调查》显示，这创下了历史最高纪录。康涅狄格州解雇了一些检察官；肯塔基和华盛顿释放狱中囚犯。联邦的每个州都削减了政府发放的穷人与残疾者医疗补助：或者减少穷人名单中的人数，削减福利，限制医疗供应商的薪水，提高共同支付的金额，或者限制处方药的覆盖范围。得克萨斯州从健康保险名单中减掉275 000名儿童，而内布拉斯加州提高了穷人与残疾人医疗补助的门槛，将30%的人排除出去。

大部分州削减了高等教育的开支。其结果是，亚利桑那大学2003年秋季学费提高39%，俄克拉何马大学提高了28%。马萨诸塞大学、密苏里大学、衣阿华大学以及得克萨斯大学都提高了至少20%的学费。同时，教学计划也进行了大幅度改变：伊利诺斯大学压缩了1 000课时；科罗拉多大学新闻、商务、工程等科目的计划已经停止执行；加利福尼亚大学在全部分校推迟开学。

前景看上去更加黯淡。州政府已经把自己的问题转嫁给市和县，大幅度削减地方援助。联邦政府正在财政上迅速地拆东墙补西墙，进一步削减国家财政，以及终止对州和地方的一些经济支持，都在所难免。

谢泼克强调，恰如其分地说，公共部门已进入“持续财政危机”的时期。他描述说，各种冲击公共财政因素的聚集犹如“完美风暴”①。其中突出的因素是总统与国会之间的扯皮、陈旧的税收结构、人口老龄化、用于健康关怀的费用不可避免的增长，以及对主要税收增加的不断抵制。经济的恢复将减轻这些因素带来的痛苦，但不能消除这些因素。

总统的削减税收和增加开支的法案，获得了国会中共和党议员的积极支持，这将在财政政策上打开一个很难再弥合的缺口。2004年赤字预期达到5 210亿美元。联邦政府2003年税收占国内生产总值的百分比是自20世纪50年代以来的最低点。2004年1月，国会预算草案办公室预测，在目前的开支和税收水平上，布什总统做出的大部分持续减税计划在未来10年将增加国债4.1万亿——仅仅10年增加60%。这将给未来每个美国人带来37 450美元的债务。

在州一级，有其他一些因素在发生作用。在2002财政年度中，根据通货膨胀而调整后的数字显示，人均税收下降了约10%——自全国州长协会追踪这一数字60年以来，这是第一年下降。在考虑通胀和加税因素调整后，税收总量在连续8个季度里一直在下降。经济衰退仅是诸多因素之一。第二个因素是由于股票市场泡沫破裂使

① a perfect storm，该词源自一部同名电影《完美风暴》，讲述一艘捕鱼船在北太平洋上遭遇了百年罕见的“完美风暴”，这场风暴由3个不同的气候现象汇合而成，致使12人丧生。“完美风暴”这个短语随之进入大众文化，它用来描述多个事件同时发生，倘若这些事件单独出现，产生的威力就要弱小得多。——译者

资本收益转变为资本损失。第三个因素是在 90 年代末经济有活力时，减税法案在许多州获通过。最后，在过去 10 多年已经成为很大的一部分收入的绩效红利突然下降。

这些问题终将过去，虽然不会很快：税收收入要滞后于经济恢复好几年。但是，根本的问题将持续存在，因为我们税收的基础——用全国州长协会的话说——“在恶化”。已经是信息时代，但我们还墨守着工业时代的税收原则，与经济越来越不合拍。公司能够通过将资金转移至离岸的避税港而避税。大部分州并无消费税，一旦我们现在开始征收，这种税收几乎会占消费支出的 60%。国会和最高法院禁止对上网门径征税，如果买家所在州没有实体店，则他们通过网络和产品目录下的订单也不征税。回想一下我们在 20 世纪 30 年代开征零售税时所说过的话：“我们必须保护这种新的工业经济，所以我们将只对农产品征税。”当今天的我们拒绝征收消费税，也不征收互联网零售税时，无异于在做与 30 年代同样的事情。

这种财政上的危机是否在迫使我们促进税收制度更加现代化？在某种程度上来说，是的。但由于我们生活在经济全球化时代，商业投资的流动很容易跨越州或国家的边界，因此扩大税收基础远比过去时代困难得多。每一种增加新税的设想都将面临是否使经济增长放缓的争论，因为企业会搬家，投资人会把他们的钱投去任何一个地方。在世界各地，新经济已经成为抑制税收的最后一关。

在“完美风暴”中的第三种压力机制是人口老龄化。随着平均寿命超过 80 岁，我们税入的相当大的部分用于老年人。在 1975 年时，社会保障与医疗保险用去联邦预算的 23%，而目前达到 34%的水平。国会预算草案办公室依照现行法律预计，即使医疗保险的历史性增长放慢一点，到 2030 年，社会保障和医疗保险占国内生产总值的比重仍将从当前的约6.6% 提升至近 15%，而到 2050 年则几近

22%。以此视角来看，过去的50年里，联邦全部财政支出中，社会保障和医疗保险平均占国内生产总值的20%。

从目前的税收水准来看，无论社会保障还是医疗保险都将走向破产。因为战后“婴儿潮”的关系，预计未来30年里65岁以上老人数量将增加一倍，而需要支付社会保障和医疗保险税的65岁以下老人不过增加15%。人口老龄化的现实描绘了一幅可怕的图景。到2003年，准备金加上目前工作人员倾其一生所缴纳的社会保障税总共有3.5万亿美元，但亏欠退休人员以及这些工作人员的收益达14万亿美元。

社会保障只是冰山一角。公共养老金也深陷窘境。在由威尔希尔集团监控的123家最大基金中，79%资金不足。有9个州的债务已经超过了它们的年度预算，而且在未来7年里，总缺口可能高达1万亿美元，与其他州、市、县的缺口加起来可能超过2万亿美元。

但是，在我们不断延长的寿命中，真正埋藏着的定时炸弹，却是医疗保健费用。该种费用自1960年以来每年上升10%。它已经吃掉了国内生产总值的15%，而政府负担了该费用的45%。由于人口老龄化，也由于美国尚未找到其他解决途径，因而这种费用的上升不可避免。现代医疗技术帮助人们延长了寿命，诸如人工心脏、人工髋、人工膝，癌、心脏病及艾滋病的新药制剂，体内的扫描器械等——人们将不能不继续为这些更有效的医疗技术而支付费用。人非机器，不能破旧了就作为垃圾丢掉，为了我们的老人，我们将支付医疗保健费用中不断上涨的部分。

健康保险费的暴涨犹如雪上加霜。在利润和工资中，健康保险占有越来越多的份额，这削弱了人们的纳税能力，从而不利于支持医疗保健事业的公共开支。然而，这些非常的开支呈现了爆炸性增长。1985年，医疗救助花费了400万美元，占州预算的11%，而今天这个开销已达到2 300万，占州预算的20%。（失业者和不在医疗救助体系里的穷人所花的健康保险费占了州预算的另外10%。）

不难解释其中的缘由。在2000年，医疗救助对象中的老者不到10%，但其所用开支占28.3%。2003年，专为老年人支付的医疗保险费为2 780万美元，即使扣除通货膨胀因素，依然是1970年的10倍。与人口老龄化相关的医疗保险费用从根本上说要依赖政府的提供。

与此同时，来自其他方面的压力使预算的决策者很难找到削减开支的空间。40年来，用于教育的开支一直稳步增长，目前已占各州平均预算的33%。但是，在全球经济竞争中，我们不能没有更好的教育。因此，我们的领导人抵制削减教育开支。为了减少犯罪，我们囚禁了200多万美国人，在25年中增长了4倍。不会有人愿意看到将罪犯释放在街头，所以政府不会大量削减监狱开支。道路、桥梁、机场以及供水和排污系统这些公共基础设施，更没有可压缩的开销，如果有的话，只能是推迟维护，但未来的成本也就增加了。

由于财政风暴的爆发，许多州政府使出浑身解数以使得明年可以继续维持。赤字的浪潮让安然动用会计伎俩，不惜铤而走险：转移明年的收入到本财政年度，将今年的支出推到明年的账簿中，向未来借款以支付当年费用。至少有20个州以非常优惠的价格出售了30年的稳固的烟草收入来填补当前的赤字。正如前众议员比尔·弗伦泽尔所说："政治家有比安然首席财务官更多的技巧。"一些政府财政官员甚至承认，"如果我们在私营部门，我们会被投入监狱"。

当机关算尽、无计可施时，我们的领导人就会转向全面削减，每个项目同等削弱，而不考虑它对公民的影响。最后到了穷途末路而必须背水一战的时候，立法机构通常采取一个自说自话和高度政治化的方式来抉择，结果是，会叫的孩子有奶吃。这个过程难免会牺牲社会中的弱势群体，他们成为政治的牺牲品。这就是《西雅图时报》所比喻的："开着去年的家用汽车，卸下喷灯和园艺剪刀以减少它的一点重量。"

但是，这些策略或许是短视的或盲目的，常规方法中所暗含的根本漏洞将导致财政危机。真正令人难以接受的是，传统预算削减全部聚焦于所需要削减（或隐藏）的，而忽视保留下来的部分。被消耗的公共资金的85%—90%都没有获得有效的改进。这种预算削减从未考虑如何使我们的税收的价值最大化。

一些保守派人士对此幸灾乐祸，他们从不介意让政府穷得叮当响。许多自由派人士呼吁提高税收以保护穷人和其他核心选区的利益。实质上，他们都忽视了那90%的保留下来的部分。很少有人关心最根本的问题：如何让公民缴纳的税款获得更大的价值。这个问题的回答既非自由派的也非保守派的——它只是一个普通常识。

华盛顿州的经验

华盛顿州目前的一些经验值得思考。在2002—2003财政年度，该州一般基金收入30年来首次下降。在那段时间已经过半时，民主党州长骆家辉和州议会不得不削减15亿美元，并减少1 340个就业机会。为此，州长和他的幕僚们极为沮丧。

财政管理办公室主管马蒂·布朗说："我们每前进一步，就要问问自己，'为什么不能正确地提出问题？为什么我们总是倾心于削减而不是保留'？我们心里都明白，我们正在疏忽某些东西。"

对于全面削减，州长已经厌烦了。他希望聚焦于重大问题：州政府应该做什么、应该停止做什么？在接下来的两年里，他面临着估计有21亿美元的一般基金赤字——差不多占一般基金的10%——另外在健康服务账户中还有6亿美元赤字。州长宣称："堵上这20

亿美元的缺口，我们需要在接下来的两年里全面削减财政预算的15%，这是我们能做却不想做的事情。我不要清淡无味的汤。我希望州政府在实施优先事项时做更重要的工作。”

2002年8月，骆家辉的办公室主任向我们公共战略研究所求助。我们提出了一个“不合理”的方案。由于时间所限，不过10周，我们不会像传统做法一样，让华盛顿州削减一般基金预算的10%—15%。于是，我们将重点从削减开支、增加税入转移至预算中保留下来的部分，帮助骆家辉州长从中获得对公民来说尽可能好的结果。

像大多数政府的传统做法一样，华盛顿州在去年预算的基础上，增加资金以抵冲通货膨胀、增加工作量等，它要求每个机构都相应削减。那些机构知道削减预算是不可避免的，它们通过采用填充开支扩大费用的办法来应付削减。它们认为这样做能够逃避削减。当时，在财政管理办公室有一大批分析师对机构送呈的开支报告精心梳理，试图寻找节省的途径。通常，整个过程是基于这些报告是不可信的假设展开的。但重要的是，这些报告都能被通过。财政管理办公室副主管沃尔夫冈·奥皮茨说：“大部分开支报告都存在一些问题，但是，这些报告都会迅速转移视线，讨论应该如何公平地对待每个削减的项目。”

相反，公共战略研究所建议结果取向的预算，即从公民所希望取得的成果而不是机构资助的项目出发，预算不要基于去年的开支，而要基于公民最注重的结果。我们敦促州长和他的工作人员，不要聚焦于如何削减10%—15%，而是如何使保留下来的那85%—90%产生最大化的成果。骆家辉州长认为，对于解决预算问题而言，这个不合理的手段是唯一合理的办法。

公共战略研究所帮助州长的预算工作人员设计了5个步骤，即回答以下5个关键问题：

- 实际的问题是短期的还是长期存在的？
- 公民愿意花的钱是多少？
- 公民希望政府用他们的钱做什么？
- 取得其中的任一项成果州政府将花费多少？
- 如何能把钱花在刀刃上？

这些问题导向 5 个严峻挑战。

1. **抓住问题**。如何界定一个问题，也就是阐明你用什么方法来解决这个问题。华盛顿州的财政官员十分清楚他们所面临的困境。他们界定了三种作用力聚合的问题：一是深层次的经济衰退使税入减少；二是遍及全州的抗税行动的倡议迫使政府对税入和开支增长作出持续性限定；三是州的核心事务开支的提升，这些核心事务正如马蒂 · 布朗所说，包括教育、医疗和监禁。这三个方面的问题，只有经济衰退对税收的影响是周期性的，是可能在某一时期扭转的，而其他两个问题或多或少是持续性的。因此，他们决定采取持续性解决的策略。

2. **政府的价格定位**。这是咨询团队的一项职权，这个团队由资深政策专家组成，包括政府工作团队总顾问弗雷德 · 嘉，以及企业界的领导人和私人智囊团（劳工组织也被邀请，但拒绝参加）。该团队的第一个重要决定是根据现有法律，将预算建立在期待收入增加，而不是新开税种的基础上。11 月初，尽管骆家辉州长游说州议会，选民的声音依然击败了对长期运输项目增收汽油税的游说行动。抗税的事实，加之增税将进一步加重经济恶化的压力，致使咨询团奉劝州长反对增税。

3. **确立政府的优先事项**。咨询团队协助州政府工作团队人员，包括经验丰富的财政管理办公室人员一起研究，确定了他们认为本州公民最希望政府解决的 10 个关键问题。州长将这 10 个关键问题称为“政府的优先事项”。它们包括以下10个方面的改进：

- 小学、初中和高中学生的成绩；
- 劳动力的质量与效率；
- 州立学院或大学的教育价值；
- 本州公民的健康；
- 弱势儿童与成年人的安全；
- 企业与个人的活力；
- 人口、物资、信息及能源的全州流动；
- 人身与财产安全；
- 本州珍贵自然资源的数量；
- 文化与娱乐的机会。

4. 在优先事项之间进行预算的合理配置。下一个挑战是，如何将上述10个方面的改进在州一级的总体预算中进行合理配置。两个工作小组首先预留10%的资金用于拾遗补缺，诸如退职金与内部服务等，然后从公民的角度，基于他们可理解的价值而不是对过去经验的分析，将剩余的预算资金配置于这10项“政府优先事项”。对一些地区，他们选择强化过去模式，但在少数地区他们做了调整，分配更多资源以刺激经济的活力，例如，比较少地用于公共安全。

5. 为每一个优先事项制定购买计划。工作人员随后组建10个“成果团队”，每个团队都是由有识之士组成，他们来自政策领域有关的机构。“我们要求他们淡化各自代表的部门利益，”骆家辉州长引用我们所说的话来强调，“要像普通公民那样提出问题：告诉我们要把钱投到哪里去，才能得到最好的结果。告诉我们什么近似的项目能够被合并，什么项目与我们所希望获得的结果相吻合。”

每个团队都从选择三项指标开始，这三项指标用来测量进展的过程。然后，他们使用有效证明“事物重要性”的方法制定了一个战略地图，建立显示因果联系的示意图，以此标示出达成预期结果的最佳途径。另一方面，依据因果逻辑，他们制定了通用的购买计划：5—6 个能够借以实现结果的关键战略。

这个过程促进了一种超越传统预算的创造力的发展。例如，一个处理K－12 教育①的团队需要购买更多的早期儿童教育的话，他们就会为教师启动转移“支付能力”的补偿制度，并将全盘学校经费改变为针对这些学校和孩子们最需要的目标经费。健康团队决定将最重要战略聚焦于预防：减轻环境危害，提高食品卫生，提供公共健康诊所等。他们建议将更多的钱花在这些战略上，而更少用于无子女的成年人的医疗保险。

其次，这个过程也转换到了现存的州预算活动上——以地方传统预算过程为开端。有 1 300 个州一级活动是由传统预算资助，每个“成果团队”获得了其中的一个子项目。州长解释说：“他们的使命就是在更少的土地上获得更多的产量。”为此，他们不得不确定一个详细的购买计划，包括以下诸项：

- 购买什么——既包括新的也包括现存的活动；
- 如果有更多资金，还将购买什么；
- 如果资金不足，首先缩减什么；
- 什么是不需要购买的。

最后，10 个成果团队的领导聚会讨论他们需要彼此相互购买的事项。高等教育团队决定用部分资金购买更好的 K－12 教育，从而为高等教育准备更优质的生源。两个团队共同购买加大力度保护水

① K－12 教育指从幼儿园到 12 年级的教育制度。——译者

质量的事项，以进一步提高健康和自然资源的品质。几个团队决定将部分资金用于监狱方面，以减少必须提前释放的低风险狱囚数量。这种跨团队购买的过程是必要的，这是因为，州政府的工作就是这样相互关联的：在此地区开花，在彼地区结果。

经过这样的会议，成果团队完成了它们的购买计划。

这些计划给政府工作团队和咨询团队提供了一个州政府所有现存活动的优先排序表。依据团队提供的这些方法及形成的排序，政府工作团队和咨询团队最终完成了呈送给州长的建议报告。事实上，州政府的10个战略项目其结果是——一系列成果、指标体系、战略和购买计划。

州长接受了这些产品，并在最后审定预算提案时，全部遵循购买计划。在10个优先事项下面，他的预算都标明了哪些活动是需要购买的，哪些是不需要购买的。这样做，既清晰，也易于理解，用简单的话语来说，就是有所为，有所不为。（见图1.1的说明）

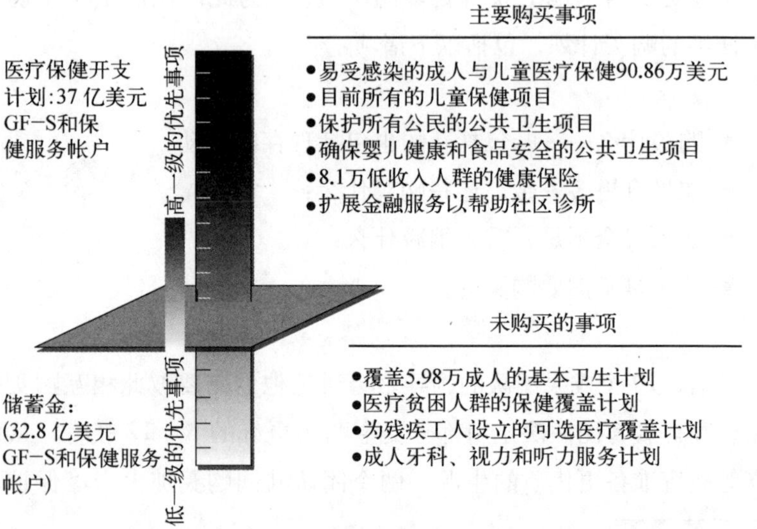

图1.1

骆家辉州长曾提醒人们说，预算将是痛苦的。实际上也是这样的。它意味着近6万个贫穷的劳动者将失去健康保险，一些贫困的人将在牙科、听力及视力等方面失去医疗救助，2 500个工作机会也将被削减掉。如果预算获得通过，将不再考虑政府雇员等增加生活费的问题、暂停教师的加薪，并且，由公民立法提案程序通过的一项2.21亿美元规模的小班化教学改革的努力，也将付之东流。大学学费在2年内，将每年提高9%，1 200个低风险重犯将提前离开监狱，一系列小型项目都将下马。

但是，州内的报纸给予了超乎寻常的积极回应。正如前政府工作团队总顾问乔·迪尔所说："从未有如此坏的消息回应如此之好。"《西雅图时报》宣称："州长骆家辉的预算对华盛顿州来说，是朝前迈出了一大步。"

"州长骆家辉在星期二说，很少有华盛顿人会喜欢如此近乎野蛮的州开支计划。"《塔科马新闻论坛》补充道："但是，苦口良药利于病，骆家辉和他的伙伴们找到了药方，即通过一个新的被迫选择的过程，确立了州政府的优先核心事项。"

骆家辉担任公职6年，他被广泛视为一个保持现状的管理者。但是通过设置清晰的优先事项和做出艰难的抉择——拒绝加税和不再进行全面削减，他改变了他的形象。共和党参议员约翰·卡尔森在2000年与他同时竞选州长时，其核心主张就是骆家辉无领导力。当预算被公开后不久，卡尔森在《西雅图时报》的专栏文章中表示出，他改变了对骆家辉的看法。他写道："骆家辉的下两年的预算是一个勇敢的、令人难忘的和体现领导水平的行动。他情愿直面党内利益集团的压力，在没有增加主要税收项目的情况下，做出了这样的预算。一个真正的领导者，就是要做他必须做的事情，而不管你是否愿意做。我认为，骆州长就是这样做的。"

在接下来1月下旬的民意测验中，公民的认同证实了这样的看法。64%的公民同意："不论我是否赞同州长的所有预算建议，我都尊重他解决目前问题并使经济回到正轨的领导才能与远见。"不同意的，只占29%。

议会也喜欢这个新的预算模式。"这是惊人的，"财政管理办公室主管布朗说，"我从未参加过像这样的一系列听证会，并能够获得如此积极的感受，尽管我们也听到了一些不同的意见。"由于预算框架围绕10个预期结果，并且所有活动依据其重要性而排序——包括这些将被保留的和那些将被取消的——立法者发现，预算文件一目了然。

奥皮茨回顾，一位委员会主席问道，如果一项在健康方面的税收改变的建议不能被批准，那么可能会发生什么？"我说，'只要往上移动到3.89亿美元。在这个位置显示出什么可以仍然保留在列表上，什么将被削减掉'。这是毫无疑问的。它非常清楚地表明，我们的选择可能优于大幅削减医疗救助计划。"

4月初，在向共和党占多数的参议院提交他们的预算案时，第一张幻灯片是以"跟上州长的脚步"为标题的。尽管在税收和削减预算方面，两党之间存在很深的分歧，但议会最终通过的预算案与骆家辉的原初提案几乎如出一辙。议员们赞同骆家辉对于刑事司法制度进行改革的倡议，同时接受他主动提出的推迟K－12教育中小班化教学的建议，也不再保证为教师自动加薪。议会还同意修改另一个公共倡议，该倡议提出扩大州基本健康计划的覆盖范围，以便使其税收能够进入当前的项目。议会要求在下两个预算年度，要建构起以10个政府优先事项为中心的预算框架，其中每个优先事项和每个建议的活动都将通过结果来测量。

公众也有类似的回应。按照奥皮茨的说法："一旦我们将结果公之于众，不论公众从事什么行业——商业也好，劳工也好，社会服务倡议者也好，医疗保健也好，甚至教育、‘扶轮国际’①会议等——人们对于政府有所为与有所不为，在根本上会比以往任何时候都更加理解。当他们说，‘咳，我不喜欢那样削减’，我说，‘没问题，那么，让我们从预算表上看你不想这么做的后果会是什么？’回答通常是‘噢，好吧，现在我还是试着接受吧。’有了预算表，人们更加认同州政府的基本事务了！”

也许最重要的是，结果取向的预算编制能够帮助公众找回最近几十年已经失去的对政府的支持。《每日先驱报》的埃弗里特说得好：

> 公众并没有完全原谅政府，因为政府的浪费和对公众问题的不回应态度，让公众仍有抱怨情绪，骆州长的计划，公众可能喜欢它，说不定就是政府证明自己的第一步，政府变得越节俭，投票箱里才会有更多的选票。

华盛顿州的将来任重而道远，他们需要做更多的事情来扩大成果，公民们仍然需要每两年花费 240 亿美元。时间紧迫，州长为了长远打算暂停了一些范围更广泛的改革建议。他提议由议会和政府来共同研究关于 K－12 的财政体系，例如，更加仔细地审查所选择的项目，以及为改革争取必要的政治支持。财务办公室和成果团队打算对其他战略再次审查，做得更加深入一些，以在筹备下一个预算周期时，取得 10 个优先事项的成果。并且政府机构将为每个行动的结果和产出进行测评，从而在下一个预算中，每个事项的开支都包含绩效目标。

结果取向的预算编制洞开了一扇门，骆家辉州长全力以赴拖着

---

① 工商界等从业人员的国际联合会，1905 年成立于芝加哥，旨在促进社团服务。——译者

他的州通过这扇门。其目的不仅为了省钱，而是为了树立战略思维和实施更大的改革，这将有助于政府花更少的钱办更多的事。这正是美国人民所希望的。

明智的政府

正像华盛顿州的事例所表明的那样，做好公共事务的新途径业已产生。本书将介绍这些新途径，以显示出富有成效的公共服务不仅能够使政府摆脱恒久的财政危机，而且能够帮助领导者反过来将危机变成机会，改革他们的官僚机构的工作方式。

我们所开的处方始于华盛顿州所尝试的5个关键的决定：

- 寻找突破口：它是短期的还是长期的问题？它的根源是收入还是支出，或者两者兼而有之？
- 确定政府的价格：明确有多少公民愿意为这样的价格付费。
- 确定政府的优先事项：明确公民认为最值得做的事情。
- 确定每个优先事项的价格：明确要取得的每项成果，政府的成本如何。
- 购买优先事项：明确在公民愿意支付的价格水平上，如何取得最佳的预期成果。

一旦这些决定毫不迟疑地聚焦于为公民购买最佳成果，那么，下面将提供一些工具来描述10种达到目标的途径。通过明智地确定规模、开支、管理和流程，就可能把钱用在刀刃上，取得尽可能大的成果。

1. 战略审查:丢卒保车

在做预算期间，由于时间紧迫，明智的领导者会通过连续的审查过程——在预算过程之外——来彰显新的战略和缩减一些项目，这些项目对于核心目标无关紧要，或者对于公民而言，不具有重要意义。有许多他们能够运用的手段，包括项目审查、“日落法”①审查、专门委员会、政府补贴审查等。通过相关的每个组织自上而下梳理，达到审查的目的。

2. 整合

政治家热衷于兼并组织，因为这样看上去好像他们正在采取节省开支的行动。但实际上，简单地移动组织图上的小方格只能使事情变得更糟，这样做无非是在播种混乱、降低绩效，自然也就增加了成本。一个强有力的替代策略是，将资金流与“控制”的职能组合，这样，控制(政策)机构就能够从任何“执行”的机构——公共的或私人的——购买它们所能提供的最好的服务。以在坦帕·圣彼得堡地区的皮内拉斯县青少年福利委员会为例，正像我们将在第五章所描述的，该委员会每年从专用的财产税中抽出 4 600 万美元，与 60 个不同的非盈利机构签订协议，增加对贫困儿童的支出。委员会自己并不负责“执行”，从儿童保健中心的抚养技能到青少年中心的住院治疗的各种各样的服务都是由这 60 个非营利机构提供的。青少年福利委员会负责评估这些非营利机构的工作情况，淘汰效果最差的，并向表现出最有影响力的战略和组织投入资金。

3. 使规模适当

某些组织在减小规模之后可以运转得更好，但另一些则会瘫痪。成功的关键是找到适当的规模，然后确保在组织里面具有恰当的技术组合来实现价值的最大化。减少管理层并且关闭地区办事处，这样可以帮助组织达到合适的规模。与此同时，人力资本规划可以帮助组织发展合适的技能。让我们看一下衣阿华州运输局。该

① 又称“定期废止法”，指对政府机构及其计划进行定期检查，如无价值即自行废止的法律。——译者

运输局在最近的财政危机中削减了 7 个建设办事处、5 个维修办事处和 27 个维修车间。削减的职位有 403 个(占劳动人数的 11%)，将一个主管负责的雇员数从平均 9 个提高到 14 个。为了保障积雪清理和高速公路维护这样的服务，该部门购买了新技术并雇佣了交叉培训的雇员。这样，同一名雇员既可以施工，也可以进行维护工作。这样最少每年可节约 3 500 万美元。

4. 服务招标

既节约资金又增加价值的最快捷方法是促使公共部门互相竞争。任何一个没有垄断权的人都不认为垄断对日常工作有益。难道在公共部门就应该有所不同吗？当史蒂夫 · 戈德史密斯在最近一次的金融危机期间被选为印第安纳波利斯市的市长时，他决定让公共机构和私人企业竞标，争夺继续提供公共服务的权利。在其后的 4 年里，他通过招标收购了超过 30 项的服务，涵盖从垃圾收取到城市污水处理系统的运营。一项招标的公共服务有史以来第一次平均节约了 25%的资金。7 年间，竞争为印第安纳波利斯市节约了超过 1.2 亿美元的资金。

5. 奖励绩效而不是奖励好的动机

如果公共部门的管理者不知道他们将怎么得到资金，那么，可以告诉他们：实际上他们有获得资金的机会，只是不知道如何获取这样的机会。解决的办法是在所有层级上设定绩效目标，以此评估他们的绩效并奖励那些提升绩效的人员。然而，在财政危机中，单纯以结果来评估绩效是不够的。当务之急是用较少的资金提高产出：使资本增值。一个简单的方法是“收益分成”(gain sharing)。这种方法是将团队在维持或提高质量时节约的成本的一部分作为奖金，奖励给该团队，可谓公共部门也可以进行收益分成。在 20 世纪 90 年代后期，当西雅图地区负责污水处理业务的管理者同意员工保留他们节约的成本的一半时，在没有降低服务级别和污水处理质量的情况下，4 年间共节约了 250 万美元。

6. 更明智的客户服务：让客户坐司机的位置

当公共部门让他们的客户来选择供应商，而不是把服务强加给他们时，他们就可以用较低的成本获得更高的客户满意度。对于一些服务项目，利用互联网甚至实现了自助服务，这样节约了大量的资金。但是，我们也可以考虑一下，照顾残疾儿童也可以采用低科技的服务。在 20 世纪 90 年代，明尼苏达州的达科他县停止向一些机构支付服务费用，而是直接向家庭提供补贴。这些家庭在一定的控制约束下，选择他们需要的服务，以保证能够负责任地使用这些资金。这极大地提高了客户满意度，因为家庭现在可以做出对他们有意义的决定——例如，夫妻两人中的一人停止工作来照顾孩子，而不是用县政府提供的资金雇佣保姆。每个人的境况都好起来了，并且帮县政府节约了资金。这项创新很成功以至于在全州都被广泛采用。

7. 增进信任关系

官僚机构中真正可悲的是，政府 20%的支出的目的，仅仅是用来控制其他 80%的开支。一种流行的假定是，如果有机会，我们中的绝大多数人都会撒谎、欺骗和偷窃。这不但会逐渐破坏绩效，而且会付出惊人的代价。比较明智的行为是首先通过简化规则，与遵守者建立伙伴关系，使遵守的过程简单化，保留对拒绝遵守行为的严厉惩罚，同时设立激励机制奖励遵守者，以此达到自愿遵守。

例如，10 年以前，缅因州职业安全与医疗管理局官员因为他们传统的调查和处罚方法失效而倍感失落。虽然他们因发出了最多的传票和罚款单而赢得华盛顿的金奖，但是缅因州的工作场所安全纪录却是全国最差的。因此，他们决定尝试一些不同的方法：他们要求受到损伤索赔最高的 200 个雇主（约占全州损伤索赔数量的 45%）建立雇员团队去调查工厂的危害风险，并在 12 个月内纠正大多数风险。只要这些公司努力做到诚信，职业安全与医疗管理局将放弃其传统的调查和处罚。在之前的 8 年里，职业安全与医疗管理局在 1 316 个工作地点共发现了 37 000 处风险。在采用新方法的头两年里，雇员团队就发现了 174 331 处风险并纠正了其中的 118 671 处。2/3 的公司减少了损伤和疾病的比例，这 200 家公司的工伤赔偿金降低了 47.3%——下降的速度远远超过了其他公司。

8. 更灵活，为了更负责

从新西兰和英国政府到美国教育部联邦学生资助办公室，有很多这样的事例，即"基于绩效的组织"愿意承担更多责任以免规则与规制阻碍了绩效。特许学校采用相同的方案，并具有更大的独立性和更负责任：它们不受很多州和地区规则的约束，大多独立于任何地区，但是如果绩效不高，将被关闭。衣阿华州甚至提出了"自由社区"的倡议，如果当地市县使组织结构现代化并建立绩效评估机制，结果公之于众，州政府将给予市或县以更大的灵活性。

9. 把管理系统当作盟友而不是敌人

所有组织机构在其内部系统中，都把人看作惟命是从者或囚犯。传统的预算、会计、人事、购买和审计系统是用繁文缛节将雇员绑在一起的鸟笼。这些系统发出的按照官僚制规则运行的信息比任何一个领导人为了绩效而进行的规劝都有力得多。为了工作不断改进，公共部门领导者必须使这些系统现代化和精简。这样做的回报是节约了巨额成本：在 1994 年和 1996 年，国会通过的两项主要的购买改革法案在 1997 年底之前已经节省了 120 亿美元。密尔沃基市购买部通过简化程序，投资科技技术并向各部门分权，能够将其工作人员削减近 2/3，并削减了预算的 55% 以上。马里兰州的蒙哥马利县授予各部门以发票形式支付 5 000 美金的权力，而不是把这些归入中央应付账款，仅此一项就将县应付账款的工作人员数量缩减了一半多。

10. 更明智的工作流程：借鉴产业界的方法

要少花钱多办事，公共部门必须彻底改变其工作方式。其中包括用新方法和战略代替现有的方法和战略。但是很多情况下，需要精简所有当前的工作流程——从道路维护到征税资格确定等。精简工作流程的方法很多，我们主要介绍最有效力的 3 种，这 3 种方法都首创于产业界。①“全面质量管理”通过对员工进行培训和向雇员团队授权，使工作流程能够不断完善；②“体验式训练”是由通用电气发明的方法，该方法将相关人员集中起来 3—5 天，一起工作解决共同问题。领导设定解决问题的期限，当场批准或否决建议，在问题得到解决之前，每个人都保持处在工作状态；③“业务流程再造”是基础的方法，将庞杂的业务流程重新设计为“简单的清单”，以显著地提高效率和质量。

本书接下来将深入探究这 5 个关键问题和 10 个方法，然后，讨论用这些方法解决这些问题需要什么样的领导力，以此作为本书结论。

这样做的风险是巨大的。要持续推进，就必须获得社会的基本认同。如果我们失败了，即在这场比赛中失去了公众支持，那么后果也将是可想而知的。

在全球市场上，没有什么比国家或地区劳动力的技能水平更加重要，然而，在我们的公立学校中，大约 30% 的学生还没有达到阅读和数学熟练度的基本要求。

公共安全是文明社会的基础，恐怖主义的威胁增加了令人恐惧的新挑战。但是美国的城市和州却正在解雇警察、正在削减预防有害物质与生化武器部队的开支。

人口和货物的流动对于任何一个地区经济的健康发展都是必不可少的，然而拥挤是很多大都市的流行病。

高等教育现在是进入中产阶级生活的门票，但是高等教育的费用渐渐超出了一般美国家庭的负担能力。

4 400 万美国人没有健康保险，然而美国人并不相信政府的干预，因为那样会制造混乱。

20 世纪最热的 10 年都出现在该世纪的最后 15 年中，但我们的环境计划对补偿全球变暖帮助不大。

在社会安全、公共养老金和医疗保健方面的开销正在以惊人的速度吞噬我们的公共资金，而我们的企业和公民却还要容忍一些增税，每年飞涨的医疗保健成本正肆无忌惮地压榨他们。这些现实之间的冲突——也就是财政风暴的暴风眼——已经迫使我们放弃了一些有价值的公共项目。

鉴于公众强烈反对增加税收，我们不能通过增税来解决所有的这些问题。我们也不能在不破坏经济福利和不抵押儿童未来的情况下继续借贷。然而，无所作为将意味着教育衰退、公共安全受损、高速公路和桥梁摇摇欲坠、空气和水被污染、数以百万计的人缺少疾病预防。

无所作为也将破坏使我们团结在一起的社区意识。那些能够负担得起的人将自己照顾自己，退而选择私立学校和私人社区保安，而其他人只会留下来自寻出路。

这似乎没有令右派困扰，他们仍然表现出对抗的姿态，就像对抗英国国王乔治三世与生俱来的“暴政”那样。这确实让许多左派烦恼，但他们唯一的解决办法似乎是在呼唤公共系统付出更多的开支，而这个公共系统已经功能失调。在很长的一段时间里，左派和右派已经向我们提供了错误的二分法和走入死胡同的选择。

绝大多数美国人期望一种“第三条道路”。在给出的选择项中，他们一般会在“以上都不是”的答案前面画圈。实际上，他们所能做的只是通过低投票率而将他们自己排除在政治过程之外。很多都属于独立选民的“常识多数”（commonsense majority），中庸的共和党人，以及新民主党人。他们还不想削减开销以至于破坏了我们的公共机构，但是他们也不希望政府唯利是图。他们希望政府提供只有公共部门才能提供的服务，例如安全、国防、基础设施、平等的教育机会、市场规则和针对穷人、老人及残疾人的社会保险。但是，他们希望他们的钱花得值得。他们希望花出去的钱有所回报。如果他们不能得到这些，他们一般会选择减税和私人服务。然而，当他们确实能从公共机构获得好处的时候，他们一般愿意向公共机构投资。

公民希望他们的钱花得有价值，这是可以理解的。我们都希望自己花的每一分钱都能得到尽可能多的价值——包括我们花在政府身上的钱。政府的价格和价值是与住宅、食物、医疗保健和其他数也数不清的满足人们需要的商品和服务密切联系在一起的。政府的服务是有限的，因此，公民们对于想要从政府那儿得到的价值会和想从其他地方得到的价值进行比较。在这场竞赛中，政府只能通过使每一美元都尽可能增值来赢得公众支持。

不断增加的医疗保健、社会安全和公共养老金，以及监狱和公共债务利息的成本已经使政府的价格处于巨大的上升压力中。然而，这种压力已经让大范围的税收增长遇到了巨大阻力。布什总统和共和党国会已经通过削减税收和借贷差额将联邦政府的价格降至50年来的最低水平(参见第二章)。超前消费可能产生货币增值的假象，但实际上，在州和地方级别上，这是不可能的，因为这样大规模的借债名义上是不合法的。然而，增税的阻力仍然很强，因为太多的选民感到他们不能从税收中获得好处。

这种财政冲突在产生大量联邦赤字的同时，正在破坏州和当地人们生活必需的服务。这些情况意味着一些税收的增长是不可避免的。但是，鉴于政治现实，如果公民愿意支付更高的价格，我们相信政府和学区必须显著改善他们能够提供的服务。政府的价格的任何重大变化都是不可能的，除非大多数美国人能够感觉到他们正从税收中获得实际的价值。实现增税的唯一方法是改革公共事业运作的方式。我们的公共机构必须学会更努力地工作，但更重要的是，他们必须学会更灵活地工作。

美国土著有很多谚语，其中最充满智慧的一句是：当你骑的是一匹死马时，最好的办法是下马。

你不要去更换骑手。

你不要重新熟悉牧人。

你无须将兽医组织起来成立蓝带委员会。

并且你没必要把更多的钱花在购买饲料上。

你赶紧从马背上下来去寻找你的新马。

从学区到市政府，从县政府、州政府到联邦政府，在过去的 20 年中，有太多的政府领导者使用了“死马”的解决方案。这种做法实在太不明智了，它削弱了公共服务并降低了公众的信心。

在这 20 年中，各级政府的许多领导者也一直在求索解决之道。他们一直在寻找新马。如今，由于受到持续的财政风暴的冲击，我们不再有奢侈的时间来玩这匹死马了。新马已经找到，对美国的领导者们来说，是备鞍上马的时候了。

第一部分

明智预算：最重要的五项决策

第一章

寻找突破口

明尼苏达州关于2002年至2003年度财政预算的争论，是现代政府运作的经典故事。故事发生在2001年下半年，州长杰西·文图拉得到了一个坏消息：预测显示，2002—2003年，预算短缺将达到19.5亿美元。在2004—2005年这两年期间，短缺将可能增长到25亿美元。

2002年1月，文图拉提出了他的解决办法：这是一个被他称为“大修整”的综合方案，包括裁减预算和增加税收两个部分。这个计划将在17个月内缩减州政府的开支达7亿美元，增加4亿美元的税收，并动用6.67亿美元的预算储备。这剂猛药包括：削减州级和地方服务、解雇州政府工作人员，以及提高汽油、烟草和其他服务的营业税。

但是，文图拉并未止步于此，他还提出了一个为期4年的计划，以应对2004年及之后的循环性赤字——他指出，即使本州的经济可以立即复苏，这些赤字也不可避免。补救措施包括在2004—2005年度额外削减13.5亿美元，同时辅以大规模的增税。

不幸的是，选举在即，政客们已无暇他顾，对文图拉的号召充耳不闻。两党的立法领导人认为，应该等到2002年2月下旬第二次经济预报发布之后，才可以对2004—2005年度出现的问题展开立法工作。至于迫在眉睫的财政短缺，民主党和共和党则合力通过了他们的预算。这份预算充满了伎俩和诡计，旨在制造一种问题得到解决的假象。他们的手法包括：耗尽储备；规定不再将通货膨胀因素计入州开支的估测，从而达到遮掩未来开支的目的；使用其他会计上的技巧，什么都不改变，而只是让账面看上去更漂亮一些。

尽管政府财政制造了假象，但是，州众议院和参议院两党的领袖们都声称，只有他们的计划才是负责任的和折中的替代性方案，并一致谴责州长所提出的较严厉的措施。一位共和党议员表情严肃地坚称："政治与此无关"，即使参议院多数党领袖民主党人罗杰·莫和众议院多数党领袖共和党人蒂姆·鲍兰迪都在竞选州长。两位候选人都试图利用他们的快速一致来显示，他们不仅仅善于团结，而且是果敢的领导者。

鲍兰迪说："让我们感到自豪的是，在这样一个值得记录的历史性时刻，我们能够在如此重要的议题上达成一致。"对此莫表示赞同，并一唱一和道："领导者的责任之一，是解决问题并制定路线。我们越快地采取措施，我们州的经济就能越快地复苏。"

但是，至少有一名可能的州长候选人对此持有异议。她就是民主党参议员贝姬·劳瑞。她断然指出："这是安然经济学，他们利用每一个他们能找到的隐蔽的转移手段，假装不会发生任何通货膨胀，也不管会不会寅吃卯粮。"

州长否决了议会的预算。随后，尽管新的预报显示将会出现更大的短缺，议会仍然驳回了州长的否决。穆迪投资者服务公司对本州财政表现的预测，由原先的"稳定"变为"可疑"。穆迪公司估计，2004—2005 年度的赤字将达到 30 亿美元，并警告说："这种形势要求州收入结构与支出水平两方面都要做出巨大的改变。"

随后，竞选州长活动如期而至，任何应付财政危机的方案都被弃之一旁。文图拉州长宣布他将不会谋求连任，从而让选举成了莫和鲍兰迪之间的厮杀。前民主党议员蒂姆·彭尼挺身而出，代表文图拉的独立党参选。

彭尼坚持认为文图拉的这剂猛药会一直有效，但由于议会的所作所为，州财政将更加悲观。莫和鲍兰迪固守他们的竞争方案，仍然等待着另一次的“下一次”（选情）预测——而出于便利考虑，这将在 11 月的选举之后不久发布。鲍兰迪说：“在此之前，至关重要的预算预测是，如果经济得到复苏，毫无意义的削减建议可能是没有必要的了。”

明尼苏达州参议员保罗 · 韦尔斯通突然死亡，这件事情给整个选战投下了阴影，于是最后，鲍兰迪以 43%的选票赢得州长竞选。

3 周以后，期待已久的新预测发布了。明尼阿波利斯《明星论坛报》这样描述道：

> 州预算官员本周三所透露的新闻比任何人想象的都糟糕：明尼苏达州在未来的两年半里将面临着令人震惊的 45.6 亿美元的预期赤字，那些赤字几乎占本州总预算额的 14%，等于让全州中每一位男人、女人和小孩承担大约 1 000 美元债务。
>
> 尽管为平衡 2002 年至 2003 年度州预算，政府做出了极大的努力，这份统计还是包括了 2003 年再次出现的 3.56 亿美元的新短缺。这一当前的差额必须在本财年的 6 月 30 日之前就被补足。
>
> 而且与去年不同的是，面对即将发生的赤字，为了减轻明尼苏达州人民受到的冲击，州政府官员当年耗尽了储备，现在州政府必须在银行实际上已一无所有的情况下熬过危机。

解决问题的幻想破灭了。严酷的现实撞击着我们的家园，文图拉在大约 1 年之前曾警告过的财政风暴开始泛滥成灾。

极端的欺骗手段

明尼苏达州的做法已成为一种常规，而不是一个例外。在过去的一些年里，许多市、州和县的政客们（更不用说华盛顿特区）都采用这种毫无远见的模式——“如果你相信廷克·贝尔①就鼓掌”。公众领袖那富有创造力的欺骗行为是无止境的，但他们往往特别依赖以下 7 种极端的欺骗手段。

1. 剜肉补疮

大多数的预算是由多个账目组成的。人们关注最多的账目是一般基金（the geneval fund）。当一般基金遇到困难时，政客们开始将视线转移到“预算外”基金，把它们当作一座可供开发的宝藏。纽约州通过将伊利运河②的运作成本从一般基金（“预算内”）转移到高速公路管理局（“预算外”），以此帮助平衡其在 1992 年的预算。同样的，马萨诸塞州在 2003 年将波士顿海恩斯会议中心和波士顿公共车库的管理资金转移为州养老基金，以减少一般基金的现金供给量。技术上说，这使得州节余资金 1.75 亿美元。

有时候可以通过特殊的账目来节约财政，例如，用作未来建设的建筑基金也能够转移为一般基金。剜肉补疮可以使今年的预算表好看一些，但是当两年的情况都糟糕的时候，同样的漏洞会在下一年再次出现。

2. 账目诡计

从安然公司的倒闭可以看到，清算账目给有同情心的领导者带来了很多风险性选择。快速修补账目的伎俩包括：谎称（甚或要求）你预期明年初期能够进账的资金能在今年年底进账；另一方面则是从技术层面谎称（甚或要求）今年的开支计划将在下一年才能被制定出来。例如，州政府通知地方政府预计在 5 月份（本财政年度）会有一笔教育援助款项拨出，但他们会在 7 月份拿到（下一财政年度），

① Tinker Bell，该词亦译“小叮当”“奇妙仙子”等，美国一部动画电影片的名字。廷克·贝尔也是该片中的主人公。——译者

② 位于美国纽约州中部，是伊利湖和哈得孙河的联络运河。——译者

这样就使今年的支出额看上去数目要少一些。同时，州政府要求零售商于6月份缴纳营业税，而往常他们是在7月份缴纳(下一财政年度)，这样就使政府的财政收入看上去很多。这都是合法的且真实的记账，但其实是一种谎言。

3. 冒险举债

即使当一般基金在法律上被禁止欠债时，政府仍然想方设法去举债。纽约市曾在19世纪70年代就因债台高筑而陷入了破产清算，当时的政府就精通这种冒风险的艺术。时任市长的约翰·林赛用来形容这种状况的一个单词是——“娱乐城”。现在的纽约真的是娱乐城了，纽约市和纽约州在重蹈覆辙，依然试图估算何时以及如何才能还清所有公债。

2004财政年度面对着50亿美元的财政赤字，伊利诺伊州最近开始用养老基金做抵押来帮助“处于困境”的经营预算。计划如下：州政府将借入100亿美元，使用部分款项来代替本应由一般基金分担的养老金系统(用将近20亿美元来修复其预算赤字)，并使用剩下的款项来支付州政府未提拨的360亿美元养老金的一部分债务。该养老基金使债券收益成为高风险的投资，他们期待可以得到比债券价值更高的回报。政府财政审查报告中写道，伯纳姆教授形容这种做法为“风险套利”。其他人可能称其为低级的愚蠢。

一位《芝加哥论坛报》的专栏作家这样写道：“州政府已经黔驴技穷，只好增加了一倍的长期债务，以希望未来的投资回报率超过未来借款利息支付。同胞们，千万不要尝试房屋净值贷款①。”加州已经证实了这种两党举债政治无非是“掩耳盗铃”。2003年，经过数月的僵局，议会最后通过了一项990亿美元的预算及107亿美元

① home equity loan，是指授信申请人以贷款人认可的住房或商用房作抵押，向银行申请具有“合法用途”(如购房购车、个人流动资金)的单笔贷款或循环额度的个人授信业务。——译者

的借款——所有这些似乎都是违宪的。步民主党州长戴维斯的后尘，新任共和党籍州长阿诺德·施瓦辛格立即同意借款150多亿美元，充作其“预算平衡”计划的一部分。目前，评级机构将加州的级别降低为垃圾债券的地位。

1996年，匹兹堡市每年面临的赤字都在3 000—4 000万美元之间。市领导早已用市政养老金计划的资金自掘了坟墓。1984年，在州政府授权下，该市设置了最低限度的养老金标准，选择了短期内较轻的基金负担作为偿还在40年的长期计划中逐年增加的付款额。到1996年，他们的账目只有1.18亿美元的资产，而政府承诺却无法支出的款项高达5.19亿美元。这对一个经常性预算只有2.9亿美元的城市来说，已经够糟糕的了，然而，真正的冲击是到了2024年，最后一笔递增到账目上的钱只有1.15亿。

1998年，噩梦尚未惊醒，市领导继续铤而走险。他们发行2.56亿美元的养老金债券，并将其中的60%投资股票市场。詹姆斯·伯纳姆在《政府财政评论》中写道，这就好比一个赌徒已经处于借债的深渊里，因此在下一局中他将押下双倍的赌注。当股市崩溃，他们便丧失了所有的财产。到2003年，该市濒临破产。市长调整城市的债务，裁员700人，并要求州政府授予该市“有问题的自治市地位”的称号，这将得到一些特别援助。标准普尔公司①将匹兹堡市的级别降低为垃圾债券级别。

4. 出售资产

时间紧迫的时候，通常的做法是出售剩余的建筑用地、土地和其他资产，之后通过将这笔款项看作正常的收益，来填补预算的漏洞。问题在于这是一个一次性的补漏，同样的漏洞明年又会出现。威斯康星州花了25年的时间，通过烟草业收集了59亿美元的资金，但为了

---

① Standard and Poors，是世界权威金融分析机构，由普尔先生于1860年创立，为投资者提供信用评级、独立分析研究、投资咨询等服务。——译者

填补政府支出，仅仅用 12.75 亿美元就把这笔资产卖了出去。至 2003 年 4 月，34 个州和县纷纷效仿，共筹集资金 157 亿美元。

更有甚者，1995 年，匹兹堡的领导人将供水和排污工程转交给资产负债表外的独立实体——匹兹堡供水和排污管理局，而他们这么做并不是为了解决城市的结构问题。之后于 1996 年，在还不能开始征收的时候，他们就将价值 5 120 万美元的税收和污水留置权以 3 220 万美元的价格卖了出去。打那以来，他们每年都依靠一次性的收入来源以平衡预算。所有这些一次性的花招只能将危机推迟一年。与此同时，前匹兹堡市的预算官员罗恩 · 米兰达说，他们只是“推迟沉船时间而已”。

5. 虚拟预期

预算只是一种预测，是一份预期收入与支出的报表。如果做得很准确将是一份有用的评估。但最终，每份预算都是基于假设，只要简单改变一下假设你就可以使它看起来或好或坏。如果你预期有 1 000 名新生来报到注册，（出于预算的目的）只假设会来 900 名，那么，你就要在你估算的新开支基础上减少 10%。如果你猜想经济连同财政收入将增长 4%，但你做 5%的增长预算，你就增加了预期新收入的 25%。

里根在 1982 年的做法就是一个典型的例子，通过对假设做手脚使预算“产生效果”。为了证明大规模的减税是正当的，其预算主管戴维 · 斯托克曼预测在 1982 年有 5%的经济增长。根据“供给学派”的理论，这将有助于到 1986 年创造 280 亿美元的盈余。事实证明，那年国内生产总值下降了 2%，并且这是二战之后出现的最大的财政赤字。斯托克曼在其回忆录中承认，全部努力都是一种欺诈行为，白宫内部讽刺地称为“美好的愿景”。

6. 表面文章

对预算问题在政治上的回应往往是做表面文章。领导人下令不准使用咖啡壶、下调旅行预算和解聘顾问。为了节约能源，他们强迫工人们在办公室忍受夏季的炎热和冬季的寒冷。有些人甚至取缔盆栽。去年，密苏里地方长官下令，所有政府楼里的灯泡都被卸除。虽然这些做法表明了某种决心，但也会产生两个严重的后果：它们省不下来多少钱，它们还会抹杀员工的士气，如果一项工作确实需要出差而出差却被禁止，员工就会变得沮丧和玩世不恭。在俄勒冈州的波特兰市，那里的警察被剥夺了加班工资，为了表达不满，一旦轮班时间已过，一些便衣人员就不管什么事情都会撒手不干，甚至是在跟踪嫌疑犯和执行命令期间也是如此。

7. 拖延维修

当手头的钱很紧的时候，我们有时候就不去给汽车换油了，或者我们暂不修复有裂缝的车道。这样做的确在目前可以省出一小笔经费，但是如果没有换油导致油箱过热的话，则有可能会毁了发动机。制造弗拉姆牌机油滤清器的人们说得好："你可以现付，也可以以后再付。"下面是阿拉斯加一行政部门的预算案，透过干巴巴的语言，你可以展开自己的想象，你将看到拖延的后果到底会有多严重。

> 目前，在已延期的维修清单中，最优先的项目是朱诺[①]办公大厦电梯系统的更换与升级。在过去10年里，这些电梯系统已经有过严重的问题和重大的停机记录。在过去的5年里，这些问题都存在明显地恶化。电梯在去年大多数时间里都无法使用。这些电梯需要在消防、人身安全以及电码的准确度上进行升级，以确保它们的可操作性以及使用者的安全。

① Juneau，是美国阿拉斯加州首府。——译者

预算的基本要素

使用账目的把戏和用一次性的资金解决长期的赤字将导致灾难。用权宜之计补上预算的缺口实际上并没有解决深层次的结构性问题。这些伎俩让政客们避免使用棘手的措施，例如加税、减少受欢迎的政府公共服务。但是，回避一旦成为习惯，当真正的问题进一步恶化，最终就需要更棘手的办法来解决。

正如每一个戒毒者所知道的那样，康复的道路上第一步就是超越否认和欺骗。如果我们要掌控我们的财政问题，我们的领导者就必须抓住他们真正面临的问题。他们必须弄清——并要与其他人沟通——这个问题有多大成分是由于经济不景气或临时性问题导致的短期现象，而又有多大成分是由于持久的财政危机而导致的长期性现象。

对于我们很多人来说，这些预算危机就如明尼苏达州的州长鲍兰迪所言，是一次“脑震荡”。危机数额巨大，问题的复杂和多样性，就像让我们又回到了 7 年级时最糟糕的梦魇——“识字问题”。

但是对一项预算来说，没有什么东西天生地是神秘的。事实上，我们可以从 5 个方面来抓住问题的核心：

1. 着手于平衡：在本财政年度开始的时候有多少钱在我们的账户上。

2. 收益：预测将会有多少收益。

3. 开支：预测会动用多少资金。

4. 盈余或赤字：收益与支出的差额。

5. 结算平衡：预测还留有多少钱在本财政年度末的账户上。

为了更清楚地了解我们实际的财政状况，我们不得不考察至少 5 年内这 5 个方面的状况，如表 1.1 所示：

表 1.1　5 年的 5 种基本预算

	今　年	明　年	第三年	第四年	第五年
1. 基数					
2. 收入					
3. 支出					
4. 盈余/(亏损)					
5. 结余					

为什么需要 5 年？因为短期的预算是长期预算出现欺骗行为的导火线。去年的财政预算只是冰山的一角，我们无法看到整个情况。最流行的财政预算欺骗手段是通过“障眼法”，使整体看上去很好，然而，用不了多久，真相就会在某个公众没有注意到的地方水落石出了。这也正是文图拉州长在 2002 年明尼苏达州大选时指出过的。对这种陷阱，每个人都只能睁一只眼闭一只眼。

使用“5 - 5”预算法可以帮助我们把视线拓展到那些遥远的盲区，以至于大部分未想到的令人吃惊的糟糕事情会浮现出来。但实际上，5 年只是一个最低要求。如果议员们在预算的 6 年里已经放置了一个定时炸弹，这将需要 7 年的预测分析才能看出结果。一些管理很好的政府对每一项预算都做出 10 年的预测。

当然，没有人可以准确无误地制定出 5—10 年的经济预测。评估毕竟只是评估，是一种检测预算假设真实性的经济模式。这些数据并非一定就是准确的，但它们可能提醒我们注意由于我们今天所做出的决定而带来的未来的问题。

结构性，周期性，还是两者兼有

“5 - 5”预算工具能够把任何一本厚达 300 页的预算案变成一

些非常简单的算术。但它主要的优点在于已帮助人们掌握政府财政实况的方式。

首先，它能帮助人们弄清楚人们所说的预算的“平衡”表示什么意思。一般认为预算平衡即收益至少等同于开支，但是政客们的理解往往有些不同。对于他们而言，“预算平衡”通常意味着在预算末期每一项预算额都大于零。这个定义能够让他们的花费大于收入，只要他们在平衡预算的时候有足够的经费补足差额。这种平衡——支出超出了每年的收入，但是弥补了差额。如果支出的费用总是不断地在收入之前提取，一旦储蓄用光，危机四伏。

这种“5－5”预算工具还可以帮助政治家、公共管理者和纳税人弄清问题的性质：是周期性的、短期的还是结构性的、长期的；以及是否造成收入不足，支出增加，还是两者兼顾。

周期性的问题通常来源于经济的增长和税收的增加，这样的问题会随着时间的推移而消失。如表 1.2 所列举的显示，收入增长的短期暂停会使预算陷入赤字(括号中的数字是消极的估计)。到第四年，预算回到平衡，收入等于支出，但在此之前已经积累了大量的债务。补救的措施是用临时的收入或支出的方法来遮掩这种漏洞。当预算回到平衡的状态，这些临时的方法便可以“取消”。

表 1.2　循环预算问题　　　　(单位：美元)

	今　年	第二年	第三年	第四年	第五年
基　数	1 亿	1 亿	(19 亿)	(32 亿)	(32 亿)
收　入	180 亿	180 亿	207 亿	240 亿	270 亿
支　出	180 亿	200 亿	220 亿	240 亿	260 亿
盈余/(亏损)	0	(20 亿)	(13 亿)	0	10 亿
结　余	1 亿	(19 亿)	(32 亿)	(32 亿)	(22 亿)

即使经济复苏，结构性的问题也会是持续的（甚至可能变得更糟的）。如表1.3所示，收入平稳的增长，但支出攀升，导致每年的赤字都在增长。因此，如果预算达到了平衡的状态，这个问题就需要在收入或开支上进行彻底地改变，也许两方面都需要改变。

大多数预算问题都同时具备了周期性和结构性特征，大多需要综合性的措施来解决。

表1.3　结构性预算问题　　（单位：美元）

	今　年	第二年	第三年	第四年	第五年
基　数	1亿	1亿	（11亿）	（28亿）	（64亿）
收　入	180亿	198亿	218亿	239亿	262亿
支　出	180亿	210亿	235亿	275亿	310亿
盈余/（亏损）	0	（12亿）	（17亿）	（36亿）	（48亿）
结　余	1亿	（11亿）	（28亿）	（64亿）	（112亿）

财政援助

在财政危机中领导者们必须立刻采取行动。这里有12个财政援助的例子可以随时借鉴来应对突发情况，缓解危机，不过这些不涉及欺骗或否认，因此不会在今后造成更大的问题。

1. 拖延项目发展的时间，真正的拖延而不是账目表面上的拖延。

2. 在特定期限内，暂停税收抵免。

3. 将州的票据交换所里无人认领的财产转换为资金。

4. 要求雇员取消无偿休息日，否则被认为是暂时解雇。

5. 封堵税收漏洞。

6. 设立特赦计划以搜集逾期税款。此外，州、市和县承诺不控告在宽限期内全部付清的人们。1983年，马萨诸塞州的州长迈克尔·杜卡基斯采用90天的赦免计划吸收了8 400万美元的款项。

7. 聘请税务审计员，严厉打击税收违法现象，加重处罚非法逃税者。杜卡基斯从严从重执法，加强审计，吸纳私人侦查机构，任何欠交退缴税的公司的执照和公共合同都会被吊销。税务局长还查抄了游艇业务，禁止这些店铺营业，包括波士顿最受欢迎的一些餐厅。自愿服从的越来越多，而且马萨诸塞州的持续性收入基数增加了约5%。到1986年，有17个州都纷纷效仿马萨诸塞州的做法。

8. 修改税法以避免因议会的行为而失去收入，例如，当布什总统削减所得税的税率时，佛蒙特州的州长霍华德·迪安说服他的立法机关将本州的系统区分于联邦税率，这样可避免州政府失去部分收入。

9. 通过发行一般责任债券和收益债券支持原先由一般基金资助的金融资本项目，从而释放一般基金的压力。（对资本项目的谨慎借款没有什么不对，这会增加就业机会并刺激经济增长，尤其是在经济萧条时期。）

10. 抵押贷款实有的债券利率较低。

11. 促进为公共机构的筹款。2002年，随着强制增加学杂费22%，马萨诸塞大学增加了来自私人资本的9 800万美元的收益。在纽约市，纽约市长迈克尔·布隆伯格在自己当政的头13个月内，增加了1 400万美元的城市项目，并恢复公共私营部门的主动性，这使得有资产的个人能够赞助城市项目。

12. 鼓励提前退休。各级政府已经开始通过一次性奖金、允许工作人员在55岁的时候至少可以领取一部分的养老金等奖励办法来减少他们的工资总支出。

紧紧地抓住预测

如果你不能理解上面描述的“5－5”预算，你就不可能控制政府财政的问题。“5－5”预算的效用取决于收入与支出预测的准确程度。预测并不是件容易的事情：预测充满着不确定性并受到其可信度的挑战。

首先，预测者需要知晓收入与支出的不稳定性。在收入方面，不稳定性来自3个方面：收入来源的混合性，收入基数的宽度，以及经济因素。

政府收入一般来源于：

- 根据个人和企业资产价值、消费、收入或工资缴纳的税款。
- 对学费、执照、罚金、停车费以及关税等手续费和费用的征收。
- 来自其他政府——从联邦政府到州和地方政府，从州政府到学校、市和乡。

从一个层级向另一层级的传递建立了一种相互依存的关系，也就意味着一个层级收入的不稳定性会影响其他层级。当联邦政府打喷嚏了，州政府就会感冒，当州政府生病了，地方政府也得卧床休息。

全国各地的政府收入来源存在着大量的多样性。例如，新罕布什尔州没有州的销售税或所得税，但是却大量依赖着遍及全州的以及地方的财产税加之一系列其他的税收和费用。南达科他州、佛罗里达州、田纳西州、内华达州以及华盛顿都没有所得税但非常依赖它们的营业税。俄勒冈州没有营业税，但在很大程度上依靠其所得税。得克萨斯州、阿拉斯加州、怀俄明州和蒙大拿州依靠的是开采石油，天然气和煤炭的收入，而内华达州依靠的是赌博的收入。

虽然大多数市和县倚重于财产税，但有一些还是选择实行营业税。有些市像纽约市那样，甚至强征地方所得税。每一级政府的收入来源如表1.4所示：

表 1.4　收入来源:联邦政府,州政府(美国平均),地方政府(美国平均)

	联邦政府	州政府	地方政府
个人所得税	48%	20%	2%
薪资税——社会保险和医疗保险	34%		
零售税		18%	5%
财产税		1%	27%
公司所得税	10%	3%	
各种收费		9%	15%
来自其他政府转移支付		28%	39%
各种其他收入	8%	21%	12%

资料来源：联邦政府的信息来自总统行政办公厅表 2－3，《联邦政府预算公民指南》，《美国FY2001预算》；州和地方政府的信息来自美国统计局，《联邦政府、州和地方政府：州和地方政府财务状况》。

一个政府对收入来源的选择直接影响其收入的波动性和可预见性。大体而言，财产税是最稳定的，对一些“必需品”比如食品、服饰征收的营业税也是如此。最不稳定的是企业所得税和来自石油、天然气和煤的税收。

每当政府选择了一种收入的来源，它也同时选择了此来源当中固有的风险。当俄勒冈州选择大部分依赖所得税而不是依赖销售税的时候，也就比其他州选择了更多的波动性。它的收入增长速度相对其他州要快，但下降的速度也会比其他州快。同样，当阿拉斯加和得克萨斯州指望用石油和天然气井带来收益，它们也就选择了接受石油和天然气井市场的变幻莫测。

即使在各级政府选定了收入的来源之后，它们仍可以通过如何选择结构系统来影响收益的波动性。大体上来说，与那些将税收基础中重要部分排斥在外的税费相比，覆盖面更广泛的税费是较为稳定的税收来源。例如，随着万维网的出现，排除大多数互联网销售税就会使销售税缺少可靠性。

同样，拥有大量的免税和排除税的所得税会比同等对待所有收入的所得税具有更多的波动性。随着逐渐增加税率而导致税收不断上涨的所得税制将会带给收益额外的增长——收入增长速度会高于整体——当增速好的时候如此，但是，当收入下降的时候就会跌得很惨。

问题是，并不是这种选择优于其他，而是根据波动性和可预测性同时并存的原理，所有的选择都会存在相应的后果。

最后一个变量——经济——是政府无法选择的，至少在短期内无法选择。但是它们可以预测经济带来的影响。如果经济产生的收益并不全部来源于某一种工业，收益将会更加稳定和更加容易预测。缺乏经济多样性的州和社区必然在收益中预见到更多的波动性。

当政府考虑收益来源的选择问题时，还必须考虑三个重大变化，它们已经导致传统的税收方式不再那么稳固。首先是互联网业的增长，工厂和商店需要缴纳财产税，但是网络中无形的信息资产则不需要。同样，在实体商店里销售的产品都需要缴税，但在网络上销售的产品则不需要。田纳西大学商业和经济研究中心的经济学家们估计，由于网上交易，2001 年会流失掉 130 亿美元的销售税，而这种损失将会在 2006 年猛增至 450 亿美元。

使税收制度不太可靠的第二个因素是大多数的州很少或者没有向服务业征税。自 1959 年以来服务业占消费支出的比例已经从 40% 增长为 60%。

最后，以绩效为基准的报酬和职工认股权的兴起，也使得收入所得税变得更加不稳定。在 20 世纪 90 年代末，在经济蓬勃发展时期，这种波动性出人意料地呈现出盈余，而在经济萧条时期则出现了大笔的赤字。虽然政府不能选择它们的经济——或者经济模式正在改变的方式——但他们可以调整税收和救急款的结构，来弥补自身在应对这些现实时的不足。

在支出方面，主要影响波动的因素包括人口构成状况、经济的起伏不定、开支“代理权”在政府间的变换，以及被政府写入法律的开支“自主权”。

一句古老的格言说道：“人口决定命运。”学龄青少年人口数量上的改变会影响学校的招生需求。越来越多的老龄人口使医疗保健、养老院和社会保障的需求增多。青少年的人数会影响到对警察、法院和毒品预防部门的需求。管理支出的关键在于预测这些关键人口数量的变化。

预期经济变化的影响也能够带来更可靠的预测。在良好的经济环境下，随着就业率和收入的增长，社会保障网服务的需求下降。在经济不景气时期，失业保障、福利、食品券以及类似项目的支出自动增加。

有些开支实际上是被另一层级的政府通过“代理”的方式来控制。大多数由其他政府流向州和地方政府的收入都带有附加条件，即要指挥如何来使用这些资金。此外，联邦政府和州政府都倾向于通过法律的途径来要求州和地方政府执行特定的职能，但并没有以特定的方式来提供这些运作资金。这些被称为不提供资金的授权。美国的残疾人法案就是一个最好的例子。联邦政府规定所有公共建筑必须具备轮椅无障碍的设施，然而，对学校、市政厅和其他市政建筑物进行改造的费用都由州和地方政府来支付。当你是代理者——或者如许多人所感觉到的是替罪羊的时候，这就很难预测哪些受控制的开支将会被别人要求支出。

最后，政府的许多开支是“自动”的，也就是说，不以人的意志为转移的。这些“自动”的开支包括：劳动合同当中的生活成本(COLAS)调整，而这会自动地增加工资和利润的成本，从而跟得上通货膨胀的速度；像生活费用一样运转着的“利率膨胀指数”，该指数从医疗保健、社会公共服务和其他拨款中产生；“常规拨款”，这是基于参加或在这一项目中有资格开销的人数而确立的；需要每年还本付息的债券契约。

当耗费巨大的自动开支因为不得不付款而受到限制时，政府就必须做出选择了。因此，如果通货膨胀突然提高，那些与“嵌入式”通货膨胀调整配对的开支，也会自动地大幅增加，不管是否有财政支持，也不管其他的开支是否更加紧急。

任何一项预测或估计的完整性还取决于它的可靠性，而预测的可靠性不仅取决于它的性质，还取决于它的透明度。任何导致怀疑的事件都会让人们更容易忽视预测，并且在一定政治状况下，如果执政党控制着预测的过程，怀疑主义将始终存在。那就是为什么美国佛罗里达州的法律要求来自州议会和州长行政办公室的预算工作人员对所有预测计划须达成一致意见的原因。一些政府聘请私人经济预测公司来制定它们的预测计划。在新西兰，财政部采用著名经济学家组成的独立委员会来评审所有的预测。

1987 年，当遭受了石油市场崩溃的深深打击之后，该州设立了一套法律程序来管理预测并严格管束相互抵触预测计划。这个会议由州长、众议院议长、参议院议长以及本州大学里的一位经济学家共同参加，会期至少一年 4 次。该法律要求他们拿出一个意见一致的预测，并且当议会从一般基金与专项基金拨款时，不能够超过这一数额。

那些想提高他们预算的可靠性的领导者们，就需要发布他们的预测计划，用容易操作的方式来鼓励公众监督。当立法者做出了预算的结果，他们就必须尽力做到关注预测，长期预测必须提供给媒体和相关群体，任何一个明显的异议他们都会反馈给议员们。

实际上，除非执行者和立法者在他们做预算决定的时候直面这些预测信息，否则即使是非常可靠的预测，也几乎没有什么用。美国联邦政府坚持将其所做的预测与国会每年批准的预算分离开来，于是，如此严峻的赤字预测对委员会甚至议会全体会议中的一张张投票而言，影响甚小。其他政府将他们的预测写入预算文件中，这样，每个预算项目就有了 5—10 年的规划期。当行政部门执行议程或议会投票赞成新的收益或开支时，其长期的影响不容忽视。来自加州桑尼维尔的前市议会成员瑞奇·纳皮尔告诉我们："这就是使我们能够与问题保持一定距离的原因，因为我们不是在危机中做决策。我们所担心的是 5 年左右会出现的问题，而不是 5 分钟左右会出现的问题。如果我们在 6 年后有赤字的迹象，就要非常认真地来对待，这会比较容易改变它。"

纳皮尔接着介绍说，在经济状况好的时候：

> 当选官员的自然反应是，"我想在我的行政区里建一个游泳池——我们有经费，为什么不用呢"？问题是 10 年的预算工作会让你提出："是啊，钱是有的，但是我们需要这些钱来平衡 3 年后的预算，或用来处理法院的债务案件，或者需要支付给残疾人法案所保护的美国人。"这就保护了你的储备，这也给了政客们一个台阶下。

自 1994 年以来，新西兰就已经要求政府在提交预算给议会时，也提交财政战略报告与预测。这就意味着如果政府制定的预算没有重视独立和可靠的经济预测就会自我曝光。当前财政部部长鲁思·理查森通过议会推出 1994 年《财政责任法》时，她这样说道："经验表明，未来需要有一席之地。在本条例草案中我们正在给未来发言权，在过去，短期的焦点常常给我们带来长期的损失。"

议会还要求扩展"应计制"(accrual accounting)的会计制度，并普遍接受对所有政府开支的会计实务，确保所有政府的亏损和负债都在资产负债表中出现。正如下一届的财政部部长说道："如今，对于政府的形势，议会和新西兰的公民比大多数上市公司的股东拥有更多财政方面的信息和更了解这一形势下蕴含的危机。"

照常营业

在明尼苏达州2003年大选之后，新当选的州长蒂姆·鲍兰迪在严酷的现实面前最终承认："我们正处在这个州前所未见的财政危机之中。"没过多久他就把自己的提议摆上了台面——又一个传统的一锅炖的提议，包含了各种各样的削减、转移方案和会计技巧。42亿美元的短缺中，只有25亿美元可以通过削减开支来解决。其余的将被会计伎俩和一次性转让如变戏法一般所清除。虽然他没有提出新的州税收，但学费和其他费用将显著增加。

各党派间对预算的争论在2003年常规立法会议期间持续了5个月，迫使州长召集特别会议。随后，民主党突然妥协。由于共和党人毫不退让，加上自己也没有什么更好的主意，他们只好说："你们想要这笔预算，好，你们得到了，但你们要承受后果。"

曾任前共和党籍州长阿思·卡尔森的金融专员约翰·刚右在预算获得通过并签署之后，在明尼阿波利斯《明星论坛报》做出了以下评估：

你应该了解的州预算的10大问题

既然议会已闭会，并且我们的领导者们正在考虑他们传统的两党联合战略，对于他们通过的预算有10个方面是你应该知道的：

1. 这并不是历史遗留问题，而是州长和议会制造的。他们忽视了迫在眉睫的经济衰退，制定了难以承受的对教育经费包办的法律，并改革了财产税，由此引发了超过一半的赤字。随后，去年一年，由于采取一次性的解决问题方案而不是考虑长远的解决办法，这些问题翻了个倍。

2. 这不是个开支的问题，而是个管理的问题。他们不断做出政治上受欢迎的承诺，但却无法维持下去。明尼苏达州在减税上花费了2004—2005年度财政预算中的55亿美元，相当于整个的赤字。

3. 他们并不是另外开支10亿美元。为期两年的预算混淆了从2002年至2003年开支增加了13亿美元的事实，这主要归因于政府负责了学校的教育经费和财产税制改革。事实上，从2003—2005年，预算没有增长。

4. 只有K－12教育和医疗保健费用得到了多于以前的拨款，而其他项目每笔则不到13亿美元，这不是较低的增长，这是绝对的削减。当地对警察、消防和街道的援助削减了20%，大学被削减9%，经济发展、环境、农业和其他州政府的开支总共削减了14%。

5. K－12教育的资金在2004年度有所上升，但在接下来的3年里都在削减。因为以现有的税收结构，政府支付不起去年负责的学校教育经费，他们要求学区用较高的地方税取代短缺或未来的州政府拨款。

6. 从长远来看，他们对医疗和社会服务的削减反而会花费更多。老人和未投保的家庭将被迫使用更昂贵的保健设施。削减儿童经费的项目尤其是目光短浅，因为这些项目自诩为节约成本，但实际上却正中企业主管们的下怀。

7. 没有任何改革可以控制实际成本的发生。K－12教育和医疗保健占了预算的2/3并对政府开支的增加起主要影响。医疗保健的费用预计在2006—2007年度增长22%，州政府对K－12教育的削减资金的改革虽然没有任何花费，但将会进一步地降低教学质量。

8. 本地公共服务的弱化将使人们付出更大代价。政府提高学校和过境税，并逐步实行价格限制。这种情况与地方援助的削减一起，将使财产税征收比例提高10%—15%。由于公共安全和街道占据了城市预算的3/4，不合理的价格限制与不合理的征收将迫使服务锐减。

9. 交通系统将继续恶化。他们借款只是为了一年的改进，却是通过牺牲其他领域和今后10年或更长时间的道路维修来支付债务，而不是通过提高汽油税合理解决公路和过境的需求。

10. 他们只是暂时在一年内修补了问题，但没有真正解决问题。高达一半的解决方案都依赖于一次性修复，因此，在2004—2005年度，州政府仍然会比本来要承担的费用多花费15亿美元。这意味着明年我们将要寻找更多的削减项目。

你不需要拥有使预算平衡的强硬手段，而仅仅需要解决数学的问题——7种极端的欺骗手段将引君入瓮。这是政治和预算的通例。但是，政府选择的这条容易走的路，实际是一个光滑的斜坡。他们越是拖延，财政问题就越是像滚雪球似的增长。而领导者集中解决的是数学问题(并每年都重新解决)，没有人会更多地关注更重要的问题：用公民愿意接受的价格为他们带来最好的结果。这不是一个数学问题，而是一个领导力的问题。

第二章

设定政府的价格

在戈尔和布什针对减税问题进行的激烈争论中，有一个事实被人们忽视：针对每年收入少于10万美元的人，他们两人都将拨出大致相同数目的资金补助——在9年里拨出5 000亿美元。

——格伦·凯斯勒，2000年10月17日《华盛顿邮报》

到20世纪90年代，联邦赤字已经成为经济的困扰，而始于罗纳德·里根的减税和军备开支使得20世纪80年代早期的财政赤字占到了国内生产总值的6%。到了1992年的时候，我们都成了赤字鹰派(强硬派)——我们都担心赤字对经济的影响。

克林顿总统迫使国会通过了增税方案。随着政府和国会限制开支以及美国联邦储备委员会抑制通货膨胀，历史上最长的经济扩张期出现了。直到1998年，赤字问题才得以解决。

随着盈余取代赤字，两党的候选人都主张减税。乔治·布什和艾尔·戈尔都意识到政府的价格的上升幅度已经高于公民愿意维持的程度。

我们所说的“政府的价格”，指的是一个社区愿意承诺给予政府多少购买权。没有什么“正确”的政府的价格，这和有“正确”的“雀巢脆谷乐”价格不一样。这就是说，由于其管辖区以及财富、历史、文化和价值观的不同，可接受的价格可能有所不同。

寻找可接受的价格是民选官员的工作。这个事情对他们的挑战性和它对通用磨坊公司管理人员的挑战性是一样的。把“雀巢脆谷乐”的价格过度抬高，消费者会告诉你，你过火了，他们会买玉米片和爆米花代替。把“雀巢脆谷乐”的价格降得过低，你的企业会分崩离析。

同样，当政府的价格过高时，公民会让政府知道：他们不会支持现任政府，而会选出反增税候选人，或者拥护反增税的倡议。当政府的价格降到很低，一些重要的公共服务如学校、公路和警察部队就会开始变得令人焦躁不安。一旦这种下降趋势达到崩溃点之后，公民们则会通过选出承诺改善公共服务的代表，或者由公民投票表决来为他们关心的公共服务获得更多的资金投入，以此来推动政府的价格回到原来的水平上。

在下面的曲线图里描述了多年来联邦政府的收入占国内生产总值的百分比，记录了它在相对狭小的波段里是如何波动的。当价格过高或过低时，它就会退回到常规状态——几乎好像有一个自动调节装置将其始终维持在一个可以接受的水准。当“温度”下降到“舒适地带”的最低点时，民主进程标志着“火炉”开始运转加温。当“温度”达到上限时，民主进程就会告知自动调节装置终止发挥效用。

这样看来，在20世纪90年代后的一些减税措施是预料之中的。（减税的规模和利益的分配则完全是另一回事。）确实有必要使联邦政府的价格回到符合人们愿意支付的水平。但是，自布什当选总统以来，多轮裁员事实上已经愈演愈烈。到2003年，联邦政府的价格处于20世纪50年代以来的最低点——远低于其长期平均水平。

我们将政府的价格确切地定义为所有税费收入和由地方、州与国家直接获取的费用总和，除以管辖区内的总经济资源。我们最常用来表达总经济资源的方法是个人收入总额。如图 2.1 所使用的国内生产总值会是一个比较好的测量方式，但是州和地方无法获得即时的有关本地生产总值的信息。个人收入总额是指个人从社会的工作、股息、利息、租金和诸如社会保障的转移支付获得的所有收入的总和。这是一个很好的取代性数据，因为组成个人收入总额的要素占国内生产总值要素的 85%，因此约等于一个社区的“购买力”。（来自美国经济分析局的个人收入总额数据对州、区和县都有效。至于市，我们则依靠美国人口普查局的“货币收入”数据。）

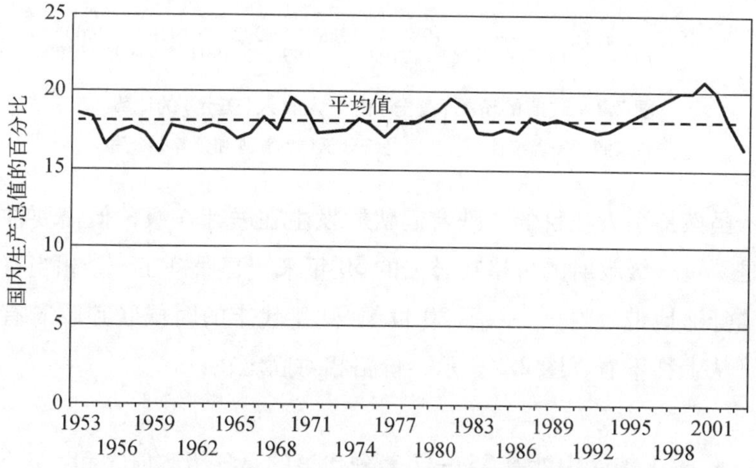

图 2.1 联邦收入占国内生产总值的百分比

资料来源：管理和预算办公室。

在图 2.2 中使用的个人收入总额可以使我们再次看到政府的价格的自我调节性。（请注意与联邦政府收入图中用国内生产总值来计算所表现出来的相似性。）由于我们所能得到的州和地方政府的最新数据来自 2000 年，因此，我们以联邦政府的价格的大幅下降为基础，将“总计”线扩展到 2003 年。

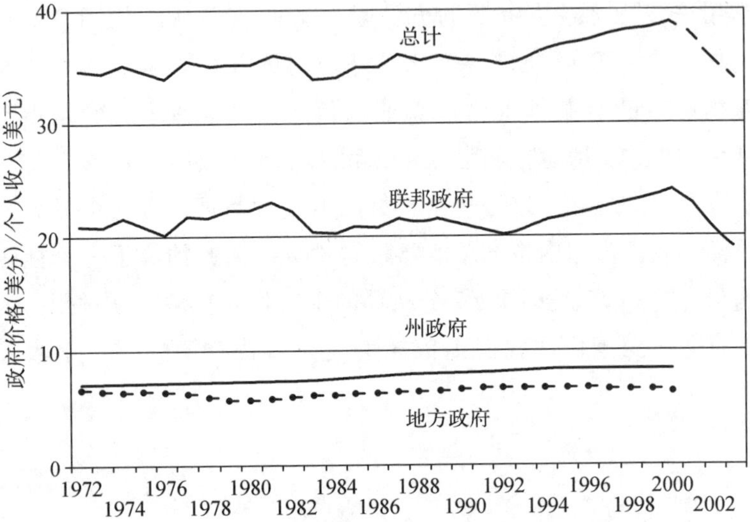

图 2.2　政府的价格(美分)占个人收入(美元)的比率

资料来源：美国统计局，美国经济分析局，管理和预算办公室。

虽然最引人注目的“跌宕起伏”发生在联邦一级，但需要注意的是，每一级政府的价格在过去的 30 年来一直保持在一个相当有限的“舒适地带”内——除了 20 世纪 90 年代末的时候联邦政府有盈余。从上往下看，图 2.2 显示，价格相对固定在：

- 每 1 美元中就有 35—37 美分代表的是各级政府之和；
- 每 1 美元中就有 20—22 美分代表的是联邦政府；
- 每 1 美元中就有 7.3—8.3 美分代表的是州政府；
- 每 1 美元中就有 6—6.6 美分代表的是地方政府。

该图表表明公民并不是只想要低税收和“价低的政府”。事实上，他们不断地向政府索取更多，但是索要的价格是相对固定的。他们实际上每年都在迫切要求让他们支付的美元增值。从这一方面来说，政府也像其他任何商品和服务的供应商一样遭到质疑。

不幸的是，如今大多数政治家和预算管理者没有意识到一个可以自动调节价格的政府的存在。对他们来说，预算是一种抢夺，看看他们想得到的到底能得到多少。每个人都有自己神圣不可侵犯的领域和憎恶的对象：保守派争取减税，而自由派却努力保证在教育、穷人、环境和其他关键选民上的支出。在立法机构这个“大染缸”里，权力和政治讨价还价之间的平衡导致的最后结局，就是对现状的微小调整。最后的结果常常是一项花费方案，这个方案与公民们最需要优先考虑的事情没什么直接的关系，也没有明确意识到，公民们为这一方案所愿意出的钱是有限的。

还有另一种途径：华盛顿州所采用的那种意图更加明确的流程，我们在导论中对此做过描述。这一过程我们称之为结果取向的预算编制，是对传统预算编制方式的颠覆。它的出发点，并不是去年的成本或利益集团的要求，而是一位民选官员对公民们愿意支付给他们想要的政府多少价格的一个判断。政府的价格的数据是做出这一判断的起点。

竞争中的政府

领导者必须意识到公民不断地，尽管是无意识地，对他们购买的所有东西的价值与价格的关系进行评估，包括公共服务。当价格与价值相差悬殊，他们就会减少购买量。

图 2.3 中的曲线追踪了在最近 30 年里消费者对不同类型支出的份额。它与前一个图表的不同之处在于，除了学费之外，它只追踪了那些直接由个人支付的政府收入。剩下的收入大部分是由商界支付的：企业税、社会保障税的商业部分（占一半）、销售和汽油税（零售商可免税）等等。尽管如此，结果仍然具有可比性。该图表明，

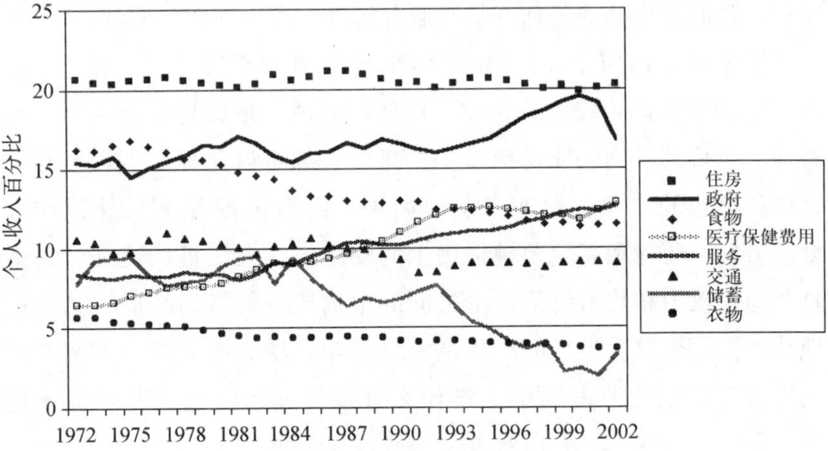

图 2.3　政府的价格中个人收入用于消费的百分比

资料来源：美国经济分析局。

自 1972 年以来，个人收入中用于食物、衣服、交通和储蓄的份额下降，并且储蓄额下降，给医疗保健腾出了空间，使医疗保健的支出增长了一倍，并且“其他服务”的支出增加了一半，主要是由于迅速增长的金融服务开支。（由于图表已经容纳了过多的内容，我们省略了“娱乐”从 1.8%—3.2%的增长。）

在这段时间内，直到 20 世纪 90 年代中期，公民收入中给予政府的份额保持得相当稳定——然后一路平稳上升到 2000 年的 19.6%。然后，从 2000 年开始，就像自动调节装置发挥了作用一样，加上国会通过了布什的减税政策，数据急剧下降。

由于公民只拥有数量有限的资金，故而，政府的价格是作为一个自动调节装置。当医疗保健的消费正在吞噬着我们收入当中较大的份额时，政府的价格就没有上升的余地了。所有产业的竞争都是激烈的和全球性的，如食品、服装、汽车，已经能够提供更为显著的货币增值。随着自身的成本上升，政府在压力下也只能这样做。

不同时期的政府的价格

尽管政府的价格在过去的50年中相对稳定，但它并非一直都维持在这样一个水平上。在第二次世界大战前，如人们对政府所期望的那样，政府的价格是相当低的。让我们以图2.4为例，该图显示的是联邦财政收入占国内生产总值的比重。

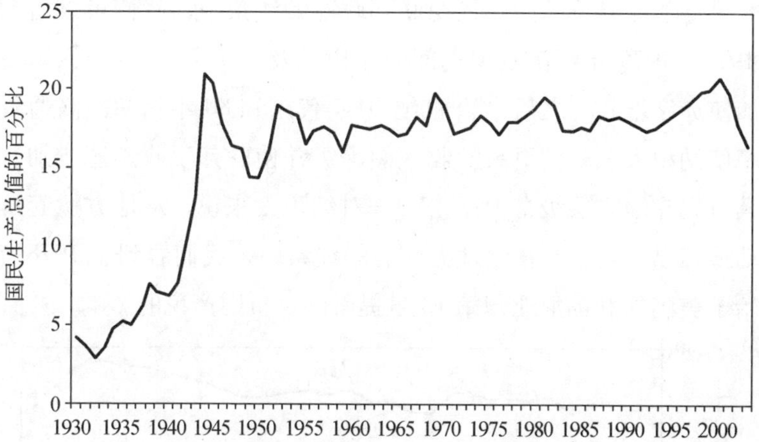

图2.4　联邦收入占国内生产总值的百分比

资料来源：管理和预算办公室。

该图显示，在19世纪30年代政府的价格要低很多，而之后为了应付“二战”后的支出，联邦税飞速上涨，政府的价格有一个巨大的飞跃。一旦战后事情平定，各级政府的价格从1953—2003年都相对稳定。

医疗保健、养老金、社会保障的费用是否会逐渐上升以至于有一天将会使我们进入一个新的时代，而我们无从知晓一个新的政府的价格。但在一段历史时期内，自动调节装置还是相当明显地发挥着作用。在“二战”结束后，支出结构发生了相当大的变化，但政府的总体价格还是维持在一个相对有限的范围之内。在1970年，医疗保健占据各级政府开销的8.5%，而且收入保障（主要是社会保障、福利、伤残抚恤金、失业保险金）占政府开销的20.3%。到了2001年，这两个比重分别上涨为19%和23.3%。但是，国防开支在政府开支总额中从27.4%降低到11.7%，之前所有这一切的增长都因此而被抵消了。

再看看图2.5中显示的自1972年以来的政府的价格。自动调节的效果是显而易见的。在描绘联邦政府的线条中，我们可以看到，在1974—1975年经济衰退期间的减税以及在1977年社会保障税的增加使赤字增长。之后，20世纪70年代末和80年代初的高通货膨胀率使纳税人上升到更高的收入额等级并使联邦税收迅速增加。纳税人首先在地方层级奋力反击——对纳税人来说，从地方掀起抗税运动最容易成功。在描绘地方政府的线条中，我们看到了1978年6月始于美国加利福尼亚州第13号提案的反抗财产税的影响，并且这

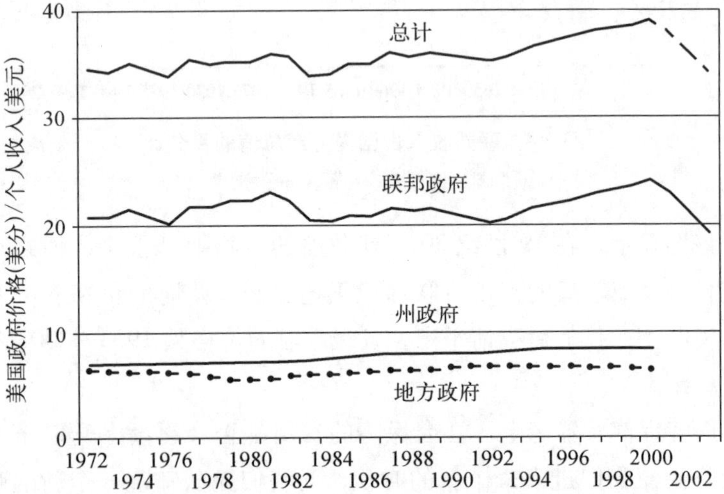

图2.5 美国政府的价格（美分）占个人收入（美元）的比率

资料来源：美国统计局，美国经济分析局，管理和预算办公室。

一影响迅速蔓延至全国。之后，选民选出了曾经承诺要对所得税削减30%的罗纳德·里根。

在20世纪80年代初，严重的经济衰退扭转了州和地方政府财政收入下降的趋势——对服务的需求上升，通货膨胀的延迟效应使得财政收入的增长要快于个人收入的增长。然而，这一转变更多地被里根的减税所抵消。里根政府决定降低政府的价格，每年通过举债国内生产总值的3%—6%来维持税收的下降。

1990年，又一次经济衰退减少了联邦税收收入。整个1992年，联邦政府的价格持续下降，而且，赤字猛增。与此同时，州和地方政府通过提高税收来应付他们收入的短缺和支付医疗保健、养老金、教育和监狱等费用。

20世纪90年代，在持续的经济增长中，情况再次发生变化。选民们对里根、布什赤字所造成的经济损失感到恐惧，在1992年的大选中表明了明确的态度。克林顿总统和国会提出增加税收和压低开支。由此产生的繁荣使收入和资本收益税增加，同时也使政府的价格(尤其是在联邦一级的政府)稳步上升。到了2000年，达到了39美分，是其历史最高水平并远高于公众可以接收的水平。减税和“不增加新税种”，成为各级政府当时热门的政治争论话题。

当我们考察各级政府的价格时，联邦一级的政府往往掩盖着在州与地方两级政府发生的事情。图2.6着重反映了州与地方政府在同一个30年中的发展趋势。

有三个因素引人注目。首先是20世纪70年代末在地方政府里反抗财产税的影响，这是因为地方政府严重依赖财产税。第二是州政府价格的持续上涨，这个结果是由改善公共教育和建造更多的监狱，加上无休止的医疗救助和养老金费用而导致的。第三是在20世纪90年代的反补贴对地方政府的价格的影响，市政府和县政府承担了改革政府的费用，州政府承担了当地学校费用中越来越大的份

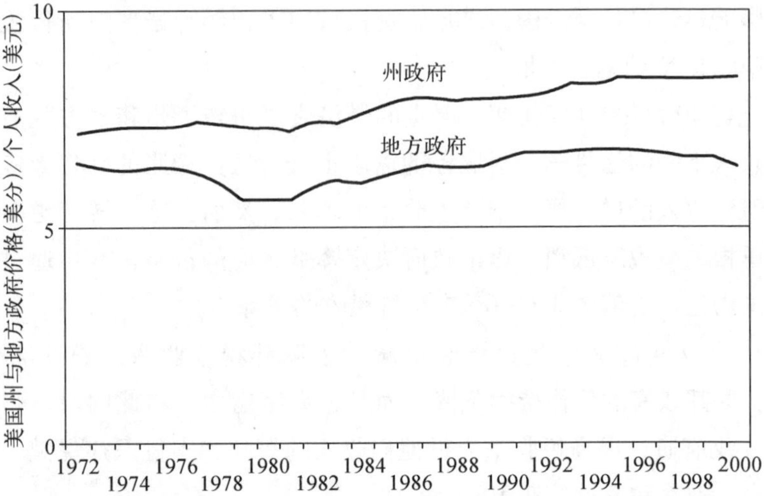

图 2.6　美国州与地方政府的价格(美分)占个人收入(美元)的比率

资料来源：美国统计局，美国经济分析局。

额。除此之外，再加上快速增长的个人收入，使 1993 年以后州与地方政府的价格保持了基本的平稳。

当我们分别观察各个州时，具体事件与政府的价格之间的联系就更加紧密。图表 2.7 描绘了第 13 号提案的发祥地加利福尼亚州的州与地方政府的价格。正如图表当中所清晰描绘的那样，在 20 世纪 70 年代的大多数时候加州的政府的价格都高于全国平均水平。大约从 1975 年开始，房地产的快速通货膨胀抬高了财产的价值，当房主们的房产被重新评估时，猛增的赋税让他们十分吃力。与此同时，通货膨胀使得所得税的纳税人转向了更高一级的收入阶层，并且州政府开始出现盈余。州长杰里 · 布朗敦促立法机关将盈余花费在减免财产税上，但是他的法案陷入僵局。当两个相对默默无闻的保守党议员霍华德 · 贾维斯和保罗 · 甘恩散播他们的减税计划时，抗税活动油然而生。第 13 号提案一夜之间减少了地方政府 23%的收入。州政府利用他们的盈余以减轻打击，但是可怕的财政困境仍然使地方政府一级的效率戏剧

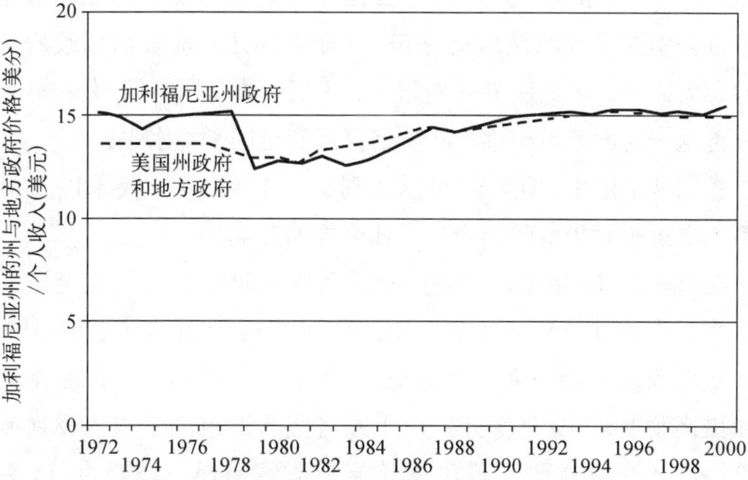

图 2.7　加利福尼亚州政府与地方政府的价格(美分)占个人收入(美元)的比率

资料来源：美国统计局，美国经济分析局。

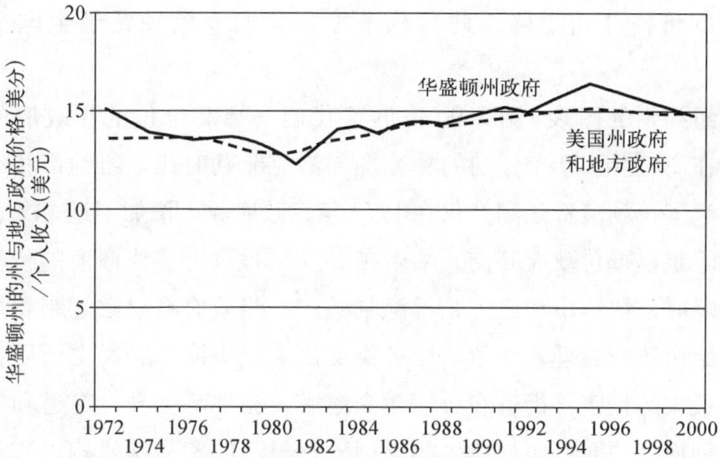

图 2.8　华盛顿州政府与地方政府的价格(美分)占个人收入(美元)的比率

资料来源：美国统计局，美国经济分析局。

性地提高了。（事实上，这场危机在一些城市如维塞利亚和费尔菲尔德首先引起了改革政府的呼声。）即便如此，随着加州政府的价格的大大减少，公共服务开始恶化。之后，在20年前，公众开始要求改善这一局面，希望逐渐将价格提高到全国平均水平。

我们从上图中（图2.8）可以看到，20世纪70年代末以及1993年第二次抗税对华盛顿州产生了什么样的影响。

在过去的30年里，华盛顿州的政府的价格已经达到全国的平均水平。但在1993年春季，波音公司在西雅图地区裁员19 000人，政府收入开始下降。面对短缺15亿美元的预计，议会削减开支和提高税收近10亿美元。由于经济陷入严重的衰退，驱使政府的价格高于正常水平，税收增长导致群情激昂。1993年11月，选民们通过了严格限制州政府开支的“601倡议”。1995年该倡议开始生效时，政府的价格已经达到前所未有的水平。之后不久，在“601倡议”的效用下，一系列相关的倡议也纷纷通过。政府的价格开始下降，此后从未停止。如今已经低于全国平均水平。

纽约州的图表（图2.9）告诉了我们一个高价位的州政府的故事。在20世纪70年代初的林德赛与洛克菲勒时代，纽约市和纽约州兴起了一场消费热潮。仅在1973年，政府收入增加了近14%，但仍然不足以抵付政府开支。结果在1976—1977年，当政府的价格达到顶峰时，纽约市和纽约州都濒临破产。州政府将财政管制委员会强加给市政府管理，导致其服务类支出大幅下降，居民生活质量受到了极大的损害：街道和公园越来越脏，犯罪率上升，街道和桥梁逐个倒塌。同时，州长休·凯里（1977—1981）和立法机构以减税并遏制支出来降低州政府的价格。

在20世纪70年代这些经历的警示下，州长马里奥·科莫和立法机构以及纽约市长爱德华·科克和市议会于1984年进行开支审

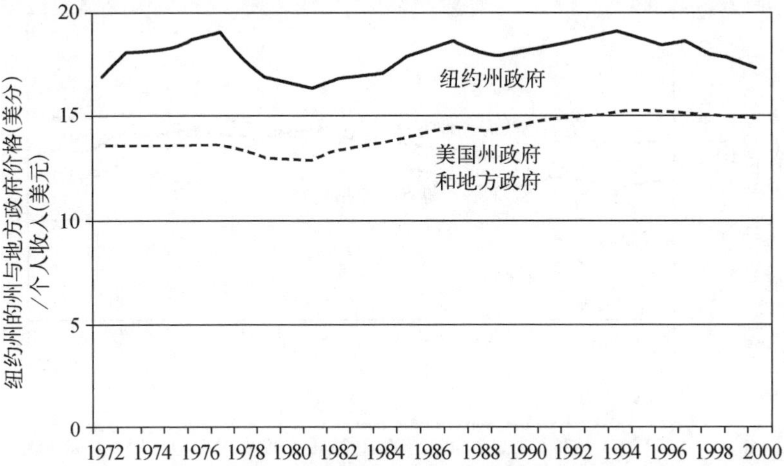

图 2.9　纽约州政府与地方政府的价格(美分)占个人收入(美元)的比率

资料来源：美国统计局，美国经济分析局。

查。之后，随着经济的蓬勃发展和公民要求更优良的公共服务，他们开始重建道路和高速公路，建立新的监狱，并改善学校设施。州政府的价格悄悄地回升到每 1 美元中占 18 美分。作为回应，科莫和议会分三个阶段削减所得税——1987 年、1988 年和 1989 年——政府的价格稍有降低。经过 20 世纪 90 年代初经济衰退的打击之后，当个人收入停滞不前时，当选的领导人调高税费使政府的价格再次上升。到 1994 年，其回到了 1977 年的水平，大约每 1 美元中占 19 美分。1993 年，共和党人鲁迪 · 朱利安尼击败了在位的纽约市民主党籍市长，接着在下一年，共和党人乔治 · 保陶基击败了科莫。图 2.9 清晰地显示了为什么纽约市突然转为共和党人执政。他们及其立法机构推动政府的价格在 2000 年稳步回落至每 1 美元中占 17 美分——接近 1972 年的水平。

与纽约州形成一个有趣的对照的是，得克萨斯州一直是政府的价格较低的州，如图 2.10 显示，整个 70 年代和 80 年代初，它的价

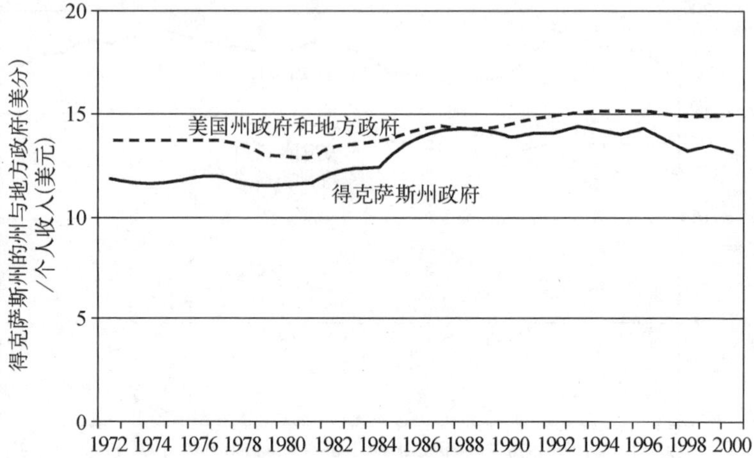

图 2.10　得克萨斯州政府与地方政府的价格(美分)占个人收入(美元)的比率

资料来源：美国统计局，美国经济分析局。

格低于全国平均水平大约 2 美分。之后由于石油危机爆发和随后房地产不景气的打击，个人收入被迫下降且政府的价格达到了前所未有的高度。到 1989 年，政府的价格达到了全国平均水平。但是自这一年开始，随着石油和天然气价格的渐渐恢复，得克萨斯州开始重申，他们更倾向于廉价政府。

地方政府的价格也可以被追踪，尽管这样做有些难度。地方政府的人口和人均收入数据可以从每 10 年一次的人口普查中得到，人口普查局经常提供一些人口估算。经济分析局发布了县、市和州的每年个人收入总和的估算，尽管他们滞后了一两年。这些数字可以用来为很多非地方管辖的地区估计总货币收入。地方政府和学校预算提供每年税收及其他费用的数据。两者合计，这些数据使我们可以随着时间的变化评估政府的价格。利用州的发展趋势以及人口普查资料作为事实检验，虽然结果并不完美，但它足以使领导者把握发展趋势。

图 2.11 显示了丹佛市和县以及科罗拉多州的政府的价格。请注意它的相对稳定以及 20 世纪 90 年代以来下降的趋势，它反映了在全州范围内实施的《纳税人权利法案》的影响，这一法案严格限制了政府的开支。

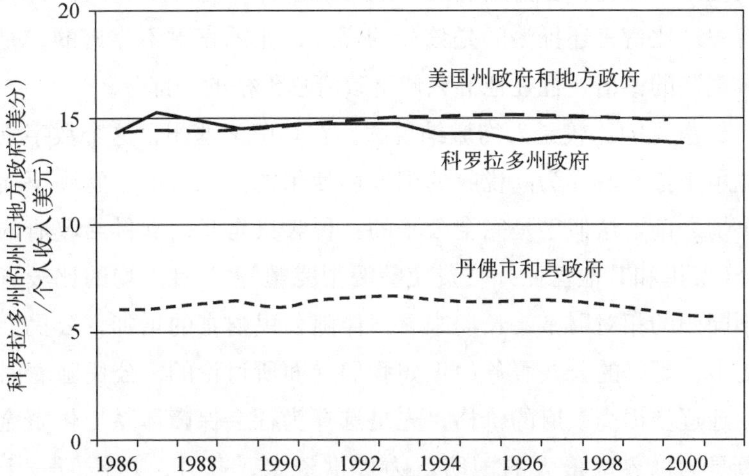

图 2.11　科罗拉多州政府与地方政府的价格(美分)占个人收入(美元)的比率

资料来源：美国统计局，美国经济分析局，丹佛市政府。

所有这些图中关于政府的价格的信息并不是当选的领导者可以任意选择的。市民的忍耐度——既针对税收制度也针对服务的可接受水平——是一种限定因素。诚然，这种忍耐度在任何时间都受到经济健康状态的影响。但是，从长远来看，政府的价格受人民的意愿所调控。它必须被支付它的人所接受并且能够满足公民的需求。公民们在不同时间里对政府的价格所做的选择，反映了他们对公共服务价值的独特判断。得克萨斯州的公民对政府公共服务的评价与纽约的公民不同，反之，也不同于华盛顿或加利福尼亚州的公民们的评价。

管辖区比较

每一天，那些声称本地的州税或地方税与其他地方相比已经“失控”的研究，在公民们的耳边狂轰滥炸。这种研究通常让人想起有关“比谎言还扯淡的是该死的谣言，比谣言更不靠谱的，是统计数据”的谚语。往往他们只侧重政府总价格的一部分。

最常见的比较是人均缴纳税款。在马萨诸塞州，这个数字是保守党用来描绘联邦为高税收的国家而使用的。在人们了解到下面两件事情之前，这似乎是完全公平的：税收只是我们支付给政府的一部分(费用和其他营业外收费使整幅图完整)，并且人均的比较省去了不同州的相对财富；长期来看，伴随公民财富的增加，公民会要求更多、更好的公共服务。正如我们前面所讨论的，公民随着时代的变迁逐步提高政府的价格，先是选择为社会保障体系提供资金，接着是为世界上最大的国防武力提供资金。并且，在任何一个时代，税费都在个人收入的百分比中保持了相当的稳定性，即使个人收入已经增加。

当个人收入上升，个人消费支出也会上升。如此或反之，个人支出的增加会导致对政府需求的增加。公民推动得越多，他们对维修良好的道路的需求就越多。他们乘飞机旅行越多，自然就会需求更大更好的飞机场。同理，他们变得越富裕，就越需要质量更好的学校、更安全的街道、更清洁的水和空气。因此，上升的个人收入驱动着服务需求的上升。这就是为什么政府的价格很少随着社区的繁荣而下跌。

正如图 2.12 所示，正是马萨诸塞州的相对富裕使其拥有高于平均水平的人均财政收入和低于平均水平的政府的价格。图表的纵轴(每个州的人均财政收入)是对生产力的测量，一般情况下，政府具

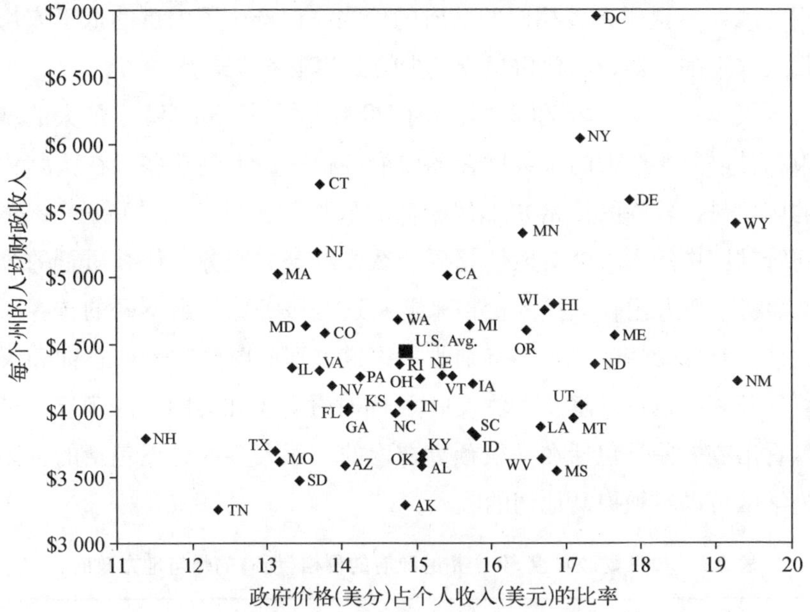

图 2.12　政府的价格与人均财政收入(2000 年)

资料来源：美国统计局，美国经济分析局。

(图标中 MA 代表马萨诸塞州，TX 代表得克萨斯州，CA 代表加利福尼亚州，WI 代表威斯康星州，MI 代表密西西比州，WV 代表西弗吉尼亚州。——译者)

有较高的人均收入就能够为他的市民提供更多和更好的服务，因为他们是富有的。横轴是(个人收入用于政府的价格的百分比)对投入的测量。它反映了公民愿意花费他们收入的多少来支付给政府。由于马萨诸塞州是富裕的，它排在了人均财政收入的前 10 名，即便它的政府的价格排在后 5 名当中。(你可能想知道阿拉斯加在哪，多亏了石油的收入，它的政府的价格大约是 1 美元中占 40 美分，它并没有出现在以上的图表中。)得克萨斯州和马萨诸塞州的政府的价格大约相同，但人均财政收入与后者相比颇少，加利福尼亚州和威斯康星州政府将人均收入提高到和马萨诸塞州一样，但需要更高的政府的价格来做这些。较贫困的州，例如密西西比州和西弗吉尼亚州与威斯康星州有着相同的政府的价格，但产生了大量的低于人均收入水平的人群，因此负担着较少的公共服务方式。

表 2.1、2.2、2.3 和 2.4 显示了 2000 年 50 个州、50 个最大的城市和县以及 9 个大的市县联盟的政府的价格。看到这些，在头脑中的印象是，较高的价格并不比较低的价格“更好”或“更差”；不同管辖区中的人，会对他们想要什么样的公共服务、什么质量的公共服务，以及用什么样的价格来购买这些服务，做出不同的选择。此外，有些管辖区有一些特别收入渠道，那些财政收入如石油和天然气开采税也可以惠及暂住人口。同时看看市和县的政府预算，可以看出有一些是包括在学校预算在内的，而大多数是不包括的，因为学区可以单独提高他们的收入。

表 2.1　2000 财政年度 50 个州的政府的价格(所有的州与地方政府)

州	政府的价格*	州	政府的价格*
亚拉巴马	15.1	蒙大拿	17.1
阿拉斯加	40.6	内布拉斯加	15.4
亚利桑那	14.0	内华达	13.9
阿肯色	14.9	新罕布什尔	11.4
加利福尼亚	15.4	新泽西	13.7
科罗拉多	13.8	新墨西哥	19.3
康涅狄格	13.7	纽　约	17.2
特拉华	17.9	北卡罗来纳	14.7
哥伦比亚地区	17.4	北达科他	17.4
佛罗里达	14.1	俄亥俄	15.0
佐治亚	14.1	俄克拉何马	15.1
夏威夷	16.9	俄勒冈	16.5

（续表）

州	政府的价格*	州	政府的价格*
爱达荷	15.8	宾夕法尼亚	14.3
伊利诺伊	13.3	罗得岛	14.8
印第安纳	14.9	南卡罗来纳	15.8
衣阿华	15.8	南达科他	13.4
堪萨斯	14.8	田纳西	12.3
肯塔基	15.1	得克萨斯	13.1
路易斯安那	16.7	犹　他	17.2
缅　因	17.7	佛蒙特	15.5
马里兰	13.5	弗吉尼亚	13.7
马萨诸塞	13.2	华盛顿	14.8
密歇根	15.7	西弗吉尼亚	16.6
明尼苏达	16.5	威斯康星	16.7
密西西比	16.9	怀俄明	19.3
密苏里	13.2	全　国	14.9

*个人的一般收入来源（美分）占个人总收入（美元）的比率

资料来源：美国统计局，美国经济分析局。

表 2.2　2000 财政年度 50 个大城市的政府的价格

市	政府的价格*	市	政府的价格*
阿尔伯克基	4.4	梅　萨	3.0
阿纳海姆	4.7	迈阿密	6.7
阿灵顿（得克萨斯州）	2.8	密尔沃基	3.6
亚特兰大	9.4	明尼阿波利斯	6.1
奥斯汀	4.4	新奥尔良[b]	7.2

（续表）

市	政府的价格*	市	政府的价格*
巴尔的摩[a, b]	9.1	奥克兰	8.7
波士顿[a, b]	9.0	俄克拉何马城	5.6
布法罗[a]	4.9	奥马哈	3.3
夏洛特	4.6	菲尼克斯	4.6
芝加哥	5.7	匹兹堡	5.7
辛辛那提	8.6	波特兰	5.2
克利夫兰	10.3	萨克拉门托	5.9
科罗拉多斯普林斯	6.2	圣保罗	5.2
哥伦布	5.3	圣安东尼奥	3.8
达拉斯	5.9	圣迭戈	5.4
底特律[a]	10.8	圣何塞	4.3
埃尔帕索	4.4	加利福尼亚州圣安娜	5.0
沃思堡	4.8	西雅图	5.7
弗雷斯诺	4.5	圣路易[b]	11.6
休斯敦	4.6	坦　帕	5.8
密苏里州堪萨斯城	8.4	托莱多	4.9
拉斯维加斯	2.8	图　森	4.4
长　滩	7.9	塔尔萨	6.5
洛杉矶	5.9	弗吉尼亚比奇[a]	6.8
孟菲斯	4.0	威奇托	3.1

*个人的一般收入来源（美分）占货币总收入（美元）的比率

[a] 包括学校

[b] 包括县的财政职能

资料来源：美国统计局。

表 2.3　50 个大县的政府的价格

县	政府的价格*	县	政府的价格*
加州阿拉梅达县	1.2	亚利桑那州马里科帕县	1.0
＊宾州阿勒格尼县	1.1	佛罗里达州迈阿密戴德县	6.1
马里兰州巴尔的摩[a]	5.2	威斯康星州密尔沃基县	1.7
新泽西州卑尔根县	0.9	马里兰州蒙哥马利县[a]	6.2
得克萨斯州贝克撒县	1.6	纽约州拿骚县	3.0
佛罗里达州布劳沃德县	2.7	密歇根州奥克兰县	0.5
内华达州克拉克县	4.1	加州奥兰治县	1.2
加州康特拉科斯塔县	1.8	佛罗里达州奥兰治县	3.6
伊利诺伊州库克县	1.0	佛罗里达州棕榈滩县	2.1
俄亥俄州凯霍加县	1.9	亚利桑那州皮马县	2.0
得克萨斯州达拉斯县	1.2	佛罗里达州皮内拉斯县	2.1
伊利诺伊州杜佩奇县	0.7	马里兰州乔治王子县[a]	5.5
纽约州伊利县	3.9	加州河边县	0.7
新泽西州埃塞克斯县	1.2	加州萨克拉门托县	2.4
弗吉尼亚州费尔法克斯县[a]	4.3	犹他州盐湖城	1.6
俄亥俄州富兰克林县	1.3	加州圣伯那地诺县	1.9
加州弗雷斯诺县	1.7	加州圣地亚哥	0.7
乔治亚州富尔顿县	2.6	加州圣克拉拉县	1.0
俄亥俄州汉密尔顿县	2.1	田纳西州谢尔比县[a]	3.9
得克萨斯州哈里斯县	1.3	密苏里州圣路易斯县	1.1
明尼苏达州亨内平县	1.6	纽约州萨福克县	2.7
佛罗里达州希尔斯伯勒县	3.6	得克萨斯州塔兰特县	1.2

（续表）

县	政府的价格*	县	政府的价格*
华盛顿州金县	1.6	得克萨斯州特拉维斯县	1.0
加州洛杉矶县	1.8	密歇根州韦恩县	1.5
密歇根州马科姆县	0.8	纽约州维斯凯斯特县	2.8

＊个人的一般收入来源（美分）占个人总收入（美元）的比率
[a] 包括学校
资料来源：美国统计局，美国经济分析局。

表 2.4　2000 财政年度最大的市/县组合的政府的价格

市/县	政府的价格*	市/县	政府的价格*
安克雷奇	5.3	纳什维尔/戴维森	5.9
丹佛	6.7	纽约	9.8
檀香山	3.2	费城	6.8
印第安纳波利斯	4.4	旧金山	6.5
杰克逊维尔/杜瓦尔	4.1		

＊个人的一般收入来源（美分）占个人总收入（美元）的比率
资料来源：美国统计局，美国经济分析局。

当开始考察长期趋势来比较政府的收入时，或者根据人们做出的选择来比较管辖区时，我们认为，政府的价格是最好的测量办法。首先，它覆盖了所有收入的直接来源——税收及其他税费。这点很重要，因为税收的限制往往导致较高的费用、州立学院和大学较高的学费以及公路和桥梁较高的收费。在这种情况下，“没有新税收”并不意味着没有新的收入。第二，政府的价格也覆盖了各级政府：联邦，州和地方政府；学区和特殊地区。这点也很重要，因为当联邦政府预算削减打击到州政府或州政府预算削减打击到地方政府时，被打击者通常以增加收入来抵消削减的打击，但增收途径不同，在这种情况下，“没有新税收”意味着在这里没有新税收——但在别处却存在着新税收。政府的价格可以帮助我们看到任何社区中政府的全价。支付的人们并不会区分自己支付给哪个政府：对他们来说是所有政府。

最后，政府的价格测量了政府收入与经济之间的关系。这是至关重要的，因为它使政府领导者和公民承担起共同的责任，促使他们的经济尽可能地茁壮成长。正如我们上文所述，相较于贫弱的经济，一个健康的经济更能以较低的价格保持一定水平的公共服务。反之，各级政府会提高收入并使用他们的收入来影响经济的增长。政府不能在不考虑经济代价的情况下提高价格至没有竞争力或不能接受的水平。但是他们需要利用这些抬价来实现尽可能多的价值——尤其在维持经济增长的区域。许多人没有意识到，正如过高提升政府的价格会损害经济一样，操纵价格使其过低会渐渐破坏它的活力。在信息时代，经济成功的关键是教育水平、生活质量和联通性（能够可靠地传递信息、商品和人的能力）——而这些都需要花费。

在 19 世纪 90 年代初期，开始于美国科罗拉多州和华盛顿州，公民们通过法案，让政府支出的限额与人口增长和通货膨胀率相挂钩。这些听上去非常合理，但是他们并不打算仅仅只限制开支和税收，实际上也削减每年的政府的价格——不考虑可接受性，可承受能力，或竞争力。

他们又是如何做到这一点的呢？个人收入总额随着人口、通货膨胀以及生产力的增长而增长。结果是，一般情况下个人收入总额比人口的总和与通货膨胀率本身要增长得快。他们所设定的限制无视这一事实，从而无情地降低了政府的价格。纳税人权利立法提案听起来像是常识，并且它们一直在延续，但是它们事实上是不真实的。它们的目的是为了降低政府的价格——“让野兽（政府）挨饿”——而不是用公民们愿意支付的价格来获取尽可能多的价值。

我们相信，公民应该知道并应该与政府争论政府的价格，他们应该自主地决定，什么样的水平是可以接受的、负担得起的和有竞争力的。然而，当他们感到有必要限制税收或支出时，更明智的做法是，将这些限制和政府的价格联系起来——努力使税费等其他费用与个人收入形成固定比率。

寻找“合适的”价格

基于上述理解，领导者们在他们准备编制预算的时候，应该如何去确立自己财政收入的总体水平？

他们应该首先确定其历史上的政府的价格。根据目前的预算做法，经过一个长期并且间接地讨价还价过程之后，公民支付什么以购买政府服务大多是随机产生的。我们的看法是，领导者们应首先确保在总收入的所有来源上达成一致，然后聚焦于如何最好地利用这笔钱以实现成果（这是我们第三章的话题）。政府的价格是领导者们达成一致的极好工具。在回应税收、其他税费以及服务质量的变化等方面，政府的价格多年来一直是民选官员在公民中建立的信息反馈装置。

首先，聚集和描绘在你的区域里、在一定时间内，支付给服务于公民的各级政府的税收和其他税费的数据，应表示为该区域总收入的百分比。同时显示公民支付的整个政府的价格以及支付给每一个政府部门的份额。

第二，绘制上升的标记和下降的趋势，来观察什么样的价格水平引发过人们的抵制以及什么样的水平（以及服务的适当削减）让人们有更多的支付意愿。

第三，评估这一历史材料，结合你对当地经济趋势的认识（尤其是个人收入的趋势）以及相互矛盾的管辖区里对政府的价格的认识，来达到一个适合该地区的价格。（领导者可能希望在一个公共教育和协商的过程中帮助他们实现目的。）我们并不建议政府领导人被动地接受现状。他们可能会决定，他们的公民将接受一个合理的加税，以恢复公共服务，或者说，他们已经打算反抗并要求减少税收负担。趋势分析被用于了解目前的政府的价格，给制定决策打下了很好的基础。

此外，考虑支付给各级政府——州、地方和联邦的政府的价格份额。最好与所有这些政府共同做到这一点。向公民证明，你和你的同事们认识到有这样一个限制政府的价格的事实，同时，他们的政府致力为公民们支付出的钱供应最好的价值。数年来，明尼苏达州的拉姆齐县的主要管辖区——圣保罗市、圣保罗县与圣保罗的各个公立学校——已经实现了每年共同制定财产税的限额。这一举措顺利执行，提高了公众对这些政府能够对年度税款负责的信心。2003 年，俄勒冈州的摩特诺玛县联合波特兰市及其学区主办了一场税收公投，主张允许县增加税收来支持学校、公共安全和公共事业。选民看到了这一主张的价值所在，并通过了该项措施。

如果你不能苟同，那么至少表明，你知道对集体的政府的价格有一个限制。大声地告诉公民你所想的数目，然后宣布在总数中您觉得多大的份额是可以接受的。

明年的政府的价格最终是一个选择。决定一旦做出，它可以而且应该在整个预算过程中推动所有其他决定。在一开始就确定所有来源的收入水平，这一做法，将传统的预算程序从头到尾颠倒了过来。如果事先这样做了，就节约了时间来做更重要的事情。接下来的步骤便是：购买公民重视的支付结果。

第三章

确定政府优先事项：购买公民重视的成果

如果你曾经在明尼阿波利斯和圣保罗附近的高速公路上熄火了，或者你的车没油了，或者引擎出现故障，你很有可能遇到的情形是，在几分钟之内，一辆来自明尼苏达州交通部的绿色卡车停下来伸出了援手。这些卡车是该州高速公路援助项目的内容之一，而这个公共项目曾经让明尼苏达州新任州长蒂姆·鲍兰迪领教了传统预算编制那残酷的现实。

2003 年 1 月，当鲍兰迪刚刚上任时，就有人预测，该州将在两年内花费 310 亿美元，但是收入评估却显示了 42 亿美元的差额——正如新州长所说的那样，“珠穆朗玛峰般的预算赤字”。受限于“没有新的税收保证”，他万般无奈只能削减预算的 14%。

公路援助计划每年花费该州大约 100 万美元。鲍兰迪认为这是一个次要的且可以被忽略的项目。他的盟友、州众议院议长说，人们应该只是回来换轮胎。几乎就在同时，司机和他们的支持者开始怒吼，他们的义愤成为头版新闻。记者采访了一些公民，他们透露了公路援助者将他们从灾难的边缘救出的感人故事。州长怎能削减掉这些对大多数人如此有利的项目。报道和压力持续上演，直到最后，鲍兰迪让步并宣布取消计划。

取消公路援助项目本来可以削减掉 100 万美元。这样一来，鲍兰迪需要相当于4 200个类似的削减才能实现平衡预算的目标，然而，在刚开始行动的时候就遇到了挫折。

这是传统预算制订过程的第一个教训：一旦涉及削减，没有人会心甘情愿。

鲍兰迪公路援助削减的受阻也说明了第二个教训：财政预算案的争论都集中在项目而不是成果上。典型的预算并非按照成果编制，而是按照谁花钱来编制。机构、各部门以及各分部进行分摊，任何优先事项的讨论都通常依据谁分摊多少的所谓公平性而展开，并在组织图上标明。所以，成果并不重要，关键是谁付钱。此外，游说团体以与组织图相似的方式组织起来，千方百计努力确保资金流动到他们最关心的组织中。但是，公民并不关心政府雇员的职业愿望，以及政府组织或支持他们的利益集团的需求；公民只关心成果。他们在能够讨论他们想表达的意见之前，将不会情愿去关注组织图。

总的来说，也不应该只是行政首长以及财政和拨款委员会主席才关心编制出合理的整体预算。但是在传统预算工作方式作用下，几乎所有的人都是以保护自己的利益分割为目的，而并不关心整体利益。

这是因为以往预算平衡的游戏规则将焦点完全集中在削减上。然而，正如我们从导论中华盛顿州的例子看到的那样，存在一个更好的方式即一个新的游戏，这种方式不是集中在削减而是“保持”上。它扭转了先前的争论，从如何削减10%—15%转变到如何更好地花费余下的85%—90%。这一概念的转变使游戏从防备变为进攻，并让政治活动从原来的姑息游说团体，转为实现公民重视的成果。

新游戏的新规则

在传统体制下，当预算办公室收到来自各部门首长的指令时，博弈就开始了。实际上，几乎每一个预算报告的提交都始于去年被花费的开支的提出。此金额称为“基数”（base）或“本期服务数”（current services）。这一“基数”的概念是旧体制的核心——也是缺陷的症结。该数额代表着各机构和部门的“最低需求”，它能维持自己一如既往的行为方式。向基数投入资金并使它被认为是“最低需求”，这是一种强制性的支出项目，它能在预算削减的砍刀下得以留存。

但是，去年的开支仅仅是确认基数的起点。各部门总是认为保护“最低需求”（minimum necessary）项目是预算的基础，并要求增加这些项目。各部门以三条理由来说明为什么要增加基数：（1）通货膨胀使所有事情的成本增加；（2）工作量的增加意味着他们不得不覆盖新的项目（无论是学生或医院的病人或无家可归的人）；（3）新法律已经创建了新的指令。例如，随着入学人数的增加和对双语或特殊教育的新要求的提出而 K－12 教育的基数也在增加。同样，随着客户人口数的增长和医疗保险价格的上涨医疗保健的基础开销也在膨胀。

入学率下降或者客户群体减少也可以导致基数的减少。然而，当这种情况发生时，部门领导通常会要求“免责”。一旦他们知道哪个项目将会被削减，他们就尽可能把要削减的项目变为基数，以此保证该项目不被砍掉。

管理者要求更多的资金来满足新的需求或者满足原有需求的新方式，由此使基数不断突破新高。他们知道他们应该要求得更多，因为他们了解预算办公室或民选官员会常常改变他们的请求。毕竟，那是预算办公室所期望的。

前明尼苏达州行政管理局副局长杰夫·兹洛尼斯是这样描述他是如何获得这场竞赛的胜利的：

> 通过立法预算听证的一个窍门是，你一定要准备 1—2 份

大约耗资25 000美金的听证议案，用来引起议员们的注意——甚至可能是引起他们小小的不快。他们清楚25 000美元的意义。如此小的预算项目是不应该麻烦他们来听证的。在提出耗费6 000万的技术运作开支之前，我确实喜欢先提出这类议案。

我最喜欢的一个预算是30 000美元的州乐队制服项目。我利用这个预算项目很多年了。我会把这个议案安排在我认为可能会引起争议的大额预算议案之前，并且总是花费至少半个小时的时间在州乐队制服预算上面与立法委员讨价还价。这样，他们就只剩下23分钟时间来讨论6 000万美金的预算项目了。

为了补偿预算可能出现的削减，各部门将会通过超额预算以保证削减后他们仍然能够拿到他们感觉能够有效运作所需要的资金。当预算办公室削减了太多项目时，聪明的管理者会以终止那些最受欢迎的计划为要挟，以此来反击预算办公室削减预算的行为。这就是联邦行政官员们所熟知的“关闭华盛顿纪念碑”。在众多用来使预算削减受挫——如果还不至于使其万分痛苦的话——的手段中，这是最为臭名昭著的一条。

为了达到预算平衡，预算工作人员和民选官员不得不减少所有层面上的辩护，同时阻止各种辩护的声音，抵御辩护者。由于没有能力区分一项预算是超额还是适当，他们总是常常全盘地削减预算，这就使那些诚实地提交预算议案的官员处于不利的地位（而且告诉他们永远不要再这样傻乎乎地坦诚）。自削减预算的工作启动开始，民选官员就会因为削减了某项预算而受到提交议案的行政官员的严厉指责，而行政官员们很少会因为民选官员们保留了某项预算而感谢他们。民选官员必须在与行政官员激烈的肉搏战中为每一美元的削减提出正当的理由，而对于那些保留的预算，在行政官员们看来则是理所当然的。

在当前的政治环境下，民选官员总是在支持他们感兴趣的项目的同时，寻求一些方式来展示他们审慎理财的一面。基数具有神奇的法术，可以形成增长机制，这使民选官员在削减预算的同时，又使得开销高于前一年。只要在新的基数上裁减掉的金额低于以往基数膨胀的金额，机构就可以在声称议案得到削减的同时拿到更多的钱。

在最坏的情况下，固有的预算游戏规则能够导致异乎寻常的政策失误。在最好的情况下，这一规则耗费难以计数的工作量。几乎没有人成功，到处是一片指责声。

新的游戏规则，即我们所说的结果取向的预算编制，没有基数的概念。去年的预算数目并不能作为今年的参考，并且无须讨论是否要在这个数目上进行增减。取而代之的，新规则的出发点在于一个议定的政府的价格，并且目标是要直面结果。部门领导的工作也相应从填充基数转变到证明他们的计划能够以最少的预算得到期望的结果。

预算办公室的工作再也不是与部门领导玩“真心话大冒险”的游戏。他们的工作是对竞争的战略进行比较，以确定哪一个计划可以使公民的钱得到最充分地使用。预算官员担当的不再是守门护院和无足轻重的会计的角色，他们成为控制组织中实现预期成果的主要操作者。任何一个参与者，从民选官员到预算分析师，再到部门领导，都突然成为了人民公仆，都关心起公民们愿意买单的价格下所产生的成果。

尽管这是一项具有挑战性的任务，但其消耗的时间远远低于以前的预算规则。虽然机构和预算办公室需要花比以前多的精力投入到估量实施结果和评估竞争战略与项目上，但是仍然可以节省足够多的时间，因为不需要花时间在数字上面捉迷藏了。

新旧预算编制的对比

费用/机构基础预算		结果取向的预算编制
基点	以上年预算为基础“条件”	政府的价格：多少公民情愿为政府付费
焦点	在上年预算的基础上增删	购买结果：公民渴望政府提供服务的事物
增加	自动增长=新的基础	零基础，不存在增加与减少
减少	从新的基础中削减	
提交	根据需求与成本，外加其他而调整	按确定的价格向公民报价
激励	成本控制和削减刚性化	按确定价格生产公共服务产品
分析	发现隐性和不必要的开支	使报价生效或发现更好的选择
选择	选择削减服务或提高税收，以及承担责难(或者责难其他人)	选择最佳方案，以公民们愿意承担的价格，获得最优成果
辨析	削减了什么，增加了哪些税	如何获得更好的成果

上面的表格总结了传统的预算编制和结果取向的预算编制的基本区别。

结果取向的预算编制

像生活中的大多数领域一样，在政府中，我们会觉得从事之前已经做过的事情，会更保险和更容易，原因很简单，因为我们一直是这么做的。仅仅在极少数情况下(通常在发生危机的时候)，我们才会退一步以征求更广泛的意见，消除所有成见，改变我们的思维定式，以新的眼光来审视我们应该如何充分利用有限的时间和资源。

结果取向的预算编制使得政府领导者可以完成这项艰巨任务的

一些部分，并且在每一次准备预算的时候进行创造性的思维。事实上，这一过程本身要求如此。

通过一种非常简单的改进，这种基于成果的预算编制过程就可以摆脱过去的预算游戏以及专心于部门利益的困境。

第 1 步　确定政府的优先事项：确定对公民们来说最重要的成果。

第 2 步　确定各项成果的价格。

第 3 步　确定如何以设定的价格尽可能好地取得各项结果。

"容易犯的一个错误是把预算作为一个数学问题来处理。"华盛顿州的沃尔夫冈·奥皮茨说道：

> 预算并不是一个数学问题。当你把它当作一个数学问题来处理的时候，你仅仅能得到一个数学上的答案。人们并不关心1 600 万美元和 160 亿这两个数字的差别，他们关心的是他们要更新驾照的时候，是否不必花费 6 小时的时间去排队等候。

步骤 1：确定政府的优先事项

这一过程首先要确定什么是对公众最有价值的结果。这和编辑一些异想天开的愿望清单不一样。民选官员需要采用那些他们在大选中获取选票的方法，来找出并清晰地说明什么对选民来说是最重要的。

- 民意调查：随机抽取公众意见。
- 小组讨论：随机选取代表的多次讨论。
- 市政厅会议：（在有经验的工作人员的协助下）与任何有意愿出席的人进行多层次的公共讨论。

- 公民传媒：新闻媒体倡议读者、听众和观众参与互动式讨论、争论，并且将讨论得出的优先次序反馈给政府。
- 网络媒介：通过网络收集的反馈加深对公众意愿的了解。

在导论部分，我们介绍了华盛顿州提出的优先事项清单。当相同的问题摆在其他州或者其他地区的领导人面前时，他们列出的优先事项清单是相似的，但并不完全相同。这些优先事项清单之所以作用巨大，并不在于它们的新颖性或者对于公众意愿的反直觉洞察力，而是在于它们重新关注和聚焦公共支出的方式。

摩特诺玛县是俄勒冈州最大的县，人口占全州人口的20%辖区包括波特兰及其部分内环郊区。县政府委员会委员们在1994年开发了一个名为“基准”的绩效预算制度。该系统包括85个结果目标。“我们依据的原理是每一部门都必须有一个测量标准，因为在表决的时候，我们主观上会忽略一些测量标准。”主持委员会并担任县长的贝弗利·斯坦这样说。考虑到这份清单过于冗长以至于难以提供任何重点，委员会挑选了85条中的12条作为首要基准：

- 减少未成年人怀孕
- 增加无毒品影响的婴儿比例
- 减少家庭暴力
- 减少学生饮酒和吸食毒品
- 减少暴力犯罪
- 提高各类“矫正计划”（divorsion programs）* 的成功率
- 减少惯犯

* “矫正计划”是美国刑事犯罪系统中的一种制度设计，由司法机关执行，使轻罪犯可以通过其他处罚（如社区服务），从而避免刑事指控或免除刑事记录。

- 增加戒毒服务
- 增加医疗保健服务
- 增加心理健康服务
- 增加县里的工作岗位与合同的多样性
- 增强对县政府的问责机制

最终，斯坦和她的同事认为，即便是 12 个目标也存在冗余。1996 年，他们分离出 3 条优先级别最高的“长期基准”。

- 增加高中毕业率
- 减少贫穷儿童的比例
- 减少犯罪

然后，他们排定了一个层次清单，将所有其他基准归入上述 3 大基准。斯坦告诉我们：“我这么做也是没办法，但是我发现这么做很有用，因为我现在可以记住整个清单。每次演讲，我都会说‘我们有 3 个长期基准，我们需要社区居民在这些方面帮助我们’。我认为要记住三四个以上的标准是很困难的一件事。”

2002 年，加利福尼亚州奥克兰市的市长和市议会以 7 个目标为起点，编制出基于绩效的预算。

- 使奥克兰成为一个安全的城市
- 建设一个可持续发展的城市
- 改善奥克兰的邻里关系
- 保证奥克兰市所有的青年人和老年人都有获得成功的机会
- 开展最有益的实践活动来提升客服；明智的财政和高效运转的城市

- 维持并增加奥克兰市的有形资产
- 鼓励创新和公民参与

一些学区也设定了结果目标。佛罗里达州布劳沃德县的学区在2002年采用了如下目标设置：

远景目标1：所有学生的潜能将得到最大限度发挥。

短期目标1：至2005年6月，所有学生将在四年级开始学习阅读，并且80%学生的测试水平为2级且高于佛州综合评价测试。

短期目标2：至2004年8月，为了提高教学质量和学习环境，所有K－1班级的平均学生数目为18个，所有K－2、K－3班级的平均学生数目为20个。

短期目标3：至2004年6月，佛罗里达所有学校绩效等级分类达到或优于C。

远景目标2：所有学校的资源配给平衡。

短期目标4：至2004年8月，所有学生都可以在一个安全、可靠、有益健康和安宁的环境中学习。

短期目标5：至2004年8月，重组并调整基本的学生支持系统、学校运作方式和技术，最大限度地提高学生的成绩。

短期目标6：至2003年8月，每一个学生都将有一个称职合格的老师来负责。

远景目标3：所有学校系统的运作将配合学生成绩的需要。

短期目标7：至2004年8月，重组并调整所有行政部门的资源，包括人事、预算、设施等，以支持学生取得好的成绩。

远景目标4：所有股东一起努力，共同创建一个更美好的学校环境。

短期目标8：至2005年3月，布劳沃德县公立学校客户满意度调查的好评将平均增加90%，受访者包括学生、家长、老师和社区团体。

短期目标9：至2001年9月，将会有一个充分开发和运行的传播系统来加强有效和积极的内外部沟通。

圣地亚哥市有一个传统的预算，但是市长已经为他的4年任期建立了10个目标。并不是所有的10个目标都取得了预期的结果，但是圣地亚哥政府的确是通过咨询市民来确定各目标的优先事项。在全市市政服务优先事项排名调查中，圣地亚哥市民依据市政府资金投向评估了40项市政服务。调查并不理想——因为调查针对的是服务而不是成果，但是，这项调查确实显示出圣地亚哥市政府的与众不同。1999年，市民认为排在第1位的优先事项是保护可再生水资源不受污染。其次是缓解交通拥挤。排名第3位的是医疗护理服务。第7位的是城市海滩救生服务。很明显，海滩对于圣地亚哥市民的生活质量是非常重要的，而且圣地亚哥市的交通很糟糕。

弗吉尼亚州的威廉王子县在1992年首次实施了它的战略规划，该规划阐述了目标宣言、提出了该县的战略目标、期望的社区结果和近期目标。县领导同1 300多名公民一起为经济发展、教育、公共事业、公共安全和交通运输制定了5个主要目标，并为每一项目标规定了5—6项特定成果。他们分别在1997年和2001年再次启动了制定战略规划的工作。每年春天，县财政还资助弗吉尼亚大学进行调查。在这项调查中，公民对县政府及各种特殊服务和设施的整体满意度评分。2000年的调查显示，对县政府财政支出表示满意的公民比例从1992年的65.5%升至80%。

从这些年的实例和经验中，我们获得了一些将优先事项转变为目标的一般性规则。领导者进行预算成果编制的第一步应该是：

- 创建简洁的、重点突出的清单。包含10条目标的清单是好清单，5条更好一些，15条就太多了。列出与公民最密切相关的结果清单。
- 参与制定目标的人员要包括公民和重要的利益相关方，例如商务、工会和社区组织。
- 重点放在结果上，而不是过程和产出。例如，重要的是虐待儿童事件比率的下降，而不是社会工作者家访次数的增加。
- 现实一些，不要制定不切实际的目标。像俄勒冈州那样制定一个5年内减少一半未成年人怀孕的目标虽然让人感觉很好，但是达不成目标就会招致指责。俄勒冈州制定了过高的目标，而华盛顿州选择了集中“改良”10条优先结果。
- 通过政治中立的团体发布年度绩效评分结果，将政府正在做的与目标相关的事情向公众展示。
- 保证行政官员(总统、州长、市长、行政机构或者监督机构)的目标负责制。如果他们不对目标负责，不根据这些目标进行决策，那么目标将不会有任何改变。
- 从行政和立法分支那里进行两党联合的支持，同时也从关键的利益相关方那里获得支持。

选择指标

结果目标清单使优先事项一目了然，但是要测量进度，你将需要界定特定的完成指标。如果不对进度进行测量，你怎能确切地了解学生们的成绩是否取得进步，或者公民的健康状况是否得到改善呢？

我们建议，为了保证每个人都把注意力集中到最重要的部分，最多为每个结果目标选定3个指标。这并不是一件简单的事情，因为这样会遗漏政府工作中相当大的部分。但是问题的关键是促使参与预算过程的每一个人都把注意力集中到最重要的成果上面。尽管参与者会发现这是极其困难的，但仍然需要做好，原因我们都知道——无测量就无管理。如果测量标准出现偏差，人们将按照错误的标准行事。例如，在越南战争中，国防部开始用“伤亡人数统计”——歼灭越南人的纯粹数字——作为进展的测量目标。这一错误的策略导致了毫无意义的“探索和毁灭”任务，数千名美国和越南人死于这一任务。

在选择指标方面，我们的经历提供了一些教训：

平衡主观测量和客观测量。犯罪率是一种客观的测量标准。其主观测量是公众的安全感。如果犯罪率下降，但是公众并没有感觉到安全，那么政府的目的就没有达到。如果政府在实际的犯罪率保持不变的情况下，莫名其妙地使公众有了安全感，政府改善公共安全的诺言同样没有实现。不光是这种情况，在许多其他情况下，成功都意味着同时满足主客观测量标准。

不要满足于现成的数据，包括“未来的光辉成果”。人们倾向于采用已有数据的指标。但是，通常这些指标是用来测量行动或者是产出，而不是结果的。例如，我们容易从环境检查的结果中得到违规次数和罚金数目的信息。但是，给予公民一个具有纯净空气和水的生活环境与采取强制措施不是一回事。唯一真正重要的指标是空气和水质量的直接测量结果。

在对事物进行测量之前，领导者们应三缄其口，即便那些指标被列为未来的光辉成果。当暂时得不到可直接测量的指标时，最好的选择是寻找替代指标。例如，很多辖区设定了与劳动力质量相关的目标，但是却没有明显可以作为劳动力技能高低的度量指标。一些辖区使用持有中学毕业文凭的工人比例作为替代。

采用对公民有意义的指标。这是严峻的考验。例如，许多学区报告他们学校测试的平均分，但是公民很难说得清这些分数的真正意义。在学校学习1年后取得相应进步的学生比例对公众来说也许更有价值。在环境方面，关于污染物数以百万乃至数十亿计，或者噪声分贝数的报告，均毫无意义，除非这些数据转化为能够回答“我是否面临健康危害？”这类公众问题的测量尺度（诸如雾警尺度）。在所有上述情况中，都使用了相同或者相似的数据，但是一些额外的努力会使它们变得对公众更有意义。

如果找到一个特殊的结果目标同时包含3个指标是不可能的，那么就制订一个指数。如果只用一项测量就可以获得公众期望的成果，那么，使用这一测量足矣。

但是没有哪一个统计量能够涵盖与某一确定的复杂领域（例如健康）相关的所有问题，有时候即便是3个统计量也涵盖不了。在这些情况下，就制订一个指数。从消费价格指数到领先经济指标指数大家都不陌生。北卡罗来纳州的夏洛特市政府和北卡罗来纳大学合作，在夏洛特地理和地球科学部制订了一个社区生活质量指数。该指数包含19个变量，测量犯罪级别和公众生活在社会、身体和经济方面的质量。这个涉及面宽广的指数一旦建立，就可以在相对复杂的领域用作测量进展情况的基准。

骆家辉州长和他的顾问选择下列表中列出的指标，这些指标对应于华盛顿州的目标。

这个清单和其他任何一个清单一样，可褒可贬。在准备下一轮预算的过程中，财政办公室已经对这一清单进行了精简。但重要的是，华盛顿州已经对这些指标背后的驱动力以及预算方面提出了提高绩效的要求。

华盛顿州的清单

华盛顿州的指标	
结果目标	成功的指标
1. 提高小学、初中、高中学生的成绩	• 降低学生的成绩差距 • 改进考试分数 • 增加高中毕业率
2. 提高劳动力的质量与劳动生产率	• 提高就业者的技能 • 提高就业率 • 提高收益水平
3. 为后中学阶段学习提供更高价值	• 提高成年人完成证书/文凭的百分比 • 提高研究生和大学生的满意度 • 增加为劳动力需求做好准备的学生人数
4. 改善华盛顿市民的健康	• 改进流行病学测量指数（华盛顿州健康报告卡） • 改进健康的自我评估 • 提高准入比例
5. 改善贫弱儿童与成人的条件	• 提高在生活贫困线以上的人口的百分比 • 提高生活在持续安全的家庭或社区环境的人口的百分比 • 提高向自给自足发展的人口百分比
6. 提高企业与个人在州内的经济活力	• 增加就业人口的百分比 • 增加富有人口的百分比 • 增加盈利企业的百分比
7. 改善人口、货物、信息和能源的流动	• 有足够的能力来满足需求 • 最少延迟和停工时间 • 公平和合理的定价
8. 改善人身和财产安全	• 减少可预防的伤害和损失 • 提高应急反应能力 • 增加公民对他们的安全社区的信任

（续表）

华盛顿州的指标	
结果目标	成功的指标
9. 改善华盛顿州自然资源质量	• 提高益于健康的空气质量天数的百分比 • 提高符合水质标准的水体的百分比 • 降低城市地区土地覆盖比率 • 改进鱼类和野生动物种群的发展趋势
10. 提高全州的文化和娱乐机会	• 提高设施的利用率 • 更多地参与 • 增加满意度

步骤2：确定每一优先事项结果的价格

我们到这里来是为我们所服务的公民做些什么呢？设定结果目标能够回答这个问题。行政-立法联合解决设定的这些目标，可以作为预算进程本身的一个有力的推进器，因为它告知政府部门民选官员想为公民们做些什么。很多预算争论实际上是暗示了这个问题。事先在这方面进行讨论以明确优先事项，进而开始下一个问题的讨论：应该为每个结果预算多少资金，怎样使用这些资金来实现它。

如果政府在所有事务上面的开销符合公民意愿，并且政府确定的各项事务的优先次序对公民至关重要，这些“优先次序的价格”就是公民愿意为每一个结果支付的价格。没有“正确的”价格，就好像对一双鞋来说没有“合适的”价格一样。政策的制订者需要在开始预算进程的时候，根据现实和他们所拥有的管辖权来做一个判断。

因为“结果取向的预算编制”免除了基准，所以不需要前例做指导。即便是历史可以提供一些指导，预算结果也不会与传统组织方式（或组织图）产生的结果完美吻合。例如，学生成绩的进步不仅仅与州教育部门的努力有关系，公共服务机构、健康部门、娱乐节目和刑事审判机构的工作也不容忽视。大多数传统预算不会揭示这些联系，也不会记录这些联系对预算结果的影响。

领导者们需要记住，他们开始选择的价格可能不是最终的价格。就像其他任何一项购买计划一样，当所有的选择都出现的时候，开始选择的价格和期望的结果可能会不同。但是，为了启动购买进程并且明确你不再是简单的付款，而是为结果买单，你就必须在购买的开始阶段就确定价格。

在时间允许的情况下，为每一项结果设定起步价格这一工作，可以以这一投入为基础。民选官员可以采用圣地亚哥和威廉王子县的会议和调查形式，来征询公民和利益相关者该如何在各确定优先次序的结果间进行资金分配。如果没有时间进行如此大范围的征询，可以向预算工作人员或者核心顾问团征求意见。

华盛顿州成立了指导团队来制订政府优先事项，他们要花费 2 小时的时间来和政府工作团队一起为这些优先事项分配资源。政府工作团队内部先进行交流，然后将结果告知指导团队。指导团队在接收这些结果之前，也要先进行内部交流。两个团队得到非常相似的结果。百分比最初通过团队成员的平均排列来计算。进一步的讨论只是让事态向前或向后改变了一点点。然后将这一百分比乘以之前所确定的政府价格，转化为货币额（美元）。最后，指导团队根据政府工作人员的回答讨论资金分配。

这一过程不像听起来那么简单。华盛顿州团队在提出他们自己的评估或判断之前，需要了解当前预算各项结果的开销。公共战略研究所的顾问告知他们，这些信息本来是很容易了解到的，但因为以前的预算是按照部门而不是结果来编排的，所有以前的预算并不包含这些信息。新的程序需要以对价值的直觉判断为起点，随后再仔细地分析、讨论，并在机构与预算工作人员之间，在特定价格上，就期望实现的成果反复磋商、互相质询。

财政副主管沃尔夫冈·奥皮茨对此表示赞成："我们过去习惯于使用精确的金额，而现在'粗略估算数字的本事'使我们了解更多。"他推断说："降低一些标准对我们来说是可以接受的。我们的选择比精确的数字更加重要。"

以下表格列出了指导团队这两年中决定用来"购买"州和地方政府每一项期望成果的资源比例。表格中不包括从总预算中扣除的用于经常开支职能和治理职能的10%的资金，但它不仅仅包括一般基金，还包括了所有州基金（对于实际的预算来说，这些数字必须分开以区分这两种基金）。

经常开支职能是一种特殊情况。因为对任何人来说，它都不太可能被优先考虑。对于人力资源、会计、购买和信息技术这些经常开支职能，有3个选择：从总预算中扣除并单独预算，把它们放回到成果并期望成果团队或者机构对此进行预算，或者将之转化为依靠直接向机构出卖服务而获利的公共企业。我们称第三种选择为企业管理，将在第八章中介绍。治理职能和立法及选举的行政开支一样，应该从总预算中扣除，单独进行预算。这些职能为组织提供实现公民重视的成果所需要的指导和政策导向。

对于华盛顿州指导团队和工作团队来说，8.5%的安全预算和11%的健康预算明显达不到从前预算在这两方面的开销。但他们还是对这一比例表示赞成，因为这一新的比例与公民对与价值相关的各项结果的评估一致。这的确意味着成果团队将必须竭尽全力达到他们的目标。

指导团队的购买事项

华盛顿州优先事项价格		
政府的优先事项	一般基金与其他基金的分配（百分比）	一般基金与其他基金的分配（10 亿美元）
1. 提高小学、初中和高中学生的成绩	29%	$15.6
2. 提高劳动者素质与劳动生产率	6.5%	$3.5
3. 为后中学阶段学习提供更高价值	9%	$4.8
4. 改善华盛顿市民的健康	11%	$5.9
5. 改善贫弱儿童与成人的条件	10%	$5.4
6. 提高企业与个人在州内的经济活力	5.5%	$3.0
7. 改善人口、货物、信息和能源的流动	12%	$6.5
8. 改善人身和财产安全	8.5%	$4.6
9. 改善华盛顿州自然资源质量	5%	$2.7
10. 提高全州的文化和娱乐机会	3.5%	$1.9
总计	100%	$53.9

注：此表对应着表 2.2，可以比照。——译者

步骤 3：在设定的价格上，决定如何最好地实现每个优先事项的结果目标

正如我们在导论中阐述的，指导团队为每个 10 项优先事项创建了成果团队，并让他们来界定该州在设定的价格下应该购买什么来达到理想的结果。每个团队有一个来自财政管理办公室的领导者，或者是预算分析师，或者是从事政策制定的工作人员。这些人习惯于做研究和分析并汇集建议。他们不习惯于领导团队，因此，也不习惯于操纵政策。他们也知道他们只有 6 个星期提供实施战略。因

此，他们全神贯注投入到工作中——有人甚至挂出了一个标语牌：暂缓怀疑。

您是否使用这个机制或其他机制，作出最终的购买决策(也称为预算)需要如下一些步骤：

1. 为每一个结果目标指定购买者

那些负责编制预算的人，需要将自己视为替公民们服务的采购者或采购机构。在华盛顿州，成果团队的任务是：从公众的角度审视这些选择，并尽可能做出最佳决策。照这样，这些购买者不能与任何一个潜在的供货商(无论是机构、政府部门或者是私人承包商)保持密切的关系。相反，他们是能够从政府角度出发对待这些供货商的公正人物。这些购买机构的候选人包括政府职员、预算办公室工作人员、政策团队和智囊团、公众座谈会及其这其中的组合团体。不管是动用其中一种资源或是几种资源的组合，他们的责任都是制定一个有效使用公民的钱为公民带来最好成果的购买计划。

2. 制定因果关系图

这些购买者首先要做的工作是阐明他们“关于什么是最重要的事情的观点”——如何使各项不同的活动都有助于形成所期望的结局。这意味着要回答类似“学生们何时能够完成学业(或者公众健康的目标何时达到，交通拥挤何时能够得到缓解)，哪些策略最有影响力，不同的策略之间如何相互影响”这样的问题。由此产生的因果关系图为后续的执行提供了依据。

在华盛顿州，学生成就团队的领导要求公共战略研究所澄清“偶然因素”是什么意思。最终他理解了其中的含义，他说：“哦，你的意思是希望我们列出我们所知道的实际上起作用的事情？”当这些团队了解到他们的购买计划不是重复从前的预算活动，而是分配资金取得最优结果，他们的积极性就被调动起来了。学生成就团队认为，对于那些被证明已经对落后学校起到作用的干涉手段，州政府应该投放更多的资源。

流动团队在制定战略图时遇到了困难。团队被指派的工作任务是提高人口、货物、信息和能源的流动性。但是，团队成员的工作背景是高速公路和市政工程，因此，他们习惯性地把注意力放在公路和水泥方面。当他们竭尽所能完成结果的时候，他们才发现在办公室间的人员流动和互联网上信息流动之间，存在着潜在的权衡关系。虽然这两种类型的流动性都包括了通道、基础设施和可能出现的堵塞，但是它们需要不同的资源。最终，这个团队明白了水泥和沥青浇注与人员、观点、货物和能源有效流动之间的基本区别。制定因果关系图没有放之四海皆准的方法。图 3.1 医疗队伍的因果关系图是一个例子。制定这样一个关系图需要参与

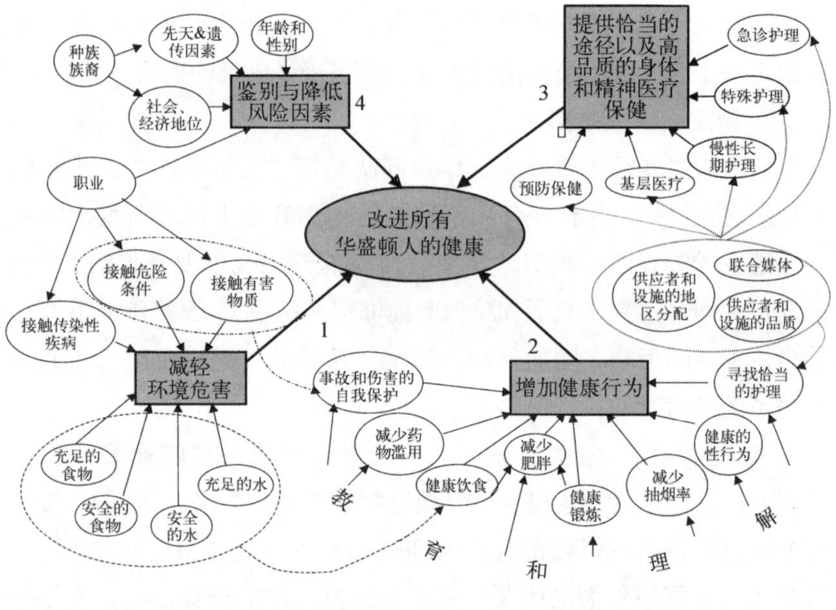

图 3.1　华盛顿医疗队伍的因果关系图

资料来源：指导团队向政府的报告，成果团队总结。

人员清楚地了解他们的想法是如何影响结果的。针对每一个来自不同观点的挑战，对每一个“关于什么是最重要的事情的观点”上都应作出这样的因果关系图，这也正是此类有关预算流程的争论所要解决的问题。

3. 制定购买战略

因果关系图可以使购买者从众多可能的策略中进行选择，并为每一个战略指定一个相对优先事项。华盛顿州的医疗团队确定了4种可能的战略：增加公众的健康行为（使公众吃得好一些，更安全地驾驶，放弃抽烟和多锻炼身体），减轻环境危害（保证较清洁的水源，空气和食物），鉴别并降低与性别、社会经济困难和遗传倾向相关的风险因素，提供适当的高品质的身体和精神卫生保健。这4种战略在他们的因果关系图中同时出现。

当该团队根据它们最终结果的贡献度来对这些战略评级时，他们确定减轻环境危害是最重要的，增加健康行为次之，提供医疗保健排在第3位，最后是降低风险因素。根据有限的资源，他们决定把州政府的工作重点更多地向前两项投入。已有的研究数据使团队成员相信这是最有效利用资金的方式，即便这意味着减少在较传统和非常昂贵的病人护理方面的投入。实际上，他们的分析表明，这两项战略会产生16∶1的投资回报。

以往的预算规则导致健康团队将注意力集中在一些高成本的战略上。新的途径使该团队忽略上一年度的数字，并计算出将已有的资金投向哪里可以获得最佳成果。当公共战略研究所顾问询问他们为什么不通过关注吸毒、酗酒和肥胖来强调个人选择和行为的时候，该团队领导随即就回应说“啊哈”，“哦，我们绝不会过度关注那些东西”。但是，顾问会继续要求，如果他们的确认为，对这些预防的投资比治疗的投资会为华盛顿人民带来更多的健康，他们就应该说出来。

4. 征集方案

清楚地铭记他们的成果目标和策略之后，购买者征集可以利用现有资金达成最优结果的方案。这一步骤从根本上背离了以往的预算规则。购买机构将他们已有的成效、价格和购买策略与一种类似于“征求建议书”的东西合并——我们称之为“征求成果”（request for results），而不是要求机构或者部门在上一年的数字上进行增减。这种征集方案的方式代替了传统的预算说明。“征求成果”可以被发送至所有的机构和部门、其他政府，甚至是非盈利或者盈利组织。“征求成果”要求潜在的供应商说明他们将以什么样的成本，怎样达成期望的成果。

在做出回应的时候，供应商不需要把一切当成理所当然，实际上也不可能这样。他们必须设想每一项成果都有来自潜在的（公共的和私营的）供应商提供的众多方案。如果他们希望得到拨款，就必须提供能够达到预期成果的、有价格竞争力的方案。由于投标个体可能选择提交多种方案（针对不同的计划和活动），这意味着自己同自己竞争。这促使他们挑战自己的实践方案，以确定这是否以最低成本求得成果的方案。这一方式在使投标者面临挑战的同时，也给了他们自由度。他们不需要被自身的角色所限制。这一过程将鼓励他们去变革，形成新思路，富有创造性。一些投标者还可以借此建立其与其他部门或者机构、其他政府和其他非政府组织的伙伴关系。这一投标过程还将鼓励他们思考更多的推进优先事项结果的方式。

（为了在一个公平的竞争环境下对比不同的投标，政府需要采用“全成本计算”，即为项目或活动分配所有的直接和间接成本，以及经常性开支。通过这种方法，决策制定者能够进行同类对比。如果一项公共项目的投标价格中不含有退休金和其他员工福利这样的间接成本，那么该项目相对于民间投标就具有优势，这对社会投标人来说是不公平的。）

以这种具有竞争压力的竞标方式促进解决方案的创新并非是新事物。这是特许学校运转的基本方式，例如，在特许学校系统中，一些控制组织——校董事会，或者州教委，甚至在一些州是由大学或者市政府，根据那些申请计划书签发绩效合同，在规定的时间内——一般是4—5年——运营那些学校。很多特许学校由教会、大学、社区组织或者教师群体来经营，另一些由非盈利性组织经营。为了给教育服务购买者提供多种选择，特许学校提出可选择的方法来实现教学成果。授权管理局并不向特许学校提供这些预算。相反，是特许学校向注册的学生收取一定数量的费用来支持这些预算，大多数通常还是由学生离开的学区提供的。

与此相同的原则也适用于政府对控制和购买组织的招投标管理（见第五章），例如，州和地方的儿童和家庭委员会。这些机构控制着或多或少的一些资金，可以授权给他们，以使他们期望获取的成果与他们将利用资金来获取这些成果所使用的战略连接起来。然后，他们向许多不同的公共和私营组织招标。他们可能为以下几种工作提供资金：降低青年犯罪率、帮助受虐待的母亲及其子女、指导课后实践活动，或者像社区监督这样的可以有效替代监禁的方式。他们可能接受来自一系列潜在供应商（地方政府机构，州机构，非盈利性社区组织，甚至宗教组织）的投标。（例如，107—108页提及的皮内拉斯县青少年福利委员会①。）

在传统的预算框架内，负责市政工程的部门将获得维护公共基础设施的预算拨款（预算数额不少于基准）。管辖机构通过结果取向的预算编制，将制定一个与基础设施相关的成果目标和一个与维护

---

① 本书中所引用的著作的页码，均指英文版图书页码，全文同。——译者

基础设施相关的战略规划。管辖机构将这个规划分成一些子规划，其中的一个可能与清洁有关。然后，负责市政工程的部门(与其他管辖区的部门相似)和私营企业将通过投标获得这些子规划的开发机会。他们的投标几乎一定会包括街道清扫，但是，也可能包括反对乱扔垃圾的广告、社区团体“承包街道”的项目，以及与警察局合作为清扫街道拖走占用街道的汽车等。投标的关键是激发以较低成本达到较好成效的新思维。

由于时间的限制，华盛顿州将招标的步骤进行了缩减。传统的预算程序已经过时，并且在新的程序开始进行时就已经收到了一些建议。幸运的是，华盛顿州已经要求它的机构提交每个活动及其成本的清单。这份清单在传统的“集中式削减”过程中被用作确定优先事项的基准。与传统不同的是，相同的清单在成果团队的每一工作步骤中被用作一套“提议”。每一个团队都会收到一份清单子集，不过，如果需要的话，他们也可以获得整个清单。对他们来说，这实际上是一份可能性的选购目录。

5. 复查标书并确定中标的方案

收到标书后的第一个任务是依据单位成果对他们进行分等，然后，依据优先事项清单购买，直到用完可动用的资金。这种购买计划就是预算。这是一份保留清单，而不是削减清单：使用公共资源购买公共期望的成果的积极选择。

对那些在清单中排名过于靠后而不能购买的项目不列入预算。对于这些计划的支持者来说，他们所面临的挑战很明确：提升等级，或者证明该计划可以达致与其他被提议的计划相比较好的成果(或者以较低的开销获取相同的成果)，或者证明能比清单中优先级较高的计划拥有更有效的方式来达致期望的成果，从而获得更多的购买“空间”。再一次地，激励和人们对它们的期待一样：用更好的价格为公民创造更好的成果。

华盛顿州在成果团队制定最终的购买计划之前增加了一个步骤。10个团队领导在一起讨论了他们所购买的和未购买的，以及他们彼此间需要购买什么。正如我们在导论部分介绍的那样，高等教育团队决定使用部分资金来改善K－12教育；健康和自然资源团队联合采取更多行动来保护水质；一些团队资助监狱以减少将被提前释放的低风险罪犯的数量。公共战略研究所顾问开始把这一步骤称为“交换会议”，但会议参与者称之为“特别市场”。这一步骤是必须的，因为州政府的工作是相互关联的：在某一政策领域推进的计划会有助于在其他领域取得成果。

最终，成果团队将详细的购买计划汇聚到一起，在计划上将标示出下列内容：按照优先事项顺序排列的肯定会购买的新增和现有活动；不会购买的活动；如果有更多的资金将会购买的活动；如果资金不足将放弃购买的活动。结果将获得一套最物有所值的确切优先事项的顺序。

他们在一个历时4小时的会议上面向指导团队陈述购买计划。在这个会议上，他们中的任何一个人都是第一次听到整个州预算的基本原则，而不是某部门或某个项目在某一时期的预算原则。在旧规则下，在同一时间见到整个预算几乎是不可能的事情。原因很简单，整个预算存在太多的分支(超过1 150项独立的预算活动)不可能很好的概览。所有的这些艰难选择都建立在州政府的10条核心目的的基础上。参与者们发现，在听证会上让所有这些选择都过一遍堂，确实是一个非常有力的手段。指导团队里的一个商界领导说：“这真是难以置信，在4个小时之内，我们已经听取了整份财政预算案。我领会了当中的折中考虑和战略选择。”

在这个4小时会议中，指导团队形成了对州长的建议，其中大部分建议是在州长确定预算提案的时候产生的。

通往完美之路

就在我们写作这本书的时候，华盛顿州的新预算编制过程已经变成一种类似于紧急筛选的东西，（政府）能做什么，最终取决于政府自己的部门能够提供什么样的业已成型的解决方案。该州已经实施了我们所说的仅有 3 个步骤的结果取向的预算编制。第 4 步骤和第 5 步骤是从所有人员中征集提议并从各种各样的反应里做出选择，这仍然是未来预算周期内的任务。

华盛顿州不得不将其成果团队转型为长期的购买团队或者“控制组织”——作为购买的运作机构，购买项目和每次代表公民每次编制预算的成果。这一角色的复杂性和做好它所需的时间使得两年期预算非常可取。

控制组织在一些政府中已经成为一个既定的传统，但是只是在过去的 20 年里才成为一种普遍现象。他们设定成果目标，选择战略规划，提供资金实现这些规划，并在获得最终成果中测量其绩效。另外，他们可以：

- 召集社区领导人谋划愿景、战略发展和设定目标。
- 研究和分析当前的战略、潜在的战略和其他的最佳实践。
- 保持目标结果对整个社区公开——例如，自己公布或让另一个团体去公布测量进度的年度记分卡。
- 在有关战略问题上对民选官员（尤其是行政部门及其工作人员、预算工作人员、立法机构及其工作人员）进行教育。
- 评价战略成败得失。通常数据显示预期的成果还没有实现，但是他们并不解释为什么。在这种情况下，控制机构需要用战略评估来审查为什么预期的战略和结果之间的因果关系没有发生。（参见《政府改革手册》，第 56—59 页，有更多战略评估的内容。）

- 制订新战略并对已被证明效果甚微的战略进行修改，并将其推荐给民选官员。

华盛顿州需要补充的第二个主要元素是，补充确切的定义以及对每项战略、每个公共项目和私营供应商结果和产出的测量方法。通过这种方式，依照他们制定的预算，每个购买团队能够看到每项战略、每个项目和供应商的数据状况并做出更加明智的决策——放弃一些项目和供应商，以让渡出更多的资金给其他人并寻求新的供应商。

为了提供一个具体的例子，我们设想一个以改善劳动力质量为目标的控制组织。它可以为一系列的规划提供资金，其中也包括为低收入的人群提供职业培训。该组织将确保规划的产出和成果被测量，比如，职业培训中的新手毕业的比例；新手找到工作的比例；新手对项目的平均满意度；以及他们的培训者对他们准备工作质量的评估。

在这个规划中将有许多不同的项目，一部分项目将由社区学院负责完成，一部分由州政府相关机构负责完成，还有的由社区组织来运作。每个项目将会有多家的供应商。第一部分供应商将包括多个社区学院，州政府机构项目可能包括机构单位以及私营承包组织。数十个社会团体组织可能是第三部分的供应商。控制机构将需要根据这些供应商的绩效数据来判断哪个是最具成本效益的。

与“控制”组织稳固的发挥作用相配合，华盛顿州也将需要执行组织或销售者(实际中实现成效的公共和私营机构)去一层层地落实那些测量手段，因此每个部门、单位和工作团队都专注于自己的几个关键性能指标。在此步骤中，投入、过程、产出和成果的因果关系必须明确且能够改善绩效。

突破的关键点是把注意力放在成果而不是活动的过程中。但是会有两种不同的成果：产出（在实际工作中生产的，例如，上了多少课程或者铺了几英里的沥青公路）和结果（工作后的影响）。通过产出的最终结果来连接工作的进程是很重要的，那样整个组织可以看到工作人员付出的劳动和他们获取的成果之间的链接。（参见《政府改革手册》，第6—7章，有更多绩效测量和管理的内容。）

结果取向的预算编制与绩效取向的预算编制（performance-based budgeting）之区别

只有少数政府在采用结果取向的预算编制。正如我们所述，华盛顿州率先采用这种方法，加利福尼亚州的洛杉矶和阿苏扎市也随后采用了这一预算方法。但是很多辖区已经开始从其他方向来改变他们的预算，转为采用一种被称为基于绩效的预算编制或是基于绩效的项目预算编制的过程（或者简单地称之为绩效预算）。

正如在“结果取向的预算编制”中一样，在绩效取向的预算编制中，那些预算制定者们（预算工作人员、行政部门和立法机构工作人员）在决定资金流向的时候会审查绩效数据。但是，绝大多数绩效预算都是传统的那种以机构和成本为基础的预算，在信息中加入绩效测量。增加测量值是件好事，但是，这最终成了组织机构“基本”开销的预算过程中根深蒂固的装饰品。要想给预算编制提供新的方案而不仅仅是外表装饰一下，就要求把结果和价格作为达成公众期望的起点。

绩效取向的预算既不会利用控制组织来重新考虑当前达到成果目标的一套战略，也不会进行招标。绩效取向的预算认为将现有项目作为起点是理所当然的，测量它们的绩效，并在决定预算的过程中利用这些信息对现有项目进行修改。

结果取向的预算将以对公众而言最重要的成果作为起点，然后从所有的投标中购买能获取这些成果的项目和活动，即不采用已有的项目，而是让所有的项目与其他公共和私人组织的项目进行竞争，最终以最满意的价格达到成果目标。结果取向的预算是一种混合体，它集中体现了多种预算的长处，包括项目取向的预算聚焦项目而不是组织的特点，绩效取向的预算只关注该项目的成果的特点，零基取向的预算重新检查每一预算周期的优先性的特点，以及让各种公共和私人组织通过竞争获得项目的管理者参与的竞争(managed competition)方法等。(更多关于管理者参与的竞争的内容参见第七章。)

加利福尼亚州的桑尼维尔市在20世纪80年代早期首先采用了基于绩效的预算。之后，大量市、县跟风采用了这种预算方式。得克萨斯州在1991年率先成功地将基于绩效的预算方式制度化。从那以后，路易斯安娜州，缅因州和其他州也跟着使其制度化。新西兰、澳大利亚、瑞典和其他一些国家也采用了这一预算方法(欲了解关于基于绩效的预算的充分讨论内容，请参见《政府改革手册》43—53页)。

根据绩效的预算相对于传统预算来说是一个巨大的改进。基于绩效的预算仅仅通过人们对成果的关注，就能够推动对战略的认真反思。桑尼维尔市提供了一个很好的例证。在20世纪80年代，该市的预算焦点主要集中在产出方面，但是在20世纪90年代中叶，市领导决定将焦点转移到成果方面。前市行政官汤姆·莱瓦库克告诉我们“成果预算在对政策制定、完成成果的战略和战术以及基本的组织结构等方面提出议题这一点上，更强而有力”。他引用警务作为例子。桑尼维尔市为警察局设置了9个成果目标。每一个目标都被赋予了一个测量值来表示其重要性，测量值的范围是1—5。当警方开始测量这些成果并增加测量值的时候，他们了解到家庭暴力占重罪总数的50%。公共安全部门随后进行内部重组来更有效地打击家庭暴力，并说服市议会对减少家庭暴力的工作投入更多的资金。莱瓦库克说："如果以前有这个援助系统，就不会发生家庭暴力。"

这一新的对成果的关注激励了行政官员们努力思考着一个问题，为了达到成果目标是否应该采用正确的战略并创造良好的产出。这反过来促使他们考虑组织结构是否得当，内部规则是否阻碍了发展。莱瓦库克说："这恰恰促使人们考虑这类问题，这已经激励工作人员进行更多关于战略和战术选择(那些提高成果的不同做事方法)的创造性思考。"

但是即便像桑尼维尔市那样做，绩效预算仍确认了目前公共部门和机构继续作为某些战略和服务的垄断供应商的合理性。另外，绩效预算是为部门和项目而不是为整个社会设定成果目标和进程的测量。与之相反，结果取向的预算首先定义的是对整个社区(或者州和国家)来说最重要的成果，然后要求预算决策者决定每一项成果的开支。这样，结果取向的预算促使预算决策者在准备一项预算的时候反复思考基本的资源配置。

在得克萨斯州这样的地方，绩效取向的预算已经导致了渐进式变革，但是多数时候，政策仍然凌驾于逻辑之上。前众议院拨款委员会主席罗伯特·尤内尔告诉我们"所有这些战略都有自己的拥护者。为了使他们的资金投向特定的战略，这些拥护者绞尽脑汁"。偶尔会有项目由于其绩效不佳而被排除，或者资金被转移到绩效较好的另一项目的情况。有时，公共机构的负责人们被迫重新考虑服务和产出的组合。但是，采用以绩效为取向的预算，政府提供资金支持的政策和服务组合很少有大的改变。

相反，结果取向的预算编制提供了一个在绝对必要的时候进行重大改变的工具。它来源于这些结果的决定，即便在预算被削减的情况下，也能帮助领导者实现公众认为有价值的成果。

责任——控制和影响的差异性

如何使责任在一个结果取向的预算编制系统中起作用并取得效果？坦率地讲：假使供应商运营能力很差，他们将会发现他们的资金会流向竞争者手中。然而，这个过程不是自然而然的。如果一个项目不能达到其目标，就可能需要在领导层有所调整，重新考虑原因与结果的关系，采取成功率较高的行动，抑或需要投入更多的资金。这就要分析每一种情况，搞清楚为什么实践中遭受了挫折以及什么是最有效的补救办法。

即使当预算决策者和民选官员如此谨慎而采取行动时，许多高级管理者还是害怕为结果取向的预算编制承担责任。他们会问："当我无法控制情况时，我如何对结果负责呢？"的确，没有一个机构或控制组织能对广泛的政策结果拥有完全的控制力。导致这种结果有许多影响因素——其中如国家经济的良好状态——远远超出政府的控制范围。但政府的确对那些结果有影响。并且他们的领导者应该尽可能有效地利用这种预期的影响。

我们以公路的畅通性和安全性为例。一半的交通堵塞并不是由于道路太窄，而是由于交通事故引发的。大多数交通事故又是一些司机的不当行为造成的（酒后驾驶、注意力分散、接电话之类的各种干扰等）。高速公路部门花费数亿资金建造新道路，花费数百万资金处理交通事故，但是仅花费很少的钱来改变司机的行为。事实上，许多高速公路部门认为改变司机行为属于法律强制范畴的工作。如果高速公路部门打算传递关于市民想要的畅通性和安全性信息，那么，他们需要从司机那里获得更多信息。他们需要与法律部门、教育部门、汽车部门以及其他任何想要减少交通事故发生率的人建立协作关系。诚然，他们不能开车，但是，高速公路部门能够影响那些选择这样做的人们。

所以，高层级的官员能够并且应该影响预期结果。但是，我们如何追究他们这样做的责任呢？

这是我们已经碰到的最棘手的问题。

让我们从一个控制组织开始说起。他们试图改善的政策结果通常需要几年才能改变，并且深受政府控制之外多方面的影响。所以，要让一个控制组织为改善政策结果负责并不是一件很容易的事情，尤其在短期内更是如此。我们认为应该在结果、调查、挑战、正确地提出问题以及积极完善他们的战略等方面强化控制组织的责任。如果他们不是为了改进而努力创造和完善基本战略，他们就应该被解雇；如果他们给出很好答案，并且以合理的速度改进结果，那么他们应该被嘉奖。

控制组织可以通过绩效协议来促使执行组织负责任，这个绩效协议不仅能够详细说明所提供的预算，而且也能够详细说明项目预期的结果、产出以及绩效目标。想想那些特许学校：他们的特许规定应该详细说明他们预期产生的成果和后果。其中，成功的奖赏包括吸引更多学生的能力，并由此得到更多收入；失败的后果包括可能失去他们的特许权。

执行组织的雇员则是另一回事。如果他们的组织未来有风险，他们显然会对绩效分担责任。除此之外，让一线的工人和经理对结果负更大责任通常是不公平的，因为他们对结果几乎没有任何直接的控制甚至影响，但是他们可以并应该对产出负有责任：譬如，每月在规定的最后期限，以高质量的服务等级发放一定数量的环境许可证；或者每周打扫 x 公里沿街人行道，打扫后应具有高清洁度等级。他们会因为改进而得到奖赏或由于一再表现不佳而受到处罚。

这些都通过一个绩效管理系统而不是预算系统来恰当地予以实施。

第八章的主题是绩效管理，在这一章中我们阐述了一种奖励机制，这是为了让每个员工的工作都能够在公民愿意支付的价格上获取成果。绩效管理系统建立绩效标准或指标，测量成果(产出和结果)，奖赏表现良好(物质的、精神的甚至两者兼有)的员工，并且惩罚表现不佳的员工。

结果取向的预算编制和绩效管理是不同的系统，两者服务于不同的目的。结果取向的预算编制主要是为了改善控制：选择合适的战略和能够产生公民想要的结果的“执行者”。绩效管理是为了改善执行：即那些“执行者”负有用给定的资源有效地实现设定的成果的责任。

这两个系统应该互相支持：项目产出与结果奖励通过绩效管理而实现预算的政策结果目标。但是一个人不能被强迫做其他人所应做的工作。例如，县政府或许选择减少虐待儿童率这个结果目标。但是有许多因素都会影响儿童虐待率，包括经济情况、酗酒率和毒品泛滥，以及当虐待被察觉或举报之后调停的有效性等。因此根据儿童虐待率来奖赏或惩罚儿童福利机构管理是不公平的。评价他们的绩效应根据其他目标给出评价结果会更有效，例如重复发生的儿童虐待事件数量的减少。

但是政府人员必须为政府政策结果负责——政府一些政策也确实减少了虐待率。这很大程度上正是“结果取向的预算编制”的专长：行政部门和立法机构应该为此而对选民负责，并且行政部门的控制组织应该对他们的工作负责。如果他们不负责任，整个系统中没有人真正关心结果是否改善。过去新西兰的预算和绩效管理系统已遇到过这样的问题，其中大部分都是由产出引起的。每个人都努力集中于提高当前产出，包括产出的效率和质量。但是很少有领导集中精力关心那些产出是否实际上改善了市民关心的结果。为了处理这种问题，新西兰正在将注意力转向关注结果。

立 法 机 构

立法和预算委员会通常与预算结构连接紧密，而预算结构与政府结构相关联。从根本上说，每个部门都有一个委员会。要使结果取向的预算编制制度化，立法机关需要改变这些委员会的结构。他们需要从关注组织的委员会转向关注结果的委员会。譬如，华盛顿立法机关需要一个委员会关注州的10个优先事项的每个结果目标。这些委员会与政府成果团队平级。这有助于立法实体引导朝向市民所关心的结果而发展，而不是仅仅作为组织和利益集团需求的回应。这也有助于将治理和政策职能从管理部门和机构中分离出来。

第二个挑战是使议员运用绩效信息，使拨款从成本-效益低的战略转向成本-效益较高的战略。这已经在加利福尼亚州的桑尼维尔、俄勒冈州的摩特诺玛县取得实效。而在华盛顿州这也取得了成功，议会批准了骆家辉州长的大多数预算。得克萨斯州也做了一些这样的工作。但更多的情况是，绩效预算会带来很少的资源转移。即使议会发现了有用的信息，他们也不会用来指导实际过程。政治对绩效有持续的排挤效应，正如议员们持续地制作那些与几年前的实际状况相背离的狡猾的预算一样，这是他们回应强大的选区或政治需要的唯一方式。许多由绩效预算推动的战略性变化是由执行者和管理者制定的，而不是立法者。

绩效数据从来不能在一个民主立法中排挤政治，但是它能和政治结合到一起。使它们结合到一起的一种方法是，让立法者进入到成果目标建立的过程中，这样会树立主人翁意识。另一种方法是证明改善结果是和选民有关。比方说，发布记分卡来展示年度进展。但是要保持简明扼要：重点是使市民参加处理如何改善结果的整个过程。

你需要在立法机构中拥有关键的支持者以使结果取向的预算编制正式通过和采用。得克萨斯州的绩效预算工作主要取决于两位关键立法委员：里克·威廉森和亨利·奎利亚尔，他们主导了领导权。他们反过来说服众议院拨款委员会的罗伯特·尤内尔主席来助他们一臂之力。

“你得有拥护者，”前摩特诺玛县专员，俄勒冈州议员贝弗利·斯坦说道，“一些有能力劝说的同行会成为喊着战斗口号的一员——希望你在每个党派，至少在每个议会当中都有这样的人。”贝弗利还说，在你没有这种立法领导权的地方，你必须自己找到这样的人(支持你)。

最后，教育和培训立法会议员和他们的工作人员。“为了保持势头，你得进行持续教育和培训，”前得克萨斯州代表亨利·奎利亚尔说，“立法委员们有进有退。你必须对他们进行持续不断的教育。”

关于重组问题

除非多重机构共同工作，许多政策的结果否则无法实现，因此预算编制结果总会引发组织结构的问题。思考一下像清扫街道这样简单的事情：如果警察局不执行停车规则，而去禁止在清扫日停在道边的清扫车，公共事务部门就不能清扫街道。或者思考一下诸如降低婴儿死亡率一类复杂的问题。有多少州和地方组织设定了关于这方面的目标?

一些结果只能通过跨机构甚至跨管辖区的努力来实现。因为机构重组会很困难并且耗费时间，然而，结果取向的预算编制是应对这一挑战的最好方法。控制组织可以制定一套全面的战略体系来实现他们的目标的结果或目标，然后从不同组织进行组合式购买。许多协调能够在控制组织层级完成。（关于该主题参见第五章。）

大多数参与者得出这个结论：有些机构重组会有助于改善结果，不断进步，并兼并或分立相关的组织。但是要了解一个事实，那就是你外部的环境将会持续变化，你的组织图可能需要在未来几年内重新设计起草。

无论如何，确保您的信息基础设施是跨机构的，因为这将能使你的跨机构控制组织更有效。如果信息持续抑制在每个机构里，跨界跨越指挥将很困难。你需要建立一个全系统的信息系统，那样你能在任何时候跨越任何边界。

结果取向的预算的12个
既简单又不简单的步骤

总结前三章的讨论，对于一个严肃对待财政赤字并且向市民发布他们愿意支付的价格的领导，应该按照以下12个步骤进行：

1. 制定政府的价格：市民愿意支付多少。

2. 确定政府的优先权：结果对市民至关重要，同时必须建立测量进度的指标。

3. 决定每个优先结果的价格。

4. 决定在设定的价格下，如何最好传达每个优先结果：建立控制组织，作为购买机构，开发“因果”战略图和购买战略。

5. 为每个战略和项目设定结果目标和指标，并确保成果可以被测量。

6. 征集投标，然后选择准备购买的项目和活动。

7. 同供应商签订绩效协议，详细说明关键产出和产生结果、测量进展的指标、完成的结果以及弹性拨款等，帮助组织最大限度地提高绩效(参见第十一章)。

8. 清除预算当中低于规划或战略水平的项目，为每个战略和规划的结果拨出整笔款项。

9. 开发出“全成本会计系统”，将一个规划或战略的所有直接和间接成本都考虑在内，因此你能知道每个项目和战略的真实成本。

10. 在行政和立法部门都建立流程来审查相对于目标的绩效指标。理想地说，它应该由控制组织的行政部门来完成，并且由立法委员会组织起来聚焦于相同的结果。

11. 运用结果和绩效管理的数据推动项目、战略、产出及工作流程的改善。

12. 当绩效本身能够说明问题时，对组织结构图中的行政部门和立法机构都做出改变。

很显然，这 12 个步骤不是为了弱化中心内容。当你踏上这个旅程，你将开始一个基本模式转换的行程。这种变革有潜力产生巨大的成果，但不是在一两年内就能有所成效。这是一个庞大的工作。因为如此，我们建议在多年里一步一个脚印去完成整个过程。但是我们不主张初试锋芒便浅尝辄止。从一开始，你就应该致力于调动你的整个系统，而不是几个试验的机构。不要试图毕其功于一役，但是当你迈出了一步，就等于完成了整个组织的一部分。

“如果你打算进行文化变革，最好在同一艘船上的人都能一次性完成转变。”在立法预算办公室协助开创绩效预算的前得克萨斯州预算办公室主任阿尔贝·霍金斯说：“最大的风险是你将永远无法让剩下的部分处于适当的位置，掉头的船不能没有阻力。”

但是，鼓起勇气吧，得克萨斯州的前议员亨利·奎利亚尔补充道：“如果你沮丧，那么事情没准会更加糟糕。”

第二部分

明智分蛋糕：审查、整合、规模适当化

第四章

战略审查

排除投资

州长骆家辉的成果团队曾提议根本转变华盛顿州的战略。其中最大胆的是 K－12 教育团队，他们建议华盛顿州暂停执行两项已通过选民表决的倡议。这两项倡议本来应该提高教师工资和缩小班级规模。为了将更多的资金投入幼儿教育，他们建议转而实施一项针对教师的"补贴技能"的补偿制度，并将"全面性资金支持"转为向困难学校和儿童提供更多资金。

骆家辉州长是一个有经验的政治家，但同时，他也是立法机构和州长办公室中富有经验的人。他知道这些在公众看来和教育一样关键的事务的根本改变将引起长期(即便不是几年，也会是几个月)激烈的争辩。作为一个现实主义者，他认为他需要更多的时间来准备应对公众和立法机构。他建议在预算中暂停选民的倡议，但是，他要求立法机构创立一个立法机构与行政部门联合进行的针对 K－12 财政系统的研究机制，以此来检查各个选择项目并建立必要的政治支持(立法机构暂停了选民的倡议，但是也拒绝进行骆家辉州长的研究计划)。

从骆家辉的决定中我们获得了一个重要的教训。在做预算期间，常常没有足够的时间来创造深层战略变革的政治机会。聪明的领导人在预算周期以外创建论坛来开展如下战略性工作：消除过时的职能和无效的战略，制定新的战略，完善一种战略以使之更有效，使资金向更有效的战略倾斜等。领导者给这些论坛起了很多不同的名字：项目审查（加拿大）、绩效审查（克林顿政府）、绩效听证（北卡罗来纳州）、战略项目区域审查（亚利桑那州）、零基管理审查（圣地亚哥市）、优先选项审查和五年期审查（英国）等。为了强调这些论坛改善战略的目标，以公众愿意支付的价格创造公民认为有价值的成果，我们把它们统称为战略审查。

通常，新当选的行政官员有一次性摆平所有问题的冲动。立法机构在财政危机的时候也会有这种冲动。他们通常建立专门委员会，以试图在6个月或是1年之内对政府进行重大改革。克林顿总统的国家绩效审查原先设想在6个月之内可以完成，实际上，这项工作持续了8年。同20世纪90年代中叶的加拿大项目审查一样，得克萨斯州绩效审查最初被认为可以一次性完成。但是，在这么短的时间内重新考虑这么多的政府工作是不可能的。更明智的做法是将这些制度化为重复进行的进程，一次只集中精力在一项战略领域。

亚利桑那州已经吸取了这个教训。在每一个两年期里，联合立法预算委员会选择一些政策领域，通过战略项目区域审查对其进行仔细检查。在最近的两年里，这些审查的焦点是家庭暴力、特殊教育、儿童服务、州财政对县的资助以及其他主题。他们在这个政策领域内对多个机构的所有项目进行检查。州长规划与预算办公室和联合立法预算委员会工作人员一起进行了这些审查。他们随后向州长和州立法机构提交了一份联合报告。这一工作增加了系统的负担，因为不管是保留、清除还是改进项目（大多数情况下，他们建议修改），都需要两个部门的工作人员在问题和建议上达成一致。

战略审查中最常见的一个形式是“日落法”审查。塞缪尔·约翰逊在18世纪写道："当一个人知道他将在两个星期后被处以绞刑，他的注意力会神奇地集中到这件事情上。"一部"日落法"在行政上等同于一场安排好的绞刑：它需要获得民选官员的周期性地重新确认才能生存。

我们从25年"日落法"审查的经历中获得了一些证据，这些证据显示，如果"日落法"审查委员会认真负责的话，受束缚的政党的确可以使民选官员、政府官员和特殊利益集团的注意力集中。然而，"日落法"审查产生的结果往往比表面功夫好不到哪去，而且民选官员通常会放这些受争议的规则一马。当分析家推荐了提高绩效的方法，并且被立法机构采用时，"日落法"审查才被证明是最有用的。"'日落法'审查的美妙之处不在于你摆脱了什么，"科罗拉多州的前政府协调员布拉德·马伦说道，"美妙之处在于这是一次客观看待机构以及进行必要改变的机会。"

得克萨斯州有着最好的"日落法"审查项目之一。戴尔·葛莱美尔曾经是安·里查德州长的预算主管，他说，在得州，"日落法"审查的结果常常是对机构进行微调，而不是彻底清除。乔·沃尔兰温是得州委员会的审查主管，在这方面有15年工作经验。他告诉我们："我们最常见的情况是发现不需要废除那些职能，不需要竭尽全力摆脱什么。实际上，问题是怎样改善效率和效益。"不过，确实偶尔会发生削减的情况。沃尔兰温说，到2003年为止，得州"日落法"审查顾问委员会已经削减了44个机构，并将其中11个合并入其他机构。大多数被关闭的机构或是相当小，或是很懒散。

"日落法"审查就其性质而言有一些缺点。第一，范围有限，仅关注单一的项目、规则或组织。他们不考虑更广泛的能够取得结果的战略、可选择的项目或供应商。第二，很多政府通过"日落法"审查的时候，没有制定良好的绩效测量系统，因此，"日落法"审查委员会缺少他们需要的有关结果的数据，来判断是应该删除还是应该改变计划。第三，“日落法”审查委员会常常不包括立法者。这样，立法者不会亲自参与到中止计划的决定中来。当面对维护计划的选区时，“日落法”审查委员会只能不情愿地执行命令。

另一个路径是“蓝带委员会”，它常常能给人们对正在执行的行动带来一点点幻想。通常，这个委员会主要由那些对政府的情况没有深入了解就进行现实的战略改革的人，以及不具备民选官员的可靠性却坚持提建议的外行人员组成。为首的是里根总统著名的格雷斯委员会，由商务大亨彼得·R.格雷斯任该委员会的主席。建立该委员会的主要目的是根除浪费和欺诈行为。该委员会由蔑视或充其量是对政府屈尊俯就的商务人士组成。因此，不言而喻，国会会驳回绝大多数该委员会的建议。

尽管委员会成员在他们所从事的领域可能非常出众，但是，他们一般对政府缺乏足够认识，因此不了解政府所需要进行的根本变革。他们能够发现浪费现象，但是不能认识到问题的结构性根源。虽然他们会建议删除某些项目，批准承包经营其余的项目，但是他们在变革系统方面无所作为，例如，购买、预算和人事，而这些过程往往引起浪费。他们也许明白，某些特定的教育法规需要被废止，但他们不明白这些中央集权地区带有准垄断性质的组织是怎样创建经营不善的机构的，在这些机构中进行根本变革几乎是不可能的事情。

但是，如果很好地选择委员会成员，赋予委员会实际的权力，并且能建立规则以避免那些已经妨碍政府正常工作程序的政治障碍，委员会就可以有效运作。在20世纪80年代中期，对于关闭军事基地，人们总是抱着狭隘的心理去抵制，为了克服这种观念，共和党国会议员理查德·阿米制订了一个被称为“八人关闭军事基地委员会”的计划。该计划组成人员由总统提名，并经参议院通过。该委员会有自己的专属职员，他们审查五角大楼关于关闭军事基地的建议。该委员会举行听证会，然后提出一些往往与五角大楼的选择不一致的建议。

过去，关闭军事基地的努力总是失败。因为一些宁愿选择在经济上作出牺牲的社区会进行激烈抵制。总统总是反对关闭政治上具有重要战略意义的州的军事基地，也没有一个国会议员同意关闭其所在的无战争的区域。然而，总审计局办公室报告说，“关停委员会”已经取得了巨大成功：他们每年为纳税人节省了20—30亿美元，并且多数受影响的社区在两年内得到了复苏。因此，这个范例是关于如何摆脱狭隘的利益观去做出艰难抉择的好范例。这一范例的成功主要由于其包括以下一些规则条款：

总统和国会需要要么接受要么放弃一项提议。他们可以接受或者拒绝委员会的基地项目，但是他们不能修改它。这意味着任何一个尝试保护自己地区的军事基地的人将必须在国会参众两院获得多数票以阻止整个项目。在许多国会议员所在区域并没有军事基地的情况下，想从他们那获得支持可不是一件容易的事。

结果的一票表决权。国会必须一次性面对问题，而不是考虑很多法案来否决每一个部分。这使表决高度透明。关闭军事基地的决定不能被远离公众关注的小组委员会否决。这不会妨碍到政治活动，但会将其影响降至最低。

不采取行动和延期是行不通的。如果在收到总统命令后，国会没有通过立法在45天内拒绝整个计划法案，该法案将自动成为法律。

战略审查的其他形式

战略审查没有唯一正确的方法。在规模小一些的公共部门中，如果领导在背后支持审查进程，审查将会非常容易。

1993年12月，当彼得·哈钦森和他在公共战略研究所的同僚同意签定一项协议，担任明尼阿波利斯市学校主管时，该学区面临500万美元的预算短缺。同时，该学区也卷入了与教师工会之间的一项困难而复杂的谈判。3个月后，哈钦森和校董事会已经削减了预算，但是，劳资谈判完全谈崩了。当学区与工会将他们之间的争执提请仲裁的时候，仲裁人决定支持教师。学区必须拿出700万美元以支付这项合同。

依据长期建立的游戏规则，平衡预算是主管的问题。除了校董事会之外，其他所有的参与者都不会将预算视为自己的责任。恰恰相反的是，每一个部门领导、学校、拥护者和工会都觉得有义务为他们能够获得的每一事物而战，并为划拨的每一分钱拼命斗争。

公共战略研究所面临的新困境是，他们已经将劳动争议提交仲裁，并在仲裁中失败。在公众眼中，他们已使学校系统卷入了这一新的700万美元财务窘境。公共战略研究所必须解决这一问题。一些利益相关者已经准备减少投资并进行指责。

作为主管的彼得·哈钦森将这一困境看作一个转折点。虽然平衡的预算是必须的，但是，他和他的公共战略研究所的同僚担心预算的争辩会对该组织的核心任务——确保所有的儿童都可以学习——产生影响。他们知道，要完成这一任务，需要每个利益相关者的参与。但是，通常的财政预算争辩很可能导致股东解约，甚至外部冲突。他们将遇到商业中常见的交易失败。

因此，哈钦森邀请所有利益相关组织的代表（从家长到教师，再到监督人）参加一系列预算会议。整整两夜，他和所有52个代表，围坐在一个巨大的圆桌旁边开会。他提醒他们："明尼阿波利斯市公共学校的任务是要保证所有的学生都可以学习。"

我们需要平衡这项预算。但是，我们需要用一种能使我们更好地完成任务的方式。如果我们没有平衡这项预算，我们不仅不能完成教育这些孩子的任务，我们最终还会相互争吵，使公众认为我们在乎自己的支配权甚于我们所服务的儿童。

我的责任是向校董事会提交预算。如果我们能一起制定一份既支持我们任务又能够平衡的预算，我将承诺提交预算。如果我们不能，我仍然会提交一份平衡的预算，但是我不会对结果作出任何承诺。

我也不认为达到这一目的的最好方式是谈论削减。相反，如果我们有钱，让我们从制订一份清单开始，列明我们将为提高学生成绩所要做的事情。这份清单的每一项目都会有一个价格标签，因为天上不会掉馅饼。

人们开始提出建议，其中一些很有创造性。最终，他们增加到700万美金的预算。哈钦森告诉他们："现在，对于我们共同节约下来的每一元钱，我将划拨其中的50美分用于应付资金短缺，分配剩下的50美分用于实现愿望清单。我们将继续节约资金，继续提供节约的建议，直至我们完全能够承担这两个项目。"

为了寻找到与这两个最优项目配套的资金，每个人都行动起来，当他们意识到得到的同时也需要付出的时候，几乎房间中的每一个人都自愿将负责的项目逐一进行削减。应该将资金用在富有创造性的新项目上，这一思想激励着参与者在寻找节省资金的方式上也变得很有创新性。他们发现，他们需要1 400万美元，其中700万用于赤字，其余700万用于愿望清单。他们放弃了这一预算，因为他们希望资金带来更好的结果。

这样做能取得部分效果，因为美国校区的权力是集中的，行政官员也就是主管，是为法律实体，即校董事会工作。这种"一元的"简单性也存在于许多市议会或者县议会雇用和解雇市长或县长的情况。这在议会系统中也是可行的，在议会系统中，首相仅仅是立法部门中多数党的领袖。

但是，当行政官员如美国总统以及州长和多数市长由州议会分别选举产生的时候，获取政治支持的投资就会更加困难。必须对法律作出重要改变，并且利益集团常常可以通过使他们支持的立法委员阻止法律变更来保护他们感兴趣的计划。在美国政府及其 49 个（除内布拉斯加州之外）采用两院制的州议会中，反对者只需在一个议院中阻止法律变更。危机能够推动改革，但是战略转换从来都不是轻而易举的事情。

对于行政与立法分离的政府来说，理想的方法也许是采用这种形式：

1. 针对年度战略审查来说，对 10 项政策结果领域中的 2 项进行年度审查（在华盛顿州，这将意味着审查 10 项政府优先事项中的 2 项）。
2. 一个由行政官员（在华盛顿州，还包括为结果负责的成果团队成员），州议会两院议员，来自独立审计或者会计办公室的工作人员和像顾问、学者、商人或者智囊团成员这样的外部专家（不是某一投资的股东）组成的特殊的委员会领导来进行审查。
3. 与联邦政府在关闭军事基地问题上同地方的对抗中获胜时所采用的习惯性方法相类似的方法。

不管你采用哪种方法，重要的步骤是将战略审查作为控制进程的一项固定要素。为了使审查制度固定下来并定期进行，你可以：

- 依次进行，这样可以在较长的时期内解决整个政府遇到的问题，而不是一次性解决所有问题。

- 维持对机构、项目和私人供应商的压力，以提高他们的绩效。这样可以保证他们持续的活力。
- 花些时间来做一些有利于获取更好成果的事情，而不仅仅是削减预算。
- 保持长期战略审查的能力，而不是用临时审查来应对危机。
- 创造真正的关于政府合适角色的公共对话机会。因为审查是定期进行的，并且每个人都知道审查程序，可以将预期中论坛付诸实施，从而对基本问题进行持续检查。

战略审查的教训

根据我们在战略审查方面的研究，以及我们的一些审查经验，我们拟定了 12 个教训：

1. 确保这一进程由高层领导推动

削弱政府职能，改变政府战略和改革政府开销模式是很费力的事情。因为进行这些工作需要花费大量时间，领导必须委托代表来进行如此大量的工作。但是，正如密歇根州前预算副主管约翰·科斯特所说："由兼职公众委员会或者未被授权且缺乏首席行政官支持的工作人员代替领导做决定是肯定会失败的。"政治领导必须对倡议表现出浓厚的个人兴趣，并使被委任者和盟友就职且遵守议程。如果做不到这些，每一个参与者和利益相关者(管理者、雇员、议员、说客和记者)都会发现领导没有亲身参与，并得出同样的结论。这是他认为好的事情，但并不是优先考虑的事情。然后，他们会据此采取行动。

2. 让立法和行政部门都参与进来

通常情况下，一个部门(通常是行政部门)决定单独做事情，并且，一旦该部门完成了建议的事项，就会努力让另一个部门参与进来。这种方法很少起作用。在一开始就建立联合所有权会带来巨大的好处。如果州议会中没有人觉得有权衡一项法律的个人所有权，这项法律就很难在两院议会中获得通过。让议员感到具有个人所有权的最好方法就是让他们也参与这一程序。

1993年，6个参议院政府事务委员会成员提交了建立领导某种联邦政府战略审查的联合委员会的议案。为了避免分散公信力，克林顿总统决定不让该委员会进行国家绩效审查。这后来被证明是一项严重的策略错误。当克林顿和戈尔副总统在1993年9月发布他们的建议时，国会表示了一个很温和的态度，并通过了该建议。在下一年唯一获得通过的主要法律是参议员约翰·格伦已经提出的购买改革议案。在约翰·格伦的议案中，他附带了国家绩效审查的建议。因为购买改革已经付诸实施，所有的努力都付之东流。克林顿和戈尔后来在他们的预算中加入了很多建议，其中的一些在随后的几年中获得了通过。

但是，很多1993年的报告中要求的最重要的法律(例如民事服务改革和预算改革)都销声匿迹了。“如果(克林顿疲于奔命的)第一年能够证明了什么事情的话，”威斯康星大学和布鲁金斯学会①的公共管理专家唐纳德·凯特写道，“那么，没有国会的支持(或者避免国会的反对)，那些真正重要的改革是不可能进行下去的。”正如我们上面指出的那样，亚利桑那州的战略项目的区域审查由行政和立法机构的工作人员一同进行，并且他们必须向州长和州议员提交一份联合报告。立法机构的工作人员为联合立法机构预算委员会工作，他们代表两院。因为所有人的意见必须一致，所以他们的建议具有实际权重。

3. 如果要实行根本变革，就要和政治明星结成同盟

你不能像华盛顿州教育团队那样提议进行重要的改革，并仅仅

① Brookings Institution，美国智库之一，是华盛顿学术界的主流思想库之一，其规模之大、历史之久远、研究之深入，被称为美国“最有影响力的思想库”。——译者

期望能在州议会获得通过。大的变革会产生赢家和输家，并且输家会鼓动他人阻挠你。你需要能使根本变革顺利进行的基本条件，例如持续的财政危机。你必须事先采取必要的行动来取得关键利益集团的信任，并改变关键立法者的观点。你必须向媒体和公众提出令人信服的理由。

如果政治明星没有和你结盟，不要揪住那些特殊的问题不放。例如，20 世纪 90 年代中期，加拿大的两项项目审查就非常成功(见《政府改革手册》，78—81 页)。但是，加拿大领导人搁置了有争议的问题，包括向各省支付联邦运输费用和像失业保险这样的重要授权计划。

4. 确保你有明确的目的

混乱是致命的。那些审查者需要知道审查的确切范围，领导人想在改革的路上走多远，期望什么样的成果，以及需要多少时间来完成。1993 年，克林顿总统对国家绩效审查(National Performance Review)的命令就是模糊的。克林顿的国情咨文演说要求废除 100 项计划，但是他从没有告诉过国家绩效审查领导人由他们负责这项工作。参与这一程序的领导人给出了不同的建议，并且他们都不知道在这项工作上该走多远。一些团队认为他们能够使一些关键的变革获得通过，而其他的团队觉得那些政策会受阻并且会出现意见纷争。这次审查的领导人，副总统戈尔有一些大胆的想法，但是，总统又没有给出明确的信号。克林顿的助手们对于一些建议惴惴不安，害怕疏远对这项预算有投票权利的国会成员。这样的混乱导致在毫无结果的意见上面浪费了时间。

5. 审查政策范围，而不是项目本身

某一时间只审查一个项目的战略审查应该不只是日落法审查。这应该不仅仅是废除无效的项目和精简现有战略，还应该制定新战略。例如，华盛顿州的各成果团队各自审查一项“政府优先事项”，这样，关注提高华盛顿人健康的团队检查达成对这项结果所有方面的一致。正如我们再三说的那样，最重要的问题不是项目X或者项目Y是否应该存在，怎样最好地产生公众认为有价值并愿意为之买单的成果才是最重要的。为了回答这个问题，必须考虑所有对这一结果有贡献的战略和可能产生更好结果的可选战略。项目审查应该从本国和全球寻找最好的实践方法。单独来看，一个项目也许看上去是有效的，但是，与另外3个可以以更低价格产生双倍成果的项目相比，该项目也许就无效力了。

6. 建立有大局观的、强有力的、独立的董事会或者委员会

基本改变的最大障碍是利益集团倾向保护自己的利益。为了防止他们这样做，需要一个代表公众利益的强有力的集团：“日落法”审查委员会、特殊任务势力或者部门，像联邦关闭军事基地委员会这样的委员会，审计者甚至是特殊内阁成员的独立办公室（1994年，加拿大总理任命了一个特殊的“公共改革部部长”），为该集团提供工作人员、专家和进行彻底审查所需要的时间，确保他们不受特殊利益集团的游说骚扰。

7. 制订程序以减少特殊利益集团阻碍变革的能量

被行政官员接受的建议应该成为法律，除非两院之一或者两院在一个设定的时间内反对该建议。这样，改变既不会被立法程序正常的惯性阻止，也不会被公共视线之外的决定所阻止，只会被委员会和小组委员会中活跃的公众表决所阻止（也可以要求所有改变作为一个整体，在没有修正的情况下，被投票表决。但是这样对大多数立法者来说可能过分耗时）。

8. 动用内部和外部专家

在政府工作的人都知道政府是怎样运转以及怎样改善政府运转的。但是，他们经常对那些没有利用政府雇员的可选战略（例如，税收信用、凭证和非盈利协议）视而不见。另外，他们一般对其他

辖区的可选活动所知甚少。将有知识的局外人，例如顾问、智囊团专家和学者，以及有知识的局内人组合起来则两全其美。

如果战略审查的领导人可以打破常规考虑问题，并且坚持深入的基本变革，就可以在没有局外人帮助下达成目标。加拿大在战略审查的时候就是这么做的。但是，一般来说，来自政府之外的有识之士提供了更广泛的观点，因为局外人与政府既定的运转方式和机构的权力范围没有太大的关联。

9. 确保拥有绩效数据，特别是有效性方面的数据

如果没有关于政府当前战略和项目的实际结果的数据，就不可能说出这些战略和项目中哪些对公众关心的成果贡献最大。没有绩效数据的战略审查已经被证明是完全无效的。因为这种审查几乎没有提供进行决策的基础。如果没有这些数据，应该在开始战略审查之前，花一些时间建立绩效测量系统。

10. 固化客户和其他股东咨询程序

客户能向你提供非凡的见解。利用问卷调查和焦点团队，要求一些有知识的客户对他们所熟悉的特定政策领域（例如，医疗保健或者 K－12 教育）或者市县政府的所有行为进行评级。商业组织的股东、教师和受政府机构管理的人也能够提供关于需要哪些修改和为什么要修改的基本见解。

然而，最终的决策不应该根据客户和股东的意见决定。设计战略审查的目的是根据“所有者”，即公众利益采取行动，而不是根据单独客户的利益。客户除了对他们自己感兴趣的事情之外，一般对政策领域了解不多。并且他们可能喜欢特殊的服务（例如，公众可以在教学时间以外免费使用学校体育馆，溜冰场和其他体育设施），这些服务可能对任何一个关键的结果目标没有贡献。在那些代表公众利益的人眼中，也许把资金用在其他地方更合适。

11. 切记在审查程序中含有补贴和税费减免

绝大多数战略审查的焦点在政府项目方面。但是，政府通过很多其他机制(包括税费减免和补贴)开展工作。这些工作很少被审查，但是它们能有效地节约。比方说，州财政对学院和大学进行补贴，而不是在多数州立大学中维持相对较低的学费。低学费是对每一个学生进行补贴，不论他们是富有还是贫穷。增加学费并直接补贴最需要帮助的学生也许更好一些。弗吉尼亚大学在一定程度上采用了这一战略。这所大学每年向州外学生收取的学费超过 25 000 美元。由于这是一所高质量的大学，为了进入这所大学，这些学生展开了激烈的竞争。

同样，税费减免也为节约提供了可靠的空间。正如他们所知道的那样，“税收优惠造成的财政收入减少的预算”是巨大的。税费减免政策通常是了为发展经济而提出。但是，应该对该政策进行周期性检查，以确定该政策是否达到州目标的最好战略。很多税费减免政策是无效的，其余的税费减免政策仅仅是将工作在州内推来推去，并没有创造新的工作。通常情况下，资金使用在其他地方更好一些，例如：教育、培训和基础设施。战略审查应该复查所有补贴和税费减免以确定这是否获取所期望的结果的最经济的方式。

12. 确保多数观察者觉得这一程序是公平公开的

在华盛顿州，每一个项目都接受相同的程序和逻辑测试：与其他可选方案相比，该项目是否能够获取更好的成果？因为媒体认为这一方法是公开公平的，所以他们非常热切地期待成果。很多项目没有通过这一程序审查，但是有时候，同时处理很多利害关系比一个一个处理它们更容易进行变革。当必须牺牲很多集团的利益时，任何一个集团都很难使立法者相信他们的项目是应该保留的。

在华盛顿州，很多公牛被屠宰。这项决策的基础是如此透明，以至整个法案具有实际的公信力。并且这些预算在哪些被削减，哪些被保留方面是如此的清楚，以致每一个人都知道如果他们成功地修改其项目的资金预算，那么“保留”清单上面排在最后的一项将被裁减。如果他们自取所需，换而言之，每一个人都能够发现他们将伤害谁。“我们明确告诉每一个人将进行哪些权衡”，财政管理办公室副主管沃尔夫冈·奥皮茨说：“这种透明的做法使行动顺理成章。”

13. 通过人性化设计以减轻过程的痛苦

有时，你可以通过逐步取消项目和仁慈地对待雇员来缓解痛苦和政治对抗，并使之发生改变。不采取裁员政策，只通过自然减员和鼓励提前退休来缩小规模，是达到这一目的最显而易见的方法。正如我们在第六章讨论的，也存在很多其他现成的工具来达到这一目的。

大西洋对面的做法

虽然很少有美国人意识到这一点，事实上我们在改革政府方面不是世界领先者。从 20 世纪 80 年代早期开始，英国人就已经在实践这一方法(关于英国人的事迹，见《摒弃官僚制》第一章)。在玛格丽特·撒切尔和约翰·梅杰的领导下，保守党政府主要关注精简政府机构，提高效率。随后，在托尼·布莱尔的领导下，工党将注意力转移到有效性方面。这两个政党都非常依赖战略审查程序。

从 1987 年开始，保守党通过在政府部门中建立较小的、关注任务的“行政机构”，重建了他们巨大的集权政府部门。每一个部门都有一项称为“框架文件”的 5 年期协议。至少在理论上，政府部门控制，而行政机构执行。每一个机构都有一个急迫的任务和一些长期绩效目标(每年都要针对这些任务和长期目标设定短期目标)和巨大的管理灵活性。

机构每5年进行一次战略审查。这种审查以前被称为“优先事项审查”，现在被称作“5年期审查”。政府部门审查机构的角色和绩效，以确定是否应该将该机构废除、出售、外包给私营承包商、兼并、分拆或是调整。如果机构通过了审查，政府部门就会与机构议定一个指定该机构未来5年角色的框架文件。审查报告会被公开，并向外界征求意见。两个促进政府层面改革的中央组织——财政部和政府内阁办公室监督审查程序以确保审查顺利进行，并为审查员提供建议。

布莱尔政府增加了所谓的综合开支审查，来检查所有政府间的开支，设定优先级，规划未来3年开销限额，界定开销结果。正如财政部网站公示的那样，“开销审查设定了严格和固定的3年部门开销限额，并通过公共服务协议定义了公众期望的对这些资源的关键改进”。

公共服务协议（Public service agreements）是与每个部门议定的3年期协议。另外，还有一揽子正在编辑中的公共服务协议，例如一个针对犯罪审判系统的公共服务协议，一个针对儿童保育和学前教育的公共服务协议和以前的一个针对工作福利的公共服务协议（在改革政府之前，建立一个针对工作和退休金的新部门）。这些协议包括所谓的政府部门任务、成果目标、成功指标和效率目标。财政部对基本要素作了如下描述：

- 主旨：对政府部门角色的高度描述。
- 目标：广义来讲，政府部门应该朝哪个方向努力。
- 绩效目标：根据多数目标，把结果焦点放在绩效目标上。
- 资金价值：要求每一个政府部门都有一个提高效率或者是该部门工作的关键要素资金价值的目标。
- 对实现这些目标的负责人的描述：要明确联合承担目标，同时要明确与界定责任。

在2000年的开销审查中，中央政府还与地方政府协会商定了一项地方政府公共服务协议，该协议列出了“依赖地方政府来实现的关键国家目标”。从那以后，中央政府已经和至少60个地方政府商定了将国家目标和地方优先权相联系的公共服务协议。这些公共服务协议也给地方政府为实现目标所需要的一定范围的“自由度和灵活性”。作为鼓励，如果地方政府实现目标，就会获得额外的资金。

2002年，为了提升他们进行这类战略性思考的能力，英国政府在内阁中建立了一个新的“战略小组”。该小组通过内阁秘书向首相汇报。政府规定该小组的宗旨是“提高政府实施战略的能力，在制定实现政府目标的政策时修改方案，促进创新”。

该小组承担4项主要任务：

- 对政策主要领域进行长期战略的审查。
- 承担政策修改问题的研究。
- 战略的审核(偶尔会对英国及英国政府行为进行评估)。
- 与政府部门合作，促进战略思考并提高英国政府的政策制定能力。

从美国视角看，尚难断定这种新方式能否运转良好，但很明显迈出了超越美国的重要一步。我们最好对大西洋对岸的朋友保持关注。

第五章

整　合

明智的兼并

在20世纪70年代，佛罗里达州议会的一些青年改革者对向贫穷、处境危险的儿童提供的服务感到不安。“我们负责所有这些独立的领域，”巴迪·麦凯回忆道——他后来作为一名少壮派被选进了议会，并在1990年担任了副州长，“我们有一些部门分别负责未成年人事务、儿童保护服务、健康及康复服务和其他事务。所有这些部门之间没有沟通。因为可能存在以下情况：一个麻烦的未成年人的问题涉及上述部门中的两三个，但这些部门甚至都不知道还有其他部门负责这个问题，所以，我们将这些部门合并成一个部门，把原来的部门作为新部门的分支。”

这个新成立的健康及康复服务部很快成为全美最大的州政府部门。到1990年止，该部门有45 000名雇员和8个管理层，其中近4 500名雇员在塔拉哈西①的中央总部。

“在70年代，”麦凯悲伤地说，“我们和东德或者苏联一样，我们所做的一切都是为了集中权力，而且我们在这方面很激进。”

问题是，从前的部门仍然像独立的分支一样运作，各行其是。

---

① Tallahassee，美国佛罗里达州州府。——译者

和过去一样的官僚制度仍然存在，而且更严重了。麦凯认为："基本的错误是我们从没有建立一个系统使负责运作（在地方区域）的人受到控制。"

> 我们从没有将原有机构的领导排除在外。理论上，运作人掌管发生的任何事情，但实际上，在塔拉哈西，仍然由项目经理进行决策。每一地区都有一个子项目总监，他向塔拉哈西的某人汇报，而不是向运作主管汇报。自然，每个人都会说："哦，你不能认为这是我的责任。"

1990 年，当劳顿·奇利斯及其竞选伙伴麦凯竞选正副州长获胜时，他们改革的第一个目标就是健康及康复服务部。在最初的 1 年里，他们仅仅使州议员同意分拆一些职能，下放一些权力给该部门的 15 个地方区域。但是，1992 年，一场危机爆发了。在 20 世纪 80 年代后期，健康及康复服务部的一个共和党秘书与全球信息服务业领导者美国 EDS 公司签订协议，建立一个巨大的、集中的大型机电脑系统来负责 150 万条案件的管理工作，这些案件涉及医疗救助、福利、食品券和其他客户端。当该系统在 1992 年联机工作时，问题爆发了。由于承受不起海量的案件管理工作，这个系统运转缓慢。每个员工都必须等待 30 分钟才能得到处理结果。因此，等候室挤满了人，等候的队伍排到了街上。当负责处理案件的工作人员在系统中删除了不再适用医疗救助的人以后，计算机仍然给这些人发送医疗救助卡。这很快使州预算出现亏空。当所有这一切见诸报端以后，奇利斯得到了他需要的机会，开始解散这一独立的官僚机构。

他和麦凯建议做两件事。第一，分拆更多健康及康复服务部的职能部门——公共健康、健康护理、劳动力培训和未成年人审判，建立独立的部门或者机构。第二，他们将健康及康复服务部剩下的权力下放到 15 个地区，每个地区成立自己的社区理事会。议会赞同这个新模式。当奇利斯认为这两项工作进展过于缓慢的时候，他解雇了负责这些工作的总监并任命麦凯为新的总监。

麦凯废除了 3 个管理层，取消了 38 个高级管理职位中的 25 个，减少了 25%的总部工作人员，将中层管理者裁减了 20%。结果是在塔拉哈西取消了 2 300 个职位。他说，他的目标是“消除总部中与地方重复的职位”，然后“将权力下放给地方”。

但是麦凯的继任者又向集权方向推动健康及康复服务部改革，因为此前麦凯进行了太多的调整。现在，该组织被称为儿童和家庭服务部。该部门拥有 23 000 名雇员和 40 亿美元的预算，主要负责精神健康服务和受虐待儿童保护。“经过一系列的重组，现在有一个独立的健康部，一个老龄化部，和只有天知道的许多其他部门。”麦凯说：“现在，每一个部门都有自己的立法委员会和一个拨款小组委员会。这也许是不可避免的，并且没想到结果是我们又回到了 60 年代后期的状况：没有一个独立的协调实体，政策的制定就好像在不同利益集团间进行年度奥林匹克游说。”

2003 年 10 月，儿童和家庭服务部宣布了另一项重大调整计划，原因是当前的行政系统“难以管理并且低效”。这是 33 年来第 23 次进行调整。

不幸的是，这次再造工程的失败就像旋转的木马一样，太普通了。当资金紧张或者危机爆发时——例如，当一个孩子死于寄养家庭时——民选官员就强烈感到必须“做点什么了”。很多情况下，他们下意识的反应是巩固：将独立的组织合并成一个大的机构或者是部门，承诺兼并后的机构将会消除重复和重叠，节约资金并最终向公众提供完整的服务。

让我们看一下联邦政府新成立的国土安全部。该部门是在 2001 年“9 · 11”恐怖袭击之后，为了“做点什么”而成立的。它从 22

个机构合并了至少 170 000 名联邦雇员，涉及领域从农业研究到港口安全，再到灾害救援。该部门集合了交通安全管理局、海关总署、移民局、情报机关、海岸警卫队和联邦应急管理中心。

在国土安全部内部，信息分析和基础设施保护指挥部吸收了联邦调查局的国家基础设施保护中心、国防部的国家通信系统、商务部的关键基础设施保险办公室、能源部的国家基础设施仿真分析中心和综合服务管理局的联邦计算机事故反应中心。

边境和交通安全指挥部监督海岸警卫队、交通安全管理局、大部分海关行署、边境巡逻队、联邦保卫局和联邦法律加强训练中心、移民局、动植物卫生检查处（以前隶属于农业部）、内战准备办公室（以前隶属于司法部）和以前的联邦应急管理中心国家备战办公室。

关注制定针对化学武器、生物武器、放射性武器和核武器对策的科学技术理事会包括农业部以前的普拉姆岛动物疾病中心、能源部的劳伦斯·利弗莫尔国家实验室和国防部的国家生物武器防御分析中心。

应急指导处负责联邦应急管理中心的绝大多数：联邦调查局的国家内战准备办公室、健康和公共事业局的国家灾难医疗系统、城市医疗反应系统、紧急备战办公室、司法部的国内紧急情况支持小组和国家海洋和大气管理局的集成危险信息系统。

几乎没有管理专家期望这个新部门很快成功。就像之前佛罗里达州的健康及康复服务部一样，国土安全部是一个下意识增强冲动的经典例子。这种冲动许诺通过消除重复和重叠获得更高的效率，但是常常导致严重官僚作风：权力被分散到许多管理层次，沟通困难，长时间不能决策。那些赞成这种兼并的人让我们想起年轻情侣认为结婚是解决麻烦的办法。结婚从来都不能解决男女关系方面的问题。蜜月过后，令人头疼的问题仍然存在。

甚至在私营经济中，整合支付也已经被证明是不可行的。“简而言之，主要私营经济并购的经验是，实际上生产率和效率在并购之后的一段时间内是下降的，” 负责审计总署的审计总长戴维 · 沃克报告说，“原因很多，例如：集中关注关键的和紧急的集成问题，忽视了长期使命问题。另外，雇员和经理不可避免地要为他们在新机构中的位置担心。”

突然将多个机构合并常常导致合并后的机构面临众多不同的任务，而高层领导不能在该机构从事的多数领域都具有专业知识。他们在确定最重要的任务方面很难达成一致，并且他们不能决定应该关注什么。承担复杂任务的巨型机构运转不良是众所周知的。

高层领导以下的雇员则把时间浪费在担心他们的未来和保住自己的地位上面，而不是工作。“雇员常常忠于过去的主管，让他们转变是困难的。”普林斯顿大学的社会学家弗兰克 · 多宾说。“建立一套完整的企业文化，”他补充道，“可能需要 10—15 年时间——这么长的时间足够让大部分员工发生转变。”

有时，文化差异是工作所固有的。新成立的国土安全部集合了来自海关总署的边境检查员和来自移民局的官员。这只是一次逻辑上的人事调动，因为检查员和移民局官员大体上还是从事原来的工作，并且他们中的一些人已经经过了交叉训练。但是，集合植物卫生检查处就是另外一回事了，因为这涉及具有不同任务和文化的学院科学专业。正如他们的联合会主席向政府行政官员们说的那样，“我们是普通人，我们不是大人物”。很多人担心在整合的海关和边境保护司内，植物检查员的工作会被认为是次要的，导致管理上的不良决策。

甚至海关和移民管理局的官员都抱怨薪酬和福利问题，抱怨新的法律允许管理者未经联合会同意就进行人事变动。在第一年里，大约有 20%的官员发生了工作变动。负责移民事物的雇员担心由海关部门的人组成的高层管理团队不熟悉复杂的移民法律。“海关法和移民法是不同的，”一个律师告诉政府行政机构的杂志，“我的直接主管在我工作的领域没有经验。”

不管用怎样的合并方式来建立一个新机构，不同职能间的分界都是混乱的。十分完美地将工作人员和职能整合进任何逻辑上可行的方案简直是不可能的。这样会产生汇报关系、雇员分类和空间不一致的问题。不同的财政、管理和技术系统的统一需要大量的时间和精力。并且不同领域的办公室结构也必须被集合处理。在过渡期及过渡期之前的一段时间内，整合工作需要花费巨大的精力，其中大部分耗费在官僚主义的结构和内部人员上面。他们将精力从工作向工作地点转移。“将一切组织变成设想的形式需要 3—5 年的时间”，海岸警卫队少将哈维 · 约翰逊这样评价国土安全部的整合。

前衣阿华州和内布拉斯加州公共事业部主管杰西 · 拉斯马森曾帮助推动了内布拉斯加州公共事业机构的大规模整合。她说：“我过去赞成这样做，因为我曾经认为这是建立不同系统的唯一方法。”但是她弄清了一个令人伤心的事实：

> 我所学到的是……如果你进行那么大规模的整合，这种整合本身就是令人感到沮丧的，所以人们感觉不到为什么这是个好主意。你应该只是改变一下办公的方式和公务关系，然后，当它们步入正轨之后，再改变结构。如果州长之前和公共事业总监和公共工程总监说：“我希望你们部门为你们系统中的每一个孩子制定一个计划。改变做事的方式和公务关系，而不是只给你们的人在大楼里换换房间。”那么，同样的事情也会发生。因为有人会说，“我可是为那堵墙付了钱的，我要把它带走”。这就很搞笑了。而且，人们根本没有情绪去工作了。

最佳方案：整合控制并使其与执行分离

我们需要学会以不同的方式考虑整合。政府职能的分散是一个大问题，而且职能重叠和重复的确存在。但是，存在比建立苏联式庞大官僚机构更好的整合方法。

在任何一个辖区内，民选领导人首先要确定他们期望取得的成果，该成果应该是公众认为最有价值的结果(参见第三章)。然后确定能取得那些成果的最有效战略。只有那时公众领导人才应该考虑实现这些战略的最好的组织结构。

通常，最好的选择是整合资金流和控制权，而不是进行实际操作的组织。正如我们在第三章讨论的那样，控制——制定政策和方向——关注做正确的事。执行——提供服务和执行工作——关注把事情做好。控制和执行分属相互独立的组织，分别集中精力于各自的任务。

如果一个组织的领导人还必须关注具体执行，他们几乎不可能控制好整个组织。彼得·德鲁克35年前在《不连续的时代》一书中强调了这一观点：

> 任何将控制与“做”合并的企图都会使决策制定能力大规模瘫痪。任何使决策机构进行实际“做”的企图也意味着不良“执行”。决策机构不关注“做”，他们没有执行的装备，并且他们从根本上不关心执行。

一旦控制职能独立出来就可以被整合，以保证政府间政策是完整的并互相促进。例如佛罗里达州的健康及康复服务部，与处境危险的儿童相关的政策可以由一个相对小的控制组织制定，该机构可以设计一个可以提供高质量完整服务的服务交付系统。所有为处境危险的儿童准备的资金流可以由该机构控制，该机构使用这些资金从公立的、私立的和非盈利的服务机构购买成果。

在美国，很多政府资金流高度分散，因为议会已经制订了上百个独立的、由州政府和当地政府实现的专款计划。这些州已经完成了同样事务的微型版本。例如，圣地亚哥县的健康与公共事业部就有超过100个独立的资金流。这很正常，并不是特例。这些分散的服务交付系统是按照联邦和州法律要求及限制建立的，而不是根据客户需要建立的。

通过整合资金流，控制组织可以从任何被认为是具有最好装备的执行组织来购买成果。整合资金使公众受益于更有效的控制和更有竞争力的服务。这是一个完全的、基本的改变，导致资金购买力指数增长。

例如，我们可以展望成立一个相对小的控制组织，负责监督公共事业部这样的领域。该组织设定结果目标，选择最有效的战略，利用整合预算通过竞争性绩效协议从无数供应商购买成果，评估这些成果，并不断将资源从低产出战略和供应商向高产出战略和供应商转移。控制组织实际上成为了代表公众利益购买成果的机构。

通过这种整合方式，民选官员不必对机构进行太多的变动，并且大多数员工仍保留在原来的执行机构。基本的步骤是民选官员关注他们期望产生的成果，然后授权新的控制组织来完成它。立法机构可以一次性拨款给控制组织，或者在控制组织需要控制更多资金的时候，向控制组织权限内的每一项战略或项目拨款。（立法机构也可以通过上级政府向控制组织提供超额现金。）控制组织制订建议预算，行政官员及其预算办公室审查后，修正或者批准预算，立法机构负责最终拨款。

针对这种基本转变已经建立了很多模式。其中最早的一个于60

年前在佛罗里达的皮内拉斯县建立，该县包括环坦帕和圣彼得斯堡地区。1944 年，皮内拉斯县初级法院的法官林肯 · C.博格面临一个不断发展的问题：一些需要帮助的儿童屡次出现在他的法庭上。该法官的选择很少，并且其中大多数（例如改革学校或者县监狱）看起来并不适合这些被忽视的、抛弃的和受虐待的青少年。

当博格法官转向县委员们求助时，他们批准了一笔“丰厚的”拨款——250 美元。为了寻求一个更加有远见的解决方案，该法官草拟了一项授权设立“公民自主委员会”的州法律。该委员会具有税收权力，负责儿童福利。作为青少年福利委员会，按照当前领导人的说法，该委员会是“国家第一个利用专用财产税使儿童和家庭生活得更好的县级机构”。1986 年，州议会通过了允许其他县建立这种委员会的法案。这种委员会被命名为儿童服务委员会，目前有 8 个这样具有征税权力的委员会。

青少年福利委员会有 11 名成员：一个学校主管，一个县委员会委员，一个公设辩护人，一个州律师，一个少年法庭法官和 6 个由州长任命的成员。该委员会每年花费 4 600 万美金来提高针对儿童的成果，其中大部分资金来自公民投票表决的专用财产税。该委员会及其工作人员确定需求及其优先次序，并为每一项需求制订预算。该机构不负责具体执行，而是寻找、资助能最好满足每项需求的供应商，并测量供应商和县政府在实现需求方面的成就。该委员会资助大约 60 个不同的供应商，尽可能多地关注预防：社区家庭中心和青年中心、咨询服务、家庭暴力避难所、住院治疗服务、课外活动、儿童看护中心、家庭监测、保姆招聘及培训、24 小时资源和职业介绍服务。

每一个为青少年福利委员会工作的供应商都会被指派一个协议经理。该经理与计划工作人员一起工作来帮助他们达成目标。该委员会也有一个基于网络的监控绩效的系统。“该系统的特别之处在于具有一个可度量的目标组件，该组件可根据每一项计划进行裁减，”青少年福利委员会长期执行总监詹姆斯·E.米尔斯告诉我们，“这是可以在协议中磋商的。该系统已经运转起来，我们只要向系统托管业务就可以了。”包括杰克逊维尔、马丁、棕榈滩和布劳沃德县在内的各县目前正在使用皮内拉斯县的系统，戴德县正在为其新的儿童托管寻找模式。

绩效测量导致的结果是：最好的供应商获得发展，最差的供应商失去资金。“去年春天(2003)，该委员会取消了对16个项目的资金支持，”米尔斯解释说，“我们清除了一些勉强合格的执行者和一些重复的努力。我想我们将执行者从大约80个减少到60个。”削减协议使委员会扩展了高质量计划，增加了新的供应商。

米尔斯说，其中最有效的一个项目是健康家庭计划。该项目为大约1 500个家庭服务，目的是减少高危家庭中的虐待儿童事件。米尔斯解释说：“我们从当地社区雇用专业的助手，这些助手的服务目标是高危普查地段。”他们进入该县贫穷地区医院的妇产病房，努力确定高危家庭并向他们提供服务。“你在他们真正希望成为好的父母但却采用了最差的方式的时候打动他们。他们并不是一开始就是坏父母，也并不是一开始就虐待他们的孩子。”大约90%的父母接受并参加了这一计划，直到他们的子女5岁为止。“这些家庭为他们自己设定了目标，而这些目标在很大程度上建立在优势的基础上：你的长处是什么？你打算去哪里？我们调动资源帮助你到达那里。”

通过与一所大学签订协议，该委员会小心谨慎地测量和评估结果。米尔斯说：“我们发现在很多领域取得了巨大的进步——工作，成年人关系稳定性等等。”他还发现，在皮内拉斯县和希尔斯伯勒县，死亡儿童的数量现在显著降低。另外，这两个县与高危儿童相关的统计数据非常相似——他认为这些进步归功于该项目。

“去年夏天，我们为该计划制定了一个新的协议，”他说，“我们每年的花费可能是300—400万美元，而且我们现在覆盖了该县70%的高危生育。”

工作人员也测量了一些与儿童状态有关的关键指标，包括退学比例、吸毒和酗酒比例、家庭暴力比例。他们将这些信息编辑整理，写入每年的“皮内拉斯概览”，用于分析多年的趋势。

如果青少年福利委员会既是一个控制实体，又是一个执行实体，米尔斯说，“它将极大地改变我们的状态和行为”：

> 从一个工作人员的角度出发，我知道，我们都应该建议反对这一点，并且委员会也会有力地阻止。从政策规定上来说，我们不是服务供应商。一旦开始从事直接服务，你就失去了作为一个计划者的公信力，也失去了作为一个评估者的公信力和客观性。因为你仅仅和任何其他人一样。如果你能帮助它，那不过是因为你没有浪费时间去混合两种角色。
>
> 在资源锐减的时代，你还应该花时间在管理节约方面，而不是找出做事情的新方法。如果你不插手，事情会很简单，所以你不必处理这件事情。“老比尔53岁的时候在哪里能找到工作呢？”我们可以在不断缩减的财政环境中关注利用这些资源的最好方式。

衣阿华州对待处境危险和受虐待儿童的方式稍稍有点不同。与其他州一样，在20世纪80年代，随着服务需求激增，分散的现金流已经妨碍了衣阿华州的社会服务。发生在约翰迪尔这类地方的农业危机和制造业裁员导致精神虐待和家庭暴力的数量剧增。

结果是，在1982—1987年间，家庭外护理的儿童数目突然增加了40%。家庭外护理成本高昂，特别是一些需要州外提供的护理。

到 20 世纪 80 年代中期为止，这类服务飞速增长的成本消耗了 90% 的儿童福利预算，可用于防止虐待儿童和忽视儿童的投资已经非常少了。

和许多州一样，衣阿华州处理困境儿童福利、精神健康和青少年犯罪的系统高度集中，并且这些系统间的沟通不畅。该州的青少年改正系统中几乎没有处理除看护或者制度化之外的家庭问题的解决方案。家庭外护理实际上有名无实，不像家庭咨询和家庭治疗服务那样具有固定的预算，这导致社会工作者放弃收养的儿童越来越多。

为了解决这些问题，衣阿华州议会建立了“去部门化委员会”：在县一级控制那些制定更加全面的、有创造力的、预防性计划的委员会。每一个委员会必须包含一个民选的县委员会成员、一个县法院成员和一个县社会服务部成员。某些委员会还包含学校代表，甚至是社区宗教组织的代表。

这些被称为“去部门化”的委员会帮助县机构规划应该如何使用分配给他们的现金流。但是，“去部门化”的魔力来自一项政策，该政策允许委员会在财政年度末滚计剩余资金，用于建立新的措施，例如预防和治疗。“这的确改进了当地儿童福利决策制定程序，并且是所有的儿童福利。”前公共事业部主管杰西 · 拉斯马森说：“因为，如果你在你介入的计划中做得好一些，你就会节余资金，这些资金有可能被其他部门使用。当你滚计这些剩余资金时，当初的限制就取消了。你可以任意使用这些资金。这就是去部门化的优点所在，并且它促使人们开创了大量的创造性工作。”

迪比克县提供了一个好的例子。公共事业部官员加里 · 利佩说：“我们出发的前提是：这种收养儿童的家庭需要什么？”家庭、社会工作者、邻居、教育家和其他相关团体定期会面，进行一个称作“案件促进”的程序，来制订针对该家庭的案件计划。社会服务研究院报告说：

> 家庭已经在服务的计划和决策中成为更加平等的伙伴；建立的新服务超出了单个家庭的需求；机构不得不抛弃地域观念，更合作地进行团队工作；新的服务供应者已经被包含进来；一线工人获得了更多与去部门化相关的知识和赞助；县外收养的数量减少了，而家庭内服务急剧增长。

从整个州来看，用于家庭外看护的儿童福利资金的百分比从1991年的87%下降至1998年的57%，而州外看护的数字在1994年至1998年间下降了21个百分点。

整合控制以及与执行分离的优势

我们看到越来越多的公众领导人在进行这方面的努力。通常，他们建立州人力开发委员会和儿童家庭会议这样的控制组织来制定新的政策方法并与多个机构合作。（不幸的是，公众领导人很少给这些机构控制合并资金流的权力，因此，很多控制实体仍然是没有权力的。）合并控制和资金流，并将其与执行分离具有很多优势：

可以防止政策制定者卷入运作细节。政策制定者可以关注大局：设定目标、签署优越的计划来实现这些目标、监督进程。在公共教育方面，当各地区拥有当地所有的学校并雇佣每一个人的时候，学校负责人和董事会的注意力常常从学生成绩转向诸如人事、食品、校车、书籍和建筑物这样的日常问题。在彼得·哈钦森和公共战略研究所作为明尼阿波利斯市学校负责人的时候，不断有事情分散他们和校董事会的精力。有一年，校车没有在该学年的一开始就投入运行。有一年冬天，由于天气严寒，水管被冻住了。还有一年，两个学生死于事故。有一次，几个中学篮球队员由于成绩不合格，不能参加州锦标赛决赛。所有这些事故和数以千计的其他事故需要他们的关心，并且干扰了他们对成绩的关注。

减少微观管理。与执行计划的独立机构签订协议可以真正掌握这些计划的管理控制权。控制组织制定整个政策、愿景和目标，并选择能够最好满足目标要求的执行者组合。但是，控制组织没有被授权从事日常的管理。结果是，项目经理感到他们控制了自己的机构，并且他们的士气和责任也获得了提升。这种环境也帮助他们成为最好的领导人和工作人员。

使领导人从政治中解放出来，成为服务供应商。在传统的系统中，获得既得利益的雇员常常有权阻止可能有助于客户的改变。例如，在公共教育领域，校董事会和管理者很难进行如下工作：解雇不称职的教师、推行更多基于计算机的教学、关闭不合格的学校并在原址建立新学校。为什么？因为教师和其他工作人员有在选举时组成的工会，并且他们在选举校董事会时具有比其他选民高得多的等级。

校董事会成员和负责人常常想做那些对儿童最有利的事情。但是，在绝大多数的情况下，这样会给系统内的成人造成麻烦。并且当儿童教育的利益与成人的经济利益发生冲突时，儿童的利益常常会被牺牲。

特许学校的发明者之一明尼苏达教育改革者泰德·科尔德瑞，很好地解释了这种动态：

> 在考虑进行改变的建议时，委员会、董事会、负责人、工会和教师斟酌孩子们的潜在利益对造成“内部紧张”的风险。他们想帮助这些孩子，但是不安的人可能对此发起争论。这可能产生抱怨，可能使领导人在竞选中失败，可能导致一场罢工，还可能损害教育事业。

在选择与之签署协议的独立机构的时候，保护自身利益的斗争是不同的。执行机构仍然为其自身利益推动工作，但是他们不再是一个统一的阻挠者。对每一个反对特定改变的服务供应商来说，也许有另外一个供应商支持该改变。每次当协议由于不良绩效而终止的时候，其他执行者会排队接手这一协议。这使控制组织在为客户选择最好的服务时具有很多自由。

真正做到为绩效负责。控制组织可以终止绩效不良的项目，并公之于众。让我们设想一下如果在公共教育领域出现这种情况结果会怎样。这样的话，教师和负责人别无选择，只能克服所有实际存在的阻碍发展的问题。几乎每一个成年人都认为最紧急的事情是学生成绩。这在历史上还是第一次。

给领导人更多的灵活性以满足客户的不同需求。当新的需求出现时，控制组织只要和新的执行者签订满足要求的协议就可以了。例如，传统校区在建立有目的地使用信息技术的学校方面已经落后了。但是，如果每一个公立学校都是独立的，是在绩效协议基础之上运作的(实际上，特许学校就是这样的)，技术密集型学校就会很快出现，学生对该类学校也会趋之若鹜。

合并控制和资金，而不合并执行，这样可以在管理上发生基础性的根本转变。放弃那种合并大型官僚机构的失败计划，理论上可以使这些机构在某种程度上成为更小、更有效率、更有效果的机构。并且在给领导人更有效控制的权力的同时，促使服务供应商(和执行机构)不断提升效率和效果。在持久的财政危机时期，这样做的效果是巨大的。

整合执行职能

其他不是那么激进的整合形式也可以节约资金，提升结果。最常见的是整合从事相似工作的特定执行单位。这样可以提高效率，而且不会像整合整个机构那样带来恐慌和负面影响。例如，将负责收水费和缝纫费的公共单位与财政部门内负责收税的单位进行合并，或者将负责高速公路除草的单位和负责公园除草的单位合并是有意义的。（也可以将分散的服务整合起来，外包给私立供应商。这些供应商与多个机构或者管辖区签订协议。）

联邦土地管理局和美国林务局在一些地区进行了这种特定的“自下合并”的实验。例如，在俄勒冈的中南部，弗里蒙特-威娜玛国家林业局和莱克维尔土地管理局的雇员在两个不同类型的地区执行了非常相似的任务。土地管理局选择的是沙漠，林业局选择的是山区。这种整合是有意义的，因为两个机构的任务都是保护土地、防止森林火灾、管理水域、保护稀有和濒危鱼类、支持采伐和放牧这类娱乐和商业用途。

1986 年，仅仅出于对后勤的考虑，这两个机构合并了负责救火的工作。在 20 世纪 90 年代，由于预算削减，他们进行了更一致的努力来整合资源。当土地管理局办公室的租期已满，需要续约时，该地区的行政官员和林业主管认为是时候找一个联合办公地点了。几乎同时，这两个机构的行政官员退休了，因此，这两个领导人决定合并两个机构的工作，并雇佣一个行政官员来管理。从那时起，这两个机构合并了人力资源、培训、卡车队和汽车、道路维护、资产管理、前台信息中心、收发室、电信系统、供电室和地理信息系统。该地区的行政长官和林业主管组成一个两人团队，一起进行所有重大决策。合并机构的行政官员戴得多明戈斯说：“我们保守地认为，我们已经节约了大约 320 万美元。”

尽管雇员们一开始对失业的威胁感到紧张，但是没有人被解雇。“只有在出现职位空缺时，我们才会寻找合并的方式，”多明戈斯说，“这样就避免了大多数的恐惧。”与工作人员会谈的结果显示，他们对这种方式非常满意。“与此有关的一件有趣的事情是，”多明戈斯补充说，“当将这两个机构合并后，解决问题的选择也增加了。这就好像打牌时手里有保证赢牌的额外的 A 和花牌。”

整合内部支持业务

像打印、车队维护、电信和信息技术这类为其他公共机构服务的单位也是整合的理想之选。这种合并更适合采用企业管理模式(参见第七章)。例如，辛辛那提没有保留自己的信息技术业务，而是利用了一个被称为地区计算机中心的政府机构。该机构资金来源于财政直接拨款和客户付费。其客户包括辛辛那提市、汉密尔顿县、一个地区法律执行数据部门和一个地区地理信息联盟。这些客户分担电子邮箱这类标准服务的费用，但是每个客户也会单独为定制的服务付费。因为不需要雇佣多余的工作人员，所以他们都节约了巨额资金。

华盛顿州在 20 世纪 80 年代后期开始合并大量信息产业职能，建立了一个独立的公共实体来负责服务中心和网络状况。前华盛顿州首席信息官保罗 · 泰勒这样描述这一情况：

> 他们选取他们认为有效率的部分进行合并，其他部分仍然维持在一种非常联邦性的环境中。机构仍然负责各自的应用程序，但是数据中心被整合成一个共享的集成网络。全州的交通统一于一个单独的网络，变得更稳健，更高成本-效益，更有效率。

2002 年，该机构返还普通基金 1 500 万美元，以帮助该基金填补亏空。

整合的途径

正如我们讨论过的那样，政府服务高度分散通常是由于资金流是分散的。很多公民或者商人为了获得服务代理权或者许可，必须拜访不同政府机关，这一过程非常烦人。很多政府工作都包括收集和处理信息，但是对内部用户和公众来说，获得信息的途径都是麻烦而昂贵的。

为了解决这个问题，各政府已经开始致力于合并相关服务的办公地点，或者用更好的方法，也就是建立“一站式购物”政府机关。客户可以在该机关办理他们的所有业务。现在，各政府正在进行下一个步骤：建立门户网站。在这些网站上，客户只需要点击几次鼠标就可以获得很多信息和服务。这样为客户提供了巨大的便利，政府也节约了巨额的资金。

到 2003 年年底为止，18 个州和 8 个市已经与国家信息联盟公司签订了协议，在相同的信息平台上建立定制门户网站。在犹他州，在一个门户网站就可以将一项事务办理完毕。而以前，办理这项事务需要和 6 个机构签订协议。该门户网站也向美国国税局、其他联邦机构和当地政府提供业务。具有第一个国家信息联盟门户网站的印第安纳州已经努力使其门户网站成为州内所有人办理业务的首选。2003 年，该州不再用发送执照续期表格的方式，而是发送明信片通知护士进行在线续期。明信片在一张小卡片上给出了电话号码，如果人们愿意，可以打这个电话进行续期。大约 72%的护士利用门户网站续期，该州节约了大量资金(关于节约资金的数据，见第九章)。

缅因州的国家信息联盟门户网站被称为 InforME。该网站的运转没有使用普通基金一分钱。州议会要求消费者在线交易的费用不得超过离线交易费用。InforME 不收取交易费用，但收取 75 美元的年度订阅费用。到 2003 年为止，InforME 提供超过 300 项在线交易服务，包括 130 多个职业的执照续期服务。50 多个市也利用 InforME 提供公共注册续期服务。该州的州务卿预测，到 2006 年为止，全州 20%的收入将来自在线交易。

不同的地区可以合并基于网络的服务以节约更多的资金。例如，全国州保险协会专员负责所有 50 个州的保险档案。在衣阿华州，县财政协会正在进行工作，将所有 99 个县的业务转移到网上。该协会与国家信息联盟的一个子公司——衣阿华互动签订了一个协议，推出了一个财产税在线支付服务（该公司对每项交易收取 1.5 美元的费用）。当这个服务取得成功以后，该协会继续推出驾驶执照续期的在线支付服务。

整合后台业务

另一个时机成熟的整合是后台职能，例如应答电话、购买和数据存储。2002 年，俄勒冈州的波特兰市已经成功运作一个 3 人信息和咨询电话中心 3 年。该中心的电话号码出现在该市所有的卡车上面，并且公众通过这个电话号码可以从专业人员那里得到他们需要的信息。包含波特兰市的蒙诺玛县有其自己的 2 人电话中心。时任波特兰社区办公室总监的迪亚诺 · 林建议兼并这两个系统。林的继任者——戴维 · 拉诺博士说："我们接到很多县内电话，因为到处都有我们的卡车。我相信县电话中心也会接到来自波特兰市的电话。事实上，如果县内公众只用一个咨询电话是不是比用两个更好呢？"

这个整合计划在 2001 年秋季开始进行，原来的 5 个工作人员每月处理 15 000 到 18 000 个电话。去除通货膨胀的影响，开销维持不变，但是处理的电话数量显著增加了。

布什政府已经使通过科技手段整合后台职能成为较优先的事项。该届政府的“电子工资单”行动将22个联邦工资支付中心整合为2个，同时简化并标准化了工资支付程序。该行动的目的是在10年内节约12亿美金。电子旅行行动将提供一个全政府的基于网络的旅行服务，处理从旅行计划到退款授权的所有事务。该行动的目的是到2006年底，用在线服务替代所有现存的机构终端到终端的旅行服务。新系统的支持者说，电子旅行将提供更快的速度，更高的效率，同时节约大量资金——50%。对于每天因公出差的93 000名联邦雇员来说，该系统具有如下优点：不用长时间等候主管批准；不需要利用商务旅行机构来寻找符合政务价格的酒店和航班；不需要将补偿的文件归档，也不需要为能否在后期费用出现之前及时到达并支付政务旅行卡账单担心。两个独立的承包人——诺思罗普·格鲁曼公司和CW政务旅行公司将负责运作这个系统，以确保竞争，并为联邦管理者提供额外的选择。电话中心作为在线服务的备份，为需要帮助的旅行者提供服务。

大胆思考：在公共教育领域分离控制和执行

正如我们已经讨论过的那样，整合形式多种多样，其中只有一部分可以产生较好的成果，或者实现较低的成本。在众多的选项中，同时将它们与执行分离的整合控制和基金最具成效。为什么呢？因为它转变了系统中每个人——控制者和执行者的动机和动态。现在，我们来学习怎样在最重要的公共机构中实行这种整合。

让我们来看看公共教育的情况。校董事会是一个控制组织，但是，在20世纪形成并定型的整合模式中，董事会和学区事实上拥有所有的学校，并雇佣从教师和辅助人员到保管人和巴士司机的所有雇员。控制和执行由同一个机构，也就是学区来负责。

我们已经讨论了一些由此造成的问题。既得利益的雇员能够阻止有助于儿童权益的变革。由于要负责所有的雇佣协议、规定、滞留成本和基础设施，学区发现不可能快速改变提供的服务以满足客户的需要。这些负责控制工作的人——董事会成员和负责人——发现，他们的精力都花费在雇佣人员和管理建筑物上面，没有精力确保学生成绩。

一项新的针对100所大都市公共学校负责人的调查揭示了这些问题。调查报告称，多数负责人感到“这项工作是极度不可能的任务”。他们作为雇主的角色不断压倒作为结果购买者的角色。在大城市中，学区是最大的雇主之一，正如报告中所明示的那样：

> 这些工作的控制权是令人垂涎的，不会被轻易放弃；工作本身成为了工会，社区组织和当地政客的中心战场。没有政客可以忽略它们，并且几乎没有人做……对于很多负责人来说，要求学区回应成人财政需求而不是儿童教育需求的压力是令人沮丧的现实。

一个负责人甚至表达得更加直白：

> 实际的问题在于，学区是一个大金库，系统内外的成年人争夺该金库，以提高他们自己的利益和职务。更好的工作，更高的地位，更大的合同和职务提升是利害攸关的。相对于经济动态来说所有关于教学的公众声音都必须被理解为次要的。

事实必须是这样的么？当然不是。在20世纪90年代后期，由政府官员、州议员、州教育负责人和其他教育领导组成的州教育委员会，建立了一个美国学校管理全国委员会。该委员会成员研究公共教育管理系统并发布报告，建议各州和学区在整合模式方面进行重大改变。首选的建议是在整合范例中引入完全的公共学校选择机会，分散经营和竞争。但是，第二选项建议进行更加根本的变化。其根本内容是，负责教育的人或机构应该将控制的职能与执行的职能分离。校董事会不应该再是学校的所有者和运营者，而是应该成为代表其服务的社区的教育计划购买者。校董事会应该向独立的组织（教师、学院和大学、非营利组织、商业组织、社区和机构）授予许可，也就是5年绩效协议，由这些组织来运营学校。该委员会说，实际上，每一个公立学校都应该成为特许学校。

该委员会指出，如果做到这些，校董事会可以关闭那些学生学不到东西的学校，代之以更适合学生需求的学校，并很快与创新型的新学校签订协议。这些创新型学校采用科技教学手段，利用特殊的学习方法（从蒙台梭利教育法①到基于计算机的学习方法），并且（或者）提供特定内容的主题——从表演艺术到数学，从科学到社区服务。当校董事会关闭了一所学校以后，不会面对教师、辅助人员、职员和负责人的联合反对。实际上，竞争者会热切地排队等候接替这个学校。校董事会不再是雇员的政治俘虏，因为它几乎没有雇员。学校将成为主要的雇主。

每一所公立学校的教师都将明白，只有学生取得了学业上的进步，并且家长们对此满意，他们的工作才是安全的。通向创新的大门将突然打开，并且公立学校的规模、形式和教学方法会很快改变。

很多教育负责人对这个观点表现出了兴趣。在对大城市学区的

① Montessori 教育法，是一种强调使儿童的潜能得到自由发展的教育方法。——译者

教育负责人的调查显示，2/3 的教育负责人同意“学区应该能够授予区内所有学校许可证，或者与对教育结果负责的学校签订合同”。

更令人惊奇的是，一些学区已经朝这个方向行动了。密尔沃基市的学生家长现在可以在特许学校、签订合同的学校、担保学校和传统公立学校中进行选择。休斯敦市有特许学校、签订合同的学校、通过合同设立的私立学校和传统公立学校。明尼阿波利斯市有传统学校、特许学校和签订合同的学校。30%的中学生毕业于非传统学校，其中大多数学校是签订了非盈利合同的。华盛顿特区有一个由国会立法机构建立的独立的特许学校董事会，该董事会已经向 25 所学校颁发了许可证。

费城学区已经授权了 43 所特许学校，并且与 7 个盈利或非盈利组织签订合同，由他们运营 45 所学校。根据授权州政府接管不良学区的法规，宾夕法尼亚州已经接管了切斯特阿普兰学区。州政府任命的董事会已经与盈利组织签订合同，由后者运营该学区 13 所学校中的 9 所。还有 3 所已经是特许学校。这样，该学区自己仅仅运营一所学校。

马萨诸塞州的巴恩斯特布尔市已经开始将所有公立学校转为特许学校。在加利福尼亚，3 个小学区已经做了很多同样的工作。圣卡洛斯市已经将其 7 所公立学校中的 6 所改为特许学校。希可曼社区特许学区只有 3 所学校，但都是特许学校。特温斯瑞芝小学学区在区界内有 2 所传统学校和 2 所特许学校，但是在区界外赞助了 10 所特许学校。

通过将所有公立学校转变为特许学校或者签合同的学校的方法，将控制的职能与执行的职能分离，这听起来似乎是激进的，但是现在在其他政府工作领域，这个基本模式是很常见的——就像我们在第七章深入阐述的那样。这种改变在打破阻碍公立学校创新的僵局方面，比其他任何改变都有效。

如果我们希望以公众认可的价格得到更好的结果，就需要重新定义“整合”这个词。我们需要的服务交付系统应该是这样的：具有充分竞争的供应商、持有对绩效负责的可废除的合同、受具有固定资金流的控制组织资助。政府需要做的是，像《改革政府》论述的那样增加控制，减少执行。但是，政府也需要进行不同的控制，这样的话，执行机构也会有不同表现。

第六章

规模适当化：适当的工作、适当的方式、适当的员工

在 2001 年春天，衣阿华州州长汤姆·维尔塞克得知，他的州陷入深深的财政危机之中。尽管有着深厚的农业传统，衣阿华州今天更多地依赖工业而不是农业，而它也是首批感受到制造业衰退的州之一。于是维尔塞克决定针对所有的开支做一次全面的为期 6 个月的审核。他将这次行动命名为“改进政府”，是 15 年来该州对行政部门的第一次全面评估。他把我们的公司——公共战略研究所——带进来协助他。

然而，该州所面临的危机不仅仅是经济上的。正如衣阿华州的经济已经变化了一样，对州政府的要求也变化了，而官僚机构还没有改造自己来应对这些新的挑战。现在，它的领导人别无选择，只能进行重建：对政府项目和办公室进行合并、精简和撤除；创造新的合作伙伴、启动其他基金；采用新的科技和对流程进行再造；让政府的角色和流程更加理性和有效。维尔塞克给他的各部门主管提出的要求，不仅是要让政府更小，而且是要在变小的同时保持服务的质量。他不仅仅只是想缩小规模，他是想“让规模变得适当”(rightsize)。

衣阿华州最大的政府机构公共事业部关闭了所有 5 个地方办公室，因此消灭了整个一个层级的官僚机构，同时被裁撤的，还有 38

个跨县的管理办公室。但是，该部门没有在医政部门裁撤一人，也没有裁撤一所医疗服务机构。而且，尽管用于救助被虐待儿童的联邦资金减少了大约 2 000 万美元，公共事业部却没有解雇一名社工。该部门的领导的结论是，那些直接与客户打交道的人创造的价值最多，因此，70%的裁员都来自中层和高层管理者。

与此类似的是，在该州第二大的政府机构——拥有 3 759 个职位的交通部——再造“并不仅仅与省钱有关”。办公室主任玛丽·克里斯蒂如是说：“它涉及安全议题、客户服务、如何在实现我们的核心服务时更加有效。”

该部门裁撤了 7 个建筑办公室、5 个维修办公室和 27 个维修仓库。它售出了价值 450 万美元的大楼，缩减了工队和库存器械的规模。部门领导们决定，他们可以减少 102 辆扫雪机、23 辆平地机、13 辆履带式拖车、56 辆割草机。裁员不仅意味着砍掉 403 个岗位（该部门总人手的 11%），而且意味着将每一名管理者控制的员工数从平均每人 9 名增加到每人 14 名。为了保护诸如铲雪和高速公路养护这样的业务，该部门投资更新、更高效的科技。同样重要的是，他们跨部门培训雇员，使同一个工人可以处理建筑、养护和物资等多方面的业务。总而言之，这项重建为该部门 1 年节省了 3 500 万美元的资金。

自然资源部缩小了其中心办公室的规模，大幅降低了对其田野工作机构的控制，再一次让决策更加接近现场工作人员。秉持着同样的理念——离客户更近的人创造更多的价值——维尔塞克减少了州政府一级的行政服务费用，数字达到了 900 万美元。为了应对资金缩减，他将 5 个行政部门合并到了一处，把诸如维修和打印这样的内部服务转变成没有拨款的周转基金，使用企业的模式进行管理。（参见第七章。为了生存，这些基金必须与私营企业竞争，把它们的服务出售给州政府的官员。）

在现在这个时代，财政上的捉襟见肘会使得衡量总统、州长、市长或委员会主席们有多“强硬”的标准，变成了他们裁撤了多少职位。对他们来说，规模确实重要。政治领导们觉得，如果他们想获得公众的注意并且赢得某些信任的话，他们必须报告自己所做的努力让公众少养了多少官僚。

裁员可以是一个有力的标志，但是长远看来，更重要的，是资金实现的价值。如果做得不对，裁员会让政府机关跛脚，导致另一种危机：警署行动不力；犯罪率上升；城市变脏；等候服务的队伍变长；路面、火车和公交情况恶化。公民们最在乎的，是他们支付的税收和他们接受的服务质量之间的关系。如果多雇佣一名员工可以产生所希望的结果同时价钱又在他们愿意支付的范围之内，他们通常对此不会有什么异议。比方说，没有人会说，如果减少教师数目的话，公立教育会得到改善。人们想要的，是更有效率的教学。在教育领域，和所有的公共服务领域一样，挑战是在正确的时间、正确的地点，让一组教职员工与资源的正确组合去做正确的事情，从而在给定的财政限制内产生人们所希望的成果。挑战并不是缩小规模，而是“让规模变得适当”。

和衣阿华州一样，北卡罗来纳州的夏洛特市也为成功的“规模适当化”提供了一个很好的例子。在 20 世纪 90 年代早期，该市在全国性的经济衰退中惨遭打击，州政府的拨款也减少了。在夏洛特市这个案例中，帮助该市抵消这场总体性经济滑坡所带来的不良效应的，是美国银行的入驻，此举立刻让该市成为全美第二大的银行和金融服务中心。

作为双州区域里 15 个县的城市中心，夏洛特市在过去的 25 年里，人口翻了一番。到 1990 年时，人口达到了 395 000 人。尽管人口增长迅速，但该市还是在没有增税的情况下，成功地维持了相当的市政服务水平。它还赢得了“公司之城”的美誉。《财富》杂志评选的全美500强公司中，有290家在该市设有办公室，而该市的雇员中有大约2/3为“美国商界”服务。这种强烈的商业氛围对夏洛特市的总体精神面貌产生了显著的影响，包括他们管理市政府的方式。

在1991年，北卡罗来纳州扣留了本来已经编制好的给予夏洛特市的450万美元的预算。在1992年，州政府又砍掉了940万美元。与此同时，经济衰退也在减缓该市自己的财政收入的增长。市领导们采用传统的方式做出回应：他们停止招人；让普通基金的雇员在家歇业或者接受5天的停薪休假；侵占仍然有盈余的基金中的钱款；冻结运营开支（他们禁止出差、取消各种订阅和会员经费，等等）；减少服务，包括垃圾的回收和转移。

然后到了1992年1月，在其年度报告中，该市的市议会决定发起一项“适当规模”项目。到了3月，他们采纳一份“适当规模蓝图”，试图在1年之内将夏洛特市的政府转变成为这样的组织：

- 以客户为中心；
- 减少集权程度；
- 具备与私营服务商竞争的能力；
- 让自我管理的员工团队对许多议题做出决策；
- 能够对创新和科技做出迅速的回应；
- 在解决问题时以成果为导向，讲求创新；
- 在与公民打交道时采取灵活的做法；
- 更多地强调领导能力，而不仅仅是监督和管理。

在1993年，理查德·维鲁特市长带领市政官员们进行了一次称为“我们的未来图景”的对外考察之旅。这次考察的目的，是界定在未来 4 年内，这个城市的服务和工作人员应该是什么样子——也就是，“规模适当化”应该是什么样子。该市的官员们进行了一次环境综合考察，从中了解政治领导人、市民以及市政雇员们的趋势和期待。在他们的展望中，“规模适当”了之后的夏洛特市应该减少政府雇员的人数，但警察和消防员的比例却要提高。有一些服务应该取消，这样可以把省下来的钱用到更重要的项目中去。该市将更多地通过合作伙伴和掮客服务而不是新的项目来合并政府职能部门和工作。市政服务将通过竞标来实现。财产税将不会增加。在令人头疼的人员配备方面，他们将增加没有福利的临时工人数、增加非传统的常规工作，并关注员工队伍建设，尤其是通过科技普及和跨部门培训来给他们“充电”。

从这些实践中，出现了一个沿着两条轨道前进的“规模适当化”进程，一条着眼于政策，一条着眼于管理。在政策轨道上，市议会就该提供什么样的服务以及如何对这些服务进行拨款展开辩论。在管理轨道上，市政官温德尔 · 怀特和他的幕僚就替代性的方案进行评估，从而提供有效和有力的服务。

沿着这两条轨道，市领导们提出了 4 个基本问题，而问题的答案则有助于对所有的市政部门和服务进行重塑。

- 市政府该提供哪些服务？
- 该如何为这些服务提供资金？
- 如何对资源进行组织，从而有效地实现服务？
- 提供市政服务的最为有力的手段是什么？

我们在第三章和第四章中已经提到过第一个问题，也就是问“我们在做正确的事情吗？”剩下的几个问题问的是，“我们在用正确的方法做事吗？”

做正确的事

在夏洛特市，该市对第一个问题的回答方式是，他们建立了一个“服务评估”程序，市议会、一个44名市民组成的委员会、市政府幕僚都参与其中。领导人给每一位参与者关于41项市政服务的相关信息，要他们使用配对比较的方式，对这些服务排序——“在你看来，下列两个服务中，哪一个对夏洛特市更为重要和更有价值？”结果并不让人惊奇：警局和消防部门排名最高。不过这些结果强化了人们的认识：客户服务是该市最看重的东西。

这项评估促使市领导们重新思考他们的官僚结构。他们已经习惯了那种由一个部门提供所有服务的模式。但是他们决定，要想实现“规模适当”，他们就必须将26个部门合并成9个“关键业务部门”和4个“关键支持性的业务部门”——前者包括民航、规划、工程和财产管理、火警、社区发展、警察、固体废物处理、交通和生活设施，后者包括商业支持服务、预算和评估、财政、人力资源。在某些部门，这意味着进行重大的再造，在其他一些部门（比如警局和消防局），则没有那么大的变化。与此同时，整个市政府的官僚层级也进行了压缩，这样就可以让政府雇员自己做出更多的决策。

在对任何职能部门进行评估的时候，有两个问题是必须问的：第一，这些工作是否以某种方式对生产出我们所需要的结果作出了贡献？第二，这项工作的客户是谁？所谓“客户”，我们指的是这项工作主要的有意识的受益对象，不管他们服务的是人民大众（比如警署）、一群市民（比如一所学校的学生和他们的父母）、特定的个人（比如职业培训机构的客户），还是其他政府机构（比如，那些使用内部维修服务或信息技术服务的政府机构）。所有的一切都必须是为客户服务而存在的，否则，它就根本不应该存在。

如果某项工作不再有价值，那么下一步就很简单：停工。如果这项工作与某项重要的服务目标有关并拥有服务对象的话，那么接下来就要问下面的几个问题：

- 这些客户仍然想要这项服务吗？
- 这项工作的哪个部分或者特性最有价值？
- 哪些部分可以被裁减？

对衣阿华州公共服务部来说，“适当规模”意味着裁撤那些附加价值最小的职能部门。在帮助该州公共服务部门重新设计其儿童保护服务的过程中，公共战略研究所了解到，社工们要花50%到80%的时间去做文书工作，而其中的许多他们都觉得根本没有意义。公共战略研究所建议的设计是，消灭50%的这些文书工作，对时间进行重新分配，让社工们花更多的时间更集中地照顾儿童。即便文书工作只消耗了社工50%的工作时间，削减掉50%也意味着他们可以增加25%的时间来服务他们的工作对象。而且，做到这一点不需要增加一名员工。

正确地做事

要想确保做事的方式正确，就常常要使用“业务流程分析”（Business Process Analysis）和“业务流程再造”（Business Process Reengineering）这两项技术——我们将在第十三章中对它们进行详细地讨论。不过在进入到业务流程之前，你还可以采取不少组织上的步骤来确保你所提供的服务能够让纳税人的钱最物有所值。

1. 在重复性、日常化和不怎么需要对环境变化做出反应的工作

流程中，用科技手段来代替人工和纸质服务。电脑和互联网已经重新界定了我们的许多工作：驾照更新、常规性的执照发放、报税、填写表格、提交报告、购买、会计和工资发放。在衣阿华州，通过在网站上发布新闻或者使用电子手段传递信息，教育厅减少了40%的纸质和邮寄工作。通过使用电子基金转移技术来分配联邦和州级经费，它不再需要工作人员花时间去邮寄支票。通过减少或停止一些电话服务，在这项开支上它节省了10%。文化事务厅发起了一项示范性的电子基金授予系统，允许委托人在线递交申请表、对申请程序进行标准化处理、简化机构内的工作流程。人事厅准许申请者在线求职。

在夏洛特市，诸如市局域网、语音邮箱、传呼机和手机这样的科技产品帮助该市裁减了60%的文员和行政岗位。

2. 裁撤那些其成本比其附加价值更高的层级和部门。人们之所以发明官僚制，是为了给大型组织（比如军队、教会、公司和政府）提供它们成功所需要的信息、方向和控制。但是信息科技的发展已经让许多官僚制显得陈旧了。所以，为什么还有那么多层级存在？很大程度上是因为人事系统使用官僚制作为给不同层级的人发放不同薪水的理由。还有一个原因是因为这也是过去科层体制继承下来的遗产。当这些系统草创的时候，不同层级的人之间在能力和责任上的差异确实为官僚制的存在提供了正当的理由。那些位居高层拥有大学学位的人，确实比那些基层没有完成学业的人知道的要多得多。但是这样的日子已经过去了。员工之间在教育层次上的差距在缩小，而信息科技现在使得整个组织之间的直接沟通变成了家常便饭。结果是，一个组织不一定非得由一个“高层”和一个“底层”组成，然后中间塞满了各种层级。相反，为一个改革目标而工作的人可以被组和起来在一张信息网中共享信息，每一个人都与其他所有人有着直接的连接。

1991年，在另一场严重的财政危机中，明尼阿波利斯基金会请求公共战略研究所去评估该州最大的县——亨内平县——的财政状况。我们最惊讶的发现是，一线员工和该县的行政管理者之间的层级多达 8 层。在 2003 年，在与纽约州交通部共事的过程中，我们再次发现，一线员工和交通部长之间的层级也是 8 层。

在夏洛特市，街道维护工人曾经不得不与多达 8 级的管理层打交道。今天，通过使用自我管理团队，该市设立了一条基准线：没有一个业务部门可以拥有超过 5 级的监管层。层级的多少受限于该部门的规模。拥有 50—125 名雇员的部门只能有 3 级，而那些少于 50 名雇员的部门的层级不能超过两个。

地区办公室提供了另一个可以被裁撤的层级。通常情况下，一个服务体系会有直接服务公众的一线员工、行使监督职能的地区办公室、制定政策的总部。地区办公室往往是旧时代遗留的产物，那个时候交通不便、通讯落后。在今天这个世界，许多其实都是完全不必要的了。

在衣阿华州的公共服务部，5 个地区办公室和 38 个跨市监督管理办公室被裁撤了，取而代之的，是 8 个新的地区办公室，其中的一些还不是全日开放的。为了抵消这种缩编所带来的消极后果，公共服务部允许衣阿华州居民可以在其他地方寻求相关服务，而不是仅限于他们自己所在的县；居民们还可以电话预约（而不是必须得进行人工预约），在当地就可以领取到各种所需表格，而不是必须得亲自到公共服务部的办公室跑一趟。

3. 扬长避短。没有哪个个人或组织是样样都擅长的。规模正确的组织把它们自己的精力放到他们最擅长的事情上，而将他们不怎么拿手的项目外包出去。比方说，组织一般因为下列原因签订外包合同：

- 需要使用独特的、专门的、很少使用的技能，比如设计一套复杂的计算机程序，或者，因为税收原因而对一家核电站的价值进行评估；

- 人力满负荷运转，比如为特殊事件需要增加安保人员；
- 需要提供一种独立的或客观的观点，比如对财政状况或政府绩效的审计；
- 常规性的、高度自动化的工作，比如工资结算。

通过合同外包，一个政府可以通过为一项服务提供资金但自己不生产那项服务的方式，将政府的规模缩减到适当的规模上。洛杉矶县的许多市都与洛杉矶县警署签订合同，由后者提供公共安全服务。这些城市要确保服务到位，并达到一定的标准；而县警署则通过雇佣、培训、装备和调配警力来提供服务。

4. 杜绝“一体通用”，根据客户的情况量体裁衣。在洛杉矶市内部有一个自己的警局。然后，某些社区需要的警力比其他社区要更多一些。某些地区需要使用巡逻车；在其他一些地区，警察使用自行车更为合理。罗纳德·奥克森和雪莉·斯沃尔利教授在南加州警察学校《规划与发展》杂志上发表了一篇文章，文章说：

> 在给洛杉矶市政府确定适当规模的过程中，一个问题就是让服务所使用的设备符合它所要解决的问题的规模和形式。一种规模并不适用于全部，也不必适用于全部。服务所提供的规模——通过政府机制对服务进行选择、资助和购买——并不一定非得与服务为生产和实现而组织起来的规模一致……
>
> 众多关于不同规模警局的研究表明，最有效率的体系将快速反应服务放置到一个相对小的地方层级上，同时让更大规模的层级提供各种支持性的服务。
>
> 另一个例子也许是中小学里面常规服务和特殊服务所需设

备的对比。地方学校是那些常规教室里的“常规性”服务的对象。但是对那些有着特别需要的孩子们来说，一个学区甚至一个选区可能才是服务的提供者（比方说，特殊的教学和支持服务），这些服务可以由地方学校提供，但是不会永远固定在某一个地方性机构那里。

渡过转型期：以人为本

对混乱的组织以及里面的人员进行“规模适当化”，你肯定会遭到抵制。采用以人为本的方式不仅是做这类事情所必需的，而且也会把抵制降到最低程度。在夏洛特市 1991—1993 年间的改革中，最痛苦的一步就是裁撤超过 250 个岗位——大约占到了总岗位的 8%。为了减少创伤，夏洛特市冻结了新的招聘，把关键性的空缺职务“储存”起来放到一边，让那些丢掉工作的政府雇员来申请。该市还启动了提前退休计划作为激励。虽然有一些政府雇员被调到了不同的业务部门，该市还是兑现它当初的承诺：没有一个人因为“适当规模计划”而丢掉饭碗。该市对职务分配流程进行了重新设计，从而确保人手的减少不会伤害到服务的质量或层次。然后，他们对培训、科技和客户服务进行投资——通过将这些培训和客户服务职能放到市长办公室管理之下，对它们进行强化。

夏洛特市的领导人们努力向他们的雇员们沟通自己的方案，让他们理解进行“规模适当化”的原因及其目标。他们在每一个部门内部以及各部门之间创立了专司培训、科技、客户服务和沟通的团队，而在这一过程中，组织的文化也开始变化。

夏洛特市还在继续裁减不必要的岗位以及创设需要的岗位。自 1991 年以来，随着该市人口和面积的扩展，该市警察和消防人员的数量从 1 886 名上升到了 2 664 名，而不涉及公共安全服务的共同基金雇员人数，则从 2 150 人下降到了 1 313 人。后一个数字意味着每 1 000 人中减少了 40%。到 2000 年，每 4 名共同基金雇员中就有 3 人从事下面工作中的一种：警察(32%)、消防(21%)、固体废物(11%)以及交通(11%)。

仿效夏洛特市的例子，你可以使用一系列的简单工具来将“规模适当化”所带来的创伤最小化。

“冻结”而不是解雇。政府一般都会有 4%到 10%的年“停薪留职率”，具体的数字则会随着经济状况的变化而有所不同。通过使用这一正常的手段，组织可以将那些被置换出来的员工转移到那些因为退休或离职而空缺出来的岗位上去。许多地方的政府，从英国到美国印第安纳州的印第安纳波利斯，都适用这一办法将公务员的工资缩减了 25%—30%，同时也没有进行大规模的裁员。当然，这里的挑战是，你不可能通过这一手段来选择让谁离职。依靠这一手段的组织必须事先想好维持和再调配的策略，一旦有空缺职务出现的时候，好对员工进行重新分配。

如果人事部门对职业分类上有着繁杂和僵化的规章制度，那么，组织也许还需要制定更灵活的政策，这样才能把一名员工从这个岗位上调去从事另一项工作。夏洛特市就建立了一套“宽泛”的职业分类和薪酬体系，从而获得了它所需要的灵活性。

鼓励提前退休。对提前退休进行激励可以是一项缩小组织规模非常有用的手段。这一工具的速度与裁员一样快，但是与“冻结”一样，申请的人是随机性的。组织对谁去谁留并没有太大的控制权，因此需要具备快速重新培训和重新安置的能力，从而避免大的动荡。

为那些原工作将消失的人提供多种选择。包括：

- 对员工进行重新培训，把他们安置到其他的政府工作岗位上；

- 将员工安置到临时性的储备机构中，当出现职务空缺时，他们就可以填补进来；
- 请求那些承担市政服务的公立或私营承包商雇佣那些希望调换工作的人；
- 为那些选择离职的人提供新职培训服务，在他们找到新工作之前仍然把他们保留在政府的工资单上。

三思而行，行动果断。只有当你必须立即截断财政赤字，或者当一个组织病入膏肓的时候，才使用裁员这一手段。但是由于裁员造成的“伤口”很深，所以当你一刀切下去的时候，一定要准和狠，这样以后你就不需要再回过头来切第二刀。不管怎么样，对那些留的人还是走的人，裁员至少必须干净利索。

不搞“论资排辈”。当公立组织通过裁员来减少人数时，那些老资格的公务员往往有权利来“顶掉”那些资历浅的员工的工作。这样的结果，就是把所有年轻热情的雇员都梳理了一遍，把那些年老无用的人留在他们既不懂也不想要的岗位上。这是一个公共组织所能做的最糟糕的事情之一。

人力资本规划

每一个领域都需要有能力的人来应对今日的挑战。在政府系统里，我们往往有能力来对应过去已经发生的事情。比方说，全美各级政府所使用的会计系统已经运行了25年之久，而它的运行必须要有一支庞大的会计员队伍来从事数据录入的工作。25年前，当这套系统在“新”电脑科技的浪潮下得以重建的时候，要想支持它的运转，这支队伍是必要的——这对使用账本和计算器做账来说，无疑是一个重大的进步。但是今天，数据的输入可以通过实时的交易完成。今天，与其说我们需要的是文员，不如说我们需要的是能够对这些信息进行解释、理解潜在的趋势、对绩效进行报告以及帮助制造商创造更好结果的分析师。

用官话来说，解决的办法，就是“战略性的人力资本管理”。用通俗的语言来说，这就意味着你要有正确的人，这些人要有正确的技巧来完成他们需要从事的工作。

对领导人来说，第一步是确定他们的组织需要有什么样能力的人，然后把该组织内部已经具备这些能力的人登记造册。第二步是使用再培训的战略，优化雇佣制度以及签订合同，从而获得该组织缺乏的专门人才。最后一步是采用绩效管理和责任制，我们将在第八章中讨论相关的细节。

在向全国公共服务委员会作证时，美国总审计长戴维·沃克详细列举了美国审计总署为了确保获得其所需要的正确技能而所采用的人力资本方案：

将员工和对他们能力的评价建成个人档案，从而理解他们的人口统计学特征和分布状况；

对员工进行问卷调查，了解该机构的状态和进程，以及哪里需要做出改进；

对员工的知识和技能建立一份清单；

对员工的偏好进行调查，从而让他们有更多的机会在自己感兴趣的领域工作，同时保持组织的需要；

- 创立一个执行层候选人发展项目，为高级执行服务的任务储备管理者；
- 为新雇佣的分析师启动一项职业发展项目，帮助他们渡过职业转型期；

- 对培训课程进行重新设计，以支持核心能力的建设；
- 建立一个员工咨询委员会，促进一线员工和高级领导者公开的交流沟通；
- 提供一个职工子女保育中心和健身中心，允许员工穿着职业休闲服上班，实行灵活的工作时间，对员工乘坐公共交通实行补助，从而吸引和挽留人才；
- 使用新岗位津贴、职务保留津贴(retention allowance)以及帮助支付其子女支付学习贷款的方式，吸引和挽留拥有特殊技能的员工；
- 实行一套以该组织的战略规划和其所需的关键能力为基础的新绩效评估体系。

在使组织规模正确化和人力资本规划方面，一个更加具有戏剧性的例子，来自秘鲁。该国对它的税务部门国家税务管理监督总署进行了重建。正如世界银行解释的那样：

> 在改革之前，秘鲁的税务管理体系充斥着腐败、处于崩溃的边缘。税务机关既不招募新的有经验的专业人士，也不提供培训。员工的薪水很低，但整个机关却因为冗员过多而在财政上不堪重负……财政税收占 GDP 的比例从 1978 年的 14%下降到 1988 年的 9%。

1991 年，阿尔贝托·藤森总统决定，让该机构成为一个半自治性质的组织，实行私营部门的人事规则和一套不受政治操纵的复杂的税收管道。该机构主管曼纽尔·埃斯特拉打算建立一支诚实可信、拥有良好教育背景、充满斗志的员工队伍。作为第一步，他决定从人力资本开始。他给所有的员工提供两个选择，要么自愿接受一份待遇不薄的退休激励方案，要么在新机构中申请一份职位。如果他们提交申请的话，他们必须通过一项心理测试，包括性格、智力和道德判断的内容。他们还必须通过一项考试，考核他们的知识、推理能力和职业精神。最后还要接受一系列的面试。

尽管工会表示反对，但该方案还是开始实施了。国家税务管理监督总署减少了2/3的员工，由3 025名下降到991名。（其中超过1 000人选择了退休，430人未能通过考试。）之后，埃斯特拉通过一个严格的新流程，招募了大约1 000名新员工，目标指向的是那些该国著名学府毕业的大学生。整个重建过程花费了超过230万美元的经费，但是它建立了一支符合其工作需要的员工队伍。由于改革法案允许该机构使用私营部门的劳工法规，埃斯特拉可以向员工们支付向私营部门水平看齐的薪水，于是他将平均工资从每月50美元上升到了1 000美元。这笔投资很值得：到1997年，国内财政税收占GDP的比重上升到了13%，而90%被调查的大公司纳税人反映说税务部门的服务质量也有了提高。

类似的例子都说明了为什么我们需要的是“规模适当化”而不是“裁员”。夏洛特市的故事也与此类似：“规模适当化”帮助它渡过了财政危机，保住了该市的3A级标准。在2000年，尽管城市的发展很快，市政府还是减少了1个百分点的共同基金预算，从而避免了提高财产税的征收水平。到1999年，问卷调查显示，市民们对这座城市的评价非常积极，84%的被访者将夏洛特市列为宜居城市，87%的被访者将其列为适宜工作的地方，90%的人认为该市提供了可以使商家获得成功的良好环境。1999年的这项调查还显示，市民们对市政服务的评价也很高：垃圾回收（83%的满意度）；紧急服务，包括作为第一回应者的火警电话（88%的满意度）；火灾控制和监督（88%的满意度）；911紧急电话接线员（79%的满意度）。对整体道路状况的满意度要低很多，说明交通堵塞是这座迅速发展的城市最为首要的问题之一。

4 年之后，在另一场经济衰退之后，与商业和就业环境有关的成绩下滑了，而道路状况的成绩则变得更差。不过许多其他市政服务的评分仍然保持在了原来的水平上甚至有的还有所提高，比如垃圾回收、紧急服务、火警服务、911 紧急电话接线员的评分就有小幅提高。总体而言，对该市市政服务的评分是“非常好”或“好”的比例，由 68%上升到了 70%。当被问到是愿意选择由市政府雇员还是私营公司来提供这些服务时，70%的被访者选择了市政府雇员，而 1999 年时这样回答的被访者比例是 44%。

在衣阿华州，维尔塞克州长的“规模适当化”战略在选举中获得了回报。在 2002 年，他前任的幕僚长、温和派共和党人道格 · 格罗斯发起了一系列的努力，试图让州长宝座重新回到共和党人的手中。维尔塞克是该州 30 年来的首位民主党人州长，格罗斯抓住该州经济困难大做文章，指责他在财政上管理不善。这是一场艰难的选战，好几个月的时间里，两位候选人在民意调查中均不相上下。但是维尔塞克最终以令人惊讶的 53%对 45%的得票率赢得了选战。

维尔塞克之所以获得成功，很大程度是因为“规模适当化”这个武器让他得以抵抗住了共和党人的攻击。“共和党人在维尔塞克最强势的地方攻击他，他们没有打对地方。”公共战略研究所首席执行官巴巴克 · 阿马加尼这样评价道。

“甚至保守派选民也是这样看的。‘他没有增加税收，而且，谢天谢地，他解雇了一堆官老爷’。”维尔塞克的前公共服务主管杰西 · 拉斯马森这样说道。与此同时，自由派选民也支持维尔塞克，因为他保护了大多数关键的服务，实施严格的预算管理，把省下来的钱用于医疗保险和 K－12 教育的改善。

实践证明，降低成本，同时保持服务的质量，是正确的政府运营之道。

第三部分

明智花钱:购买价值、压缩成本

第七章

购买服务需要竞争

1994年，圣地亚哥市实施了一项计划，在市政服务中引入竞争。这一计划采取了一种混合的思路，一些政府部门被要求去评估：私营企业提供服务是否更加合算有效。这些“最优化研究”的目的，就是帮助政府机构向商业机构学习，降低它们的成本。如果它们无法做到的话，市政府不排除将这些服务合同外包给私营公司。

1997年，城区污水处理部门就经历了一场转折。圣地亚哥污水处理部门的管理者们效仿了印第安纳波利斯所取得的成功，后者是全美第一个将污水处理厂的管理外包出去的大城市。印第安纳波利斯之前取得了巨大的成功，1年节约了超过1 300万美元以上的资金(这基本上相当于它之前的成本)，同时管理的质量也没有下降，甚至有所改进(完整的故事请参见《摒弃官僚制》第五章)。北卡罗来纳州的夏洛特市和其他一些城市也纷纷跟进。私营污水处理公司也积极游说圣地亚哥的市长和市议会，希望该市加入这个队伍。

圣地亚哥的污水处理部门有4个主要的厂房、1 020名员工以及年2亿美元的预算。它一共为210万户城市居民提供服务。该部门的管理层利用“最优化研究”来对他们自己的最优状态进行评估，想方设法降低运营成本，同时考虑是否要采取“管理者参与的竞争”——在这种竞争体制下，该部门要所有来洽谈的企业报价，然后签订一份合同来运行这套系统。该部门的副主任乔伊·哈里斯访问了印第安纳波利斯、夏洛特和其他城市，从它们的经验中学习如何实施“管理者参与的竞争”。“我的感觉是，苏珊·戈尔定市长希望（污水处理厂）私有化，她根本不考虑政治因素，”哈里斯如是说，“我得到的命令是，‘我们不在乎（劳工或政治）压迫，我们只是想，到一天结束的时候，工人们能够得到一定的休息就行了’。我开始想，我要开始实施一种管理者参与的竞争了。”

然而，当他开始考察其他城市的经验时，哈里斯开始担忧了。他发现私营企业的报价实在是太低，以至于他可以肯定，这些企业无法兑现这些承诺。他知道，污水处理是一件非常复杂的事情，对所有人来说，不到最后关头，他们都无法知道一项报价是否现实可行。而且，污水处理对公共健康至关重要，他不希望圣地亚哥的居民一早起来，面对的是一套失败的系统、一个破产的运营商，或者根本就没有人履行合同。

“亚特兰大市就证明了这一点，”他在 2003 年 11 月这样对我们说道，“亚特兰大的污水厂在 3 至 4 年前被私有化了，就在过去的 6 个月里，承包公司无法履行它们签订的长期合同了。我们曾经说过，不履行合同是非常伤人的，而且是应该避免的，但违约正是这些低价竞标的可能后果之一。”在签订合同几年之后，亚特兰大的承包商要求该市支付比它之前竞价时高出数百万美元的资金，当市政府拒绝时，这个公司就不履行合同了。市长和市议会不得不重新收回这个体系。

“这是非常痛苦的，”哈里斯说，“这就是美国式的资本主义，但是有一些特定的运营管理是非常敏感的，我们并不想冒这个险。”

在与市政府商量之后，哈里斯和他的同僚们带着另一套方案与工会谈判。他们将其称之为“得分竞价”(Bid to Goal)。该市将会让一个熟知该产业的独立咨询公司提供一份“模拟报价”，然后污水处理部门将对其进行比较，决定是否将污水处理业务外包出去。哈里斯相信，这一战略将私营合同的最大优点和公立部门的最大优点结合了起来。私营合同的优点是，既有竞争，同时也设立了具体的目标，订立一份以绩效为基础的合同，而且，刺激企业提供出色的服务，服务不满意则给予罚金。公立部门的优点是，保留了对公共资助基础设施的控制、会计结算透明、筹集资金免税，同时，在追求利润和公共健康之间也没有冲突。

为了避免在劳工和管理层之间出现紧张，污水处理部门将建立一个“劳工—管理层合作委员会”。这个委员会由 14 名加入了工会的工人和经理人组成。他们的职责是监督运营过程，察觉出任何有可能对成功造成障碍的问题。他们还负责向企业提供建议，包括新科技的使用、有利于提高效率的培训，以及如何为出色的工作绩效分配奖金。

“得分竞价”过程的第一步，是聘请一家独立的咨询公司，HDR 咨询集团。这家公司已经在许多地方参与过一系列的“管理者参与的竞争”业务。为了建立一条基准线，HDR 集团准备了一份模拟报价。这份报价必须跟真的一样，必须有竞争力，就像是一家私人承包商真的要提交的那样。它也必须达到或超过行业标准和现在的服务水平。然后，它还必须通过另一家行业专家的审核。

第二步，污水处理厂的管理层要求工会对这份模拟报价做出回应，同时准备一份更廉价的反报价。管理层将和工会一道，确保他们提出的反报价符合行业标准、安全性和服务水平。工会提出的报价承诺在 6 年的时间里将运营成本降低到 7 800 万美元，同时完全达到环境标准。这一结果由市政府官员、市议会、工会代表和污水处理部门的管理层签署在《合作备忘录》里。圣地亚哥的审计部门将每年对备忘录的运行情况进行监督和审计。如果劳工—管理层的合作未能兑现他们的许诺，市政府官员马上就可以提议审核私营企业的报价。推动合作备忘录的领导人们将这一条款称之为“水箱中的鲨鱼”。

幸运的是，没有必要拿任何人来喂饱这条鲨鱼。结果下来，节省的钱超过预期：对该项目第6年的审计显示，他们合计节省超过了1亿零900万美元。投诉大约下降了75%。由于上班时间灵活的工人们同意加入劳工—管理层合作关系中来，旷工和加班也都减少了。而且，员工们看来也确实十分真诚地在努力实现他们降低成本的目标。

他们的另一个动力源泉是“收益共享(gainsharing)项目”。这一项目规定，任何一项节约，员工都将得到节约下来的钱的50%，一名员工1年最多得到4 500美元。剩下的50%节约下来的钱，将计入联邦税和地方税，用来抵消未来的成本或利率增长。到目前为止，每年都有员工获得收益共享，从最低的1 500元到最高的4 500元不等。（劳工—管理层合作委员会可以将他们收益共享的资金中的一部分用于投资到新科技或者其他改善措施上——这一做法他们已经屡试不爽——或者，如果委员会成员担心未来无法达到他们的节约目标的话，可以把这笔钱先存起来。）

“‘得分竞价’项目已经在领取绩效工资的劳工和领取固定薪水的管理层之间建立了牢固的合作关系。”罗伯特·马立特如是说。他为“美国政府项目中的创新”这一课题而对圣地亚哥的污水处理部门进行了调查。他同时也是一名前政府官员，曾担任过华盛顿特区的副市长和美国商务部的副部长。马立特继续说道：“那两名工会的代表……曾谈到‘这一项目如何使得一线的工人关注他们的职绩效益和责任……’以及这一项目如何‘有助于降低员工们的抱怨’。”

工人们现在相信，他们对工厂的运转和维系负有共同的责任。而且，如果他们能够让自己的绩效超过基准水平，他们就能通过“收益共享”项目获得一些经济上的好处。他们不仅有机会获得奖励，而且有机会来决定，在一个可接受的奖励限度内，这些奖励是多少，以及谁将获得这些奖励。这种共同的责任感创造了一种氛围，使得工人们不再仅仅把自己看作领取工资的劳动力或者他们能够攒够多少加班时间，而且使得他们去思考，什么样的绩效才是他们的工作所需要的、为什么成本重要，以及如何提高他们的工作技能。

不仅每年节省下来的资金平均达到了 1 800 万美元，而且服务也在改善。到 2003 年，该部门实现了废水处理 100%达标。该市的污水处理部门成为全美第一个获得 ISO 14001 认证的公共服务部门——ISO 14001 是一项国际评价体系，用来认证厂家的运营符合最优标准。2001 年，该部门还获得了国际城镇管理协会所颁发的“地方政府管理创新杰出项目奖”，而且在负有盛名的“美国政府创新奖”中获得了提名。

2001 年，圣地亚哥签订了第二份“得分竞拍”协议，这次的对象，是它的污水收集部门。该部门运营和维修着 80 多个抽水机和 3 000 哩以上的管道，正是这些水泵和管道将城市污水送到污水处理厂的。没有人预期会省下太多的钱，因为“最优化研究”发现该部门的预算已经非常紧张。尽管如此，在第一年，该部门还是节省了超过 1 500 万美元的资金，而且员工中也有人获得了“收益共享”。该项目的真正目标是改善服务质量，到目前为止，下水道泛滥的现象已经显著改善。就在我们写这本书的时候，该市的水政部门正在拟定另一份“得分竞拍”协议；而从西雅图到波士顿，许多城市正在考虑复制这一模式。

管理者参与的竞争

在不降低服务的情况下，竞争是节约资金最快的一个办法。因为成功的激励和失败的惩罚都十分明显，当公共部门被要求参与竞争的时候，它们就会释放出员工们的创新潜力。（竞争正常情况下不应该被用于政策或监管部门，比如环境保护署。在政策工作和监管工作中，竞争将导致政府各部分之间抢夺地盘，从而使得发展出一套全面有用的成功策略变得更加困难。但是在服务和执行部门中，竞争所带来的潜力是巨大的。）

最为常见的竞争形式是在签订合约中引入竞争，让公共组织提出报价来提供特定的服务。政府采用这一做法来与私营企业签订合同已经很久了，但是在最近的几十年里，它们开始让自己所属的机构来为合同而竞争。

亚利桑那州的凤凰城首开先河。1978 年，该市的市议会决定将垃圾收集工作外包出去。在做出这一决定之后，市长问公共工程部主管罗恩 · 詹森是否也准备提出自己的报价来竞争。杰森回答道："是的，市长，我们也打算竞争(这份工作)。"

正如《改革政府》所说的那样，凤凰城将该市划分成不同的区域，每一个区都会为一份为期 5—7 年的垃圾收集合同展开竞拍。公共工程部制定了一项"零下岗"政策，要求私营承包商雇佣公共工程部原来的职工，同时它也允许那些希望继续留在该市的员工被调配到其他政府部门从事其他工作。为了确保所有的成本都被考虑在内，该市的审计机构对每一份竞拍方案，不管是私营的还是公立的，都进行了审计。

杰森和他的团队在竞拍中一连输掉了 3 场，但是他们并没有放弃。竞争确实发挥了作用，迫使公共工作部门更加深入地挖掘潜力。1984年，该市最大的一个区的垃圾回收工作面向社会开放竞争。通过在竞拍中引入新科技，杰森的团队以600万美元之差击败了其最大的竞争对手。在接下来的4年里，公共事务部接连攻城掠地，赢回了之前输掉的所有5个区。如果将通货膨胀因素考虑在内的话，这个部门实际上使得该市的固体废物回收成本1年降低了4.5个百分点。到了1988年，凤凰城收集生活垃圾的成本只有1978年时的一半。

1992年，印第安纳波利斯新当选的市长史蒂夫·戈德史密斯采取了凤凰城的做法，将其应用于除了警察和消防之外的大多数市政服务。（参见《摒弃官僚制》第115—130页。）其他城市、县和州也纷纷跟进，而私营公司也竭力招揽新的业务。以很高的节约费用作为诱惑，它们开始游说这些地方将市政服务私有化。

在克林顿政府第二届任期内，国防部启动了一项重要的创新举措。它将784项服务外包了出去，其中大约一半经过了公立部门与私营企业之间的竞争，另外的一半则没有公立部门参与竞争。最大的合同就是为运营军事基地服务的。到1999年，这项举措节省了50亿美元，而在联邦政府中，合同制员工的人数是固定的公务员人数的3倍。在最近几年里，布什总统让“管理者参与的竞争”成了整个政府的优先选项。

其他国家甚至更早就引入了竞争。在20世纪80年代末，新西兰要求地方政府对每一项服务进行审核，看私营承包商是否能够提供更好或者更便宜的服务。在5年的时间里，地方政府的外包合同翻了一番以上，从1989年的22%上升到1994年的48%。而这还是由（左翼的）工党政府完成的。

就在同一时期，英国政府命令该国的每一个地方管辖机构运用“管理者参与的竞争”来提供大多数服务。中央政府甚至创立了一个叫做“英国伙伴关系公司”（Partnerships UK）的机构来资助其中央行政机构朝这一方向努力。通过为合同订立标准、提供指导、分享优秀经验以及为员工安排最多为期6个月的过渡期，这一组织帮助政府机构成为更好的购买者。这一组织的员工来自投资银行、法律事务所、咨询机构管理层以及工程设计人员，拥有非常丰富的业务经验。

当然，并不是所有的公共部门都应该由私人来运行。除了政策和监管部门外，人们通常还认为下列这些部门也应该包括在内：涉及国家暴力的部门(警察、军队、高级别监狱)、那些必须保护当事人正当程序之权利的部门(法院、许可机构)、那些处理敏感的安全和私人信息的部门(中央情报局、核废料处理部门)，以及那些要求绝对平等和公正待遇的部门(比如，移民局里的公民资格审核部门)。但是，即使对这些部门来说，竞争也可以是一件有力的武器：政府可以迫使公立部门相互之间竞争。正如我们早先指出的那样，洛杉矶县的许多市就与县警署或者其他城市的警方签订合同，由对方来提供服务。这些合同每几年就重新竞标一次，以确保他们能够得到最佳的价格。

其他一些组织则采用了“绩效记分卡”(performance scorecards)这一工具(将在下一章介绍相关的细节)。这些组织自己测量自己的绩效，再拿它与其他类似机构作比较，而且往往对那些绩效超过其竞争者的部门予以奖励。还有一些组织则采用了我们可以称之为“竞争性的比较评估”(competitive benchmarking)的方法。它们关注业内最佳从业者的绩效，并将自己的绩效与其做比较。比方说，美国空军作战司令部就将它的一些部门与私营公司作比较。圣地亚哥的“得分竞拍”模式则是一种混合做法：一方面，他们采取了竞争性比较评估，另一方面，“管理者参与的竞争”的威胁始终萦绕在他们周围。

大体上就在同一时间，密歇根州的东蓝辛市设计出了它自己的混合模式——虽然在这一模式里，威胁不是那么明显。东蓝辛市行政官特德 · 斯塔顿熟知印第安纳波利斯的做法，并急切地想省下同样的经费。于是，他把公共工程部主管皮特 · 埃博兹派去参加一个关于外包污水处理的会议。埃博兹回来后相信，如果他们也采用私营公司的做法的话，公立污水处理部门能够让运营成本达到与私营企业运营一样或者更低的水平。

东蓝辛市的污水处理厂拥有 26 名雇员，每年的运营成本大约是 300 万美元。1997 年，该市聘请了 EMA 公司对该市污水处理厂的绩效与其他 120 家私营和公立污水处理厂进行比较。咨询公司反馈的信息有喜有忧。喜的一面是，尽管该市污水处理厂的记录已经不错了，但还是可以通过实施最佳措施从而节约 20% 的成本（大约 614 000 美元一年）。忧的一面是，要想省下这笔钱，就必须裁剪掉 8 个全职岗位。

在知道有可能私有化之后，污水处理厂的雇员们战胜了他们的恐惧，集体提出了一个为期 6 年的方案，提议用“冻结”而不是“解雇”来删减岗位。他们还提出了一项收益共享方案，将给予员工 25% 的盈余，减少新设备的损耗。在短短两年的时间里，他们就将运营成本降低了 20%，和原先预期的一样。

竞争的力量

在“改革政府”项目中，我们列举了许多原因来说明为什么竞争是如此有效。大体上来说，这些原因如下：

它提供了更多的活力。政府低效的根源，与其说是公共所有权，不如说是垄断所带来的“缓冲效应”（the cushioning effects）。许多学者研究了竞争性合同的签订，他们发现几乎所有的竞争性合同都节约了开支。就世界范围来看，一项服务首次竞拍之后省下的费用，平均为20%到30%之间。海军研究中心研究了1978—1994年间国防部的2 138项竞拍，他们发现，平均节约率是31%。印第安纳波利斯从其64项公私竞争中平均节约了25%的开支。英国的中央政府从其第一轮的公私竞争中节约了21%的经费。美国审计总署则报告说，美国的纳税人现在从联邦工作外包中平均节省了30%的钱。

政府每重新竞拍一次服务，它就能省下更多的钱，因为竞拍者会重新思考如何用更少的资金来达到目的。科技的作用也很大，因为科技进步往往会降低成本，而那些始终会寻求最强大竞争力的竞拍者们，往往会最先使用新技术。

竞争迫使公立(或私营)服务对其客户的需求做出回应。在明尼苏达州的总务署（Department of Administration）取消集中供应部（Central Stores）对州政府机构的供给垄断之前，它从来不用费心去储备什么小小的记事贴。为什么呢？因为它的主顾是跑不掉的。后来，总务长提高了可以从体制外购买的物品的额度，由50美元上升到1 500美元。随着垄断地位的丧失，集中供应部被迫学会如何热情待客。它很快就开始储备记事贴了。

竞争奖励创新。竞争最妙的一点就在于，它是持续创新和变化的推动力；如果没有了竞争，政府也就是没有了这种刺激去行动。竞争迫使各类组织去体察和回应，去不断地成长进步。这就是一种达尔文式的力量，导向“适者生存”。

竞争鼓舞士气。这也许违反人们的直觉，但是我们不断地发现，事实的确如此。人们害怕竞争，但是如果丢掉工作的威胁能够被一种零失业的政策击退的话，人们最终能够战胜他们的恐惧。而且，大多数人是想把工作做好的。竞争也许会让他们工作得更加辛苦，但是这也往往让他们能更多地控制他们的工作，因为管理人员会认识到，他们必须依赖员工的知识来降低成本。不管是在圣地亚哥、凤凰城、印第安纳波利斯，还是在我们所调查的其他地方，竞争性企业中的员工都不再需要唯唯诺诺。他们的工作变得更有激励性，当他们赢得一场竞拍或者实现了某项评估目标时，他们就有了确凿的证据，证明他们做得不错。员工的士气和自豪高涨，因为他们证明了，他们没有懒惰的官僚作风。他们改变了人们对公立机构雇员普遍的不良看法。

竞争有助于促进公众对政府的信心。让我们再一次引用美国商务部前副部长罗伯特·马力特的话："公民们希望他们的政府干事，而一旦他们相信他们缴纳的税费并没有被浪费的时候，他们更乐意去改变自己(对政府)的看法。通过向(公民)咨询委员会的成员们阐明'得分竞拍'的影响和潜能，这一项目增加了公众对公立部门员工及其工作的尊重和信心。"

竞争提升了质量。正确地使用竞争，你就不仅能降低成本，而且能提供更高质量的服务。绩效合同可以将提高了的标准纳入进来，承包者必须达到这些标准才能获得全部酬薪。在 1995 年，罗伯特·迪尔格和其他一些学者对美国最大的 66 座城市的"管理者参与的竞争"做了一项调查。他们发现，82%的城市行政官表示，他们对竞争后的绩效感到满意或非常满意，而另外 18%的人表示中立。就平均水平来说，行政官们报告说改进率提高了 25%，最高的节约额达到了 60%。

竞争还可以在其他方面提高质量。让我们以塔科马-皮尔斯县卫生部门为例。这个部门采取了一步大胆的改革，将所有的门诊服务都外包了出去。在费德里科·克鲁兹乌瑞伯博士的领导下，该县的医疗部门对其使命做了重新界定，从"提供临床服务"到"改善皮尔斯县居民的健康状况"。克鲁兹乌瑞伯博士提出了 4 个目标：拓宽人民获取医疗服务的渠道、增加卫生部门患者能够获得的医疗服务者的数量、提供全面的基本医疗服务，以及，无论人们是否有能力支付，都提供有效的服务。然后，他关闭了该部门的一个诊所，与13家私营诊所签订了合同，由此，公立医疗部门从日常的单调服务中解脱了出来，从而能更专注于更大的使命。通过摆脱那些应急拼凑的工作，他和他的同事们现在可以把更多的精力放到预防上，尤其是以下3个领域的预防工作上：对诸如肺结核这样的传染性疾病进行防控；减少毒品、酒精和烟草的消费；加强饮水供应的安全。

在第一年，该部门删减了其诊所中109个岗位，节省了65万美元。但是依靠13家合同制诊所，这个体系可以治疗比原先多两倍的患者，并提供日夜不间断的服务。肺结核的病例数下降明显，治疗肺结核的费用下降了20万美元。

企业式管理

虽然有这么多好处，“管理者参与的竞争”毕竟是一项辛苦而耗时的工作。那些监督这一过程的人必须具备相应的专长，来界定他们想要什么以及他们想得到什么样的结果。他们必须对资质、提案和合同的内容提出要求。他们必须对投标进行审读，与投标者进行谈判，然后还要监督承包商的绩效并作出评判：对出色的绩效给予奖励，对低劣的绩效则给予惩罚。公立部门甚至需要准备相应预案，以防承包商撂担子或者无法提供达到标准的服务。

对某些服务来说，替代的方案比较简单。（这对执行部门来说并不适用，比如警署或者许可机构。）我们将其称之为“企业式管理”，对任何一种要对客户收费的服务来说，它都是适用的，比如维修部门、打印店、培训项目、休闲项目，甚至通讯体系。这种管理会促使这些公共组织像企业一样运转，将财政底线铭记在心。它们仍然是公有的，但是它们不再完全靠预算生存。它们必须通过在一个开放的市场上出售服务来养活自己，而这个市场上通常存在着与其他公立或私营供应商的竞争。

企业式管理去除了特定公立部门组织的垄断，抽调了它们的预算，迫使它们与私营供应商竞争。这些组织的生存一下子变得取决于它们能够在多大程度上取悦于它们的消费者，以及用什么样的价格来实现这一目标。杰拉尔德·图雷茨基是“联邦供应服务”的一名前管理人员，这家机构负责为联邦政府机构提供日常办公用品。他这样形容企业式管理带来的变化：“这就像你还穿着衣服的时候，就把你丢去冲冷水澡。”

面对这要么淹死要么游泳自救的挑战，大多数公立组织找到了相应的手段，来大幅度地降低它们的价格和改善它们的服务。加州桑尼维尔市对待“休闲服务”的手段就是一个例子。1991 年，面对不景气的局面，市领导们决定撤销对休闲业的全额预算支持。不过，他们并没有完全斩断市政府的支持，而是将休闲服务部门转成了一个企业基金，该基金提供的服务大多数都需要收费。休闲服务部门的领导们就市民们希望得到什么样的休闲娱乐服务展开了调查研究，然后开始提供新的服务：为小学生提供课后的音乐、美术和其他艺术教育、运动课程、瑜伽课，等等。他们把管理者送去学习迪斯尼的消费者—服务培训项目，然后让这些新接收培训的管理者负责消费者服务的内部培训项目。他们提供了一项无条件退款的许诺。他们与学校社区建立了合作伙伴关系，他们提供维修服务，换取能够利用学校的操场和在学校空闲的时候租赁健身房和礼堂向公众开放。在 1990 年的时候，桑尼维尔市休闲服务部门 75%的经费来自财政口。到了 2000 年，政府拨款只占到了 20%，这为该市省下了数百万美元的资金。

威斯康星州阿普尔顿市的福克斯谷技术学院在 20 世纪 80 年代晚期的时候，认真贯彻了“全面质量管理”体系。不久之后，其他机构开始到阿普尔顿市“朝圣”，学习这个学院的经验。学院院长斯坦利·J.斯班鲍尔发现这是一个机会，于是创立了一个质量研究所来专门负责向外界介绍该学院的日常运行。到1994年斯班鲍尔退休的时候，这个研究所已经挣了65万美元的培训费，返还了28 000美元的利润。富有企业家精神的教职员工们还创立了另外16所“企业中心”，在没有花纳税人一分钱的情况下，增加了收入。

进一步说，企业式管理只是在那些能够向消费者出售服务的政府部门里发挥了作用。这些部门包括内部服务（比如供水、污水处理和休闲娱乐）以及外部服务（比如维修、印刷和培训）。它排除了那些为特定消费者提供服务的部门，比如公共健康、国防和火灾预防。企业式管理在许多地方都得到了应用，包括明尼苏达州和衣阿华州；印第安纳波利斯市、凤凰城、密尔沃基市；埃德蒙顿、阿尔伯达、许多学区；澳大利亚、新西兰和英国。以我们的经验来看，这可以在若干年的时间里，每年省下10%的成本。

企业式管理有4个基本的步骤，可以在一年以上或者若干年的时间里展开。（要想了解更多的细节，可参见《政府改革手册》一书的第四章。）

1. 将该机构转变成为一家公立企业或者企业基金（往往被称为循环基金），这家企业或基金必须通过向消费者出售服务来挣得全部的或者大部的收入。
2. 允许它像企业一样运行，解除大多数的施加给公立组织的官僚限制。
3. 抽走它分得的预算，把这笔预算中90%的钱分给服务的对象（将剩下的10%收回作为存款）。
4. 除非该机构提供的服务属于自然垄断性质，比如净水或污水设施，否则的话，让消费者自己选择上哪里购买这些服务。

如果是自然垄断的话，建立一个消费者委员会，并对其服务价格进行监控。

企业式管理是强有力的，其原因在于：

- 它使得这些机构直接向消费者负责。因为它的消费者可以自由选择买哪家的服务，或者，如果是自然垄断的话，消费者可以选择买得更少，因此，这样的公立企业就必须对消费者的需求做出回应。
- 它迫使这些机构不断地做出改进，因为它们每天都在竞争消费者，而不仅仅是在每隔几年合同续签的时候才是如此。
- 它使得一家机构的绩效后果变得重要起来，因为如果消费者高兴的话，这家企业可以繁荣和增长，而如果消费者不高兴的话，它就会萎缩和消亡。
- 它使得企业摆脱了束缚，从而制定那些对将消费者价值最大化有必要的长期财政决定，比如贷款用于投资新科技或者培训员工。相反，传统的公立组织则受年度预算的约束，通常情况下不能借债。
- 它省钱，因为竞争持续存在。而且与签订外包合同相比，对管理者来说，它更加简单和廉价。
- 它消灭了许多就规则问题产生的内部争斗。服务机构和预算以及人事部门之间总是有不断的争斗，比如哪些钱能花哪些不能花，你能雇佣多少人，你能做哪些投资。但是在引入竞争之后，这些争斗几乎都消失了。
- 它极大地简化了与改进绩效有关的政治，因为将一项服务私有化或者采取“管理者参与的竞争”不需要投票。工会发现，与“管理者参与的竞争”相比，它的威胁要更小，而且没有人必须去选择让人赢得合同，这样就使得签订合同的过程避免了裙带关系的指控，那些失望的竞拍者也无法指控别人是游说势力。决定谁提供最好服务的，是消费者，而不是管理者和政客。

当工作岌岌可危时

公立机构的雇员在竞争中的表现常常好得令人吃惊。1995 年至 2001 年，国防部的 320 项竞争中，雇员们赢得了其中的 66%。在英国，在实施“管理者参与的竞争”头一个 4 年里（英国自己称之为“市场测试”），公立组织赢得了 2/3 的合同。公立企业之所以在与私营企业的竞争中绩效出色，是因为它们与消费者更近：这些消费者一般都是其他的公立管理者。历史的天平也倾向它们，因为它们已经为这些消费者服务了很多年。

尽管如此，竞争还是在那些工作受到威胁的政府雇员内部制造了紧张。为了获得成功，竞争就必须公平公正，对每一个参与的人都表示尊重。正如我们在第六章里所介绍的那样，我们向公共领导人推荐一种零下岗的政策，为那些工作被裁减掉的员工提供一系列的选择。这么做不仅是因为这是以人为本的正确方式，而且是因为它有助于消除政治上的障碍。它允许领导者更广泛地引入竞争，因为它减少了那些来自受影响的人所发起的抵制。在失业恐惧减少的情况下，改变组织的文化也变得更加容易。

零下岗的政策比人们想象的要更有操作性。海军分析中心 1997 年的一项研究就发现，大型港口的维修设施在经过公私竞争之后，扣除了退休、调岗和志愿的轮班之后，只有 3.4%的员工下了岗。美国劳工部 1989 年的一项研究，对 12 份案例中超过 2 000 名卷入到外包合同中的员工进行了考察。这份研究发现，下岗率平均来说是

7%。大约58%的人与承包商签订了合同，24%的人在政府内部另谋到了职业，还有7%的人退了休。美国审计总署2001年的一份研究发现，国防部的3项私有化项目中，1 000名受影响的员工里，只有8%的人丢掉了工作。26%的人被调到了其他岗位上，65%的人退休或者领取一次性补偿。在那些自动选择离开的人中，26%的人从获胜的承包商那里得到了工作。

在一项服务被外包出去的时候，大多数组织能够比较轻松地吸纳8%的员工。他们只需要利用退休和离职中的自然冻结率，当竞争来临的时候保留这些岗位。在第六章中，我们曾讨论了在裁员过程中一系列已经被成功运用来保护员工的技术。其中几项技术特别适用于竞争当中。

将政府雇员转移到那些承包业务的私营企业中。在凤凰城、印第安纳波利斯和英国，几乎所有的合同都有一项“优先雇佣”条款。这项条款要求那些从政府获得工作的承包商优先雇佣那些被置换出来的政府雇员。

要求承包商支付相应的工资和津贴。在英国，“欧共体”的法律要求，在大多数情况下，新雇佣的合同工保留他们之前作为政府雇员时适用的条款。

帮助相关机构为提前退休和(被解雇员工的)新职介绍买单。如果相关机构必须承担这些负担的话，这些额外的开支就会打消它们采用竞争的积极性。在英国，政府设立了一个特别的基金来承担新职介绍80%的费用。瑞典为工人们创立了一个过渡基金，帮助他们接受再就业培训，从而可以在政府或私营部门找到新工作。政府与公立部门工会一起，花费工资单上一半的钱来补贴这个“职业安全基金”。

帮助管理者将他们的组织私营化。有创意的领导人有时候会帮助他们的员工“分拆”自己的公司，创立新的公司。政府往往会给这家新生的公司提供一些启动的服务合同，帮助这家公司站稳脚跟。作为回报，这家新公司知道它需要给政府这个老主顾一些折扣，而从其他地方获取更大的增长和利润。

譬如，1994 年，美国人事管理局的调查服务部门为联邦政府提供安全甄别(security clearances)和其他调查服务。由于月亏损已达到 100 万美元且负债累计 3 500 万美元，该部门进行了一次裁员，并开始准备私有化。亏损如此严重也部分是因为，联邦政府的权力在缩小，它所要求的安全甄别工作也在减少。不过后来，克林顿政府允许该部门的高级管理者将其转变成了一家雇员所有的安全公司，也就是现在人们所知的美国调查服务有限公司。这家公司为来自政府和商界的客户提供一系列范围广泛的安全服务，包括快速的背景甄别、毒品和酒精测试、保安工作以及信息安全。虽然许多员工一开始抵制私营化这个主意，但是新公司给所有的人都发了邀请，最后 90%的人适应了过来。归功于盈利分享计划，在头 3 年里，这家企业的大多数雇员得到了超过其薪水 25%的红利和与其薪水 43%等价的股票。

谁在这出大戏中受到了损失呢？纳税人每年节约了 2 000 万美金，联邦政府裁减了 700 多名它不需要的雇员，而那些选择加入新公司的人也赢得很漂亮。如果每一个案例都能这么成功的话，永恒的财政危机就根本不会存在了。

第八章

奖励优秀绩效而不是良好意愿

每两个星期，巴尔的摩市各部门的头头脑脑们就会被叫到“大房间”里开会。在房间的一面墙的前面，正中摆着一个讲台，侧面挂着一个6乘10英尺的大屏幕，投影仪挂在天花板上，一间摆满了复杂仪器的控制间立在后面。工作人员在那个小房间里放映各种图表、电子文档和照片，来解剖各个部门遭到质询的绩效。

每周10次，马丁·奥马利市长或者第一副市长迈克·恩赖特、他们的随员以及其他部门的行政官员都会坐在一张半圆形的桌子后面，面对那个讲台。16个相关部门的主管要在讲台那里接受“拷问”——通常身边簇拥着自己的助手——同时回答市长和高级幕僚提出的问题。

市长的幕僚已经研究了质询部门最近的绩效数据。比如，公立工业用水和污水处理部门工作订单的存货状况；错失行为、关停通知以及关停的次数；生产和消耗的水量；投诉的数量和话题；在规定期限内解决问题的百分比；拖延的百分比；人事的基本状况，诸如加班时间、旷工情况、由于工伤导致的缺席时间以及纪律状况等。这两周的数据会与前3个双周数据进行比较。幕僚对所有的数据进行分析，找出其中的共性，然后替市长及其助手压缩成一份10—12页的报告。

有时候，“大房间”里的放映员会展示一些照片，比如脏乱的公园、在警车里睡觉的警员，以及其他不雅情景。有时候他们会播放地方电视台的录像，涉及的是媒体未曾报道过的问题。

市长及其幕僚对这些部门领导进行拷问。为什么对停车的传票一下子增长了这么多？法院有能力处理这些问题吗？为什么对混合垃圾的抱怨这么多？为什么一名督导会犯52个错误？为什么当你带人去法院执行公共卫生法规的时候，会有那么多的文件不见了？

市长助理马修·加拉赫说，如果没有了文件，这个事情就会很严重。“给你举个例子，”他说，“如果你丢失了几份文件，你还可以想办法解决这个问题，但如果哪一天你丢失的文件达到了两位数，那么，下次参加会议的时候，就把你的属下带上吧！”

如果涉及财产遗失、鼠害或铅中毒这样的话题，图表就会显示哪些社区遭到的损失最大。如果讨论的是盗车或者入室抢劫，地图就会指出每一个事发的地段，那里也正是需要多部署警力的地方。

讨论是直率的，虽然不可避免地带有一定程度的南方式含蓄。与会者用头脑风暴的方式寻求解决途径。他们的分析会深入到社区和街道层次，然后再回到整个城市的趋势。其他部门的领导或他们的下属坐在需要对问题负责的部门旁边提供帮助。“他们不可以把责任推到别的部门身上。”信息办公室主管埃利奥特·施兰格说：“事情必须及时得到解决。在会议期间，如果需要提供额外的信息，我们就会去做。我们已经不再接受那种老套的借口，‘事情正在移交司法机关处理中’。”

市长和他的幕僚往往要求在接下来的两周内读到后续的报告，然后在相关部门主管下次出现的时候给他们施加压力，询问事情的进展。但是大房间里并不都是在灌药治病。有时候，市长和他的幕僚会做出奖励，市长有时候会奖励给与会者巴尔的摩乌鸦队或巴尔的摩金莺队[1]的门票，或者音乐会的门票。不过，总体上来说，“这并不轻松”，约瑟夫·科沃杰伊斯基如是说。他是公共工程部固体废物处理局的局长。“上一次开会时，我用大量的统计数据展示了我们的进步，但是副市长说：‘这太棒了！但是我们来这里并不是摆功绩的，我们是来这里解决问题的。’尽管如此，即便市里不再这么做了，我也将继续采用这种做法，因为这是好事。”

“大房间评审”是所谓“城市统计”（CitiStat）项目的一个组成部分。这个项目设计的目的，就是给政府官员持续地灌输责任意识。它开始于 2000 年 6 月，也正是奥马利市长上任的第一年。这位新市长当选的时候只有 38 岁，但是他之前已经是市议会的成员，他知道事情是如何运转的。他打算尽快将局面扭转过来。“如果我们只是每年审计预算的时候才考察绩效，等我头发都白了，还是会一事无成。”他对《治理》杂志如是说道：“城市统计项目给我们带来了一种急迫感，这正是我们这里所需要的。”

“城市统计项目重新界定了我们的工作。”休闲和公园事务主管马温·比尔普斯补充道：“收集所有这类信息已经成为我们的工作。我们需要对我们正在做的事情进行持续的评价，去看它是否在让事情变得不同起来。”

在此之前的几十年里，巴尔的摩是一个在衰败的城市。在 20 世纪 90 年代，每个月平均有 1 000 名中产阶级居民离开这个城市。人口从 1990 年时的 736 014 下降到 2000 年的 651 154。大约有 4 万套住房被遗弃、闲置和毁损。大约 23% 的城市居民生活在贫困中，基本上是马里兰州总贫困率的 3 倍。在美国，巴尔的摩是唯一一个在 20 世纪 90 年代经济蓬勃发展期犯罪率没有下降的大城市，每年发生 300 多起凶杀案。更糟糕的是，该市的财产税率却几乎是大巴尔

---

① 它们分别是巴尔的摩的职业足球队和职业棒球队。——译者

的摩地区其他任何县市的两倍。

今天，巴尔的摩的状况正在改善，因为各部门的管理者们知道，他们已经无处可藏。自发起“城市统计”项目以来，奥马利市长已经解除了两名表现差的部门主管的职务，这是一个响亮的信号：“城市统计”玩的是真的。各部门的主管反过来给自己所在部门的官僚们吹起了冲锋号。光在“城市统计”项目实施的第一年，公共工程部就解雇了94名长期旷工的员工，发出了462份警告，做出了102项停职决定。

“城市统计”项目也是确保对城市问题进行快速反应的一个办法。当市长宣布他保证市民们报告的路面塌陷问题将会在48小时内填上时，这的确引起了公众的一阵兴奋。虽然每个月会收到1 500份报告，但是交通局还是完成了95%市长许下的目标。在对垃圾收集工作进行考察时，“城市统计”项目发现非法倾倒问题非常严重。进一步的讨论发现，公共工程部没有逮捕倾倒者的权力。于是，警署派遣了一支特别分队，对倾倒投诉做出快速反应。“城市统计”项目还发现，依据类型、地点和时间的不同，有4个部门都有权处理动物死尸问题。在经过讨论之后，市领导把相关的职责全部交给了公共卫生局。

由于有太多的问题无法靠单一部门的力量来解决，市长创立了跨部门的数据收集系统，并为“城市统计”项目设立了分支，包括药品滥用、流浪者、工程设计和青少年犯罪。由于凶杀成为黑人孩子死亡的最主要肇因，“青少年犯罪统计”项目将高危地区有过一次以上被捕记录的孩子识别出来，并为他们提供一系列的社会服务。

奥马利还成立了一个“铅统计”（LeadStat）项目来处理铅中毒的问题。在过去的10年里，没有一项专门的强制性措施来处理这个问题，但是自从相关的团队组建以来，已经有超过1 000个以上的地点得到了清理。“铅统计”团队制作了一幅地图，上面用红点标注了每一例铅中毒事件的地点。该小组一周聚会两次商讨解决的办法，训练卫生和住宅巡视员去发现铅问题，并与州环境署合作来降低铅含量。经过努力，孩子中的铅中毒率已经下降了 36 个百分点，其中严重铅中毒的案例下降了 61 个百分点。

对“城市统计项目”第一年绩效做出鉴定的一份报告，给出了令人印象深刻的结果：

- 暴力犯罪率下降了 24%，枪击率降低了 34%；
- 凶杀案由 305 起下降到 262 起，达到了过去 10 多年来的最低点；
- 由于毒品滥用导致的急诊病例下降了 25%；
- 该市节约了 1 360 万美元，其中 600 万美元是加班成本，因为长期旷工率有了大幅的下降；
- 2 700 个非法垃圾倾倒场所中的 200 个被清扫干净。

到 2003 年财政年度末，该市宣称节约以及/或者帮助创造了超过 4 300 万美元的资金，其中的一半来自将加班和缺勤降低了 40%。与此同时，市政服务有了改善，犯罪率下降了 29%。巴尔的摩成为美国大城市中少数几个没有因财政赤字而跛腿的地方，也没有因为财政问题而裁员、减少服务或增加税收。从查塔努加市、锡拉丘兹到安克拉治的广袤地区，许多城市都在复制“城市统计项目”。奥马利这样向《多伦多之星》总结道：

> 当我一开始上任的时候，情况基本上是，“如果市长真的想知道实情，我们可以搞清楚，但是这样做的话，我们的员工就做不了他们现在的工作了，要花上数周来投入到这个事情当中”。或者，“我们会尽快完成您的要求，但是由于预算不足，

这将花费好几个月的时间”。甚至还有，“我们一直就是这么做的。我们已经这么做了。我们以前试过别的法子，但是没用”。现在，我们把这一切都消灭了，代之以精确和及时的情报，这些信息每个人都可以分享，我们迅速地动员资源，运用有效的战术和战略，不留情面地进行追踪。

总而言之一句话，奥马利已经领悟到了，对于一名21世纪的领导者来说，他们所需要知道的最重要的一点就是：当管理者和雇员得到对他们绩效的直接、快速和个人化的反馈，并附加后果时，他们的回应是做出进一步的改进。如果我们的政府领导者要想改进政府绩效，他们就需要无情地对各机构的绩效进行测量、提供回馈，纠正不良绩效，奖励优秀绩效。如果要想让反馈发挥最大效用，它就应该是直接的、个人化的和快速的。“我们的预算有相应的绩效目标、投入、产出，每3个月更新一次。”城市统计项目主任马特·盖勒如是说：“这要在以前，市长看到的已经是5个月之前的数据了，没有时间做出回应。现在，预算至少每个月都要被城市统计项目审核一次。”

竞争也许是改善和节约的快车道，但是公立组织并不能将竞争用于每一项服务。在无法引入竞争的地方，绩效管理就成为必须要做的事情。而且，即便在公共组织必须竞争的地方，绩效管理也是帮助它们获胜的一个必不可少的工具。

在1992年，当《改革政府》报告公布的时候，单单对绩效进行测量这一做法，就凤毛麟角。现在，从西海岸到东海岸，不管是市、县还是州，包括联邦政府在内，都在对绩效进行测量。它们中的大多数都向公众发布绩效报告，比如纽约市的《市长管理报告》、俄勒冈州波特兰市的《服务效果和成就报告》。这些都是向前迈出的重要一步。但是面对常年的财政危机，现在该是迈出下一步的时候了；让政府雇员对他们的绩效负责。

当政府中的人听到“负责”这个词的时候，他们头脑中的反应通常是“处罚”。当政客们在竞选的时候，他们就是这样使用这个词的。于是，政府雇员们听到责任一词的时候，他们想到的就是审计、调查以及来惩罚他们的老板。

但是市民们对惩罚并不感兴趣。他们要的是结果。在我们看来，当人们得到有关其表现的直接、快速和个体化的反馈的时候(附带上后果)——不管是积极的还是消极的——他们就会负起责来。这种责任正是“城市统计项目”的核心。正如迈克尔·恩赖特所说的那样：“只有受监督的人才能把活干好。”

“城市统计项目”实际上来源于纽约市著名的打击犯罪程序：“计算机统计信息比对”(Compstat)。巴尔的摩警方雇佣了“计算机统计信息比对”的发起者杰克·迈普尔作为顾问。正如奥马利在对哈佛肯尼迪政府管理学院做演讲时所说的那样，在迈普尔的指导下，“不需要每个月去检查他们的绩效，或者安排进行年度会议，巴尔的摩警方的领导者自己开始每周开会了。打击犯罪的策略和资源调动在不停地调整，而且后续工作从不允许拖沓到一个星期以上。”

巴尔的摩的犯罪率立刻开始下降。看到这个结果，市长开车拉着迈普尔在市里考察，请教如何测量其他的市政服务。市长很快就决定，以下列4个原则为基础，将“计算机统计信息比对”扩展到所有的政府部门：

- “准确和及时的情报”(对绩效的测量)；
- “有效的战术和战略”(伴随着持续的讨论)；
- “对资源的快速调用”(这就意味着各部门拥有将资源调配到他们所需要的领域的自由)；

- “无情的追踪和评估”（给部门主管提供直接、个体化的以及快速的回馈）。

“要想改变政府所产生的后果，就必须改变政府的行为。”奥马利这样在哈佛解释道：

> 通过测量城市的产出以及创造出一种有利于迅速变迁的机制，“城市统计项目”改变了城市所做的事情……“城市统计项目”正在帮助我们改掉拖沓和回避的文化，代之以一种负责任和注重结果的文化，在技术的帮助监督下，这种文化正在穿透到城市的每一个机构。它把信息传递到众多而不是极少数管理者的手中。而这种共享的信息使得政府能够更快地变化和调整，从而更好地服务公众。

在纽约市，“计算机统计信息比对”程序开始于意识到警方测量的都是错误的东西——逮捕率。而市民们想要的，是犯罪的减少。在1994年，警长们和各机构的行政官员开始每周——后来每两周——召开一次“犯罪控制战略会议”。这个会议专注于电脑化的统计信息，因此取名为“计算机统计信息比对”程序。77个辖区中的每一个每天都会提供一系列有关犯罪和其他事项的数据，包括市民的投诉。

纽约市市长朱利安尼是这样描述这个体系的：

> 这个体系的目的是看犯罪率是升还是降，这不仅仅针对的是整个城市，而是一个街区一个街区排查的。如果犯罪在增长，那么它就会让你现在就采取一些行动，而不是在一年半载之后——等到那个时候，联邦调查局已经把犯罪的数据输入

了。不管怎么说，当你发现入室抢劫案在去年增加的时候，市长什么也做不了，因为时间已经过去了，零星的犯罪已经成为一股犯罪潮。

“计算机统计信息比对”会议将各个层级的管理者聚在一起——在警界，这还不多见。他们依靠警署的集体智慧来发展出新的战略和战术。艾奥娜学院的教授保罗·E.奥康奈尔写道，在早期的“计算机统计信息比对”会议上，“人们……很震惊地看到，会议的首长（也就是位于会议组织结构顶端的官员）如此积极和深入地参与到与辖区反犯罪警官或侦探小队指挥官的对话中（后面这些人以前很少有机会能与总部的高级管理者进行直接的对话）”。

因此，“计算机统计信息对比”远远不仅仅是一种有效的绩效监控体系。它是一种信息管理设置，使得机构的主要决策者能够了解和使用整个组织的智识资本。这不仅包括组织及其关键管理者所清楚明白的事情（“显性”知识），而且包括那些从事实际工作的人凭直觉或本能所知道和理解的东西。

接收实时的可靠信息可以让辖区的警官迅速地知道一个新的策略是否奏效。“计算机统计信息比对”之所以奏效，也是因为，在辖区警官针对自己所管区域警务的各个方面，警署给予了他们前所未有的授权，包括人事。当然，这些授权也意味着要承担切实的责任。

一个人承担前面所列的公共责任是具有高度激发性的。大多数警官知道他们头上悬着公共曝光这根线，不愿意在犯罪成为既成事实之后应对媒体。因此，在问题进入辖区的统计数据之前，他们就预见并改善问题。每当“计算机统计信息比对”将另一项指标纳入进来之后(比如逮捕令的执行情况)，那项指标所承载的问题就会发生显著的改进。比如，1995年，“计算机统计信息比对”开始对粗暴的逮捕行为(graffiti arrests)进行追踪。那一年的总案例数是475件。到了2001年，这一数字是1 485件。正如朱利安尼在他的书里所写的那样：“如果我们能够给领导力计数的话，我们就能够将它用计算机统计出来。”

至于如何让庞大的警力投入进来，市长将此归功于一项基本的管理战略，也就是人们所知的“注重效果”。“任何高于警监警衔的人都可以被降职。”市长如是说道：“而那些低于这一警衔的人则会被重新安排工作——一个住在韦斯特切斯特的警员也许会发现自己被安排到斯塔滕岛工作。”用更清楚的话来说就是，人们“要不被带入到计算机统计信息比对程序中来，要不被告知重新换一种工作”。

这个系统在警长们之间引发了公开的——以及健康的——竞争，他们希望用自己的绩效来盖过其他辖区的同僚。回过头来看，朱利安尼市长将“计算机统计信息比对”称作他用来打击犯罪的“核心组件”。“这个体系的核心原则，就是责任。让那些负责具体辖区的人对实现公众的期望负责，也就是降低犯罪。”

这个体系确实做到了这一点。在该项目实施的第一年，重罪率下降了12.3个百分点。凶杀和抢劫一年内分别下降了17.9%和15.5%，是历年来降幅最大的一次。1994—2001年期间：

- 总体犯罪率下降了57%；
- 凶杀案大幅减少了66%；
- 警员开枪数从212起下降到73起；
- 抢劫案从85 883起下降到32 213起；
- 入室盗窃案从100 993起下降到38 155起；

- 盗车案从 111 611 起下降到 35 673 起；
- 紧急回应的时间从 8 分钟 36 秒下降到 7 分钟 30 秒。

当管教部门的副警长伯纳德·克里科决定将“计算机统计信息比对”引入到管教部门的时候，该市臭名昭著的赖克斯岛惩教中心已经失控。“惩教官员在巡视的时候都得带上垃圾袋来保护自己，犯人们从牢房里向他们扔排泄物和垃圾。”美国政府创新奖励委员会的一名调查员在做了现场视察之后如是说：“惩教官员让同室犯人之间互斗在监狱文化里根深蒂固，一个特征就是对新来的室友来一顿‘欢迎痛扁’。在 1991 年就发生过一起 15 名同室犯人集体诉讼纽约市的案子。”

克里科要求所有的典狱长每月参加一次会议，每次来 4 名典狱长，开始专门关注 16 个与同室暴力有关的绩效指标。在以前，看守们对一名犯人向室友做出的恶意和暴力行为睁一只眼闭一只眼，但是当责任制被引入进来之后，典狱长们得到的信息是，事情必须有所变化了。那些典狱长们此后向犯人们传达的信息是，在监禁期间犯下的罪行将会像平常一样受到起诉。即便监狱里的犯人数量越来越多，暴力袭击还是从 1995 年的 1 093 起下降到了 2000 年的 70 起。同室之间的冲突由 1995 年的 1 093 起下降到 1999 年的 102 起。

受到这一结果的鼓舞，克里科警长决定更进一步，超越“计算机统计信息对比”，使用“总体效率责任管理体系”（Total Efficiency Accountability Management System）来管理他的整个组织。他的幕僚们开始监控一共 260 个指标，包括犯人要求看病的数量以及他们等待一名医师所需的时间、犯人去监狱图书馆和参加宗教服务的时间、食品服务不佳以及送冷饭的次数、维修工程的数量和状态，以及犯人对醉酒进行投诉的次数。

在“总体效率责任管理体系”下，没有人需要再等 1 个月才能知道自己的表现如何。相反，管理者每日都可以看到简报、提问题，如果需要的话，还可以立刻采取干涉。对那些看上去没有意义的统计数据进行追踪甚至也能提供意想不到的收获。比方说，在“总体效率责任管理体系”下，管教部门追踪监狱物资供应处的销售额。如果蜡烛和香烟的销售额突然增加，看守们就知道一场暴动正在酝酿当中。（对暴动的第一个反应是把犯人们都关在牢房里；囤积东西泄露了犯人们之间弥散的不满情绪。）聚集的突然增多有助于让看守们发现并阻止帮会活动。一旦知道他会被要求去解释一些异常的数据，典狱长就会去观察为什么宗教活动的参加人数猛增，然后他就会发现，这不过是拉丁帮用来遮掩他们密谋活动的幌子。

在暴力活动减少的情况下，看守们就可以把精力放到改进工作质量上。结果是，监狱变干净了，看守的士气提升了。到 1999 年时，与 1995 年时相比，缺勤率下降了 28%。

和在警署一样，“总体效率责任管理体系”在决定管教署官员的升迁和降职方面分量很重。该部门在向美国政府创新奖励委员会递交的报告中这样写道：

> 我们的挑战是，向中层和高层管理者宣示，“总体效率责任管理体系”将成为改进本机构行为绩效的手段，而他们未来的职业生涯则取决于他们的绩效。那些未能履行职责或者被证明对其业务不熟的人，将立刻被“总体效率责任管理体系”程序识别出来。那些接受了责任观念以及证明有志向和有能力创造性地解决问题的人，将会得到提拔。

超越“计算机统计信息对比”

“城市统计项目”、“城市统计项目”、“计算机统计信息对比”

和“总体效率责任管理体系”都是非常有价值的突破。但是，这些努力仍然并不是完全意义上的绩效管理系统。它们的局限之一，就是它们对那些不参加常规绩效评估环节的部门管理者的效力有限。在它向美国政府创新奖励委员会递交的申请中，纽约市管教署承认：

> 到目前为止，最为重要的缺陷就是“总体效率责任管理体系”程序尚未能够涵盖整个机构。那些现在每日在监狱里工作的男女工作人员，代表了我们的未来。他们需要知道，暴力的下降和他们工作环境中的其他改善并不靠的是运气，而是通过一系列战略性的规划和管理上的责任来实现的。为了做到这一点，并让其成为一个持续的管理哲学，“总体效率责任管理体系”所传达的信息必须被管教部门里每个层级的工作人员所遵循和理解。我们承认，释放出这些人的潜力，将有助于确保“总体效率责任管理体系”持续地成为一个充满活力和不断进步的管理体系。

要想激励每一位员工，领导者就必须给低层的员工也召开类似的会议。在巴尔的摩，在召开官员会议之前，一些部门已经召开了“迷你型”统计评估会议——这是朝正确方向迈进的重要一步。

然而，同样重要的是，我们需要对哪些议题进行测量。由于“计算机统计信息对比”测量的是实际发生的犯罪行为，它所关注的是市民们最为关切的关键后果。对后果的关注驱使辖区警监们不停地寻找新的可以降低犯罪率的战略和战术。然而，在警署之外，巴尔的摩的“城市统计项目”则几乎完全关注的是“产出”——他们测量政府雇员们所做的工作而不是这项工作所产生的成果。在它所测量的产出和市长的5年目标之间并没有联系——市长为该市订立的5年目标是：“让巴尔的摩成为一个安全、清洁的城市；为儿童增加教育、文化和娱乐的机会；建立稳定和健康的社区；通过夯实税收基础、就业和少数族裔的工作机会来加强巴尔的摩的经济实力；打造快捷、负责和有效的市政府。”然而，事实上，他们并没有对这5个方面的后果进行系统性的测量。

“城市统计项目”的管理者们承认，他们所运行的是一个非常初步的管理体系，设计的目的是解决他们在任期间所发现的基本运行问题。“我们刚开始的时候，运行效率很低，低垂下来的果子落下来的速度太快，我们都得戴上头盔。”信息办公室主管施兰格说。一开始的焦点，是在那些非常简单的事情上作出改进，比如政府雇员的旷工和滥用加班。

总而言之，“城市统计项目”帮助大多数政府部门获得了进步，但是它并没有帮助他们重新思考：他们所产生的产出是不是用来实现市长所设定的目标的最有效的方式。要想迈出下一步，奥马利市长最好考察一下北卡罗来纳州夏洛特市的做法。

正如我们在第六章里所描述的那样，夏洛特市的领导者们在改革政府方面已经做了10多年的努力。大约在5年前，该市的市议会将5个焦点领域界定为优先目标：社区安全、“城中之城”(city-within-a-city)(强化个人、家庭和邻里之间的联系)、经济发展、交通和重塑政府。在该市管理者的帮助下，他们制定出了一套战略规划来关注这些优先领域，然后，设计出了一套由19个目标构成的为期5年的“合作得分卡”。这19个目标反映了该市经过平衡后的记分方式，代表了4个不同的方面：客户的维度、财政的维度、内务的维度(“可以对这项流程作出改变来改进绩效吗？”)以及学习和增长的维度(“我们的城市保持了城市持续发展所需的科技和员工培训水平吗？”)。上述19个目标包括了减少犯罪、强化邻里关系、加强服务成效、夯实税收基础、改进技能基础、实现积极的员工升迁、将城市开支的性价比最优化以及改进生产效率。

该市针对每一个目标都设计了一项关键性的指标来追踪进展状况。“我们把它们称为我们的合作目标，”市行政官帕姆·塞佛特如是说道，“这些指标向议会和社区展示了，在落实市议会制定的战略和远景方面，我们的成效如何。它们是我用来对关键执行部门的工作状况如何进行评价的因素之一。”

每一个关键的业务部门——这是夏洛特市给各政府部门起的名字——都发展出了一套业务规划，包含加载了关键测量指标的用于自我评估的平衡记分卡。这些记分卡也都得反映上面所说的 4 个维度。在全市范围内，大约有 250 个左右的测量指标来对这些业务部门的绩效进行测量。它们也是合作得分卡所选择的对象。从理论上说，实现每一个部门的目标也应该有助于该市实现它的合作目标。通过这种方式，整个组织将它的工作整合起来，来实现市民们最看重的结果。

一份季度绩效报告会对这 19 项合作目标的进展进行评估。关键业务部门一年递交两次报告，对相关数据进行说明。业务部门的执行层与他们的员工举行会议，通常情况下每月一次（但是警署每个星期召开一次这样的会议），对这些数字进行评估，同时标识出需要注意的地段。当市政官和幕僚每年对关键业务部门的执行层进行评估时，相关官员的涨薪和一次性红利就取决于他或她所在部门的得分卡的情况了。

夏洛特市现在正在将这个体系向下推广，目标是让每一个工作团队都建立自己的平衡得分卡。该市还有一个刺激性的奖励方案：如果该市节约下了钱，以及业务部门实现了它所设立的关键绩效目标中的一部分或者全部，相关的政府雇员就能拿到红利。全额红利的数目（实现了全部目标的部门就能拿到全额红利）一般从 300—650 美元不等。但是，正如塞佛特告诉我们的那样：

> 我过去认为，只有经济奖励才有意义。但是在我们的一些项目中——比如“承认项目”，也就是给垃圾回收员送去早餐，告诉他们做得不错，给他们一些奖励等——我发现，获得认可可以和拿到更多的钱一样鼓舞士气。我真的觉得，精神奖励和物质奖励都是不可或缺的。

夏洛特市的方法并没有巴尔的摩那样直接、迅速和个体化，但是在它所测量的指标上，却要更加成熟。业务部门追踪的是质量、客户的满意度以及他们产出的效率，而合作得分卡则追踪的是所有那些产出所生产出来的结果。这帮助了市一级的和部门级别的领导者去发现对他们的优先开支项目和战略进行改变的需要——甚至还有制定新战略的需要。他们不仅可以看到他们是否做得不错，而且可以看到他们是否在做正确的事情。

夏洛特市还增加了高级管理层无法触及的积极后果：刺激性的奖励体系、承认项目、节余共享方案——我们将在本章的后面章节里讨论这些内容。如果领导者想确保在自己的组织内部普及“绩效反馈”制度，如果他们想要让整个组织都认真对待这件事情并且利用它来产生更积极的后果，他们就必须建立奖励体系。他们可以通过增加下列工具中的一部分或者全部来实现这一目标。

直接的客户反馈

在公共战略研究所，我们喜欢说：“反馈是竞选的早餐。”当这样的反馈直接来自客户的时候，尤其有效。公共战略研究所的共同创立者和首席执行官巴巴克·阿马加尼曾经是明尼苏达州总务署副署长。他讲了一个故事，来说明直接来自客户的反馈的简单性和强大的力量。

那还是20世纪80年代，那个时候，我们的州立印刷部门每天都会收到大量的投诉，印刷厂的主管十分头疼，不知道该用什么办法才能让那些一线工作人员明白“客户满意”这个观念。他后来想了个主意，他要那些实际上运营这些印刷厂的人自己开车出去给客户递送印刷品。当然，投递业务并不在原先的合同上，所以有很多人抵制，甚至还有正式的申诉。当财政部门抱怨说这种做法无效的时候，争论开始白热化。我向财政署长解释了当时的情况，然后他笑了，告诉我：“不用担心，我来办。”

让那些从事一线印刷工作的人去见终端客户产生了令人难以置信的效果。他们建立了私人交情，而且他们得到了直接的、个人化的和迅速的反馈。明白了他们在替其他人工作，而且得到了这个人的反馈——事情就是这么简单。这就是解决问题的秘诀之所在。他们的质量有了很大的提高。客户的满意度和员工的满意度都提高了，员工的收入也提高了。

有一些机构使用客户满意卡来获取客户的直接反馈，还有一些使用客户焦点小组和问卷。但是没有哪一个比面对面的互动要更好。

绩效奖

承认是一种出色的鼓舞机制。它不仅鼓舞士气，而且向每一名雇员表明了领导者们想追求的是一种什么样的绩效。承认的使用要真诚和公正，显示出对好工作的感激，不可以做得过于夸张。

当帕姆·塞佛特说精神奖励和物质奖励都重要的时候，她说得完全正确。在20世纪60年代，弗里德里克·赫茨伯格在凯斯西储大学进行了一项开创性的研究，确立了那些主导性因素在激励人们中的相对重要程度的排序。这些因素的重要性排序如下：成就、承认、挑战、兴趣、责任、晋升，以及——在许多地方都适用的——薪水和福利。

夏洛特市不仅有“城市管理者雇员承认项目”，而且有“客户服务奖”和“战略规划奖”。“客户服务奖”奖励给个人或团队，比如一个提供出色客户服务的固体废物回收团队。“城市管理者雇员承认项目”每月奖励一次，颁发对象是那些有着杰出绩效的部门或团队。预算办公室则负责将“战略规划奖”颁发给制定了最佳战略执行方案的业务部门。

绩 效 红 利

在赫茨伯格的单子上，钱也许排在最后一位，但是这是因为它重要。给政府雇员发放红利的主意，借鉴于私营部门，在 20 世纪 70 年代末进入到政府部门。到 1995 年，美国和加拿大的联邦政府都采纳了发放红利的做法，还有至少 10 个州也根据雇员的绩效给予奖励。学校开始向教师发放绩效津贴，现在，在丹佛、辛辛那提、达拉斯、休斯敦、哥伦布、明尼阿波利斯、印第安纳波利斯、罗切斯特、夏洛特—梅克伦堡县、肯塔基州、佛罗里达州、北卡罗来纳州以及其他地方，绩效红利已经被发放给教师团体甚至各个学校。佛罗里达州的法律要求学区制定相应的计划，允许教师和校长们至少挣他们工资的 5% 作为绩效红利——主要以学生的实际学习成果为基础。为校长们设立绩效红利甚至更加普遍。一份 1998 年的调查发现，大约 15% 的小学校长都签有激励或红利合同。在 1995 年，辛辛那提成为全美第一个甚至将学区办公室管理者的工资与学生的考试成绩、退学率以及其他绩效指标挂钩的城市。

这种做法之所以如此普遍的原因是显而易见的：现金奖励确实管用。科罗拉多州道格拉斯县福克斯河初中的校长丹尼·史密斯这样告诉《美国学校委员会杂志》："你知道人们会怎么说，'有的人应该做这个，有的人应该做那个'。（在绩效红利的作用下）一些在其他情况下也许无法做成的事情现在就能实现。它提供了那么一点点经济上的刺激。"她回顾了她和她的同事们如何开始这样一个激励学生表现的项目的。在第一年，他们没能挣到红利，因为写作成绩没有上升。于是在第2年，他们把焦点放到了如何改进写作课程上。"跟着钱走"不仅仅是对记者有吸引力。

许多人想过用提高工资作为对绩效的奖励，但是红利（也就是一次性的现金奖励）的效应更为强大。增长工资很贵，因为这是一种在好几年的时间里都要送出的礼物。预算官员一般都很害怕提高人事成本，因此很快就会叫停这些增长，从而破坏了涨工资这个工具的价值。在涨了几次工资之后，优秀的员工也不喜欢他们的级别工资已经到顶——在这个时候，涨工资这个工具也变得没什么用了。当这种情况发生时，优秀的员工常常开始寻找另一份薪水更高的工资——也可以算是最糟糕的一种非预期性后果了。薪水应该取决于在一个特定的劳动市场中吸引和挽留杰出人才所需要的成本，而红利则应该用来奖励绩效。

得克萨斯州的立法机构授权，对于那些为政府机构的绩效改善作出贡献的员工，可以支付至多占其级别年薪6.8%的红利——所谓绩效改善，指的是实现至少80%的绩效指标。在2000—2001这段时间，得克萨斯州至少有19家机构制定了它们的绩效红利方案。

在联邦政府中，一些部门也作出了类似的努力。在历史上，联邦红利体系是以对雇员的主观评估为基础的，而且出了名的低效。在几年前，邮政服务署和老兵福利管理署率先试水，将他们的执行层奖励体系改变成以客观的绩效指标为核心。如果他们负责的办公室运转出色，老兵福利管理署的执行层可以依法获得占其工资5%到20%不等的红利。不过，低于平均水平的绩效也得承担后果。一名基站的主管就被辞退了，还有5人需要接受绩效评估的审核。

在将这一做法普及到各个等级的雇员身上的过程中，老兵福利管理署为其管辖的60个基站建立了一套全国性的绩效评估标准，然后创立了一个3层的刺激奖励体系。第1层的奖励是，60个基站平分300万美元的资金，站长可以将这笔钱用于奖励绩效出色的雇员。在第2层，450万美元的资金被分配给那些达到绩效目标的基站——在2002年和2003年，这大约是奖励给了57个竞争的基站中的20个。一般来说，优秀的雇员可以通过这条渠道挣到至多3 000美元的个人红利。最后一层，老兵福利管理署副署长掌握120万美元的资金。来自基站的雇员团体可以被提名授予奖励，以表彰他们的杰出工作，而一个委员会将做出最后的决定。

“这确实带来了不同。”负责相关事务的助理副署长麦克·沃尔科夫如是说：

> 现在各基站对第二层红利的标准提出了许多的问题，因为大伙都知道，这可是真钱啊。而且我都不知道该怎么形容，由此带来的改进所留给我的深刻印象。突然之间，我们的库存数量下降了，我们的质量优化了，我们的客户的满意度提高了。

由于国会通过的新法案，老兵福利管理署的工作量暴增。按照沃尔科夫的说法，他们1个月要完成3万件补偿案件，但是每个月还有大约2倍的新案子如潮水一般涌来，所以累积下来未办的案件数已经上升到了432 000件。“署长作证说，到2003年9月，他准备将积案数下降到250 000件。”沃尔科夫说，“那看上去像是一个让人非常望而生畏的任务。但是在2003财政年度里，我们1个月处理了 68 000 件案子，到 9 月的时候，我们完成了253 000件。”

一名领导者在开始实施绩效红利的时候，他或她总是要承担风险的，因为批评者会说，政府雇员不应该仅仅因为“做了他们该做的事情”而额外收到一笔钱。这种批评是短视的，但并不是少数。幸运的是，如果政治因素使得红利不可行，领导者们还有其他的工具可以使用。

收益共享

收益共享也就是公共部门的利润分享。它保证政府雇员能够获得一定比例的由其所在部门节省下来的财政资金，只要该部门达到了特定的服务和质量等级。现在，这种做法已经非常普遍了。它在各种条件不同的地方都运转得不错：圣地亚哥、印第安纳波利斯、金县、华盛顿州（西雅图及其近郊）、缅因州的波特兰、北卡罗来纳州的夏洛特、巴尔的摩县以及纽约市的环境卫生局（参见《政府改革手册》第 215—216 页和 237—241 页）。

夏洛特市的领导者们非常喜欢这个工具，他们使用了三种不同的收益共享。第一，各部门必须与私营部门一道，在“管理者参与的竞争”平台上竞拍：路面保养、固体废物收集、船队服务、日用设备；还有一些稍小点的部门则可享受正常的收益共享项目。如果一个部门赢得了竞拍，在服务过程中消耗的成本比竞拍时的还低，那么，相关的员工就能获得差价的 50% 作为奖励，剩下的一半差价则收回到共同基金中。

第二，所有的政府雇员都可以申请“雇员建议奖”项目的奖励。这个项目可以让他们获得由自己的点子所节约下来的头年经费中的 25%，上限是 5 000 美元。雇员群体也可以提出申请，奖励额在 25—5 000 美元之间。

第三，设立一个全市范围内的刺激方案。我们在前面已经介绍过这个方案。如果业务部门的绩效达到了标准，所有的政府雇员都有资格享受盈余。市政官设立全年节约目标，每一个业务部门从它的业务计划中挑选2—5个绩效测量指标，称作“刺激目标”。如果全市的节约目标得以实现，各业务部门的雇员们就会得到奖励。如果全部实现了他们的目标，他们就能得到全额分享；如果是60%，他们就能分享到60%的盈余。

大多数的收益共享项目是通过对单个的部门、机构或分支进行奖励来运转的。但是夏洛特市选择将它的刺激性奖励建立在整个城市的盈余的基础上，因为市领导们觉得这样更加公平。“我们是故意不要将我们的决定建立在各个分部门的基础上的。”该市的预算和评估分析师莉萨·舒马赫这样说道，她负责绩效管理。她继续说道：“因为有一些部门很小，预算也很少，他们会觉得自己永远不会有机会实现目标。”

不管这个项目的结构是什么，收益共享确实让每一个雇员都开始考虑如何节约预算。“各个部门愿意把空缺职务保留得更长点，去推迟一些开支、去寻找一些也许更省钱的替代性解决方案，从而要么实现收益共享，要么获得雇员刺激性奖励。”舒马赫说。

市政官帕姆·塞佛特补充道：

> 当初我们一开始引入刺激奖励计划的时候，我们存在着很严重的请病假的问题。尤其在我所在的部门，存在着我们认为应该称之为滥用病假的问题。某些执行部门也面对着同样的挑战。当刺激计划开始的时候，我们说，“我们必须减少我们的病假滥用现象，而办法就是把刺激方案与全额工资联系起来”。然后，我看见人们开始改变。其他部门的人也说他们那里起了变化。

大多数严肃对待收益共享计划的地方都有着类似的经历。乔伊·哈里斯是圣地亚哥城市污水处理部门的副主管，他告诉我们：

> 这个项目让我们用前所未有的精力关注财政报告和财政绩效。我们的劳工—管理层委员会不仅仅只是一个新成立的委员会。这个委员会每个月开一次会，关注财政报告，一个设施一个设施地审查，报告并采取措施来讨论任何消极的变化。现在，这些变化都已经在管理者层面完成了，正在努力向雇员层面转移。

收益共享给每一个人都提供了获利的机会。它为人们提供了一股强有力的刺激去改善他们的绩效，同时却不需要花费纳税人一分钱。事实上，纳税人反而省了钱。在一个财政危机常在的时代里，每一个公立机构都应该采纳这种做法。

分享预算节余(shared savings)

对预算的节余进行分享是针对各组织的收益共享(gainsharing)。它为一个部门创造出省钱的动力：允许每一个行政部门保留一部分他们在这个财政年度里节约下来的经费(比如，参见第十二章的介绍)。这种做法没有收益共享那么强有力，因为没有钱会进入雇员自己的腰包。但是，它制止了一种普遍的做法：在财政年度末着急把所有的钱都花完——因为新办法实施之后，各个组织就不会失去它们在当年没有花完的钱。最大的挑战是，去说服对财政管得死死的预算办公室和拨款委员会不要去管那些省下来的钱。允许这些组织保留50%的节余，去做他们想做的事情。而且，他们也许需要一个试行项目，也就是先允许一两个组织保留他们的节余，来展示他们的成绩。有一半“面包”总比什么都没有要强。

精 神 奖 励

当由于政治或其他原因无法使用物质奖励的时候，精神奖励也许是一种替代性的选择。它为个人提供相当于真实价值的好处，以奖励他们的出色绩效，比如带薪休假、支付他们希望接受的培训或会议的费用、新设备或者重新粉刷过的设施。在好几十年的时间里，在每个月的月底，美国空军作战司令部一直给予那些完成他们每月任务的中队 3 天的休假。

与协定管理层的绩效协议

许多辖区都在行政首长(市长、市政官、县执政官、警长、州长或总统)与部门头目或校长之间协商达成绩效协议。协议上清清楚楚地写明了希望他们实现的关键产出和结果、其他的优先选项以及任何他们能赢得的奖励。许多部门领导会再回头与他的高级管理者达成类似协议。我们最喜欢的绩效协议的版本，请参见第十一章的介绍。

与供应商签订的绩效合同

第七章讨论了逼迫公立与私营组织竞争合同的价值。这样的合同应该永远建立在绩效的基础上。它们应该包括客观的绩效标准、清晰的刺激来奖励出色的表现，以及对糟糕的表现作出明确的惩罚。

在 1999 年，佛蒙特州创立了全美第一个覆盖全州的“能源效应程序”来推动节约电力。在此之前将近10年的时间里，该州和大多数州一样，要求它的22个电力部门提供效能方案，来帮助节约生活和生产用电。但是由于电力部门背后的经济刺激是卖更多的电，因此它们从来没有认真地对待节电程序，在过去的每一年里，它们用于提高能源效率的投资都在下降。

佛蒙特公共服务委员会决定创立一个全面的程序，也就是人们所知的“效率佛蒙特”（Efficiency Vermont）。这个程序的一部分资金，来源于对用户的小额收费——大约占1.5%。州政府决定不由自己来运行“效率佛蒙特”，而是将它作为合同外包。6个组织做出了回应并提交了申请，最后非盈利性质的佛蒙特能源投资公司赢得了这份合同。

这份绩效合同的关键性要求是，实现83 766百万瓦的节能目标。此外，这个合同还要求“总体资源收益”达到3 616.2万美元，包括电力、石化燃料和水。它还设立了另外21个绩效目标，比如，自然资源保护项目中照明设备零售商参与的数目；1年内完成的大型翻新项目的数目；3年内开工的传输线项目的数量，从而确保供应商不会忽视那些在合同终止之后会带来回报的投资；向该州的所有地区实行平等的供电服务，确保电厂并不仅仅把重点放到城市地区。如果能够实现所有的绩效目标，“效率佛蒙特”项目将能够赢得相当于合同价值2.9%的额外收益。该州的公共服务局将对这份合同的执行情况进行正式的评估，每年审核一次节约下来的能源数以及总体资源收益。

能源保护部门利用它所能想到的每一个手段来减少消耗并且广而告之；向那些购买节能设备、灯具、汽车和空调的人提供优惠券和回扣；给低收入单亲家庭的住房提供更好的保暖措施；与建筑师合作，帮助他们设计节能建筑；向能耗特别高的住户提供特别帮助；给该州200家最大的商业和工业用电大户提供经济刺激和技术帮助。

在头 3 年里，佛蒙特州实现了下列成就：

- 超额完成了节电目标，达到了 99 217 兆瓦；
- 总体资源收益几乎翻了一番；
- 除了一项指标外，21 项指标中的 20 项都得以实现；
- 为超过 67 000 家客户提供服务，而在 8 年前同样的设备只服务了 17 000 家客户；
- 与该州 28%以上的最大的用电客户实施了项目；
- 降低了 632 037 吨的二氧化碳排放、973 吨的二氧化氮排放、2 578 吨的氧化硫排放以及 218 吨的微状颗粒物质的排放——相当于 7 400 辆汽车在路上跑一年的排放量。

毫不令人意外的，在 2003 年 1 月，佛蒙特州与同样的供应商签订了第 2 份为期 3 年的合同。

以绩效为基础的援助

经济刺激也给州政府和联邦政府的援助项目提供了动力。在 1996 年，克林顿总统命令健康与公共事业部想办法用更快的速度将儿童从临时性的寄养家庭或公立机构转移到固定的家庭中：要么让他们回到他们的家中，要么被别人领养。健康与公共事业部的儿童事务局制定了相关的立法建议，国会在 1997 年通过了《领养和安全家庭法》。

这一法案对联邦政府给予州级儿童福利服务机构的援助项目进行了重新设计，要求对寄养关爱、领养、儿童安全、儿童与父母重聚、降低少数族裔和大龄儿童在关爱机构的比例、减少不适当的机构和团体关爱等指标进行测量。除了对州级的儿童福利项目进行调整外，该法案还为绩效改善提供了经济上的刺激方案。

至少部分归功于这一变迁，寄养关爱机构里的儿童领养数从1995年的26 006上升到了1999年的46 000起。

这种模式在州一级的政府部门也有收获。20年前，宾夕法尼亚州享有盛名的“本杰明·富兰克林伙伴项目”发起了一项它称之为“挑战奖助金”的项目，为地方经济发展中心提供资助。这一项目一开始的设计是，4个相互竞争的中心能够获得多少资助，部分取决于它们过去的绩效：它们创造了多少就业、它们吸引的私人投资数、它们创立的公司吸引到的私人投资资本数，等等。

绩效得分卡

通过使用得分卡，公共领导人使得绩效成为对公共记录来说是重要的事情。他们发布“报告卡”或“绩效表”来对类似公立组织的绩效进行比较，从而在组织之间促进竞争，提升组织成员的荣誉感。与此同时，得分卡也可以作为经济奖励的基础。

在英国，地方政府服务、医院和学校的竞争性表现不会抢占曼联足球队在报纸头版的风头，但是英国审计委员会对公共服务的评分却确实会引发媒体的大量评论。每一年，该委员会都会对城市和农村、城市和城市、伦敦的自治县和自治县之间进行比较，而报纸则会利用专栏文章对这些结果进行评论，同时配发有详细的图表。媒体从体育版借来了一个术语，把这些比较性的统计数据戏称为“联盟名次表”（league tables）——这个词是（棒球）大联盟排名表（league standings）的英国式表达。市民们、民选官员以及管理者对这些数字进行争论、抱怨和分析，由此导致的辩论给政府制造了切实的压力，他们必须做出改进。于是，这种做法的威力就扩大到了三重：对那些排名快要垫底的部门来说，潜在的丢脸是一个巨大的刺激；那些得分不错的部门将得到可靠的信誉；而那些竞争性的分析则迫使政客们关注结果而不是仅仅要要嘴皮子。

要想起到效果，绩效得分卡体系就不能只是把数据抛给大众就了事了。它还必须对数据进行组织，让它们能够引导大众做出反应。许多州在网页上公布的数据涉及考试成绩、出席率、缺席率以及类似的信息，但是从来没有引发任何对比或者压力去做出改进。相反，英国小报上刊载的形象的图表，使得人们非常清楚地知道自己所在的城市或学校与其他地方相比到底如何，从而引发了公众的讨论热情。学生的家长们仔细阅读那些图表来做比较；市民们去看他们的当地政府表现如何；政治领导人努力推动改进。

在美国，一些州现在也发布关于考试成绩和其他学校数据的比较报告。佛罗里达州是走在前列的州之一。该州用一系列的指标来展示与学校有关的数据：阅读、数学以及写作的考试成绩；班级平均人数；参加 ACT 和 BAT 考试的中学生人数以及他们的平均成绩；辍学率；校园暴力事件数量；休学数；旷课超过 21 天的学生人数；有资格享受免费或折扣午餐的学生的百分比；英语水平流利的学生比例；特长生比例；四年制中学学生的毕业率；稳定率(从 10 月到次年 2 月一直在校的学生的比例)；拥有高等学历的教师的比例；教师的平均教龄；小学生的平均费用。

在互联网上，感兴趣的市民可以通过多种方式来使用这些数据。他们可以查询一所学校的信息，或者对多所学校或学区进行比较，他们可以比较一项指标，也可以多项比较。

但是真正将学校绩效放到聚光灯下的，是佛罗里达的评分系统。该州对学校打分，就像老师对学生打分一样，从 A、B、C、D、E 到 F。正如教育局的网站所解释的那样，“学校的得分是根据下列指标来进行测量的：学生的成绩、学习收获，以及每所学校里绩效最差的学生的改进程度。”得分的计算公式包含 6 个变量：分别能够进行高标准阅读、数学计算和写作的学生的百分比；分别完成预期阅读和数学学习任务的学生的百分比；倒数 25%的学生在阅读上取得进步的百分比。州教育局将这 6 个百分比合计到一起，然后得出一个数字。如果数字高于 410，该学校的成绩即为 A，如果在 390 到 409 之间则为 B，以此类推。

这个简单的评分公式十分适合媒体进行报道，给那些只得到 C、D、E、F 的学校带来很大的压力。除此之外，州政府还跟学校们动了真格。那些在一年内将成绩提高一个等级或者维持 A 得分的学校，能够获得“学校认可奖金”。那些得 F 的学校则进入“帮扶计划”，该计划给这些学校按每位学生大约 1 000 美元以上的拨款，让学校改善设备、阅读训练员、技术辅导员以及对学生的进步进行监督。但是，在 4 年里如果一所学校有两次得分为 F，该校的学生有资格转学到一所得分更好的公立学校里，或者领取政府发放的凭单到一所参加了“机遇奖学金项目”（Opportunity Scholarship Program）的私立学校就读。

这个体系对那些绩效不佳的学校产生了明显的影响。在 1999—2003 的 4 年时间里，得分为 F 的学校数量下降了一半，从 76 所下降到了 35 所。得分为 D 的学校从 601 所下降到了 141 所；得分为 C 的从 1 230 下降到 527 所。在 1999 年，一共有 1 230 所学校得分为 C，占总数的 51%。到了 2003 年，得分为 A 的学校有 1 230 所，占总数的 47%。

还有一些地方政府则挑选了一些领域，将这些领域的绩效与规模相当的县或市做比较。比方说，弗吉尼亚州的威廉王子县会发布《服务绩效和成就报告》。该报告将 16 个领域的绩效用图表的形式展示出来，包括火警和安全、警察、监狱、房地产评估、福利、税收管理、机动车数量和建筑许可。这个县发布自己的数据，同时还与费尔法克斯、汉瑞高以及切斯特菲尔德这几个县做比较——这几个地方囊括了所有与威廉王子县有着类似人口状况和良好的公共服务的重要县。它还允许每一个部门的主管选择另一个地区做比较，只要那个辖区位于弗吉尼亚州或大华盛顿地区。威廉王子县的执政官克雷格·格哈特这样描述由此带来的影响：

> 我们花了大概一两年的时间来准备公开这些数据。我们知道，我们的图书馆体系让市民们感到非常地满意。但是它们也比我们所比较的那些地区的人要支付更多的人均维系成本。我们几乎是立刻对这些图书馆经费进行了稍许压缩，来看我们是否能在维持当前的服务水平的同时，也把我们的成本稍微降下来一些。我们暂缓了一些图书馆工程，直到我们能够将我们的人均成本控制在我们认为的合理的范围之内。
>
> 与此类似，我们的警署的结案率也比那些用来做比较的辖区的低。这部分是因为不同的统计方式所造成的，但是我们也发现，他们的一些做法确实值得我们的警方去学习借鉴。我们的不良税率占总课税额的比例看上去也比其他地区要高很多，于是我们对财政局进行了一些改革，说服县议会批准雇佣更多的审计员。仅仅在3年的时间里，我们就将不良税率从10.9%下降到了5.6%。现在我们的水平接近中等。所以说，那份《服务绩效和成就报告》确实引起了不少人的关注，让人们更加去关心，与其他那些排名非常靠前的县相比，我们自己做得怎么样。

让绩效变得重要起来：学到的一些教训

使用绩效数据。“城市统计项目”、“计算机统计信息对比”和

“总体效率责任管理体系”的美妙之处就在于，员工都定期与高层进行会议，讨论那些数据，从而确保了那些管理者真的会使用这些数据来改善他们的工作。但是，成功是没有放之四海而皆准的普遍模式的。在夏洛特市，正如我们介绍的那样，关键的业务部门主管每周或每月与幕僚举行会议讨论那些数据。在佛罗里达，环境保护署署长利用那些数据来将相应的地域标记为“出色”、“监控”或“密切关注”。在那些需要密切关注的地域，署长派遣一支团队去调查和解决问题——也许是与企业界合作去改善清洁科技，或者在需要的时候去强化州法。到 1999 年，署长已经标识了 28 个重点区域，在 1 年以内的时间里，其中的 25 个已经显示出了明显的改善。

收集绩效数据会花费大量的时间和精力。如果你不打算利用这些数据来加强自己的管理，那么，在一开始就不要费这个神了。

通过将刺激性计划应用于团体以及个人，来加强该计划的效力。大多数成就都是由团队而不是个人来实现的。在这样的情况下，对他们的绩效进行集体奖励。除非个人的工作直接导致了你所能测量的产出，否则你最好把奖励授予给团队。个人奖励会激起嫉妒和仇恨，而团体奖励却让雇员们往一个地方使劲。

如果一个团队对他们的工作有着实际的控制，那么，以团队为基础的奖励就最有效力。他们能摆脱“一粒老鼠屎坏了一锅粥”这样的事情吗？他们能够改变他们的工作流程吗？他们能够让自己的内部供应商对他们的工作负责吗？如果给养机构让他们失望的话，他们能够从别的地方买到他们需要的东西吗？如果他们能够做到这些，他们就能够显著地改进他们的工作。

对你的目标保持谨慎。因为绩效奖励可以非常地有力，所以领导者们必须小心谨慎地挑选他们想奖励的结果。如果目标都是短期的，那么人们有可能就会以牺牲组织的长期利益为代价去实现它。如果他们强调生产率而不是有效性，组织就有可能会产生一大堆的

“部门”，同时却堵住了去实现更大使命的道路。在美国国税局，在查尔斯·罗索蒂掌权并建立一套平衡得分卡体系之前，收钱是这个机构最重要、最费时的绩效目标。对每一个雇员和管理者，以及该机构的33个地区分局进行测量和考评的指标，几乎就只有他们收了多少钱这一条。这种单线的驱动导致了对纳税人权利的亵渎，批评四起，国会举行了一系列引起公众高度关注的听证会并将这一政策描述成一件丑闻。

管理者要想避免这样的麻烦，可以尝试建立一个平衡的方式，也就是对效率、效力、质量、客户满意度以及员工满意度进行综合测量的方式。

避免武断的目标。“全面质量管理体系”的创立者W.爱德华兹·德明曾提出过著名的14点原则。其中的一个是，“消灭口号性的、展示性的和用数字表示的目标”。德明的论点是，所有的目标都是武断的，因为你无法知道到底会有多大的改进，直到你真的改善了你的工作流程。他还补充说，武断的目标制造犬儒主义。当工人们无法实现制定得过高的目标时，他们就会觉得对他们的批评是不公平的。如果他们实现了目标，他们会受到赞扬和奖励，即使这个目标设立得非常的低。

我们同意德明所说的消灭武断的目标，但是不同意将所有的绩效目标都移除。毕竟，他所工作的商界仍然在测量利润和成本、市场份额、投资回报、净资产以及消费者满意度，而且，他们仍然在根据经理人是否实现了他们的目标来进行奖励。

加利福尼亚州的桑尼维尔市在20世纪80年代率先实施了绩效管理。我们觉得，该市提供了一种最好的解决方案。他们就测量当前的绩效，对持续的改进进行奖励。对桑尼维尔市的官员们来说，如果他们的部门能够实现有效的改进，就可以获得最多相当于其薪水10%的奖励和红利，但是，每一年，相应的标准都在提高。要想得到当年的红利，管理者必须超过上一年的绩效。

对客观的绩效测量进行奖励，而不是主观鉴定。在一份 2002 年的调查中，人事管理局发现，每 5 个联邦雇员中，就有 3 人觉得，出色的绩效并没有得到适当的承认，而且只有 3/10 的人认为其所在组织的刺激性方案给他们提供了争创第一的动力。传统的联邦评估和奖励体系建立在由上级作出的主观鉴定的基础上，是一个完全的失败。

当奖励建立在主观鉴定的基础上时，雇员就会不相信和讨厌这个过程。若干年前，当 GovExec.com 这家网站(《政府执行层》网络版)邀请人们用电子邮件对奖励系统进行评价时，潮水般的回复涌了进来。缅因州阿尔巴尼市一家公司的后勤官员李·钱德勒的邮件就很有代表性：

> 我无法相信还会有什么公平的绩效评级体系。总是会有性格因素牵扯进来，不管是好是坏还是冷漠，总会有一名这样的上司存在。不管他们怎么样，或者不管他们怎么努力，他们总会有自己最喜欢的人，而且总是肯定会有人受惩罚。

管理者同样也觉得这个过程很麻烦。很少有人愿意去给雇员做恶评，也不愿意承担给绩效不佳的雇员做记录这样的不受欢迎的工作。他们也不想因为给少数几个人非常出色的评价，从而惹恼或让大多数雇员泄气。所以，大多数人的做法是，除了那些朽木不可雕的人之外，对所有人都事实上给予积极的评价。任何变得如此稀松的经济奖励都会变得几乎没有意义。

通过对中等的和出色的雇员进行同等的奖励，传统的系统提拔了平庸之才。表现出色的人会变得士气低落和愤世嫉俗，或者不再努力，或者离开了工作岗位。

解决的方法是：主要将奖励建立在对个人、单位或组织的客观绩效的测量上，辅之以适当的主观评价。

让绩效红利足够丰厚从而引起人们的注意。从事过绩效管理的人从他们的经验出发，推荐红利应该至少是常规涨薪的两倍。对联邦管理者设计的老的绩效管理和认可体系之所以在20世纪80年代失败了，部分的原因正是因为红利的增长确实太少了。很少有管理者会觉得，值得花那么大劲去挣1 000美元或1 500美元。一次性红利的一个说得过去的最低门槛是工资的5%。

让雇员、所有者和客户都参与到对绩效目标的协商中来。设立绩效目标应该包含三方：组织，包括它的管理者和雇员；一个致力于绩效改善的中立的行政机构；一个类似客户委员会的机构。比方说，在纽约市，非营利性组织“纽约人民基金会”已经将来自居民区的焦点小组聚集到了一起，帮助若干政府部门发展出了更好的绩效测量体系。如果条件允许的话，那些参与创立组织目标的人应该知道同类组织在有关绩效上的信息。

不要让奖励公式太复杂。许多不同层级的政府部门都犯了这个同样的错误。为了创立一个最公平的公式，他们把太多的目标带了进来，这样超级复杂的公式很少有雇员能理解其运算的过程。而人们对于他们不懂的东西，往往只有害怕。

你不用将你测量的每一项指标都带入到奖励公式中。有些数据也许你只需要用来做反馈和学习，而不是奖励。比方说，一份全方位的评价——也就是由上司、同事和下属对每一个都互相进行的评价——可以提供非常有用的反馈。但是如果你附加上经济后果，你也许会发现，雇员们并不愿意诚实回答，而这会引发严重的信任和道德问题。

创造一种学习的文化，而不是恐惧的文化。绩效管理会制造害怕，这并不完全是坏事。一定程度的害怕可以驱使人们去行动。但是对消极后果的过分担忧会让政府官员不择手段地实现上级制定的数字——甚至造假。在制造业，这有时候会导致为了完成定额而制造次品。解决办法是，将试验、创新和学习作为对绩效进行奖励的一部分，更多的专注于奖励而不是惩罚。最佳的绩效管理体系不仅仅关心“发生了什么”，而且关心“为什么”以及人们打算怎么应对。它们把学习引进这个过程，让实际的绩效和从绩效中学习都变成重要的东西。

查证测量结果的准确性。大多数民选官员不会相信绩效数据，除非他们知道这些数据经审计证明是准确的。在巴尔的摩市，除了“城市统计项目”自己的审计员外，该市还要求每一个机构自己也设立相应的统计部门。该市甚至还任命了一名“城市统计项目”分析师，给其配备数码相机，对市政设施做突然造访。在纽约，“计算机统计信息对比项目”团队对被带到每一次会议上的数据进行汇总和分析，有时也进行审计。他们使用的工具之一，是一个计算机程序，可以标识出不真实的积极成绩——有点类似于在股票市场中用于监控股票卷宗以侦测内部交易的程序。田纳西州的查塔努加市有一个从“城市统计项目”那里模仿来的程序，他们成立了一个独立的审计顾问委员会，对数据的准确性进行审核。

得克萨斯州的财政是每两年循环一次，但是该州仍然坚持每年对样本指标进行审核。立法机构里的预算委员会推荐哪些政府部门和指标需要被监控，但是最后拿主意的，是州审计局。审计局对一系列关键结果、产出和效率指标进行审查，然后给政府机构打分：“有信力的”（意味着上报的绩效数据已经被证明误差小于5%）；“部分可信的”（意味着数据看上去是准确的，但是对数据收集的控制还不够好）；“不准确的”（意味着误差在5%以上）；“存在妨碍审核的因素”（意味着找不到必要的文件记录）。

这种对机构进行随机性曝光审计的做法，使得每一个机构都一直保持专注心。

激励的力量

在传统的官僚机构中，激励很明显：年复一年，埋头苦干，这样你就能保住你的工作并且每年领到工资。设计绩效管理的目的，就是用激励机制让他们改变现状。

激励系统中甚至简单的一个变化就往往能引发显著的效应，如果这种变化是正确的话。以伊利诺伊州的儿童福利体系为例。在1996年，伊利诺伊州每1 000名低于18岁的儿童中就有17.1人被寄养，是全国比例最高的，相当于全国中位值的2.5倍。每一名社工要照顾50—60名儿童是普遍现象。政府的目标，是通过领养、让亲戚监护或者其他手段，将这些孩子转移到固定的家庭中。但是伊利诺伊州在这一点上做得很差。

当儿童和家庭服务部把一名孩子从有暴力倾向或者不负责任的父母那里带走的时候，它要为临时性的寄养承担一定的基本费用。它与非营利性的私人机构签订相应的服务合同，它所寄养的孩子越多，支付的成本也就越高。当孩子回到自己的家庭或者找到一个固定的家庭之后，寄养机构就失去了收入来源。“这种机制导致的一个可以预料到的结果是，（寄养机构）更愿意把这些孩子留在自己那里而不是给他们找到收养对象。”儿童和家庭服务部如是总结道。

部分是因为受到联邦《收养和安全家庭法案》的敦促，伊利诺伊州儿童和家庭服务部决定改变既有的激励机制。库克县是该州的寄养大本营，该县的寄养机构收留了该州75%以上的寄养儿童。1997年7月1日，伊利诺伊州儿童和家庭服务部决定，如果能够实现它的目标，也就是将寄养儿童转移到固定家庭中，该机构会给予经济奖励。它与每个寄养机构事先商定好收留儿童的数目——大概

100 名左右——然后支付资金。此外，合同要求每个寄养机构每年收留一定数目的新儿童，大约 25 名左右。事实上，要想维持人数平衡的话，这就建立了一个公式：如果该机构送出 25 名儿童同时接受 25 名新儿童的话，它就能维持收支平衡；如果它送出 30 名儿童同时接受 25 名新儿童的话，那么，它就只需要照顾 95 名儿童——但是它仍然会被按照 100 名儿童的数目拨款。相反，如果它只送出 20 名儿童的话，那么就必须照顾 105 名儿童，但政府只按 100 名儿童的数目付款。

"人们一开始并不相信他们能够把收养率提高 10%。"时任伊利诺伊州儿童和家庭服务部部长杰斯 · 麦克唐纳这样说道。但是实际上领养数几乎翻了一番，1997 年是 2 229 名，1998 年时是 4 293 名；然后，在 1999 年，几乎又翻了一番，达到了 7 315 名。让亲戚来对儿童进行固定监护的新办法成效明显，从 1998 年时的 1 276 名上升到 1999 年时的 2 199 名。在两年的时间里，该部门让一个财政年度内儿童从领养机构转移到固定家庭的比例翻了一番，从 1997 年时的 16.1%上升到 1999 年时的 32.4%。总体的承办数从 46 000 起下降到 28 500 起。由此可见，仅仅创建一个经济上的激励体制就产生了所想要的结果。

在争取公众支持的竞争中，仅仅有良好的意愿是不够的。公众想要他们花出去的钱物有所值。他们希望领导人做得更好。当领导人这样做时，那些领导人和他们的雇员以及市民们都会从中获益。

第九章

明智的客户服务：让客户掌握方向盘

公民期望从政府那里获得与私营部门一样好或者更好的服务质量。对公立机构服务质量的期待自 1998 年以来一直都在稳步上升。

——加拿大“公民为本”服务研究所和公共管理研究所，

《公民第一》第 3 页

在过去，是政府界定了与公民和厂商进行联系的时间、地点和手段。现在，时间和距离正在消失，而互动科技则正在让公民掌握对话的主动权。他们习惯于自我服务——他们喜欢这么做，而且这么做的人的数量正在增加。

——数字化政府中心，《公民 2010》

1981 年的时候，在明尼阿波利斯市注册一辆汽车需要到亨内平县政府办公大楼办理，整个过程是全纸质的和全人工的。那栋大楼有 24 层，公共服务部门位于其中的一层。一组柜台在一个房间里围成一圈。每一个柜台负责一种专门的服务，周围摆满了椅子。这里传达的信息很清楚：如果你想来这里寻求服务，那就做好等的准备。

登记流程的第一步，是去“分类”桌，在那里，客户要确保他们已经将文件正确地归类，填好表格，从一个发号员那里拿一个号，就像在超市里的熟食品柜台一样。

第二步就是找个座位等，然后还是等。与此同时，其他客户会被叫号到柜台那里提交他们的文件。客户提交的表格常常会有填错的地方，于是客户就和办事员一起修改，而其他人则在椅子上等着。然后办事员也许会走到后面去查找相关的信息，再回到椅子上要求付款，然后再到库房去拿新的牌照，或者带着档案去为新申请的牌照上号。最后，办事员会到出纳那里出示支票，然后拿到一张收据，再回到主柜台那里把注册单交给客户才说再见。

最忙的时间是午饭时间和快下班的时候，等了大半天的人们会利用这一片混乱的时候见缝插针。由于人们的惰性，月末要比平时更忙。但是这并不会对人员配备产生什么影响。每天柜台上工作的人数都是一样的。他们在中午的时候“午歇”，在下午 4：30 的时候就关门，而这正是一天中最忙的时候。他们几乎都是嚷着说话。“在你方便的时候来，你也许没那么走运；在我们方便的时候来，我们会有足够的人手来伺候你。”

在 1995 年，当彼得 · 哈钦森来到政府办公大楼考察这一“年度仪式”的时候，不管是那里的市民还是哈钦森随行的顾问，都被一个戏剧性的创新逗乐了：有一条快速通道为那些只需要更新他们牌照号的人提供服务。

最后，哈钦森想到，他们得到了这样的信息：不要浪费人们的时间！没有排号，没有坐等。只是排成队快速移动，很快地办好这些相对简单的手续。必须承认的是，到 1995 年的时候，哈钦森已经可以用一张卡在机器上办理所有的银行业务，而且他听说互联网商务正在蠢蠢欲动。尽管电子科技已经日新月异，与让人们坐着傻等相比，一条快速通道毕竟还算是一种进步。

于是，在亨内平县政府办公大楼那间宽敞的公共服务大厅里，他站在4个人后面排起了队。然后，排在他前面的只有3个人了，不久是2个，最后是剩1个。他提前又检查了一遍自己的表格。柜台那边的办事员拿起他的号往旁边放，哈钦森也赶紧挪一步。但是，当他听到两步之外的地方一个人这样宣布的时候，他惊呆了："现在是3点半，快速通道关闭，请拿一个号，然后到椅子上等着。"哈钦森被弄得发愣。在3点半就关闭快速通道简直就是胡闹。他从自己的经验得知，接下来要开始的，就是"我要赶紧把事做完然后回家"。尽管如此，他还是找了个座位，等了25分钟才被叫上号。

当他最终完成整个手续的时候，他仍然感到怒气难消。他想，这正是为什么人们讨厌和政府打交道的原因：即使政府想做好事，他们还是会搞砸!

令人高兴的是，到2002年，办理牌照更新的业务已经完全改变了。当哈钦森收到他的常规更新信函时，他可以有3个选择。他可以仍然去现场排队等候；他可以邮寄；或者，他可以在网上完成整个程序。他也可以用支票或者信用卡付账。最后，他想，在做了21年牌照更新之后，他终于现在可以在自己想的时候用自己的方式在自己希望的地方办理这项业务了。

21世纪的公民比以前要更难伺候。我们已经反复说过，公民们希望他们花出去的钱物有所值。但是我们还没有讨论过，"值"的意思发生了什么样的改变。人们不再认为排队等候或者填表是理所当然的了。随着私营部门和互联网给客户服务业带来革命性的变革，公民的期望上升了——而且会继续大幅上升。今天的公民希望自己掌握方向盘。他们越来越清晰地传达着这样的信息：

- 我要选择；

- 我要做主；
- 不要浪费我的时间；
- 为一个人建立个人化的市场体验，这个人就是——我。

对陷入财政危机中的政府来说，没有什么理由不去倾听这些声音。当市民们掌握方向盘的时候，他们实际上承担的远远不仅仅是驾驶的责任。这就和自动取款机让消费者自己处理银行业务一样：当公民们被给予这些机会的时候，他们会自己填表、输入数据、安排支付、做好与服务有关的日程安排。到最后，他们会得到更好的服务，对服务的经历感到更加满意，并且节省了政府的精力和财力。

我要选择

对任何想要服务的人来说，选择都是重要的。选择给客户一种控制感，允许他们将服务中他们最在乎的方面最大化。比方说，在教育领域，“选择使得父母的教育满意度出现不同”。全国教育统计中心这样说：“那些孩子在自己选择的公立学校或者私立学校就读的父母，与孩子在指派的公立学校就读的父母相比，更有可能说他们对孩子所在学校的师资、学术水准、秩序和纪律感到非常满意。”

但是选择对那些提供服务的人来说也同样重要。如果当消费者选择了其他竞争者从而导致他们损失了一块财政收入的话，这事情就严重了。客户的选择几乎总是一件好事，但是当它与供应商的后果联系起来的时候，确实也是很强大的。

对好几代人来说，公立教育里的选择只限于那些能够通过少数精英机构的入学考试的学生，比如布朗克斯科学高中或者波士顿拉丁学校。对大多数美国孩子来说，公立教育意味着你被分配到某所学校就读。不过从20世纪70年代开始，可作为替代选择的教育模式开始出现。家庭要求而学校也允许在教育形式上进行一些实验，比如实践学习、开放课堂、艺术教育、蒙台梭利项目等等。那些选择了这些项目的家庭往往会对他们的选择十分投入和热情。

随着这些试验性的公立学校的兴起，社区里的其他学校开始引起人们的注意。为什么它们不可以拥有类似的机会？为什么它们不能拥有自己的机会？为什么它们要受限于地方教育上的那些统一划齐的项目？

伴随着"去隔离"进程，学校教育中提供多样化选择的驱动得以加快。为了吸引各个种族的孩子，各校区的教育局创立了强调特性的有吸引力的学校。其他的一些学区甚至走得更远，采用"有控制的选择"作为工具来将学区内所有的学校整合到一起。到20世纪80年代末，不少城市的学校发现他们在自己的管辖范围内运行着大规模的选择项目。而一旦家庭尝到了选择的甜头，他们就想要更多。

与此同时，学校的改革者们将选择作为促进教育成效的一项主要战略。他们意识到，伴随着选择而来的，是比较，而比较则带来竞争。他们相信，害怕丢掉学生和收入会促使教师和管理者们改进自己的学校。

在1985—1988年间，明尼苏达州州长鲁迪·珀皮奇开风气之先，在全美第一个创立了全州范围内的公立学校选择体系。（关于这个故事的更多的细节，请参见《改革政府》第96—101页，以及《摒弃官僚制》第157页、第173页。）年轻人可以选择州内任何一个学区就学（开放登记项目）；在11、12年级的时候选修学院和大学的课程（后高中选择项目）；如果他们处在辍学的边缘或成为后进生，他们可以选择为他们的需要而量身定做的替代性项目（高中毕业激励项目，也就是人们在非正式场合所说的“第二次机会”项目)。在每一种情况下，该州的教育经费都跟着学生走——这对那些丢掉学生的学校是一种打击，而对那些赢得学生的学校则是一种奖励。

在短期之内，公立高中(在两年内)将它们的大学预修课程(AP课程)和世界语言教学课程(在4年内)翻了一番。这两次扩展都是在拨款没有大幅增长的情况下进行的。到了1996年，几乎每三所高中里就有两所学校提供至少一门课程可以拿大学的学分，而几乎每10所学校里就有4所学校提供与大学协议共建的课程。参加AP考试的学生人数翻了3倍。

在1991年，明尼苏达州又迈进了一步，发明了特许学校：这些公立学校的运转可以相对独立于大多数的州和地方法规，但是要签订一份4年或5年的绩效合同(“特许状”)，如果他们未能实现他们许下的承诺，特许资格就会被撤销。大约有40个州随后跟进。还有一些城市和州创立了准学券制项目(limited voucher programs)，大多数针对的是城市贫困学生。总而言之，公立学校的选择呈爆炸式增长。

曼哈顿学会的杰伊·格林尼对所有上述措施对学生成就的影响做了研究。他的方法是为每一个州创建一套“教育自由索引”(education freedom index)。这套索引建立在下列因素的基础上：

- “特许学校选择”：所有公立学校中特许学校的百分比，以及州特许学校法律在多大程度上促进了特许学校的发展；
- “补贴的私立学校选择”：用以支持私立学校的特定经费能否获得担保、税收额度以及直接补助；
- “家庭教育选择”：在家学习的孩子的比例，以及家庭教育受到管理监督的程度；
- “公立学校选择”：跨地区转学的有效性和可行性。

之后，格林尼考察了教育自由程度与学生成就之间的关系。他考察了“美国全国教育进步评估”（National Assessment of Education Progress）中8年级学生的数学成绩——控制了收入、种族构成、学前开支等变量。他的结论是：“……教育自由和学生成就之间可观察到的关系仍然是显著的。当家庭可以为他们的孩子提供更多教育选择时，大多数学生往往证明可以在学术成就水平上取得更好的成绩。”

格林尼还发现，多样性选择在开销上也是非常有效的。“……‘教育自由索引’指数每提高一个百分点，‘全国教育进步评估’中的数学成绩也会提高一个百分点，而每个学生的开支则会增加2 490美元，大约占当前全国平均教育开支增长水平的36%。采取允许更多教育自由的政策肯定会更加便宜，而不是仅仅通过增加每个学生的开支来在成绩上实现小幅度的提高。”

底线是：“家长的选择导致更有效的教育结果。”

其他的研究也证明了，如果当家长选择将孩子送到其他地方而学校以及/或者学区因此失去了较多的收入的时候，管理者们就会开始对他们的客户想要什么服务给予密切的关注。明尼阿波利斯市学区在最近的5年里流失了5 000名学生。明尼阿波利斯《明星论坛报》最近对该学区领导人的反应做了报道：

> 根据明尼阿波利斯市学区一份最新的报告显示，更多的明尼阿波利斯市家庭选择不将他们的孩子送进该市的公立学校系统，而是选择特许学校或者郊区的学校……如果这个趋势继续的话，到2008年时，这个该州最大的学校系统将从今年秋天41 004名在册学生缩水到32 504人。
>
> 而且，随着州政府的拨款跟着学生流动，这一趋势可能会伤害该学区长远的财政健康。

“这不是说未来就是这个样子。”学区代理教育局长戴维·詹宁斯这样对记者说。他的依据是一份5年规划。“不过如果现状不得到改变，如果我们不改变我们做事的方式的话，未来就会是这样。”

在明尼阿波利斯市，各个学校不仅要与特许学校竞争，而且要与那些允许学生到郊区公立学校注册的公开登记项目竞争。根据上述的报告，明尼阿波利斯市流失的学生，比它通过公开登记项目招收的要多。

学区领导人说他们希望通过重新确保家长对学校的期望，来重新获得学生市场的欢心……

在确定学区的未来时，学校的领导人们要努力搞清楚到底是什么在驱动着家长的选择。“家长们集体想要的是什么？这其中的哪些部分是我们愿意竞争的，哪些部分是我们不愿去争取的？”詹宁斯说，“比方说，有些家长也许希望他们孩子的教育中有一部分是宗教教育，但是学区不准备去开设宗教教义班。”

对其他任何服务体系来说，选择都有同样的影响。有时候客户缺乏去选择的能力：比方说，那些有着严重精神疾病的人。但是即便在这样的情况下，他们的利益代表也可以替他们做出选择。在几年前，明尼苏达州将之前一般拨付给医院的酒精和药品治疗资金合并到了一处，州政府将资金分给各个县以及印第安人保留地，让那里的职员来选择最好的治疗提供者。许多病人获得了更适合他们的医疗资源，其中的许多都比医院治疗要便宜。而且，由于供方现在必须去竞争，州政府省下的钱足以服务更多的人——是原来人数的33%。

选择是重要的。它增加了公民的满意度，当钱从客户流向他们选择的供方的时候，由此产生的后果给公共组织带来了压力。选择让公民们掌握了方向盘。

我要做主

公民投票和重新选举是公民们渴望控制他们政府的极端例子。在一个民主社会中，很自然地，公民们希望做主。他们有抱怨或者希望获得信息时，他们希望得到回应——渐渐地，他们希望现在就得到回应。他们不希望被置之不理或者转来转去然后被遗忘。

这一领域最为深刻的进展之一，就是311电话中心的出现。这个中心的任务，就是接受公民的投诉和问题，做出迅速的反应或回答。在前市长科特·施莫克治下，巴尔的摩建立了第一条311专线，接受非紧急的电话，为911减轻负担。但是芝加哥市市长理查德·戴利和他的幕僚做出了真正的突破。他们发展出了一套311电话系统，通过对市政服务履行方式进行事实上的重塑，让市民们掌握了控制权。

1999年1月，芝加哥撤销了一系列小型的政府电话投诉中心，将311作为他们的“一站式终端”，用以处理所有的市政服务问题，包括非紧急性的警务工作。芝加哥人可以一周7天24小时拨打这个电话，进行投诉、报告问题(比如路面沉降)、要求服务、获得关于城市项目或事件的信息，或者递交警方报告。(他们也可以在网上做这些事情，或者通过市议员办公室、社区警局以及市政办公室。)

每年会有数百万的电话打进来。训练有素的接线员和全面的软件系统会将电话传递给适当的部门。软件可以让管理者们设定回复的截止日期，以及统计逾期未复的请求的比例。市民们可以打电话回来追踪他们请求的进展。当一项服务请求得到满足之后，系统会生成一封致该客户的信，信里面会告诉他们一个电话号码，如果他们感到不满意的话，可以打那个电话投诉。

逾期未办理案件的数据会生成一份实时报告，很像我们在第八章中讨论过的“计算机统计信息对比”和“城市统计项目”。这些报告帮助部门主管来管理员工、追踪趋势、改善工作流程、实现出色的绩效以及实现每一笔经费的最大价值。例如，市政管理者们会利用死亡动物的报告来追踪西尼罗病毒的传播。污水管道部门利用“积水”报告来标记出每次暴雨时泛滥成灾的地方，这样该部门的员工就可以对污水管道系统进行检修。它将对服务请求作出回应的平均时间，由 1999 年时的 17.2 天缩减到 2001 年的 2 天。该部门也对每一项工作可以缩减多少时间有了足够的了解。

该市的“清理乱写乱画”项目将它对投诉的回应时间由 7.7 天缩短到 3.5 天。通过对规律进行分析，乱写乱画清理小组搞清楚了如何在一项投诉被登记之前就清理掉 85%的涂鸦。街道部门和公共卫生部门的电力局利用 311 系统来识别出关于路灯损毁的重复性报告。通过避免让好几组员工去处理同一个问题，这节约了数百名员工的时间，而这也让公开的服务申请从 6 000 份下降到了 300 份。

在 2001 年夏天，消火栓总是被人打开，浪费了数百万加仑的水、311 系统生成了一份报告，标记出消火栓最常被打开的地区，然后水政部门在那里安装了水阀。水的消耗量一天下降了 1 亿 5 000 万加仑，这个数量非常可观。公共卫生部门利用 311 数据来查找出那些在暖气供应上遭到过投诉的房东，在冬季来临之前就联系他们，警告他们，他们的房子将会受到密切的注意。

芝加哥因为它的 311 系统而获得过一次美国政府创新奖。负责考察这一系统并撰写现场报告的专家史蒂夫 · 米勒是这样写的：

> 让芝加哥与众不同的地方在于，从一开始，芝加哥的 311 系统就和透明的工作分派以及进展追踪系统紧密地联系在了一

起，而市政府中的关键人物迅速地利用了这一系统来改进城市运行的质量……芝加哥311系统最为令人激动的方面之一，就是市长办公室和其他监管部门掌握了最新的数据，成功地推动了对市民的投诉做出更好回应、提高了工作单位的效率、将资源分配给那些强调预防的行动，而且基本上实现了“事半功倍”的效果。

芝加哥创立一个“客户鼓励部”来帮助各部门主管使用从311系统中获得的信息来改进他们的工作绩效。这些内部顾问对业务流程进行评估并帮助对它们进行重新设计、帮助政府部门设立客户服务目标、对阻碍这些目标实现的绩效进行审核、帮助做出其他有利于提高效率的改进措施。米勒这样总结311系统的影响：

这个服务申请系统通过一系列的步骤来追踪被指派的任务的进展状况，这使得市民以及市政管理者可以测量任务的滞后和产出水平，导致人们强化他们的责任感和产出效率。服务申请的类型被证明就是数据报告所归纳的种类，而管理者们需要这些归纳来做好前瞻性的工作，在问题成为危机之前就防患于未然。市民们打进来的电话也给市政官员一个警告，让他们赶紧关注那些引人注目的问题，从街道漫水到群众聚集。在这个财政紧张的年代里，将所有的数据汇聚到一起，给了那些失察的部门一种新的“工具”来提高效率和发挥更多的管理创造性。该市希望在未来能够将311系统数据与职能部门的信息连接起来，来揭示部门的定价行为然后利用这些数据制定更好的预算。

巴尔的摩和纽约市都采用了芝加哥的311模式，还有其他一些城市也在跟进。“这不仅仅是一条市政服务热线，这是纽约市政府发展出的有史以来最为有力的管理工具。”纽约市市长迈克尔·布隆伯格这样告诉《纽约时报》。

在纽约市 311 热线运转的头 9 个月里，它共收到了 369 万个来电，处于一天 3 万个电话的重负荷运行状态。311 将各种各样的投诉、问题和评价都汇聚到了一起，而之前，这些都会打给好几百个不同部门的不同的电话热线。在这里，311 收集的信息也会被用来做实时的分析，来展示这座城市目前的运转状况如何。

2003 年，在度过一个艰难的冬季之后，交通局长艾里斯·温歇尔发现对路面沉降的投诉猛增。他额外派出了 150 名工人专门负责路面铺设沥青和砂石的工作。投诉数从 3 000 起下降到了 975 起。警方利用 311 系统来追踪居民关于噪音、停车以及随地大小便的投诉。

“(311 系统)能够让我们做事情‘事半功倍’，因为我们能够看见各机构到底是如何运转的，并更好地和更聪明地管理我们现在的资产。”该市信息科技和电讯局长基诺·R.曼奇尼这样告诉《纽约时报》：“它让我们能够去做我们需要去做的事情，而不需要增加额外的资源。它比其他任何手段都更能避免我们增加成本。”

这个电话负责的事情包罗万象，从公交车到垃圾回收车，也是布隆伯格市长这届政府无处不在的象征。

艾里斯·温歇尔告诉《纽约时报》，有一次市长在一次社交聚会上对他小小嘲弄了一番。“你不想说，‘我不知道’，而市长却说：‘呃，我知道，你有 975 起电话投诉。’光这个就够你忙个不停了。”

311 的数据受到监控和需要接受分析，这让市政管理者们能够制定对每一种类型的投诉做出反应的标准，并追踪实现这些标准的记录。如果政府部门严肃对待的话，类似这样的客户服务标准可以成为非常强有力的工具。（关于客户服务标准的更多细节，请参见《政府改革手册》第九章。）

“311 确实改变了我们做事的方式。”卫生局局长托马斯·K·弗里敦这样说道。

而市长则补充道：“我无法想象没了它我该怎么管理这座城市。”

一套 311 系统也许并不能真正让客户掌握控制权，但是当一个机构不得不对客户的投诉做出回应，并设立解决这些问题的截止日期时——而且那些投诉者可以追踪该机构的进展的时候——市民们确实感觉到，他们说的东西是重要的。

不要浪费我的时间

在如今的世界中，时间已经成为珍贵的商品：夫妻双方都得工作，家里却还有孩子要照顾；下班回家了，工作也随着手机、笔记本电脑和掌上电脑带回了家中。根据美国人口统计资料显示的数据，现在每对已婚夫妇每年平均要比 1969 年时多工作 717 小时。美国劳工部的一项研究则显示，84%的被访者说他们愿意用未来的收入换取现在的空闲时间，而有几乎一半的人愿意牺牲 10%的涨薪来换取更多的自由时间。

面对这样的事实，浪费人们的时间是一种严重的侵犯。“消费者最缺的就是时间，他们受到的压力很大。他们希望得到在他们想要的时候就能得到他们想要的东西，而我们的职责，就是做到这一点。”博德斯出版社新业务发展部主管玛丽·简·拉夫这样说。

全美州长协会则是这样归纳这一挑战的：

> 州政府各机构将继续受到选民（客户、商业合作者以及雇员）

的要求的挑战——他们要求在任何时间都能获得他们想要的信息和服务。在这样一个新消费社会中，每一件事情都成为一项服务，而服务的价值则取决于信息的质量。消费者们决定业务的时间，他们还越来越多地追求个人化的产品和服务。人们期待州政府和那些增值了的商业服务机构一样灵活和反应迅速。

作为开始的第一步，公立组织可以让业务变得更容易获取和方便。它们可以改变工作时间、员工配备以及工作地点来满足公民的偏好。它们可以创建服务中心和电话中心（比如 311 系统）来处理海量的信息。通过为简单的服务创建快速通道，以及为那些复杂的工作建立预约或其他特殊处理渠道，它们可以将简单的工作与复杂的工作分开。而且，它们可以为人们如何完成一项手续提供选择：人工服务、邮件、电话或者网络。

得克萨斯州的特拉维斯县缩短了在陪审员遴选程序上浪费的大量时间。一般来说，陪审员候选人是（从选民中）随机选择的，而且被告知要向法庭报道。他们要等待，看自己是否被遴选成为陪审员，然后再等待看自己是否被列在了陪审名单上。这一经历令人沮丧、费神，而且，如果时间就是金钱的话，这也是很昂贵的。作为奥斯丁市市府所在地，特拉维斯县自己一年就要遴选超过 15 万的陪审员候选人。这是一个大得惊人的数字，很多人其实根本没必要到法院来一趟。

于是，县领导们创建了“自助陪审委员会”（I-Jury）：允许陪审员候选人在自家的电脑上或者公共图书馆的电脑上对法庭的传唤做出回应。在线的问卷可以识别出那些不合格的候选人，让人们列出他们不方便出庭履行陪审职责的时间、解决可预见的理由并给陪审员一次提前提出其他理由的机会。它还允许他们提出延期。挪维公司的软件对所有的这些数据进行分析，然后用电子邮件做出回复，告诉候选人他们的状态、有关法庭任务的特殊信息以及何时上何处去报到。

“自助陪审委员会”把公民的时间放在首位。它按照公民方便的时间重新设计了流程，而不是绕着法庭方便的时间转。

纽约州艺术委员会负责给该州大大小小的艺术组织拨款。它也采取了一种类似的方式，对申请程序进行了重新改造。在过去，纽约州艺术委员会的所有程序都是纸质的，并要求每一个申请者，甚至长期的受款人，每年都要更新自己的档案。在2002年，该委员会审核了3 000份申请。对每一个艺术组织而言，这意味着每年都要手忙脚乱地来一次循环：填写相同的表格、一页一页地影印重复的文件、提交上去然后等待几个月的时间。整个流程极度地浪费，因为大多数组织每一年得到的拨款几乎都是一样的。

当纽约州艺术委员会的工作人员退后一步仔细审核这一流程的时候，他们给自己提出了挑战：将所有浪费的时间和文书工作几乎消灭干净。他们创建了一个允许各艺术组织在线登记的系统。然后，每一年，那些继续申请经费的组织只需要将它们已经在线存档的文件更新一下就可以了。这些变化减少了申请者的工作量，简化了评审的流程。它使得机构工作人员可以花上将近一半以上的时间真正地与他们的客户组织一起共事。

精彩的万维网

渐渐地，今日这个世界一周7天、每天24小时都在工作。这是一件有着很大差异的事情：一个全周24小时不停的组织可以提供的服务时间，是一个传统的5天制8小时工作的组织的4倍。尽管如此，在这财政紧张的年代里，全周24小时工作仍然是一种花费不薄的主张。

解决的方案就是互联网。万维网是全天候开放的；使用者可以在任何他们希望的地方使用；它可以提供多种服务；它既可以处理简单的业务，也可以处理复杂的业务。事实上，服务中心或电话中心在柜台可以提供给消费者的服务，互联网可以做得很好。数字政府中心发表的报告《投资信息科技向前进》这样说道：

> 到2003年，整整72%的美国家庭已经上网——包括46%的非洲裔美国人和42%的拉丁裔美国人家庭。在那些第一代将联网的电脑作为家庭用品的美国人中，73%的人已经将互联网作为了他们生活中的一部分。美国的网民人数现在已经总计有至少16 900万人。重要的是，这一新的数码大众正在显示出越来越强的要求自我服务的渴望，其中30%的人报告说他们已经在网上处理和政府有关的事情。在传统上，如果有33%的人使用某一传播工具，就意味着它已经成为大众媒体，而如今公众对数字政府服务的采用率已经超过了这一基准线。33%的网上采用率意味着，每3个人当中就有1个人不用排队。这就让公务员们把精力放到那些无法或者不愿采用在线服务的人身上——这些人的要求也许需要个人化的关注——而与此同时，大量的常规工作则通过自动化的手段得以处理。

公民们对网上办事显示出极大的热情。按照同样由数字政府中心发表的《公民2010》的说法："整整77%的网民认为数字政府是第一优先选项，占所有成年人的73%。值得注意的是，甚至有2/3（67%）的非网民也给予数字政府以很高的优先级。"

布什政府对数字政府的战略文件补充道：

> 政府行政会议2003年4月发布的一项问卷显示，75%的电

子政府使用者认为电子政府让他们更容易地获取信息，67%的人喜欢在网上和政府打交道。用于测量和分析互联网用户的全球标准尼尔森触网率（Nielsen/NetRatings）则报告说，2003 年 2 月，在所有网民中，有超过 1/3 的人访问过联邦政府的网站；2003 年 1 月，大约 1/2 的网上业务与联邦政府有关。

联邦的门户网站 FirstGov.gov 可以让网民们点击到联邦、州和地方三级的服务。雅虎将这个网站称为“50 个极为有用”的网站之一。GovBenefits.gov 网站则提供对超过 400 个政府福利项目的访问，在头一年里就有超过 400 万的点击数；《今日美国》将其列为其“最热门”网站之一。GoLearn.gov 则提供便宜的训练课程，平均每门课只需要几美分；它拥有4 500名以上的注册会员，在头 9 个月里的点击率超过了 6 000 万。“自由报税网”（www.irs.gov/efile/）则为纳税人提供免费的电子报税服务；到 2003 年 8 月，已经有 2 400 万纳税人使用过这一服务。在 2003 年，美国客户满意索引——一项在商界得到广泛使用的复杂的问卷调查——发现，电子报税的纳税人的满意度（77 分）要比那些用传统方式报税的人（53 分）高出很多。

各市、县、学区和州也纷纷使用网站来提供服务。数字政府中心列出了 10 项由州政府提供的最为常用的网上服务：在线求职（98%的人现在在线求职）、财务招领（96%）、立法追踪（94%）、州属学院的录取（94%）、查询法庭裁决（70%）、查询性侵害罪犯（68%）、重要记录（68%）、查询职业执照（62%）以及商业报税（58%）。

公众对这些以网站为基础的服务的适应速度比人们想象得要快，因为它们更加便捷。根据《投资信息科技向前进》的说法，截止到 2003 年，客户们采用率最高的分别为：机动车扣留服务（98%）、统一商业编码申报（83%）、重要统计数据（75%）、商业注册更新（75%）、事故报告（73%）、商家开业登记（70%）、商业执照发放

(67%)、患者资格审核(59%)、专业执照更新(38%)、野营注册(38%)、停车缴付(13%)、驾照更新(12%)、收入税缴纳(11%)以及机动车注册更新(11%)。

由此节省下来的经费是巨大的：犹他州在每笔在线审核上节省了75%的钱，缅因州在每笔在线机动车注册上节省了50%的钱，田纳西州在每笔驾照更新上节省了36%，而肯塔基州在每笔统一商业编码申报上节省了66%的钱。数字政府中心现在的主管保罗·泰勒这样说道："仅仅在8个州的11个例子中——这只占我们所有的几十个例子的一部分——去年就一共有17亿美元的资金回到了州财政的口袋里。"

之所以省钱，是因为过去由政府雇员在做的事情，现在很多都由公民和电脑来完成了。而公民们喜欢这样。

不过，由于公民们自己并不能体会到省钱，所以，他们在乎的是其他的事情。他们想要这样的网站：

- 以他们的需要而不是政府的需要为中心组织起来的网站；
- 使用平实的语言；
- 提供简单明了的导航和搜索服务；
- 提供在线支付的选项；
- 允许对约访做出日程安排；
- 提供量身定做服务的机会。

加利福尼亚州的门户网站(图9.1)、新加坡的电子公民网站(图9.2)以及美国政府的联邦门户网站(图9.3)都是不错的榜样。它们都以公民的需要为中心建立，并展示了出来。这些网站的焦点，是日常的业务。它们使用平实的语言。它们强调简易快捷。而且，它们可以提供量身定做的服务。

图 9.1　加利福尼亚的门户网站，http://my.ca.gov/state/portal/myca_homepage.jsp

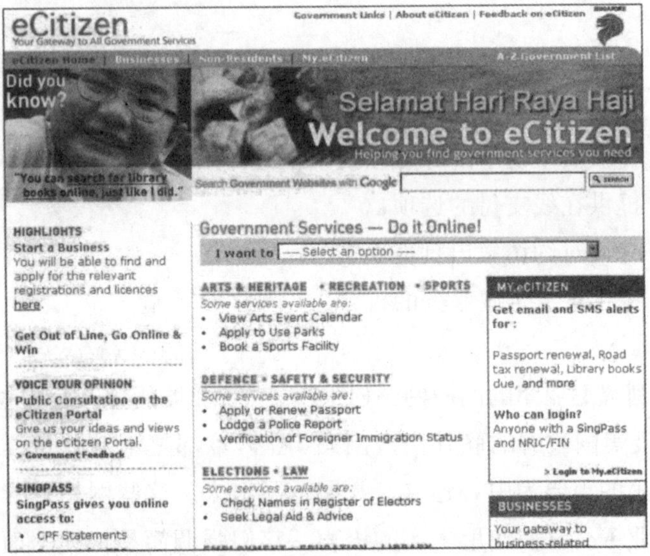

图 9.2　新加坡的门户网站，http://ccitizen.gov.sg/

图 9.3　美国政府的联邦门户网站，http://firstgov.gov/

不幸的是，许多的政府网站还不能达到这样的标准。情况往往是，市民们在网上感到和人工服务一样的混淆、沮丧和浪费时间。在 2003 年，布朗大学的达瑞尔 · 韦斯特做了一项调查发现，1 663 家州和联邦政府网站中，只有 21%提供 3 项以上的服务。

但是以网站为基础的市政服务的潜力是巨大的。让我们以全国第一家为机动车交易提供多频道电子服务的系统“服务亚利桑那”为例。这套互联网和电话系统于 1997 年在 IBM 的协助下建立，可以让市民们在不管白天还是黑夜的任何时候，在不离开住宅或办公室的情况下，完成与机动车管理局有关的业务。通过连接上一个专门的网页或者拨打一个免费电话，驾照更新可以在不到 3 分钟的时间内搞定。IBM 帮助提供起步资金，然后从每笔注册费中收入 1 美元，另外还从每笔机动车执照税中抽取 2%。

传统办法更新驾照需要花费 6.6 美元完成整个过程；在网上，这只要花费 1.6 美元，节省了 76%。这个系统 1 年有 25 万笔业务，这项交易每年为亚利桑那州节省 125 万美元。另一优点是，实时的数据录入让司法部门掌握了实时的信息。甚至对那些继续到机动车管理局现场办理业务的人来说，排队的人数减少也意味着节约了他们的时间。

在 1996 年，堪萨斯州人力资源管理局设立了 3 部电话中心，来处理每周 2 100 份的新失业注册。但是，当 2000 年 12 月有超过 7 500 份申请拥入进来的时候，这个系统开始崩溃。该州预计，到 2002 年，这一数字还会增加 85%，而预算只会增加 10%且员工人数会减少 5%。于是，该局领导重新设计了一套将因特网和电话整合起来的申报系统，使得效率翻了一番，奇迹般地提高了速度、客户使用的便捷程度以及可靠性。完成一份申请所需的时间，由原来的 47 分钟减少到了 11 分钟。由于有了在线服务这个选项，不堪重负的电话中心发现它们的工作量下降了 35%。

个性化体验

当消费者去一家餐馆、五金店或者服装店消费的时候，如果他们能够被服务员热情地叫上名字，很少有人会没有宾至如归的感觉。个人化的服务让消费者觉得自己受重视。不仅如此，这会强化消费者的期望，觉得自己受到的服务是与众不同的。

如果你从亚马逊网站上买过东西的话，你会知道，每次你再次登录进来的时候，你都会收到一系列个性化的推荐信息。亚马逊利用过滤软件了解你的偏好以及也许会符合你兴趣的产品。当你买一本书、CD 或 DVD 的时候，你会收到一份列上了相关书籍、CD 或 DVD 信息的推荐单——为你打开了一扇你常常甚至都不知道这些产品存在的窗户。然后，你可以挑选任何一本你感到好奇的书读上几页，或者从一盘 CD 里听上一段剪辑。

政府的网站没有亚马逊的那样“人性化”，但是有些还是可以根据客户的特定需要进行设计的，允许用户自己决定他们看见的东西或者如何互动的方式。比方说，加利福尼亚州的“我的加利福尼亚”网站(http：//my.ca.gov)就可以定制化，从而让网页的内容反映每个用户自己的兴趣。此外，用户可以通过注册收到详细到每一分钟的通勤信息、彩票结果、出版信息以及官方通告。

联邦学生助理网站(http：/lstudentaid.ed.gov/)更是往前走了一步，只要用户设定了密码，就可以在线申请和管理他们的学生贷款。

互联网为将服务和关系个性化提供了广泛的机会，但是并不是所有的定制或个性化都是高科技。州政府可以让你自己选择车牌，这就让一项呆板的法律规定转变成了一项个性的服务，而且还能多收相关的费用。

在 20 世纪 90 年代早期，明尼苏达州的税务局基本上重建了自己的销售税系统(完整的故事请参见本书第十三章的介绍)。销售税是一个相对复杂的税种，因为它用不同的方式对待不同的销售和商家。这意味着税表非常繁杂，每一个商家只能使用到其中的适用于自己的那部分栏目。结果是，销售税的申报总是错误不断，要求税务机关发出通知、做调查和重新申报。

明尼苏达州所做改革的目标之一，就是简化业务流程。到他们完成这一目标的时候，再造团队已经发展出了一套出色的解决办法：让税表体现个人特征。在一开始要求商家填写一份包含所需信息的商业登记表之后，税务部门可以建立一套定制化了的表格。从那以后，除非商家的情况发生了变化，他们每年都会收到定制化的税表。他们犯的错误减少了很多，满意度也提高了不少，而税务部门则降低了行政成本，收到了更多的税。

如果处理正确的话，个性化可以减少错误、提高遵纪守法的程度、帮助公民和商家用他们希望的方式获得他们想要的结果。

最终的回报

“美国消费者满意索引”（The American Customer Satisfaction Index）将自己称为“一种统一的和独立的指标，对家庭消费体验进行测量”。这个索引是由三家机构合作做出来的：密歇根大学商学院、美国质量协会（American Society for Quality）以及一家国际咨询公司 CFI 集团。这项索引对公司、行业协会以及政府机构进行评级。

根据“美国消费者满意索引”，客户对公共服务的满意度不仅本身有价值，而且有助于增进公众的信任。缺乏信任与对某项特定服务感到不满并不能等同。信任的缺乏不导致对服务的不满，但是对服务的满意会导致更高程度的信任。

加拿大“公民为本”服务研究所和公共管理研究所也得出了同样的结论。它们的研究人员建立了一个模型，来测试人们对服务的满意度与他们对政府的信心之间的关系。医院、公立学校、海关和税务局、加拿大退休金计划/老年人社会保险，以及联邦、省和地区总体服务评价——这些指标都与同意下列说法的人数呈现相关性：

- 这个国家的政府做事的方式公开、负责；
- 我相信政府做得不错；
- 我缴的税物有所值；
- 政府对公民的需求反应迅速。

这项研究发现，“在政府服务与公民对政府的信心之间，存在显著的定量关系。广义上的服务能够解释公民对政府评价中差异的

67%”。他们的结论是：“这项新的经验研究发现，服务质量对公民对政府的信心有着显著的影响。由于公民对政府的信心指数已经在几十年里都在下降，这项联系确立了服务质量在促进社会健康上的重要影响。”

不过研究者们加上了这样的警告：

> 好消息是服务质量的分数在上升，但是这并不意味着公立机构现在就可以松口气了。公民们对服务质量的期待也在上升……由于服务在塑造公民对政府的信心方面至关重要，所以对服务的强调只能紧不能松，这一点很关键。公立部门现在面临的挑战也许比以往任何时候都要大。

换句话说，客户的满意是一个移动的目标。以你自己的或者彼得·哈钦森的经历为例。正如我们在本章一开始所描述的那样，当明尼苏达州机动车管理局不再让它的执照更新程序那么落伍于时代的时候，哈钦森高兴了大约 20 分钟。但是当他回到办公室的时候，他已经在嘀咕，机动车管理局什么时候才能把车主必要的信息装到一片芯片里再弄到牌照里面去，这样他自己就可以利用无线技术来完成整个注册流程了。

变迁的速度驱使着消费者提高他们的预期，然后反过来又会驱使出更多的变迁。这是一个无情的循环，而且，就像财政危机一样，这是 21 世纪政府的一个永远无法改变的特征。

第十章

驱除不信任

猜疑的迹象无处不在：日程明细；对公务旅行申请进行多重审核；建立追踪人们活动的体系；对于人们想购买什么进行审核和做出限制——比如说网上许可。

——比尔·克林顿总统和阿尔·戈尔副总统，

《布莱尔国宾馆文件》

1990 年，当彼得·哈钦森成为明尼苏达州财政厅长之后，他的名字开始出现在该州 46 000 份工资支票上。幸运的是，他并不需要自己去签这些支票——有一台机器干这个活。但是他确实需要每个月在 50—100 份日程表上签名，每一份日程表都用来记载财政厅雇员的工作记录。他的签名是在确认这些记录的准确性，并批准那些机器制作的工资支票。

在签了几个月这些日程表之后，哈钦森突然意识到一个问题。事实上在每一个案例中，他实际上对那些他所担保的工作时间一无所知。那些他所签署的时间表上的工作人员，他自己既没有关注过，也没有监督过。他靠的是那些在他签名之前签名的那些人：雇员自己、雇员的上司、上司的上司、上司的上司的上司，以及有时候，是上司的上司的上司的上司。

每次签名的时候，他实际上是在撒谎。考虑到他所在机构的惯例和文化，他不得不假定在这份签名链条上的其他人也都在撒谎。事实上，唯一知道所申报的工作到底是怎么回事的人，只有那名雇员自己以及他或她的顶头上司。剩下的只是在跟从，而这么做的时候，是在浪费大量的精力。大多数雇员认定，日程表和时间报告是工作中不可避免的组成部分。然而，当哈钦森开始考虑这项常规做法的波及面的时候，他问了幕僚两个问题：时间报告表是如何开始的？花了多少成本？他所得到的反馈令人担忧。

在明尼苏达，“积极的时间报告”，也就是对每天、每星期、每个月里每个小时做了什么做出解释，开始于20年前制定的制度。当时有两名雇员每人领取一个月好几千的工资，但是从来不上班。正是这种丑闻让地方电视台兴奋起来，派出了一个团队进行调查。为了保护该州的形象，以及确保这样的事情再不会发生，政府管理层引入了时间报告制度。这个问题是由几个偷了数千美元的“烂苹果”所引起的。

问题的关键是，这个州仍然在为此付出代价。这套填表、签名和时间流程表让明尼苏达州每年消耗1 300万美元的行政费用。但这仅仅是财政上的损失。更深层的损失是这套每两周就上报一次的时间表所传递的信息：这个州不相信它的雇员们每天能够尽心尽力地工作，或者，不相信雇员的上司能够尽职地督促。

当然，明尼苏达州并不是特例。当戴维·奥斯本帮助戈尔副总统管理全国绩效评估委员会的时候，他和他的同僚发现，每3个联邦雇员中，就有一个人在控制、监视、审计或者调查另外两个。在戈尔与各部门召开的会议中，副总统听到了一个又一个由于不信任所导致的成本增长的故事。正如他于1993年递交的报告所说的那样：

在俄勒冈州，数百万英亩的奥乔科国家林场的地区管理者有 3 项独立的预算——一是围栏维护，一是围栏建设，一是灌木焚烧。这些预算被细分成 557 个管理编码和 1 769 个会计项目。要想在账户之间转账，他们需要来自总部的批准。他们估计，对每一个账户进行追踪这样的工作，每年要至少花掉他们 30 天的时间，而本来他们可以利用这些时间做好本职工作的。它还传递了这样一个信息：即便是最简单的职责，你也不能被信任。

疾病控制中心的一名官员抱怨说，如果要申请雇佣一个人填补他所需要的岗位，要花 6—8 个月以及多达 15 项审核，他才能得到批准……

劳工部一名负责失业保险的地区主管抱怨说，即便他负责管理一个一年高达数百万美元的项目，他也没有权力在未得到华盛顿批准的情况下，雇佣一个年薪 45 000 美元的项目专家……

正如我们在导论中所指出的那样，传统的公共官僚机构建立在这样一个假设的基础上：我们中的大多数人，只要一有机会，就会撒谎、欺骗和偷窃。以特殊教育为例，教师们一年要花掉 50%的时间来填各种各样的表格，来证明他们没有违背联邦和州的各种法律法规。或者，以儿童福利机构为例，社工们他们要花掉 80%的时间完成文书和存档工作。

所有的这些规则都是由于特定的问题所产生的，而它们被制定出来的目的，则是为了防止这些问题再次发生。但是，由这种不信任所导致的成本是惊人的。寻找到更便宜的方法来让人们遵守制度不仅能改进绩效，而且能赢得士气，同时给予我们的学校和儿童福利机构的工作人员所最需要的东西：时间。

其实是有更好的办法的。通过简化规则、与规则制定者建立伙伴关系、使得遵从过程更加容易以及创立奖励遵从的激励机制，领导者们只需要用他们现在所花的钱的一部分，就能赢得自愿的服从，同时实现同等的或者更高的服从率。

赢得服从

当我们与公共领导人讨论服从的时候，我们往往从3个问题开始。

当你填报个人所得税的表单时，你一般会努力遵从规则和为你所拥有的东西交款吗？一般来说，每个人都说：是。大多数说他们之所以这么做，是因为这是规定。他们承认，接受审计这个威胁确实有惩戒效应，而且他们也不愿意有什么不愉快的后果。但是也有人说，他们之所以不逃税漏税只是因为这是一个公民应该去做的事情。

你在家会按照分类循环的要求处理你的垃圾吗？大约85%到90%的人会说是，即便这并不是强制要求，而且不遵守也不会有什么不良后果。

然后我们问第3个问题：

在州际公路上你一般会遵守时速限制的规定吗？90%的人回答说：不。即使这是法律所强制规定的，而且人们确实常常会被抓到和处以罚金。

如何解释这些区别？事实是，人们一般会遵守社区规范和期望，而这些并不是都会写成法律。我们中的大多数人希望成为好公民。我们知道我们必须纳税，而且只要其他人看上去都在这么做，我们也会这么做。或多或少一样的是，同样的事情也发生在高速公路上。人们实际上遵循着某种时速限制，只不过并不是政府官员所要求的那个时速。人们遵循的时速是按照交通的实际情况来定的。

对政府的改造者们来说，他们可以从中学到的一点是，要想让人服从，最好的办法是建立和促进小群体规范，这比大规模的强制实施要省钱得多。

为了让人们服从，政府承担了一系列功能，包括收税、实施环境保护法律法规、安全保卫、食品和药品安全，当然还包括实施那些让政府雇员费时费钱的无处不在的内部法规。而结果却千差万别。我们中大约90%的人遵守税法。至多60%—70%的人在坐车时遵守强制性的安全带规定，只有大约一半的酒水店遵守不得向未成年人售酒的规定。

为了让员工服从，大多数公立组织依靠对违规行为的侦查和惩罚来进行威慑。这种方法可以是非常有效的，但也总是昂贵的，是对纳税人的钱和公众对政府支持的浪费。联邦职业安全和健康管理局就是一个相关的例子，这个机构把它的公务员都逼疯了，直到20世纪90年代才改变了它的做法。还有一个例子，是90年代过于热心的国税局的收税机构所爆出的“丑闻”，这导致了一系列的听证会，愤怒的国会议员们对此口诛笔伐，还通过了改革的法案。

执行机关往往用最糟糕的情况想象他们要管制的公众，由此导致的结果也最糟。这是因为他们的方式建立在一系列通常无效的假设的基础上。他们假定，我们必须迫使人们去做事情，而事实上，大多数人遵守规章，是因为自己希望这样。当公民们不服从的时候，这往往是因为他们不知道在某个特定的情况下，服从意味着什么，或者如何服从。比方说，在20世纪90年代早期，明尼苏达州的税收部门发现，个税申报上50%的违规行为是因为人们不理解相关规定，或者在填表时犯了低级错误。

强制执行还依靠害怕作为主要的动力。虽然在某些情况下这是必要的，但是人们之所以遵从，更多的是因为自豪、相关人的压力、奖励和认可。

所有的这一切都使得强制执行成为一个迟钝的工具。随着公共领导人逐渐意识到它的局限，世界各地的政府开始转向一个更加便宜和有效的选项。他们在赢得自愿的遵从，同时保留强制执行作为最后的撒手锏。

促进自愿服从的9个步骤

每个星期三的早晨，太阳还刚刚升起不久，彼得·哈钦森所在的明尼苏达都有数以千计的人带着一个个装满了旧瓶子、旧罐子和旧报纸的箱子走向停车道。在马萨诸塞州的埃塞克斯小镇，也就是戴维·奥斯本居住的地方，居民们每个星期六会将这些东西拖到一个地方倒掉。

这些公民们是在参加废品的循环回收活动，而这已经成为一种社区的仪式。以前的时候并不都是这样的。就在不久之前，我们还随便乱扔我们的瓶子、罐子和报纸，垃圾场不堪重负。现在，我们将这些废物看作宝贝。我们将它们分类，把瓶瓶罐罐清洗干净，把报纸打包叠好，把它们放到分门别类的容器里。

垃圾已经不再是以前的垃圾了。通过某种方式，政府已经让我们去遵从一种新的期待和规范。它们做到了这一点，却没有使用通常所使用的强制工具。没有什么废物回收检查员。没有废物回收警察或者废物回收券。你不会被拖到一个废物回收的法庭上接受审讯，也没有什么“12步程序”来针对不进行废物循环的人。但是，绝大多数的美国家庭还是日复一日地做这件事情。这个习惯会把手弄脏，但是大多数人还是做了。

废品的循环利用之所以成功，是因为公共领导人做了宣传和教育工作(尤其是在学校)。然后，他们让这件事情变得相对简单易行，你只需要重新给瓶瓶罐罐分类就行了，同时他们还创立了一个常规性的回收系统，等等。这件事情还有一个强大的副作用，那就是调动起了来自周围人的压力：每个街坊邻居都能看见你是否尽了你自己的公民职责。最后，某些政府对循环利用者给予一定的奖励，比如给他们的固体废物账单增加一些额度，或者制订垃圾袋收费但可再生资源免单的政策来鼓励废物再利用。通过使用这些以及其他的一些工具，许多政府实现了很高比例的自愿遵从，而且没有诉诸那些费钱、敌对以及往往低效的强制手段。我们将这种正在迅速扩大的新策略称为“赢得遵从”。你所在的政府或者学区可以通过9个步骤来使用这个策略，从而促进自愿的服从。这些步骤对政府内部规则以及那些用来规范市民和商业行为的规则也很管用。

1. 通过与遵从者其他利益攸关方建立合作关系，来获得他们对标准的支持。

要想说服市民和商界来遵守社会规范，就需要让他们在设定这些规范和设计遵从程序的过程中，发出自己的声音。社区治安的基础信条之一，就是法律的执行需要在与社区领袖们携手合作设计战略的过程中实施。当威斯康星州的麦迪逊市对它的购买系统进行改革的时候，它敦促购买机构与警署、消防部门以及其他政府官员在制定政府购买明细和测试仪器的过程中充分合作。

在环境保护署，“常识促进”项目把商界、环保界、社区以及环境保护署的领导人聚集到一个委员会上，每一个都关注他们自己的行业，比如金属处理、钢铁或者电脑及电子垃圾。这个委员会制定了相应的办法，来简化遵从程序，消灭遵从规定的障碍。环境保护署的XL项目也针对一个个的公司分别采取了同样的做法。时任环境保护署署长克里斯汀·陶德·怀特曼向国家环境政策研究所这样解释道：

> 基本面已经发生了变化。我们已经准备好了采用一种新的

方法，也就是找到共同的基础来实现共享的目标。在XL项目中：

- 这是一个环境保护署应该如何与所有的环境利益攸关方共事的模式；
- 该项目专注于建立合作伙伴关系来实现那些目标；
- 提供积极的刺激方案，产生积极的后果；
- 证明了环境保护署已经准备好了从一个命令式的和控制性的机构，转向合作与成就。

美国职业安全与健康管理局也曾试图发起一个类似的全国性伙伴关系，而他们的挫折说明了在遵从者之间建立支持的重要性。在导言中，我们曾对一个叫做“缅因州200强”的非常成功的创新项目做过介绍，那里的职业安全与健康管理局官员之前曾体会过传统的侦查和惩罚手段的失败。他们曾因开罚单获过金奖，但是该州工作场所的安全和健康记录却是全国最差的。于是，他们改变了战略。他们邀请了200家工伤率最高的企业的老板，来建立一个专注于改善安全条件的员工团队。这个团队将制订行动计划、对他们所面临的工厂的不良状况进行全面的调查，然后在12个月内对其中的大部分进行纠正。只要这些公司正在朝好的方向努力，职业安全与健康管理局就不会采取传统的侦查和处罚手段。但是每一个季度，相关的工厂主就必须填写一份报告，汇报他们的进展。职业安全与健康管理局偶尔也会进行实地考察，来看看这些进展是否属实。那些未能履行其义务的工厂主，将接受全面的检查。

要么接受职业安全与健康管理局的检查，要么接受自我审查，大多数公司都选择了后一模式。在这个项目执行的头两年里，参与进来的工厂主们发现和修正了许多危害点，是职业安全与健康管理局之前所发现和修正数目的 14 倍。工人提交且理应支付的赔偿申请下降了 47%——在其他公司里，这是一个非常大的降幅。商家省下了钱，纳税人的钱则获得了更加出色的回报。

在缅因州，职业安全与健康管理局在扩大它的试验之前，与这 200 家公司进行了密集的咨询。但是，当该机构将这一项目在全国推广的时候，美国商务部却提出了诉讼来阻止这一做法。商务部声称，这一做法事实上是强制性的而不是自愿性的，因此要求制定一个商家可以发表意见的规则制定过程。得到的教训是什么？建立伙伴关系要求与遵从者提前进行密集的讨论，这样才能让它们参与进来。“即便一个机构想出了解决问题的办法，你也不能直接就把它强加于人。”职业安全与健康管理局前局长乔伊·迪尔这样对《政府执行层》杂志说道：“我们过于匆忙地复制这个项目，忽视了一些准备工作。”

2. 确保规章制度是建立在成果基础上的。

很多规章制度，尤其是环境领域的规则，对遵从者该如何遵守这些制度提出了明确要求。它们告诉商家必须使用什么样的技术、必须如何安装设备、该多久就检查一次。遵从者常常知道还有更好的办法，但是法律不允许他们那么做。现在，政府改造者们已经开始做出改变，他们制定对后者有着明确要求的法规，但是留给遵从者自己决定如何来达到这些后果的自由。如果一项新科技可以用更低的成本实现这个目标，他们就可以使用这项科技。这不仅使得他们更轻松地遵从规定，而且刺激人们去寻找更好和更便宜的创新方式。

在 20 世纪 90 年代，环境保护署和职业安全与健康管理局的政府改革工程都是体现这些原则的好例子。比方说，环境保护署的金属处理委员会设定了将毒物排放减少 75%的目标，同时给予执行者更多的灵活性来实现这一目标。职业安全与健康管理局将它为各地方分局设定的绩效目标，由将印证最大化，改变成降低与工作有关的伤害、疾病和死亡数。在对全国 8 万名职工进行调查之后，它向各地方分局下放了高危行业中各公司工伤和疾病的相关数据，这样它们就可以把绩效最差的企业作为重点目标。

1995 年，当两名利益攸关方聚到一起谈论如何在不增加成本的情况下，用一种新的方法替换现有的执照绩效标准来更大幅度减少污染时，马萨诸塞州的"环境成果项目"(Environmental Results Program)也就应运而生了。很多小商家并没有被囊括进之前的执照体系(比如，该州政府甚至只掌握了 10%的干洗机的信息)，而要想迫使这些小商家申请执照将会消耗很多成本。于是，"环境成果项目"要求，干洗、冲印和印刷行业的所有店铺，都要有一名高级管理者担保自己的店每年都已经并将继续遵守所有的空气、水和有害废物州级排放标准。马萨诸塞州的环境保护局会为这种自查行为提供协助，包括在商家的帮助下发展出细分领域的工作手册和工作坊。环境保护局对各店家的执行情况进行抽样统计分析。政府官员于是就可以将有限的资源用于对普遍性的问题进行处理，以及专注于对出现问题的厂商进行检查和援助上。

3. 对执法对象进行教育，告诉政府希望他们做什么。

在一件对其改革政府的措施进行总结的文件中，环境保护局总结道："有时候，厂商之所以未能遵守法律，只是因为他们不了解政府到底要求他们做什么。"任何填写过政府表格的人都可能对此有着切身的体会，比如国内税务局的表格就很冗长复杂。环境保护局补充道："我们需要做得更好一些，提供及时的信息和有用的办法，这样人们就能完成他们的环境责任。"

在 20 世纪 90 年代中期，美国政府服务界发起了一项教育战略，称为"知情的遵从"(Informed Compliance)。它将一部分在港口和机场对货物进行检查的政府雇员调配到新的岗位上，要他们去帮助重要的客户改进后者的内部控制流程。“那些严重触犯法律的人仍然会遭到逮捕。”公共事务部主管丹尼斯·墨菲解释道，“但是我们将焦点从你也许会称为‘捉奸’心态（也就是我们只是想捉住什么人），转为确保跟我们打交道的人知道我们要求他们做什么，这样他们就不会因为疏忽、工作糊涂或沟通不畅而犯错误。”通过对进口货物进行随机性的抽样统计，结果证明，违规现象减少了。

当明尼苏达州税务局意识到一半的违规现象都是纳税人犯错的结果后，它决定在纳税人辅导上投入更多的资金，而不是雇佣更多的审计员。结果是，违规现象减少，税收增加了 2 000 万美元。

与此类似的是，联邦国税局也设立了一个教育项目来帮助小型企业，而环境保护署则在网上开设了虚拟守法助手，与产业界、环境界和学术界发展合作伙伴关系。他们给予商界常规要求的快速通道、如何防止污染的相关信息，以及其他公司的优秀做法的总结。

4. 使守法的过程变得轻松容易。

大多数遵守法律的过程其实可以在丝毫不降低标准的情况下变得更加容易。最好的办法，就是简化规则和流程。如果政府能让我们更加便捷地纳税，能够确保工作场所的安全，当我们雇佣保姆和放学后照顾孩子的钟点工的时候能够让我们知道自己的法律义务，那么，我们中就会有更多的人遵守相应的法规。明尼苏达州的税务局对其表单系统进行了大幅改革，填表时由原来的 50 多项降低到 9 项，并且用平实的语言重写了填表说明。然后，它在电视上打广告，鼓励人们使用这份简表。广告上，一位妻子正在填表，她的丈夫从背后看过来，然后问她，为什么她在自己的表上画画。妻子给丈夫看了一幅兔女郎的照片，解释说，表上还有很多空格空着，她打算给税务局的那帮哥们画点画解闷。这个广告反响很好。它不仅提高了守法的水平（以及增加了税收），而且，数以千计的使用那种 3 页纸有 2 页是空着的人向州政府传递了他们的信息。

联邦职业安全与健康管理局、环境保护局、国内税务局以及其他联邦机构，还有一些州、市、县的机构，已经开始创建一站式的批准流程，将相关的程序综合进单一的申请中，并且为一些表现出色的企业提供“免签”服务。

公共组织也可以通过简化他们自己的内部规则和流程来省钱。我们将在下两章里对此做更深入的讨论，现在，举一个例子就够了。在加拿大曼尼托巴的温尼伯，10 年前，市议会认为政府雇员花费了太多经费用在公务旅行上，于是他们要求财政局长做出反应。当财政局长做调查的时候，他发现，每一份出差申请都有 7 个人签字，包括申请人自己、他或她的上司、部门领导、单位领导、市检察官以及财政局的官员。然而，没有一个人对这项程序是认真的，因为每个人都假设其他人提供的是真实的信息。于是，财政局长将签字人减少到了 1 人，也就是申请人的顶头上司。这节省了每个人的时间，而那位上司也开始对出差申请严肃认真起来。在头 6 个月里，出差的费用下降了一半。

另一种让守法变得更容易的办法，是提供有利于守法的服务。例如，职业安全与健康管理局已经建立了一系列的以网站为基础的“专家体系”，也就是用来回答提问和指引客户的计算机程序。每一个程序专注于独立的问题或有害物质，比如，石棉、铅或镉。

在国会于 1998 年将国税局翻了个底朝天之后，即便新的税法实际上让申税变得更加复杂，国税局的领导人们还是开始努力让人们填表申税的时候变得更容易一些。国税局简化了表格和布告，开通了每周 7 天 24 小时运转的热线电话，扩大了电子和电话填表的选项，在报税季节的星期六上午让 250 家税收办公室照常办公，在银行、图书馆和购物场增加临时性的网点（甚至在巴士上开设流动网点来服务乡村地区），分发表格和传单。它还在每个地区举办“解决问题接待日”，让税务局的官员了解和解决纳税人的问题。

5. 让机构针对遵从者的服务质量变得重要起来。

如果执法机构提供了拙劣的服务就会面对严重的后果，而提供优质服务就会受到奖励的话，那么，他们就会迫不及待地做出改进。1998 年的国内税务局就是这样一个例子，改革后的法案列举了 10 种可以将税务局雇员解雇的行为。新法案还创设了一个新的职位，纳税人律师，如果纳税人因为国税局的拙劣表现而受到严重损失的话，他们可以决定赔偿的数额。

但是这些都是相对粗糙的办法，而且列出 10 种不当的做法起到了反作用，导致国税局的雇员唯唯诺诺，于是本来可以据理力争来的税收数额下降。好几个州的州政府提出的举措其实更有创造性。它们设定了服务标准，当政府部门未能达到这些标准时，相关对象就会得到补偿。比方说，在 10 年前，马萨诸塞州的环境保护局为每一份许可证的申请制定了严格的时间限制，并且提出了退款保证：如果环境保护局逾期还没有能够完成审核，它就必须返还执行费用。“这是我们做过的最棒的举措了。”前环保局局长丹 · 格林鲍姆这样回忆道：

> 这项举措产生的动态机制，就像是一个公司试图为一项服务收费一样。它为管理层改革注入了动力，就像是一个真实的追踪系统，你可以知道每一份申请进展到了什么程度。
>
> 员工们告诉我们，他们需要更多的人手才能赶上时间。但是我们在第一年里就在规定时间内实现了目标。这反过来证明了我们的体系中存在着很多拖沓的地方。其中就有管理不善的问题。比方说，没有一个追踪系统来告诉你递交有多少申请，有多少人得到了执照，等等。
>
> 还有一部分原因是因为部门里面的一些工作人员是环保主义者，他们相信，拖延工作可以保护环境。

在头 4 年的 14 000 份执照审核中，只有 75 份没有在规定时间内完工。格林鲍姆的继任者托马斯 · 鲍尔斯注意到，人们开始谈论哪个地方和项目办公室的退款最多。“这里有某种骄傲自豪的成分在里面，因为他们并不是那个做得最差而出丑的人。”

6. 报告服从信息。

大多数都会对反馈做出回应。如果纳税人被告知他们没有填对表，或者商家发现他们已经违反了环境法规，大多数人(但不是全部)会改正他们的错误。想一想当你自己在开车的时候，看到警方用来给你记速的闪光信号时，你是如何反应的。根据美国司法部的报告，这些“车速显示板已经被证明降低了车速，减少了撞车的数量”。

当公民们对承诺表示关切并组织起来提出要求的时候——就像环保运动所做的那样——向公众报告也是非常有力的工具，因为公民团体会使用这些报告，来让官员和污染者保持对相关议题的热度。环境保护局抓住了这个工具，向公众提供了大量的数据。该局的“环境事实”(Envirofacts)网站(www.epa.gov/enviro/index_java.html)，为公众提供访问十几个内部数据库的渠道。使用者可以看到很多数据，包括饮用水和空气质量，有毒和有害废物点，排水许可证，以及任何一个县、市、州的“超级基金”(Superfund)的地点，国内的分水岭或盆地的分布状况等等。网站上还有一个叫做“环境制图”(EnviroMapper)的应用程序，可以在全国、州或县地图上标示出相关数据反映的地点。环境保护局的“执行和守法历史在线”网站(www.epa.gov/echo/)，则提供全国将近 80 万个受监控设备执行相关法律法规的信息。这个网站允许使用者查找过去两年内这些设施在检查、违规、强制执行和处罚方面的相关信息。“执行和守法历史在线”网站的报告为厂商的环境记录照了一张“快照”，显示出违规的日期和类型，以及州或联邦政府的反应。

7. 区别对待不同的执法对象。

在对待那些因疏忽而犯了错误但平日里遵纪守法的公民或商家时，如果你采用和对待惯犯一样的做法，那就没有道理了。警方不这么做，法院也不这么做，但不幸的是，许多政府行政管理机构却这么做。

在20世纪90年代末的那场改革之前，国税局对每一个欠它钱的人都穷追不舍。如果欠的钱多，它就到别人家里强行收钱（常常带着正义的理由和“大铁锤”），不管对方过去的纳税记录如何，不管对方当前的情况，也不管对方是否有能力缴税。感谢1998年的改革法案，国税局现在可以使用自由裁量权和常识了。如果欠税的人是“老油条”，国税局仍然会带着大铁锤。但是，如果不是这样，国税局就可以向纳税人提供几种选择，包括折中缴付和分期支付。如果一名纳税人身染疾病或者丢了工作，而且之前没有避税的历史，那么，国税局可以为他或她设计一种专门的“困难”分期缴税方案。

堪萨斯州的税务局建立了一个数据库，里面有每一个纳税人的缴税记录。如果一个厂商逾期尚未缴税，该数据库可以根据相应的历史记录，自动生成一个有针对性的反应日程表。那些缴税记录良好的商家会先收到一个通知；如果商家没有回复，税务局就会发出更多的通知、打电话，并最终采取征缴行动。对那些在历史上有问题的污点纳税人，这个反应日程表的速度会大大加快。

许多学区都严格要求每5年就做一次现场考评。衣阿华州对这项规定做了修改，如果一个学区过去的记录一直良好，而且没有什么问题出现显示需要做现场考评，对学校的鉴定就可以根据需要灵活安排。

1998年，客户产品安全委员会因为建立了两套不同的产品召回渠道，从而赢得了一项美国政府创新奖。传统上来说，召回会拖数个月之久，因为客户产品安全委员会的官员要做调查，还要与制造商的律师进行协商。与此同时，危险的产品仍然在市场上出售。在1995年，该机构宣布了一项称之为“产品召回快速轨道”的政策：承认不足的厂商可以与客户产品安全委员会达成协议，在20天内采取纠正行动。速度是关键，因为没有召回的时候，产品已经从零售架上走进了寻常百姓家。哈佛大学教授约翰·多诺休曾替政府创新奖对客户产品安全委员会的这项举措进行过评估。按照他的说法，“快速轨道产品召回政策比传统的流程所花的时间要少一半，而处理的受影响产品的比例是3倍”。

8. 在公共后果和奖励之间建立连续性。

政府通常使用“大棒”来确保人们遵纪守法。政府创造了惩罚过失的严厉措施，包括罚金和坐牢。那些采用“赢得遵从”策略的人并没有放弃“大棒”，但他们也加上了“胡萝卜”。

内政部的鱼类和野生动植物服务局手中握着一根大棒：通过援引《珍稀物种保护法案》，它可以关闭厂商的许多作业，比如伐木和在广袤土地上的发展。然而，这种行动太过于严酷，而且在政治上也会引发冲突，所以很少使用。

在20世纪90年代，鱼类和野生动植物服务局转而采用一种称为“栖息地保护计划”的“胡萝卜”政策。商家和地方政府可以申请在对珍稀物种具有重要意义的土地上进行开工或发展的执照，但是他们的作业必须有助于这些物种的长期保护。比方说，在加利福尼亚州的橘县就曾有一个与地方政府和开发商协商的例子，设立了一处面积达38 000英亩的土地作为自然保护区，来保护超过40种珍稀动植物。在圣地亚哥也有一个类似的方案，设立了一片面积达172 000英亩的保护区。“胡萝卜”是：那些给这片土地捐款的人可以不受限制地开发其他的地块；他们还得到保证，只要他们遵守这项方案，他们就不需要为这个区域里的其他保护手段支付资金，即使珍稀动植物的数量还在下降。政府将为此买单。

为了降低污染，环境保护局提出了一系列针对商家的创新举措，从免检和灵活的执照办理，到减少报告和检查的次数。为了促进厂商达到日益提高的环保标准，俄勒冈的“绿色环境管理体系许可项目”提供了3层的激励，允许“对那些比其他厂商更加出色地完成法定义务的商家在管制措施上采取更加柔和的态度”。——州政府官员如是解释道。第一层激励叫做“参与许可”，针对的是开始执行一个环保项目的厂商。参与者有资格获得技术协助、与政府机构建立单线联系以及赢得公众认可。第二层激励叫做“成就者许可”，针对的是那些实行更加全面的措施的厂商，这些措施涵盖一系列范围广泛的议题，包括政府规章尚未覆盖到的环境影响。额外的刺激还有：简化的报告、灵活的管制和快速的执照评估。第三层刺激叫做“领导者许可”，针对的是那些被证明在环境保护方面在业界发挥领导作用的企业，这些企业对产品和服务所造成的持久影响——包括非直接性的影响——都进行了考虑。额外的刺激包括一种量身定做的监管关系，环保局可以一次性地给该厂商的多个设备授予许可，包括那些在该企业、其客户以及供应商之间存在合作关系的设备。

西弗吉尼亚州也采取了一种类似的项目。它提供快速的执照审查、减少检查的频率、提供税收刺激、降低利率、减少保险补贴的费用，它还可以考虑守法厂商提出的其他刺激性要求。

尽管奖励有上述的效用，但严格的处罚措施仍然不能丢。例如，在缅因州的“200强”项目中，当这200家企业中有人把员工置于不安全和不卫生的工作环境中时，职业安全和健康管理局就会很快地进行检查和处罚。

9. 运用市场激励来鼓励遵纪守法。

要想赢得自愿性的遵从，最有效的手段，也许就是对其进行经济奖励。当有些州规定，厂家每制造一个瓶子或罐子时要预付 5 美分的成本，然后在循环回收空瓶和空罐后再返还这笔钱时，他们就是在使用一种经典的市场刺激手段。虽然没有什么单独的公共项目或专门的执法人员，但是这些“瓶瓶罐罐账单”却显著地减少了街道和公园里乱扔和砸碎玻璃的现象。

针对污染的任何一种税收都会鼓励人们自愿性地服从环保规定。也许“赢得遵从项目”的“鼻祖”，就是对政府额度的交易：政府给予那些将污染降低到法定水平之下的企业一定的信用额度，并且允许它们将这些信用额度转售给其他企业。这个主意的目的，是奖励那些降低污染的企业，但是让这些企业自己来决定如何做到这一点。如果它们能够划算地减少一处污染源，那么，它们就可以利用挣来的信用额度来抵消那些达标成本过高的地区所造成的污染。在 25 年前，联邦政府就已经采用了这种办法来提高空气质量、降低汽油中的铅含量、减少酸雨。它为美国商界节约了数百亿美元的资金，同时达到了政府设定的环保目标。

上述 9 个步骤几乎对任何执法行为都适用。将它们罗列出来，可以帮助领导人想出替代性的方案来执行已经承担不起的战略。当像职业安全和健康管理局这样的机构只能付得起每 80 年对所有的厂商进行一次检查的费用时，更加省钱的方案就势在必行了。

“赢得遵从”工具箱为庄家提供了大量的活力，适用于所有的部门。它可以降低政府、商家和公民的成本，与此同时，它还可以改进后果。遵纪守法是任何一个社会的关键基石，但是，并不是付出多大成本都是无所谓的。面对着有限的自愿以及每年要求创造更多资源的压力，“赢得遵从”不再仅仅是纸上谈兵，而是势在必行。

第四部分

明智管理:以内部改革促进外部绩效

第十一章

灵活地承担责任

在每一所公立学校，都有一两名这样的老师，人人都知道不能再让他们上课了。你不会忘了这些人。如果你现在有孩子在公立学校就读，你也许能说出这些老师的名字。一旦他们拿到了终身教职——只需要在从事教学工作两到三年后——他们事实上就不可能被解雇了。大多数校长只是对他们一忍再忍，有进取心的校长则把他们挪到别的地方。在休斯敦，这被称作“转送垃圾”。

为什么校长不能解雇那些明显不能胜任的教师？休斯敦市前教育局官员唐纳德·麦克亚当斯在他所写的论休斯敦10年教育改革的著作中作出了解释。当他加入教育局的时候，任何一名校长如果想解雇一名老师，都会陷入持久战中。这名教师往往会上诉，消耗掉校长大量的时间，而工会则往往会传播谣言，让事情变得十分困难。如果校长坚持并成功的话，教育局就不得不裁定该教师停职。然后这名教师可以向由教师和管理者组成的委员会上诉——然后再将他们的决定带回教育局。这个时候，教育局的成员就必须花上2天到3天的时间举行正式的听证会——就像组织不领薪水的志愿者一样，这是一件很困难的事情。“（休斯敦教师协会的主席）不止一次地公开威胁说，如果学区和教育局不与她在停职议题上合作，她就会把每一起案件都上诉到教育局，让它陷入无休止的听证会当中去。”麦克亚当斯这样写道。

一旦听证会结束，9名成员必须得就这起上诉进行投票，只有得到5票才能通过。“如果教师指责校长是种族主义，而这发生了的话，要想获得这5票来通过停职是很困难的。”就算有5名成员投票赞成停职，这名教师还是可以向州教育厅申诉。如果这个人在那里失败了的话，他或她还可以以不正当停职为由向法庭起诉。

不用说，解雇在休斯敦比下雪还要罕见。按照麦克亚当斯的说法，在20世纪90年代早期，该学区每年要花掉600万美元用在那些“已经靠边站不干活的雇员身上”，还有数不清的数百万美元以上的资金被用于那些已经被调任到那些他们无法胜任岗位上的人身上。

我们的同事杰夫·兹劳尼斯告诉了我们一个他在明尼苏达州总务局工作时发生的故事：

> 有一天我正要下班，路过复印室，看见我们人事部门的一名助手芭芭拉正在用机器。我探头进去说声晚安，然后问她在做什么。“我在复印时间表。”她告诉我。一共1 000份。我一直就反对让领工资的雇员们去填什么时间表。为什么不让他们只是在出现什么特例的时候才填什么东西？不过现在我好奇的是，为什么我们要复印那些我觉得我们并不需要原件的文件？于是我问芭芭拉，但是她只知道，复印日程表是写在她的职责描述里的工作之一。于是我问她拿这些复印件干什么。“我拿它们存档。”她告诉我。
>
> 芭芭拉在这个机构已经工作6年了，而她每周都要做这项工作。现在，这项任务引起了我的注意，我要她问她的上司，搞清楚这一切都是为什么。但是，芭芭拉的上司也不知道为什么要这么做，事实上，当她看到他们的柜子里堆满了这些东西的时候，感到的是惊讶。时间表一式4份。一份被送到财务去

结算工资，一份送给局里的人事科，一份送给员工关系科，还有一份送给管理者。所以，在这座大楼的不同地方，我们有这份文件的5份影印本，而根据芭芭拉的上司随后的调查显示，根本没有人看。

这名上司进一步打探了一下，发现在8年前，立法机关的审计员曾来对时间表做过审计，要求提供复印件。也就是从那时起，芭芭拉所在的办公室为人力资源职员制订了工作描述，将复印这些时间表作为工作职责之一。审计员带着复印的时间表走了，而芭芭拉的前任，然后是芭芭拉，继续做着这样的工作。在8年的时间里，她们在重复一项无意义的劳动，没有任何人是服务对象，也许除了我们在复印机公司的朋友之外。

联邦政府每年将数以千亿计的资金有条件地拨给州政府和地方政府的各种项目。随之而来的，是附加的严格的审查。20世纪90年代中期，当苏·卡梅隆是俄勒冈州提拉玛克县卫生局局长的时候，她和她的同事们正在努力改善儿科令人不满的免疫率。不幸的是，联邦规定，联邦资金只能够给予公立或私立诊所，而不能给医院。因此，妇产科的护士不能在婴儿回家之前给他们注射疫苗。

除此之外，一共还有6笔联邦资金可以用于免疫工作。一笔是针对白喉，一笔针对乙肝，等等。“每一笔不同的钱针对的是不同的事情，不仅仅是不同的免疫，而且还包括营养学项目、精神健康、未成年人怀孕等。我们必须让每笔钱的记录分开。”卡梅隆解释道：“这意味着每一个在这里工作的人，从接待员到医生，都必须每分钟关注他们用的每笔联邦资金用到了哪里，他们要为华盛顿的官僚们填写时间表。”

上面我们讲了3个不同的故事，提供了3个有关严重浪费的例子。然而，这还不是政客们通常所抱怨的那种浪费。这不算是不必要开支项目中最大的浪费，但却是不必要工作中的浪费，是政府中最大的一笔浪费。这种外加的工作之所以一直存在，是因为工作人员几乎没有什么资源，只有遵从不必要的规则和固定的做法。解决方案是给予公共管理者和工作人员破例或者消灭那些愚蠢的规则的自由，让他们使用自己的常识。这是我们的领导人所能做的最有力的事情，让我们托付给他们的税收发挥出最大的价值。

让我们以佛罗里达州工人赔偿局为例。当劳顿 · 奇利斯于 1990 年当选州长的时候，这个机构积累了一大堆陈年旧案。这是一个自己积累起来的问题，因为当工人们的申诉无法实现的时候，他们就会上诉到法院，然后这些诉讼就会啃光这个部门的时间和金钱。

劳顿 · 奇利斯任命非洲裔美国人弗兰克 · 斯克拉格斯为劳工局长，后者是一名老兵，也是一名律师，在州议会那里广受尊重。斯克拉格斯与奇利斯一起说服州议会给予工人赔偿局一些新的自由。他们成功地将劳工赔偿机构从民政服务体系中剥离出来，自己掌握了招聘、解雇、提职、职业分类等大权。他们还让该部门可以不受常规的明细预算制度的束缚，也就是说，斯克拉格斯可以把手头上的钱用到他所需要的地方去改善工作绩效。有了这两个新的灵活政策，斯克拉格斯立刻做了两件在之前不可能去做的事情。他裁减了 20 个中层管理职位，让工作人员降到了 500 名，然后利用节省下来的钱作为每月绩效红利，奖励给那些完成工人赔偿申请的工作人员。在改革后的第 1 个月，一个部门的效率提高了 30%，另一个提高了 50%，第三个部门则提高了 60%。到第 3 个月，有 265 名员工领过了红利，而积案都清空了。要是按照以前的效率，这个机构还得再雇 52 名新员工才能实现同样的产出增长。

税务局也发生了类似的转变，它也从立法机关那里获得了很大的自由权。受到这些结果的鼓舞，州议会将同样的灵活政策拓展到了若干其他部门，它们也取得了显著的改善。接下来，奇利斯要求他的幕僚对该州 28 750 件法规进行了梳理，把它们缩减了一半。

大多数规则在设立的时候——大多数都是在 20 世纪——都有很好的理由。100 多年前，政府改造者们——也就是人们所知的“进步主义者”——发起了一项数十年之久的改革运动，对公立机构进行标准化和集中化管理。他们立志消灭以权谋私、政治庇护、权贵主义等充斥着公共服务部门的丑恶现象，他们从当时企业经理人们用来控制其庞大商业帝国的系统中发现了灵感。他们说服了公共领袖们去采取标准化的行政管理实践——尤其是标准化的预算、财政管理、人事和购买规范——来让政府的每一个方面都处于正确的控制之下。

进步主义运动在许多地方都取得了成效。他们遏制住了政治大亨的权力、限制了招聘和解雇上的庇护之风，把一系列标准化的运行程序带入到了公共组织当中。但是这也让日常实践的权力从那些负责产出结果的执行官员的手中，转到了民政局局长们、预算办公室、购买办公室和总部官员们的手中。这教会了管理者们压制他们自己的判断，不动头脑地服从僵化的、集权的权威。

许多人也借口内部因素，为随后出现的拙劣表现想出了一套出色的理由：如果我对自己的资源和人手没有实际的控制权，我怎么可能对结果负责呢？但是，行政管理机构也不对结果负责。他们的事情是控制浪费、骗局和滥权。事实是，官僚政府中没有人对实现公民们想要的结果负有真正的责任。而我们奇怪的是，为什么几乎没有什么人能实现那些结果！

在这样一个财政紧张如影随形的时代里，我们再也承担不起让我们的公民服务受繁文缛节的束缚。我们需要沿着诸如劳顿 · 奇利斯这样富有想象力的领导们所开创的道路走下去。

一些领导人拒绝这样做，因为他们——或者他们的预算办公室、人力资源官员以及购买专家——担心管理者们会误用被赋予的自由，让他们丑闻缠身。这确实发生过，但非常少见。而最好的防御，不是用繁文缛节绑住每一个人，而是严格要求对结果负起新责任。我们并不是说要让政府回到自由放任的状态，而是要用灵活性来换取真正的责任。

特许学校模式

这种“责任换自由”最成功的例子之一，就是特许学校。这种制度于1991年在明尼苏达州引进的时候，是一项重大的突破。这个观念部分的是受英国一项创新做法的启发，后者允许学校从学区剥离开来。明尼苏达州允许任何符合资质的对现存公立学校不满的团体创建新的学校，这些学校不受学区的控制，不受大多数州和学区规章的束缚。它们可以自由创新，但是它们将受到绩效合同的约束——绩效合同被称为“特许状”，每5年更新一次。如果它们的绩效糟糕，就会被关闭。

正如我们在第三章中解释的那样，特许学校是公立学校，不过是由家长、教师、非营利机构以及偶尔有营利性公司组建的公立学校。他们与授权他们组建这所学校的组织协商特许状的内容：地方教育局、市议会、州教育厅，或者在某些州还有高等院校。这些学校的学生大多数是自愿选择来这里上学的，而学校的经费一般来自那些学生选择离开的学区原来的经费。为了存活下去，特许学校就必须吸引(和保持)足够多的学生来维系日常的运行。

到2003年9月，在全国36个州和哥伦比亚特区，一共有3 000所特许学校在运行，在校学生数大约70万人。按照教育改革中心的说法，这些学校每位学生的收费平均要比传统的公立学校低20%(各州会有所不同)。尽管如此，他们服务的对象和其他公立学校或者少数族裔比例高的学校是一样的。而他们的吸引力就在于他们做得更好一些。

我们尚未获得坚实的数据，因为设立特许学校的各州没有对学生每年取得的进步做测量。不过在最近，得克萨斯州和佛罗里达州开始这么做了。（测量年度学习收获是了解特许学校学生到底表现如何的唯一方法。只是比较考试成绩并不能告诉你一个群体是否考得更好，因为他们可能一开始就走在前面，或者因为他们学的东西更多。）按照教育改革中心的说法，到 2003 年 9 月的时候，已经有 98 份关于特许学校绩效的研究，其中有 88 份的结论是，特许学校正在实现它们的宗旨："创新、负责和成功。"

对刚起步的组织来说，创新总是相对容易一些，不管是公立、私立、非盈利还是特许学校，无一例外。一份加利福尼亚州的研究发现，78%的特许学校在尝试新的做法，而其他公立学校只有 3%在这么做。

家长们看上去认为特许学校提供的东西很有价值。教育改革中心 5 年前开始对这些学校做调查，发现 2/3 的特许学校的招生都有"候选名单"。而在一项全国范围的调查中，65%的家长认为孩子所在的特许学校要比之前的公立学校更好，而不到 6%的人认为特许学校更差。

把"特许"这个点子放大

特许学校并不是"责任换自由"的唯一例子。1990 年，在受到财产税 15 年上涨的烦扰之后，俄勒冈州投票通过了《第五法案》，这是一项全民公决，决定大幅削减财产税。该法案要求州政府补偿地方政府和学区由此带来的财政收入损失，迫使对州政府经费进行削减。州立大学们的学费被州议会冻结了。

面对着财政缩水以及迫切需要大笔经费支付日常运转之外的费

用这一严峻局面，俄勒冈大学系统的总校长约瑟夫·考克斯向立法者提出了一项交易：各校区将额外招收2 000名学生，而且不要求增加额外的经费，但是立法机关要给予它们新的和实质性的自由来管理自己的事务。按照考克斯的说法，高等教育需要不受州集权机关对购买、签约以及人事管理的桎梏，其他限制了大学去开创性地解决问题的束缚也应该解除。

一些反对者会按照传统观点说，更多的自治将导致对公共资金的误用。另外一些人则害怕这个系统会乱砍工资、忽视平权法案、漠视少数族裔和女性的权益。

在做出一系列妥协之后，立法机关通过了《高等教育管理效率法案》(州参议院271号法案)。这项1995年的法案给予大学系统实质性的责任，让它们管理自己的劳资关系、租赁、服务合同、基础建设和购买。考克斯同意不抛弃该州任何主要的社会政策，包括希望行动①、平等收费和公正等方面的要求。

到1997年秋，俄勒冈州立大学各分校额外招收了2 000名学生，同时实现或超过了所有的社会政策目标、缩小了班级的规模、节省了670万美元的经费。在1998年，一个特设的委员会对《州参议院271号法案》实行的后果进行评估，他们的结论是：

> 在州参议院271号法案的授权下，俄勒冈大学体系可以自己管理它们的人事劳动关系、购买和服务合同签订。虽然这只是一个简单的观念，但却给俄勒冈大学体系的文化带来了根本性的和显著的改变。人们的关注点从“什么不可以做”转移到了“什么可以做”上，从程序转到了成果上。管理者们现在更有能力去发起变迁，成为追求其客户价值最大化的企业家。

① affirmative action，指鼓励雇用少数民族成员及妇女或改善他们受教育机会等方面的行动。——译者

仅仅在购买领域省下的钱就是惊人的。大学系统与Visa公司达成协议，建立了一套可以购买小件的“购买卡”系统。与州政府授权的类似卡片不同，大学的购买卡不需要收取每卡每年40美元的年费，而Visa则从所有的购买中收取0.25%的回扣。有了这些卡片，小件的购买可以每月由各机构自己结算，这大幅减少了大学“应付账款”的总数。

新规定允许大学的职员直接购买5 000美元以及以下的产品。虽然购买5 000美元到50 000美元之间的产品仍然需要走一套竞拍的程序，但是不再需要正式的竞争性购买过程——不再需要竞拍的建议书和邀请函。

让我们来举一个小例子说明一下灵活购买的影响。在旧体系下，州官僚机构平均要花17.5天的时间来完成一项要求购买新地毯的申请并批准一项合同——这并不算太久，但是如果与零售市场相比，就不是了。在那寄送购买文件的17天里，住房出租部门无所事事，不产生任何收入。通过把这种购买交付给一家当地的地毯店，俄勒冈州大学将大幅缩短了把那些空房间租出去的时间，租金也会滚滚而来。

各分校还可以简化他们的招聘程序，因为他们不再需要参加该州集中化的系统。填补一项空缺职位的平均时间，在波特兰州立大学从63.1天下降到了14.1天，在俄勒冈大学则从121天下降到了18.5天。而且，通过更快地发出邀请，各大学能够更多地招募到他们真正想要的候选人。

特许机构

一些政府已经将这种“责任换自由”的交易拓展到了单个的政府部门和机构。这里的思路是一样的：给予它们更多的自由来管理自己的预算、人事和购买，反过来，要求它们对结果承担更大的责任。

1986 年，在担任英国首相达 8 年之后，玛格丽特·撒切尔觉得再也无法忍受英国市政服务蜗牛般的改善速度。她要求她的绩效部门去研究这个问题，并提出下一步该怎么改革的建议。这个部门所做的事情，是任何一个蓝带委员会在一个半世纪里都不曾尝试去做的：它去问公务员们自己是怎么想的。答案事实上几乎是一样的：要想实现更有效的管理，最关键的地方就是让管理者自己去管理；不要束缚他们的手脚；给他们明确的任务和真正的权威；让他们对结果负责；让他们不再受那些迂腐的规则的限制。

绩效部门提出了现在为人们所知的“下一步”的行动方案。它将各部门的服务职能和执法职能分到不同的部门里，每一个部门叫做“行政机构”，给每一个机构更多的预算、人事和其他管理上的控制权；通过公开竞聘的方式雇佣各机构的行政负责人；为了延揽必要的人才，可以在薪水上灵活处理，包括支付红利。他们必须与所在机构签订一份为期 5 年的绩效合同，明确规定他们所要实现的结果和所能享受到的自由，以及每年的年度目标。每 5 年，行政机构就要过一次堂，进行一次“5 年一度的审核”，而行政负责人也必须得重新竞聘上岗。

在第一个 10 年里，“下一步”行动方案设置了 130 个行政机构，涵盖了几乎 3/4 的英国公共服务机构。这些机构成功地稳步提高服务质量，同时使雇员总数压缩了 15%。改革者的工具箱中几乎每一件工具它们都用到了：合同外包、公私之间的竞争、绩效红利、群体红利、全面质量管理、客户问卷调查、业务流程再造、内部市场、“一站式购物”，等等。

在 1994 年 11 月，议会财政和公共服务委员会将“下一步行动计划”称为“最近数十年来最为成功的一个市政服务改革项目”。

当托尼·布莱尔和工党在1997年上台后，他们对1991年的宣言表示尊重，继续保持了“下一步行动计划”的位置。（要想更多地了解英国模式的细节，请参见《摒弃官僚制》第一章和《政府改革手册》第三章。）

在20世纪90年代晚期，克林顿政府复制了英国的模式，声称要创造一系列“以绩效为基础的组织”。与往常一样，国会只批准了两个。一个是教育部的联邦助学金办公室，该机构每年负责监管超过500亿美元的针对高等教育的联邦奖助学金，包括裴尔奖学金①、学生贷款、博根斯贷款、勤工助学基金和教育机会奖学金。联邦助学金办公室每年帮助超过800万的学生支付他们的大学和职业学校费用。

国会之所以选择联邦助学金办公室，部分是因为对它的投诉数量居高不下。投诉者声称，奖助学金申请表很难填，而在申请高峰期，申请量偶尔会超过承办能力，让学生在那里苦等。在和联邦助学金办公室打交道的时候，学校必须与数十个陈旧落后的电脑系统作斗争；而且，他们反对联邦助学金办公室大量的晦涩难懂的规章制度，后者的官员带着一种“抓奸”的心态，通过突然袭击式的检查来实施这些制度。

有了1998年的高等教育修正案一级两党联立的压倒性支持，国会选择联邦助学金办公室成为第一家“以绩效为基础的组织”。立法机关号召联邦助学金办公室的首席运营官成为一名经验丰富的商业执行官，而不是一名政治性任命的官员或公务员。他或她与教育部长签订一份年度绩效协议，然后他们两个人一起制订一份该组织的5年计划。首席运营官的薪酬取决于联邦助学金办公室运行的情况。

① Pell Grant，是美国最大的联邦奖学金，主要针对的是低收入的弱势阶层子弟。57%的获奖者的家庭年收入在2万美元以下。——译者

事实上，教育部从来没有给予联邦助学金办公室所有国会承诺的灵活性，但是该机会确实获得了对购买流程的控制，尤其是在对信息科技系统的购买上。它还被授权成立一个针对所有员工的财政红利系统，并且可以在市政服务队伍之外，雇佣一个由 24 人组成的管理者团队，而这些人的薪水也是和他们的绩效联系在一起的。

联邦助学金办公室的首任首席运营官是格雷格·伍兹，他曾是国防部的一名官员和高科技企业的执行官，在 1993 年的时候已经加入了副总统戈尔的"全国绩效评估委员会"。伍兹和他的雇员们一起对他们的使命做了新的表述："联邦助学金办公室帮助美国学生完成学业。"他和他的团队设立了 3 个多年绩效目标：改善客户满意度、降低部门成本、促进雇员参与。

伍兹将联邦助学金办公室改造成了一个电子业务机构，为所有的客户和业务伙伴提供便捷的电子办理手段。他雇用了埃森哲咨询公司取代联邦助学金办公室最为陈旧和低效的一套电脑系统。他没有给埃森哲公司预先付费，但愿意分享新系统节省下来的资金。这在联邦政府还是第一次，而由于这个办法十分有效，联邦助学金办公室后来又签订了一系列类似的合同来运行其他的系统。在成为"以绩效为基础的组织"的头两年里，联邦助学金办公室创建了一套网申的程序，这个程序十分便捷，以至于选择这种方法的学生人数是使用书面申请的人数的 4 倍。它还为直接贷款服务创办了一个网站，允许贷款者事实上在网上完成所有与联邦助学金办公室有关的业务。这些创新帮助该机构获得了由出色政府绩效委员会、《政府执行层》杂志和联邦购买政策办公室颁发的"公共利益的商业解决之道奖"。

正如许多家长所知道的那样，联邦助学金办公室基本的申请表格叫做"联邦奖助学金免费申请表"。伍兹和他的团队的目标是，截止到 2001 年，接收 500 万份电子版的"联邦奖助学金免费申请表”，然后再超过 540 万份。他们为完成一份申请表设定的日期是 7 天，但到 2001 年时，他们事实上把时间压缩到了 4.6 天。为了强化贷款，他们设定，到 2001 年时完成一份申请的审核为 50 天，接收的电子申请表数增加 50%——他们现在已经超额完成了这两个目标。

毫不令人奇怪，客户的满意度有了飞升。为了确立一条基准线，联邦助学金办公室采用了“美国客户满意索引”，它在私营部门里被广泛应用。该机构原先的分数只有 60 多一点，低于政府平均水平，也低于私营企业 15 个百分点。伍兹和他的团队设定的目标是，到 2002 年，让得分数达到私营金融服务业的平均水平。在 2001 年，也就是成为“以绩效为基础的组织”3 年不到，该机构就达到了 74.2 分，只比私营金融服务业低 0.2 个百分点，远远高于联邦政府 68.6 分的平均水平。

伍兹为单位成本设立的目标是与增长相适应的，预设到 2005 年时在没有预算增加的情况下占 19%——因此也就是在单位成本上下降了 19%。大多数成本如预期的那样下降了，但是在直接贷款方面出现了一个未曾预料到的阻碍：低息贷款吸引了很多人再次申请贷款，这延缓了实现上述目标的速度。

在雇员满意度方面，伍兹的目标是由之前在联邦政府调查中排第 38 名，上升到前 5 名。他的团队在一年内就完成了这一目标，于是他们提高了目标，要与盖洛普①调查中私营金融服务企业的员工满意度和参与度看齐。到 2001 年时，他们超过了这一目标，创造了盖洛普史上联邦机构一年内进步最大的纪录。

---

① Gallup 公司，是由美国著名的社会科学家乔治 · 盖洛普博士于 20 世纪 30 年代创立，是全球知名的民意测验和商业调查/咨询公司。盖洛普公司在长达 60 多年的时间里，用科学方法测量和分析选民、消费者和员工的意见、态度和行为，并据此为客户提供营销和管理咨询。——译者

布什政府敦促伍兹增加第4个目标，来让这个项目变得更加完整——例如降低学生贷款中的拖欠率。伍兹设定了一个目标：到2001年时，让拖欠率低于8%，而那一年，该机构实现了史上最低拖欠率——5.6%。在回收之前拖欠的贷款方面，该机构几乎翻了一番：不仅回收了24亿美元的旧账，并且让27亿美元的贷款重新回到可支付账户中，而所有的这一切都是在经济衰退期完成的。因为这些成绩，该机构的工作人员在2001年收到的红利，相当于他们平常两个星期结一次的工资的90%。

不幸的是，格雷格·伍兹在2002年早期被诊断出患上了胰腺癌。在他去职之后，布什政府迅速地让一切都回到了常态。该机构不再测量客户的满意度、员工的满意度和单位成本；收回赋予联邦助学金办公室几乎所有重要的灵活政策，把绝大多数的注意力放到了省钱和清晰审计上。罗德·佩奇在休斯敦做教育局长的时候曾对特许学校热烈拥护，但是在做了教育部长之后却允许联邦政府把他自己的特许机构“阉割”了。

衣阿华州的特许机构

我们将联邦助学金办公室所使用以及英国行政机构所开创的工具称为“灵活的绩效协议”（flexible performance agreement）。这是一项导航组织与服务或执法组织之间达成的书面协议，明确阐述了期待的结果、被赋予的灵活政策、如何对绩效进行测量和报告，以及如何使用信息来触发相应的后果——不管是积极的还是消极的。

2002年，衣阿华州政府聘请公共战略研究所作为该州的官方“再造伙伴”，使用的是公共战略研究所在联邦助学金办公室发展出来的咨询模式。在汤姆·维尔塞克州长和衣阿华州参众两院的共同努力下，公共战略研究所帮助立法机构为该州创立了“特许机构”：也就是以绩效为基础的组织，与州长签订灵活的绩效协议。这些协议包含了“责任换自由”中通常所有的内容。6个特许机构接受每年将运营成本总共减少1 500万美元的条件。这6个机构都是自愿的，它们是税务局、监狱管理部、自然资源部、公共事业部，另外还加上商务部的酒精饮料管理局、衣阿华老兵之家。作为回报，它们可以得到下列的自由——这些内容都刊登在招募政府机构自愿参加该项目的小册子上：

- 可以不受关于全职员工限制或其他雇佣控制的限制；
- 可以在人事规则上破例，做有意义的事情；
- 可以在购买规则上破例，购买有意义的东西；
- 可以在信息科技规则上破例，购买你所想要的电脑和软件；
- 可以保留当年未花完的经费的一半用于次年的开销；
- 可以保留和支出从资本性资产的租赁或销售中获得的收益；
- 可以在账户之间重新分配资金；
- 可以在行政管理规章上破例；
- 可以获得300万的转型奖励基金；
- 两年内不受全面预算裁减的影响。

每一个机构都与州长签订一份为期5年的协议，明确说明它将达到的结果、它将完成的项目（它将有可能从中享受到40项自由）以及它的工作绩效的层次。300万的转型奖励基金允许特许机构从中申请财政支持。比方说，税务局就收到了50万美元的资金，用于与6名新员工签订为期两年的雇佣合同。大多数是审计员，他们被寄予带来比他们的薪水高得多的税务的希望，其他人的工作则是加快退税业务的进度，降低衣阿华州支付给那些应得到退税的纳税人的利息总数。

在这些协议签订后不久，由于州财政紧张，必须全面裁减预算达2.5%。维尔塞克州长信守了他对特许机构的诺言——这一举动极大地增强了该项目的信用。就在我们写作该书的时候，州长正在收集特许机构的报告，立法机关需要它们来保证之前许诺的其他自由不至于落空。

我们在下面几页里再现了对其中一个机构“灵活的绩效协议”的主要做法。

政府之间的“责任换自由”

在这样一个多层的美国体制中——联邦、州、县和市政府，外加一些特区和学区——有一些束缚管理者的规则来自更高层级的政府。每一年，联邦政府都要将超过 3 万亿美元的资金分给州和地方政府，但是使用者必须经历了一堆繁琐的程序之后才能用到这笔钱。

在 20 世纪 90 年代早期，俄勒冈州州长芭芭拉 · 罗伯特想从施加给联邦资金的束缚中解放出来。她所在的州正在通过它的“俄勒冈标准”对政府施政后果进行测量，她感觉到，如果他们被允许更加有效地使用这些联邦资金，他们的效果会得到更多的改善。在 1994 年，她成功地在联邦高级官员和俄勒冈州、县和市政府的官员之间达成了一项谅解备忘录，创造了人们所称的“俄勒冈意见”。正如全国绩效评估委员会 1996 年的报告所记录的那样，“他们同意率先尝试一套重新设计的体系，这套体系以结果为基础进行组织、管理和评估，以客户的需要和满意为导向，致力于预防问题，而不仅仅是在问题出现之后才解决它，尽可能地简化和整合工作流程，为地方层级的供应商的服务设计、完成以及结果设定责任”。

特 许 协 议

签署人：衣阿华州州长　衣阿华州税务局

依据衣阿华州法典第7J.1章，税务局请求州长将该机构指定为特许机构。

税务局承诺，通过绩效测量和特殊项目的形式，实现下列的成绩：

部门绩效目标：

- 到2007年，将个人所得税电子申报率提高到80%；
- 到2004年6月30日，60%的政府一般收入岁入税将通过电子转账手段收取；
- 90%的个人所得税的退税业务将在收到纳税人的申请后60天内办理完毕；
- 在抵达税务部门之后一日内，所有交易的99%通过集中化的会计系统得以完成；
- 在审计员效率方面，把ROI（投资返还率）保持在每1美元执行投资回报至少8美元的水平上；
- 95%的纳税人服务投诉将在24小时内得到回应；
- 客户对网站为基础的申请的满意度的平均值达到4分及其以上（分数从最低1分到最高5分）。

部门特殊项目：

- 到2003年12月31日，发展出5项新的电子服务方案。（比如，所得税、销售税、使用税和其他商业税的电子填表业务。）
- 与其他机构进行成功的合作：1）落实"企业资源规划"（Enterprise Resource Planning）系统，这个新系统将整合所有的预算、财政、会计、人力资源、购买、工资和福利数据。

2）对税收刺激和其他经济发展方案进行监督。3）对经济和财政收入预报程序进行改善。4）落实总务部门的政策。

- 对简化所得税体系和重建财产税体系提出建议。

特许机构的福利和灵活政策：

州长和副州长保证他们对特许机构成功的支持，并承认税务局和税务局长迈克尔·罗尔斯顿自愿成为特许机构。该机构将享受下列的福利和灵活政策。这些福利和灵活政策不能取代《责任政府法案》的规定。

管理局将保证，特许机构可以：

1. 从300万共同基金中为特许级机关经过批准的创新项目申请经费；

2. 从2004财政年度开始，保留当年年末时(机构运行)未花完的共同基金拨款的50%，保留期5年；

3. 在有需要和资源允许时，从公共战略研究所接受免费的支持来实现规定的特许结果；

4. 针对直接改善市民服务的业务，可以要求增加服务费用达到相适应的水平；

5. 通过使用电子签名、电子记录保留和电子交易，来降低复印和纸质工作的开支；

6. 从2004财政年度开始，免除“相当于全日制”的限制，为期5年；

7. 将“直接报告”的管理岗位，改为“志愿”岗位(“at will” positions)。相关的员工必须自愿同意这样的变化，并附上书面证言；

8. 增加工作中的实习生的人数；

9. 在工会批准的情况下，给不受签约保护的员工或签约员工授予“杰出工作绩效奖(绩效红利)”。这既适用于雇员个人，也适用于雇员“团队”；

10. 发放“特殊职责”津贴或“非常规职责”津贴。当一名员工被临时性地任命担任某项高层空缺职务时，允许发放“特殊职责津贴”。当一名员工被临时性地指派承担某些高层管理者的职责时，允许发放“非常规职责津贴”；

11. 在任何职务类别内创设新的职位，只要该职位的职责与已经确立的职业类别一致且符合集体谈判协议和人力资源管理的规章制度；

12. 购买总务部门合同之外的产品和服务，只要特许机构能够提供文件证明购买的成本和收益适当；

13. 出售和租赁资本性资产并保留收益，而且还可以要求总务部门作为销售资本性资产的机构；

14. 在备齐相关的审计文件的情况下，直接与营销商签订关于公务旅行的合同；

15. 支付2005财政年度的机动车管理费（经常费用）至少低于当前费用的30%；

16. 在具备相关的审计文件的情况下，可以签订唯一供方合同；

17. 可以通过追加的方式，将合同拓展到当前运行的可更新条款之外。

联邦、州和地方层级的参与者必须就他们希望的后果达成协议，然后厘清并排除会给结果实现制造障碍的因素。主要的思想是允许免除一些挡路的规章，允许将多笔不同的联邦资金整合到一起使用，这样最后的接收人就能更有效地使用这些资金。比方说，正如我们在本章开头所介绍的那样，俄勒冈的官员们就成功说服了联邦疾病控制中心允许他们将用于儿童免疫的6笔联邦资金流汇合到一起使用。然后，俄勒冈的政府、医院、保险公司和健康维护组织形成了一个联盟，发起了一项公共宣传活动，确保每一个孩子都能打上必要的预防针。在1994年到1997年间，两岁儿童接受充分预防措施的比例，从53%上升到了74%。最大的问题之一是过去的信息不充分，所以他们还创建了一个单独的登记体系，为该州的每一位儿童建立免疫记录，这也就是人们所知的“警报”体系。他们确保每一所机构——不管是公立的还是私立的——每一名医生都能够接触到这套体系，这样当一名孩子来看医生的时候，医生就能知道他或她是否还需要打哪些预防针。随着这套注册系统的上网，数字再次攀升，到2000年时达到了80%。

克林顿政府将类似这样的方案称为“绩效伙伴”，他们与其他的一些州也签订了类似的协定。克林顿还敦促只会碍事的国会将271项分散的基金项目整合到27个以结果为关注重心的绩效伙伴项目中。

在1993年，明尼苏达州提供了另一种模式，来解开州政府加给地方政府的束缚。该州政府成立了一个独立的委员会，由州审计长、财政部部长、总务部上、两名行政法法官以及6名立法者组成。这个委员会给地方政府拨付资金，用于奖励公共服务部门的创新举措，尤其是涉及各级政府之间合作的创新之举。更重要的是，它提供了3年州法的破例优惠，从而“消灭阻碍公共服务更有效实现的障碍”。这个项目就像是一个测试针：如果一个临时性的政策破例能够提高效率，同时没有引发意外的后果，那么该委员会和地方政府就会将这项法律法规上的变化固定下来。

到2001年早期，该委员会已经收到超过600项资金申请，并核准了113项。这些资金平均额是55 000美元，授予对象十分广泛，既有洛克县将市警局与县警署合并这样的小创新，也有创建一个为所有87县的检察官、州法院管理者、州检察长以及其他司法机构服务的电子信息网络系统这样的大事件。被授予者报告说他们1年能节约720万美元。不幸的是，2000年财政预算缩减了50%，终止了这项资助方案，而在 2002 年的财政危机中，立法机构干脆把整个委员会都取消了。

在第一批 84 个破例申请中，到 2001 年时有 36 个得到了批准。有 16 个没有得到批准，是因为它们牵涉联邦法律。委员会拒接了 3 个。还有 17 个机构实行了允许申请者在不从该委员会得到破例准许的情况下完成流程的规则，从而撤回了申请。有 25 项政府业务按照新的立法流程运转，使得所有的地方政府能够从同样的自由中获益。

例如，在明尼苏达州人口最为稠密的亨内平县，人们发现，20%的医疗援助对象没有按照要求每 6 个月就提交一次他们的收入状况证明。这些人就丢掉了他们的福利，只能在下一次他们需要帮助的时候再次申请——这是一项费时费力的流程。这些人中的大多数，是靠社会保障生活的老年人。县官员请求给予这些人特殊待遇，让他们只需要通过将自己的数据与社会保障管理局维护的电子数据做对比，就可以证明他们的收入状况，而社保局其实早已对他们的收入变化做了追踪。委员会批准了这个主意；随后，立法机构投票，允许任何愿意在必要的软件上投资的县都可以实施同样的做法。

委员会存在的单单这样一个事实，就改变了某些州行政管理者的思维。“州政府机关的官员们现在更加容易接受有助于实现政绩目标的新观念。”该委员会的执行主任盖里 · 佩格这样说，“为什么？如果州政府机关继续死抱着那些规章制度不放，地方官员现在就可以上诉到委员会，要求试验那些能够给予他们灵活性的新点子”。比方说，有一个地方学区有一个“未成年父母项目”，该项目为那些年轻的母亲照顾儿童，好让她们去上学，但是该州的公共事业部威胁要关闭这个中心，因为它并没有获得日托服务的执照。当该学区申请破例时，公共事业部立刻改变了他们的立场，自己愿意给该中心提供变通。

在衣阿华州，维尔塞克州长想将特许机构这个理念拓展到地方政府。衣阿华州对地方政府一直管得很死，州政府事实上控制着一切它可以控制的东西。一个小例子就是，任何超过 25 000 美元的地方建设都必须进行公开竞标，而光相关的法律工作就需要花费 4 000—5 000 美元。

于是州长提议，允许地方政府的任何组合——比如一个县和它下属的市，或者好几个市，甚至好几个县一起——去申请一种“自由共同体”的地位。这样的一种地位将带来大量的灵活政策：州级指令的减少；设立他们自己的财产税、所得税和销售税的税率、罚款和行政性收费的权力；简化的再造流程（比如，对一个县政府和市政府进行合并或者共享服务，或者将多重选举的职位改变成由一名民选官员指派其他所有的管理职位）。

反过来，这些城市或者县必须要做两件事情：第一，批准一项再造方案，对该市/县的服务进行重新安排（比如让县警接管市警局的职责，或者在参与的县市之间实现公共服务深度共享）。第二，建立责任机制，包括一套让公民们参与进来为共同体设立目标、关键服务领域的绩效目标、年度绩效和（简化的）财政报告的程序，而这些要邮寄给共同体里的每一个公民使其知晓。

维尔塞克州长的前任是共和党人泰瑞·布南士德，而布南士德的前幕僚长鲍勃·拉弗蒂现在是公共战略研究所的顾问，领导着这场改革运动。他将自由共同体看作开启地方政府一系列变化的催化剂。它们将给予地方领导者“为开创地方政府创新和改革提供工具和杠杆，这些创新和改革将使得该州剩下的地区更容易地赶上来改造地方政府”。他这样说道。

这是如今这个财政危机常在的年代里要想获得成功的公式。每一个 21 世纪的政府都应该用责任来换取自由，给予公共组织它们所需要的自由，完成公民所期待的责任。

第十二章

让行政系统结盟而不是结仇

当彼得·哈钦森在1989年成为明尼苏达州财政长官的时候，该州已经面临预算不足的局面，而他的任务就是让局面不至于失控。在上任后的头几个星期里，他所做的事情，就是仔细评估明尼苏达州为自己挖下的这个坑到底有多深。虽然有好几种方法可以让该州摆脱困局，但是没有什么魔法药方可以起到立竿见影的效果。两年预算中的6个月预算已经没了。哈钦森审视这个财政漏洞的时间越长，就越觉得它深不见底。

后来，哈钦森有了一个灵感。财政亏空的全额基本上等同于州政府雇员根据过去的增幅和当前的合同而对次年他们薪水涨幅的预期的总和。哈钦森的点子是，推迟这种常规的薪酬增长直到经济恢复以及财政收入回到正常的水平上来。

带着急迫的心情(以及不少天真的想法)，哈钦森向鲁迪·珀皮奇州长递交了他的计划。州长看上去赞同这一方案，他只是要求哈钦森在下周的联席会议上做一次陈述。

哈钦森带着一叠幻灯片参加了会议，他很有信心，觉得自己准备的那些图表能够说服与会者注意到该州的财政挑战有多么严重，以及他的提议是多么明智。他满怀激情地开始了自己的陈述，觉得自己论点的逻辑无懈可击。但是，坐在前两排的两个人不停地窃窃私语，还偷偷地笑。哈钦森毫不气馁，继续滔滔不绝，以一名改革者的热情说道，要想赢得市民的信心，就需要把预算拉回到正常水平。他富有激情地结束了陈述，用一番鼓舞人心的话语道出了自己的结论。然后他关掉了投影仪，转向了坐在前排的那两个人，问他们到底什么事情那么好笑。

“呃，”其中一个人说道，“你的陈述很华丽，但是很明显，你不知道自己在说什么。”

哈钦森刚刚上任没几个月，虽然心里犯嘀咕他们怎么知道自己知不知道自己在说什么，但是仍然用平静的口吻回答道：“你为什么这么觉得？”

“因为你不知道这个地方是怎么运转的。你看，这就像每年春天我们要粉刷我们的房子一样。渔季的第一天，就会有人命令说，我们要把屋子的里里外外都粉刷一遍。你告诉我们不要浪费纳税人的钱，但是每年我们都不得不错过渔季的开钓日，来粉刷我们那些不需要粉刷的屋子。”

哈钦森感到很震惊：“那你们到底为什么要粉刷那些不需要粉刷的屋子呢？”

“你是学财政的吗？”另一个人笑了起来，用身子戳着他的伙伴。然后，他一边摇头一边解释。

“听着，在春天，也就是这个财政年度结束前不久，他们就会把所有剩下的预算积累起来。他们知道，他们必须把这笔钱花光，因为，他们如果不花光，你们财政厅就会把这笔钱收走，然后在下一年的时候，在预算里就会把这笔钱砍掉。如果我们按你想的那样去做，也就是为纳税人省钱，那么，我们的预算就会缩水。你说得很好，但是事实是，这笔钱，你要么花掉，要么就丢掉。”

就在那一天，哈钦森才意识到，那些为预算、会计、购买、人事和审计而创造出来的实际的系统，远远要比民选官员或部门领导所做出的所有声明都强大得多。是这套体系在驱使那些官员，而不是相反。这也是为什么政府雇员将那些驱使他们的组织称为“控制组织”。在那一天，哈钦森还意识到，这些体系正在以节约为名，制造大量的浪费。

战略至关重要

哈佛大学商学院教授罗伯特·卡普兰这样说过：“对一名执行官来说，做账的时候，只有两件事情是重要的。其一，你是否知道你所在组织的战略是什么；其二，你的会计系统是否也知道。”我们要补充的是，你的预算系统、你的人力资源体系、你的购买体系以及你的审计体系也需要知道。

政府中的大多数行政管理体系都是被设计用来辅助科层体制的。反过来，人们发明官僚制是用来消除之前就存在的腐败和行政混乱的。官僚制的首要原则是，人们爱撒谎，所以必须受到控制——这也是为什么一份报销单往往要 9 个人签名才能报账的原因。这也是为什么司机们可以在 15 分钟内就更新他们的驾照，而政府雇员要花 7 个星期的时间才能报销出差的费用。

一般来说，那些运行行政体系的人会将这个体系看作保护纳税人不受政府雇员滥用权力危害的手段。这些老信条的守护者们没有看到的是，他们的行政体系正在采取一种与他们的组织非常不同的战略。他们的组织想要更好的成果，然而这些行政体系希望更强的控制。这些体系赖以存在的基础假设是，遵循程序规则将会达到与市民们所希望的规范一致的行为，比如公平、公正、低开支以及以绩效为基础的决断。100 年前的政府缺少的正是这些规则，由此导致的腐败激发了 20 世纪早期的进步主义运动。

我们现在可以宣布的好消息是，进步主义运动的确取得了胜利。这些体系确实发挥了它们的作用。与 20 世纪早期相比，政府内部的腐败已经减少了很多。坏消息是，我们仍然受到那些旧时代产生的体系的束缚。政府外部的变化要比政府内部的变化更快。尽管过去几十年里已经有了一些成功的改革，过多的行政体系仍然在束缚着政府雇员，无视后果、制造浪费。在这样一个财政危机常在的时代里，我们需要的体系是，不再束缚雇员，而是要论功行赏和提倡价值。

尽管现在已经有了很多的模式，但是对预算、财会、人事、购买和审计体系的改革仍然是有难度的。很少有政客理解这种改革；这种改革在政治上不吸引人；许多掌管这些体系的人将每一次改革都看作对公平公正、低成本和绩效取向的决定等原则的攻击。这也是为什么任何一项改革措施都要首先明确承认这些原则的绝对价值。行政改革必须符合下列条件：

要包含的原则	**要实现的目标**
公平公正	及时
公平	优质
高效：最低成本	高效：公民满意
以价值为基础的决定	有效开支：物有所值
责任	对绩效的影响

编 制 预 算

在第一部分我们讨论了如何编制让公民们愿意支付的预算。但是订立预算只是事情的一半。在预算得以确立之后，它还必须经受管理，必须面对政府每天所要面对的所有千变万化的环境。然而，大多数预算办公室都把它们的管理者管得死死的，日程上排的都是些打电话的活。它们不允许把当年的剩余挪到次年，不允许将钱从一个账户转到另一个账户上，也不允许在未经特殊授权的情况下，改变职员与合同之间结合的状况。一些预算办公室甚至走得更远，它们要对每一项雇佣或开支决定进行审核和裁决。

预算机构将管理者们绑得紧紧的，它们所采用的主要工具，就是以开支为基础的支出项目。它们命令管理者们提供支出的细节，繁琐到折磨人的程度，然后利用这些细节来绑住管理者。正如《改革政府》项目所报告的那样，10 年前在一个军事部门，基层军官光修缮房屋就有 26 个账户！全国绩效评估委员会则举例阐述了这种做法所带来的浪费。它举了一个例子，一个基地的扫雪机损毁之后，它没有了相应的设备。预算上没有列支相应的支出项目去买一个新的，但却列支有钱去做维修。于是，管理者们利用这笔钱去租赁他们所需要的扫雪机。不可思议的是，租赁的年费用——10 万美元——与买一个新车的费用是一样的。

这只是众多例子中的一个，说明预算系统实际上是如何鼓励公务员们去浪费的。最声名狼藉的例子，是许多文献中已经讨论过的每个财政年度末的疯狂开支。精明的管理者们会花掉每一分钱，从而确保明年他们至少可以得到同样多的钱。许多管理者其实知道怎么做可以省下 5%—10%的钱，但是如果你不能用这笔钱来做你想做的事情，你又何苦去承受重建或裁员的压力呢？谁愿意把钱省下来，然后唯一的后果就是让这笔钱被拿走，最后再分给那些大手大脚的其他管理者呢？

你也许觉得，管理者们可以申请授权把钱从一个账户转到另一个账户。但是预算机构常常是这样回答这个问题的："谢谢您的建议，但是，您不可以这么转移。既然您省了钱，我们在别的地方需要钱，所以我们会把它取走。谢谢。"一个聪明的管理者很少会两次犯同样的错误。

正如《改革政府》所说的那样，老式的预算"让管理者们陷入昨日的重点之中，而昨日的重点很快就会成为明日的浪费”。那种为了防止不良管理而实行苛刻的财政管制的做法，已经使得优秀的管理不再可能。

当然，每一个组织都有例外。在面对危机时，几乎所有的政府都能打破规则，找到它们所需要的灵活策略，然后把事情搞定。在面对紧急情况时，每一个来自第一线的人都可以到预算机构申请经费，只要他能清楚地说明任务、预期的后果和来自上级的授权。这也是为什么在洪水、飓风、雪灾以及地震之后，我们会发现例外情况的原因。但是，今天政府的财政状况是一场全国性的紧急状况。我们需要把我们在面对灾害时所采取的例外做法化为每天的日常规则。

要想做到这一点，政府就需要采纳我们在第三章中曾简要描述过的“结果取向的预算编制”。于是，他们需要对预算规则做出一些基本的改变。所有(下面要罗列的)这些改变在过去的10年里已经被广泛采用，并获得了巨大的成功。

提供现实的节约刺激。让那些省下钱来的机构保留一部分或者全部节约下来的经费，用于员工的收益共享或用于改善其绩效的投资(参见本书第八章)。比方说，华盛顿州就在1997年创立了一个节约刺激方案。政府机构可以保留它们一般性节约经费的一半——这些经费不得与津贴或者其他规定好了的开支有关。这些省下的钱(份额要大得多)被用于改善中小学教育的教学建设和技术，以及在高等教育中发放给杰出教授、研究生奖学金和用于奖励大学教师员工。这些机构可以将节余中它们可以支配的部分投资到之前的项目中，用来改善相关的服务。比方说，在2003年，大多数节余都被投资到了培训、科技和工作流程的改善上。自1997年以来，相关机构已经累计节约了3 100万美元，并为教育提供了另外2.27亿美元的资金。在这项方案实施的头几年里，节约下来的钱更多——毫无疑问，这是因为管理者们对激励方案做出了回应，快速地将运营中明显冗余的部分节约了下来。

英国、加拿大、澳大利亚、瑞典和许多美国州政府也允许政府机构分享它们的节余。不过，如果你要这么做，就请注意，不要给这些机构设立太多的规定和障碍。因为管理者会回之以不屑，将分享预算节余看做不过是另一种他们最终会吃亏的官僚游戏而已。要想实施分享预算节余的工作，有5个重要的方面需要注意：

1. 要想证明自己有资质参与这项方案，相关部门就必须证明自己的绩效没有滑坡。（你不想让它们通过裁减掉有价值的服务来节约经费。）
2. 确保这些机构可以自己保留的经费达到一定数额。我们推荐50%。
3. 只能将节余用于收益共享红利，以及不会增加该机构长远运营成本的投资上。
4. 要求这些投资通过某种方式与改善绩效联系在一起，比如加强服务、削减开支、提高员工技能或士气，等等。否则，这个方案有可能因为遭到那些认为每一项政府开支都是浪费的批评者的抨击而变得脆弱。
5. 对这些节余进行保护，避免以预算平衡为理由进行回溯性查抄(retroactive raids)。如果预算机构对可以分享预算节余穷追不舍，管理者们就可能得出结论说，这种激励不过是一种虚假的承诺，很快，就不会再有人省钱了。

作为对不停变化的环境的反应，应给予相关机构以灵活性，允许它们在不同的预算项目之间重新分配资金。解决预算僵化所带来的问题的最好方案，就是给予管理者们“整笔运营预算”（lump-sum operating budgets)，而不要对开支明细进行限制，允许他们把经费用于自己觉得合适的地方。英国、澳大利亚和新西兰都已经采取了这一做法，因为他们已经创立了一种让管理者对机构绩效负责的体系。他们现在关心的是如何控制结果，而不是控制这些机构如何花每一分钱。次优的解决方案是，赋予管理者们在开支项目和账户之间自由转账的权力。

创建一个创新基金。各机构可以利用创新基金这笔钱来进行投资，用于改善服务、降低成本或者同时追求这两个目标，就像我们在第十一章里所描述过的衣阿华州转型奖助基金一样。这一工具也应用得非常广泛。空军作战司令部成功管理着一个1 000万美元的基金。弗吉尼亚州的汉普顿市将年度分享预算节余中的10%投入到它的创新基金中。当每一笔投资与特定的回报——不管是否财政回报——联系在一起的时候，这些基金最最有效，这样的话，这笔基金就可以得到补充，或者换来政府服务质量的改善。

购　买

当初个人电脑刚刚开始出现的时候，明尼苏达州一所资源丰富的社区学校决定开设一门电脑课。由于这所学校隶属于州政府，因此被要求从州政府的购买办公室购买电脑。他们提前两个月提交了订单申请，发布了课程的广告，而且很快基本上就满员了。但是就在开课前两天，他们被迫取消课程，因为购买办公室还没有下订单。购买办还在等待其他的机构来提交类似的申请，这样团购时就能享受一笔大的折扣。当被问到为何他们事实上破坏了这门新课程的时候，购买办的人说，没有办法，他们的工作就是以最低的价格购买。

对管理者们来说，传统的政府购买体系令人沮丧，而且极度浪费。当得克萨斯州对公共部门和私营部门的购买成本进行比较之后发现，州政府每购买 1 美元的东西，就得花掉 5.5 美分的手续费，而私营部门却一分钱都不用花。光购买科技产品，州政府和地方政府每年就要多花 15 亿美元。

副总统戈尔领导的全国绩效评估委员会曾对联邦政府的购买体系进行过调查。该委员会的成员发现了类似的问题。比方说，联邦政府要花比私营部门 4 年多的时间来购买一项重要的信息科技系统，这就意味着，当这套新系统被买进来的时候，事实上它已经过时了。一名观察家将此戏称为“用 486 的价格买了台 286 电脑”。戈尔 1993 年提交的报告对这整个过程进行了严厉的抨击：

> 历史有助于解释我们当前的体系。当约翰·奥古斯塔斯·罗布林建造布鲁克林大桥的时候，人们传说他设计的承重量是当时人们预期的 20 倍。为什么？因为纽约市的购买系统当时被认为腐败透顶，罗布林担心按照正常规范申请的建筑材料会在关键标准上出现短缺。必须承认的是，联邦政府系统还从未向 19 世纪的纽约市那样腐败透顶。但是，即使在今天，支撑许多联邦购买条例、法律和政策的假设，仍然与罗布林对纽约市的担心是类似的。那就是，每个人都在试图欺骗政府，因此，每一种可能的情况都必须在可控的范围之内。
>
> 我们制定了汗牛充栋的法律、条例和监督制度，这个体系建立在这样一个假设的基础上：如果被赋予了自由裁量权，管理者和购买员就会草率地乱花纳税人的钱。让管理者自己学会节约、做出明智的决定以及对结果负责——对我们的政府来说，这样的理念仍然是新鲜事物。

在戈尔副总统、克林顿总统和约翰·格伦参议员的敦促下，国会在20世纪90年代通过了两项重要的购买改革法案。这套体系仍然不够完美，但是已经有了很大改善。在1997年，全国绩效评估委员会这样报告说：

> 整个体系正在被彻底重建。国会在此方面提供了巨大帮助。它通过了1994年的《联邦购买简化法》和1996年的《克林格科恩法》①。五角大楼已经（与供应商）签订了常年的合同，同时越来越多地使用商业手段。在新C—17运输机和新智能军备方面，这已经节约了27亿美元。较小规模的购买也有所改善。比如，陆军现在花2.29美元的价钱而不是之前的6.75美元购买一个野战包。这些节约都累积了起来。
>
> 政府过去在购买诸如订书机、书本和单项软件这样的小东西的时候，和买大件没什么区别：文书工作就需要花掉50美元甚至更多。政府支出的费用到了荒谬的程度：一个4美元的订书机会花掉54美元，然后还要花好几个月的时间填表，才能让那个需要订书机的人拿到它。供应商也不会很开心，因为4美元的东西却要花两个月到三个月的时间才能从财政部那里拿到支票。
>
> 在1985年的时候，商务部的5名雇员曾研究过如何对小型购买进行简化。他们从私营部门那里得到一个非常常识性的主意：信用卡。在一项落基山银行卡系统的试行项目中，500名员工被配发了Visa卡。毫不奇怪的是，这取得了成功。1993年时，全国绩效评估委员会推荐这个项目应该大力推广。今天，政府已经用这些卡购买了超过1 000万美元的货物和2 000万美元的服务，已经节约了超过7 000万美元，提高了把所需品递

① Clinger Cohen Act也即《信息技术管理改革法和联邦购买改革法》（Information Technology Management Reform Act of 1996）。——译者

交给使用者的速度。总共加起来，改革已经为纳税人累计节约了超过 120 亿美元。

许多州政府和地方政府也纷纷跟进。密尔沃基市发放了购买卡，让商品的购买变得更加简单。在发现 41%的购买申请都低于 5 000 美元，而且只占到了总购买额的 2%不到之后，该市还将各部门自行购买的限额提高到了 5 000 美元(当然需要由购买官员进行审计)。购买部门将简化了的程序指导放到了局域网上，这样所有的管理者都能轻松知道规则是什么。它还使用数码技术来加快购买过程，并提供更好的管理报告。结果是，密尔沃基市得以裁减掉 2/3 的雇员和节约了超过 55%的预算。效率得到了提高，执行成本得以下降。

为了让每一分钱花得更有所值，我们推荐下列几个基本的购买原则：

给予管理者对购买更多的控制权，以及更多的责任。增加管理者自己购买物品的决定权，并提高到一个合理的水平。发放给他们用来完成所有这些交易的购买卡。

用“最佳价值”代替“低支出”。太多的组织将低支出作为购买的唯一基础。太多的购买规章实际上要求他们这么做。但是一个不耐用的便宜货或者并不真正符合需求的廉价服务并不是一项好的交易。“最佳价值购买”对所有的政府购买员是一种挑战，它要求让每一分钱都发挥最大的价值，而不是最低的价格。它要求购买员们去考虑产品使用期限内的总成本，包括运行和替换成本。它还要求购买员们去考虑供应商过去的表现、产品或服务的质量，以及声明的技术表现。其他重要的因素还包括供应商的财力状况、交货的时效性、培训所需要的成本、对解决方案的现实风险评估、获取技术支持的难易程度和成本，以及一个合理的测试和质量保险方案。

让商品的购买变得简单化和自动化，扩大符合资质的购买品清单。在政府里，购买商店里的成品要比其他产品简单得多。没有必要经历一系列繁杂的过程：撰写详细的说明、进行评估、对供应商进行资质审核等等。而且，通常情况下，商品的供应商也足够多，市场竞争会以合理的价格提供优质的商品。让我们这样想一想：如果你能够在“史泰博”或者“欧迪办公”这样的专卖店买到东西，为什么要让官僚主义的复杂程序浪费人们的时间呢？不如使用批准了的主商品清单、创建电子化的目录、在线购买产品，并坚持要求供应商经常更新他们的价格。保持对清单的关注，因为昨日的特供商品明日可能就成为了日用品。比方说，个人电脑曾经一度是特殊用品，但是今天它们绝对已经是再普通不过的产品了。

加利福尼亚州的购买员们决定不用他们自己劳神去制定主合同。他们把联邦总务管理局合拢的清单拿过来，觉得这个单子已经够好的了，于是决定：加州的政府机构可以从那些联邦政府已经验证过的任何一家商家那里购买商品，让它们成为加州方案的一个部分——上限是25万美元。这种做法让人们的选择更广、价格更低，而且使得许多产品和服务的购买变得更加快捷。

强化竞争。对商品来说，管理者们应该对多家供应商进行资格审核，并且促使他们一直在价格上进行竞争。对特殊的购买来说，要确保将不同的购买商纳入进来——就像购买办传统上一直做的那样——并且要走向“以结果为基础的详细说明”（参见下文的解释）。这会鼓励更多的供应商觉得自己可能有戏入围竞拍，同时也促使传统的竞拍者去更富创造性地思考如何实现买方要求的目标。

为电子商务创建基础条件。应该使用电子竞拍、类似 e-Bay 这样的购买手段（审计要保留）、电子目录和订单以及电子转账技术。事实上，许多政府部门都已经将它们经过核准的商品和服务目录放到了网上，要求供应商时刻调整他们的价格相互竞争。当密苏里州采取这一做法之后，在头 5 年里，光电脑科技购买这一块，就省下了将近 1 000 万美元。美国联邦政府也已经创建了一个在线购买和下单系统，名字叫“联邦总务管理局优先！（GSA Advantage！）”。这个体系可以让联邦政府雇员从上千家承包商那里选择数以百万计的服务和产品。

与供应商建立合作伙伴关系，与他们共担风险和回报。与供应商建立长期的合作伙伴关系，从而利用他们关于如何改进效率的最佳思想。尤其当一项产品十分复杂或不确定时，支付给他们一部分盈余或收益，而不是一份担保费。例如，加利福尼亚州免税委员会就创立了一种合作关系，来重新设计它的税收体系。该委员会并没有制定详细的说明，而是向事先经过审核的供应商陈述了自己的问题，并寻求他们关于如何解决问题的最佳方案。一旦该委员会选择了一家供应商，它就会协商出一份合同，里面保证会支付一定比例的节余和新收入。在该体系建立了这套合作伙伴关系之后，它所收到的回报是该委员会之前预期的 5 倍。供应商在 5 个月内而不是两年的时间里收回了它们的投资。整个项目只花了 4 个月的时间，时间只是类似项目平均时间的 1/5。

利用“提案请求”（Requests for Proposals），来获取绩效，而不只是满足专门的要求。在一些特殊的复杂或独特工程中，政府部门也许没有相应的知识来提出详细的特殊要求。解决的办法，就是提出它所要求的效果是什么。然后，利用竞拍过程来挑战潜在的合作者或供应商去运用它们的智慧来提出解决方案。加拿大将这种做法称为“共同目标购买”，密歇根州则将自己的版本称为“以解决方案为基础的”敦促。这一过程通常有好几个步骤。比方说，在加利福尼亚州，州政府首先要求潜在的供应商提供一份高水平的概念报告。然后，购买官员与那些提交报告的公司对这些申请进行讨论，接着才要求这些商家根据政府更为详细的要求提交更为详细的说明。这个过程可以反反复复好几次，但是供应商直到最后才提交他们的报价。虽然这比一步到位的提案请求要更花时间，但这却有助于州政府更多地了解供应商的专长所在，然后来决定自己到底需要什么；它也有助于供应商了解政府到底想要什么。它还能促发出更多富有创造性的解决方案。

人事和人力资源

1881 年，一名失望的觅职者枪杀了詹姆斯·加菲尔德总统。作为回应，国会通过了一项公务员服务法案，订立了一系列人事规则，意图控制政治对公职雇佣的操纵。一开始，这个体系很简单，很大程度上模仿了英国的政府服务制度。但是随着时间的推移，国会和联邦人事管理局订立了越来越多的规则，试图消除所有独断专行和任人唯亲的现象，但是没有效果。到克林顿当选总统的时候，联邦的人事法规已经有 850 页之厚，联邦人事管理局关于执行这些法律的行政规章则达到了 1 300 页，另外，在人事管理局内部的联邦人事手册中，还有 10 000 页的规章和指导意见！（克林顿曾试图抛弃这些规章重新开始，但是国会从来没有通过他的关于对公共服务法律进行改革的提议。）

事实上，在过去的 20 年里，几乎每一个对传统公共服务体系进行过研究的人都曾呼吁对这个体系进行根本性的大修。布鲁金斯学会就曾呼吁对我们的联邦公共服务体系进行“彻底的重建”。马萨诸塞州纳税人基金会给这一联邦系统打上了“噩梦”和“一个没有缓解的灾难”的标签。全美公共管理学院则说：“问题不在于联邦政府是否应该改变它如何管理其人力资源的方式。问题在于，它必须改变。”克林顿政府的全国绩效评估委员会得出的结论是：“要想创建一个有效率的联邦政府，我们就必须改革几乎整个人事体系，这包括了招募、雇佣、分级、提拔、付酬以及奖励体系。”对每一级政府来说，为一个由办事员组成的政府而设计的官僚体制，已经成为一个由脑力工作者组成的政府的束缚。

就在大多数公立服务体系在发展壮大的时候，政府雇员却没有组建工会。法院尚未宣判大多数庇护性的雇佣和解雇为非法，也没有对大多数不正当的解雇提供保护。唯一能保护政府雇员免受反复无常的民选官员侵害的，曾经只有公共服务法规——民选官员们有一个坏习惯，那就是当一个新政党接管权力后，他们就会解雇数以千计的雇员，然后把新的工作奖励给他们的政治支持者。

现在，我们已经有了3层保护，而结果常常是僵局。管理者们在雇佣他们需要的有用人才时十分麻烦，因为高度集权了的雇佣过程非常地官僚化和缓慢。数以千计的职业分类将政府雇员们划分成一个个荒诞的细小类别和薪酬等级，管理者们要想给谁挪动位置或者许以更高的薪水会非常困难。在每一个等级内部，薪水是论资排辈的，而不是根据个人表现。当出色的员工达到其所在等级的收入上限，除非被升职，否则涨薪就不再可能。当开始裁员时，资深的雇员通常能够在一场疯狂的“音乐椅子”①的游戏中“碰到”那些好位子，把那些不开心的人留在了他们没有经受过训练和不想从事的岗位上。好的管理者浪费大量的精力用来规避这些规则，他们精疲力尽地与人力资源办公室的人周旋，试图把具备某项技能的人安排到正确的岗位上。

甚至把那些不称职者解雇也几乎不可能。它通常非常耗时，而且要求一系列的申请才能通过这场持久战，因此大多数管理者像躲避瘟疫一样躲着这种事情。相反，管理者们会把这些人挪到闲职

① musical chairs，“音乐椅子”是一种室内游戏，类似中国的“击鼓传花”。在音乐声中参加者围着按人数计少一把的椅子转，音乐一停，就抢座位，每次淘汰一人并减少一把椅子。——译者

上，或者把他们塞给不知情的同僚。比方说，在明尼阿波利斯学区，校长们要想摆脱那些表现不称职但拿到终身教职的教师，就会利用预算限制或者项目变化来把他们“排除”在外。这通常意味着除掉他们的工作，然后用其他名义重新创造新的同样的工作，这样就能雇佣到更好的老师。这种清理门户的行为总是发生在春季，而那些被“排除”出去的人拥有权利去在别的地方申请职位。虽然这一过程从技术上来说被称为“投标”，但是另一个更为形象的辞藻更能说明它的特色——“柠檬的舞蹈”①。学校里的每一个人都知道谁是“柠檬”。而且每一个人都知道，这些人的存在是在毁坏这个学区的信誉。所以，当彼得·哈钦森成为学区的主管之后，他和教育工会的领导人路易斯·苏丁一起提出了一个显著不同的方法，并把它写进工会合同当中。通过一种新的职业发展过程，每一个教师都创建一个团队，包括他或她的督导和若干同事，来让他或她工作得更加高效。如果别人的抱怨增加，他们也许会推荐更多的集中帮助，包括培训、听课、指导和详细的改进方案。通常情况下，这会有助于他们恢复到正常轨道上。但是如果不奏效的话，督导和团队可以建议实施新职培训和终止合同。在过去的5年里，有300名教师被要求接受集中帮助，其中70人已经不再在明尼阿波利斯市教书。

这一新过程的公正性在一开始就得到了确立。在第一批离职的教师里，有一个人有28年的教龄，另一个人则是教育工会的执行委员会的成员。在另一个早期的案例中，一名教师选择召开传统的听证会，之前这种听证会总是让将不称职者调离的努力不了了之。这名教师在一名工会指派的代表的陪同下出席了听证会。在桌子的另一边，她发现出席听证的不仅有学区的代表，还有两名曾经在她的

① the dance of the lemons，“柠檬的舞蹈”是一种字面翻译，实际上指的是一种把“坏”教师重新安排到新的学校或学区而不是解雇他们的做法。“柠檬”在英语里有“令人失望的、无用的、靠不住的人”的意思。——译者

绩效改进团队工作过的同事。他们都准备得很充分，证明了她确实缺乏教学技能。她当场就辞职了。

在2002年，华盛顿州的立法机构通过了公共服务改革和集体谈判法案。由于立法机构呼吁对华盛顿州的人事体制进行彻底的改革，人事部门进行了大量的研究，来评判其他人力资源体系(包括私营和公立机构)的趋势和最佳实践。他们提交的报告对人力资源领域正在逐渐席卷的基本趋势进行了很好的综述，而政府则努力对那些根植于19世纪的实践进行改革，代之以更适应21世纪的做法。

> 不管是在公共还是私营部门，总体趋势是将人力资源管理与组织的直接战略目标更直接地联系在一起。这就要求一个更灵活的人力资源管理体系，它应该能够适应不断变化的业务要求，以及一个大型组织内部不同部门(比如州政府内部不同的机构)之间不断分化的需求。
>
> 要想建立这种灵活性，组织应该降低集权的程度，应该赋予管理者更多的人事权，同时让人力资源管理专家提供工具、服务和咨询。
>
> 州政府和其他公共管辖区正在使用各种各样的方法来简化它们的分类体系。许多组织正在采用一种宽松的方式：以各种指标为基础——比如工作的类型、责任的水平、补偿水平、职业团体、职业能力等因素——许多工作或功能被划分进广义的范畴当中。
>
> 公共部门薪酬的趋势是，走向一种更加灵活的体制。在这种体制内，有着灵活的薪酬体系以及/或者支付选项，其运行承认劳动力市场的短缺；有着教育、培训和技能发展规划；对个人和团体的出色表现都有奖励。
>
> 随着组织将它们的人力资源体系现代化，它们倾向于更加

强调将绩效作为所有类型人力资源决策的关键因素，包括补偿、提职、解雇和重新聘用。清晰的目标成为经济和其他奖励的基础。对绩效的评估成为日常工作的一部分，而且被看作员工管理的一个关键组成部分。

要想使这幅图景更加丰满，我们推荐下列原则：

赋予管理者管理自己人的自由。降低上级部门在雇佣、解雇和升迁方面的权力。把这些权力从人力资源部门那里拿走，并赋予相关机构和部门自己，同时要求它们对自己的绩效负责。让人力资源部门成为一个咨询性的或者支持性的角色。毕竟，如果他们摆脱不了自己所带来的特定后果，要为此负责，管理者们就需要相应的权力，来集结一致由称职的人和有士气的人组成的团队。

对工作分类进行更加宽松的界定，给予相应机构在组织工作中更多的灵活性，大幅度减少职业分类的数量——如果有可能的话，降低到 12 个左右的水平。当需要变化时，这将给予管理者们更多的灵活性，来将一个人在同样的广义层级内挪到新的岗位上。

给这种宽松的职业分类配套以宽松的薪酬系统，在每一个职业类别内部，只存在 3—5 个宽松的支付范围。宽松的体系已经许多地方证明了自己的成效。这种体系允许管理者们设定薪酬的水平，从而能够招募和挽留他们需要的人才。

简化雇佣、升迁和惩罚的程序，并将所有这些程序建立在客观的绩效预期的基础上。高度集权的人力资源管理过程是出了名的慢。比方说，雇佣一个人往往要花 3—6 个月的时间，在这个时间里，最好的候选人已经找到了其他的工作。在人事裁员中，使用工作绩效而不是工龄作为标准。终止资格老的人在抢位子的游戏中“碰到”座位的现象。留下那些表现出色的人，让那些表现不佳的人走人。同时简化解雇过程。比方说，只允许进行一次申诉。

将薪资与绩效联系起来。停止以工龄为基础的自动涨薪现象。将薪水设定在能招募和挽留你所需要的人才的水平上，并用红利、津贴、收益共享和其他绩效管理工具对出色的绩效给予奖励（参见第八章）。允许以特定的挑战性的任务为基础，设定不同的（持续性的或者临时性的）补偿率，比如操作新的设备、接受跨工种的培训以承担多种工作任务。把这种做法作为激励员工进行终身学习的手段，或者为那些从事基层工作的人提供升迁的渠道。通过采用以团队为基础的奖励措施，强化团队在工作中的作用，比如团队红利、收益共享和绩效奖励。

对培养员工的技能和能力进行投资。对培训和教育进行投资。根据公共服务全国委员会的统计，在培养员工的能力方面，大公司花的钱是联邦政府的 4 倍。另外还需要做到的是：

- 创立以团队为基础或者以同龄人为基础的职业发展过程。这一过程包括年度的目标设立、为职业发展机会制订计划、将同事的意见作为绩效鉴定的一个部门。
- 利用职业轮换来强化学习、增长和提高贡献率的机会。把每一份工作当作是一次学习机会，把每一个人都当作是连续计划过程中的一分子。
- 给每一位员工安排一名督导。这名督导将成为可信任的信息来源，提供对与员工面对的挑战有关的绩效、建议和鼓励的反馈。督导甚至能帮助最优秀的人做得更好。
- 对领导力的发展进行投资。领导力不是天生形成的。

会　计

传统的公立会计系统有着数以千计的支出编码，用以追踪个人支出的细节。这些编码被发明出来的目的，是要保证政府资金中的每一分钱都没有被浪费。然而，这只是问题的一个方面。细节往往战胜了那些处理这些数据的人。在明尼苏达州，各学区被要求使用1 500个编码标准系列来输入数据，同时遵从一份厚达400页的手册的指令。之所以这么做，是因为他们相信，这将很好地保证上百个学区所输入数据的精确性和可比性。然而，立法机关的审计员却发现，45%的被审计的输入数据并不精确，这大部分是因为学区的工作人员无法保持对如此众多的编码的意义和细微差别的理解。这套系统花费了数百万的资金，创造了一个实际上不存在的关于精确性的幻象。

会计系统通过告诉人们去做什么来说明什么是重要的。在许多案例中，他们清楚地表明了，成本而不是成果，才是对他们来说最重要的东西。归根结底，这样的体系被创立的目的，就是控制开支，而不是去实现绩效。大多数政府会计系统与政府人事系统一样，来源于进步主义时代，目的是防止欺诈和滥用职权。由于他们最关心的是挪用资产，所以这些体系的设计者们几乎把所有的注意力都放到了当前的交易上，正是在这些交易里，公家的钱有可能流进私人的荷包。这被恰当地称为“现金会计”，因为它的主要目的，就是追踪现金的使用。不幸的是，现金会计过于关注短期，从而忽视了当前决策的长期意义。在一个现金体系内，政府可以在不将这些支出计为债务的情况下，为雇员们的未来支付福利（比如养老金）。政客们也可以拆东补西地获取好处，账面上几乎看不出来（虽然不是完全）有什么预算上的增长。

现金结账的另一个错误是，它忽视了资产价值的下降。当政府建造一座大桥或者航空母舰的时候，它是在创造某种有价值的资产。但是随着岁月的流逝，这些资产的价值在下降，因为没有费钱的保养和维修，它们就会折旧。这种资产价值的逐渐消耗，正是人们所知的“贬值”的一种形式。在用以追踪当前交易的现金结账体系中，人们是看不到这一点的。于是，政客们可以建造新的项目，举行剪彩仪式为自己的脸上贴金——他们确实也这么做了——但是，现存的设备却被忽视了。当他们在财政危机中砍掉维修费用时，被忽略掉的庞大的未来开支在数年的时间里就不会再在账目上显示出来。更不要说的是，这样的体系鼓励了政客们的天性：任何与下次选举无关的事情都是可以忽略的。

在 20 世纪 70 年代晚期，这种短视的思维把纽约市和克利夫兰市带上了破产的边缘。结果是，议会的领袖们开始讨论，如何改善州政府和地方政府现在的会计标准。出于对议会的法令的担忧，全美州长协会以及 8 个类似的组织一起创建了“政府会计标准委员会”，这个委员会的目的，就是界定人们“普遍能接受的会计准则”（generally accepted accounting principles）。资信评估机构对政府的财政管理进行评估，而评估的标准之一，就是它们是否达到了“普遍能接受的会计准则”的标准。

在 1990 年，通过创立新的标准，政府会计标准委员会开始推动政府摆脱现金结账体系。新的标准要求“适度的”自然累积的结账方式。到了 90 年代末，政府会计标准委员会更进了一步，要求对所有的政府收入和开支，包括资本资产，实行全面的自然累积的结账方式。在 2002 财政年度，这种做法开始适用于各州政府和大城市，2003 年推广到中等规模行政区，2004 年则应用到了年财政收入低于 1 000 万美元的地区。它要求不管是哪一年做出的开支和获取的收入，而不仅仅是收入或支出的现金，都得计入当年，目的是消灭由于时间偏差所制造出来的账目上的幻象。它还迫使政府逐年降低资本支出。目前，政府会计标准委员会正在努力将用于退休人员的开支也纳入进来，这不仅仅包括养老金，还包括诸如退休医疗福利这样的支出。

这些都是向前迈进的重要步伐，而且各级政府都必须遵从政府会计标准委员会的标准。但是，这些统计出来的新信息只会显示在年末的财政报告而不是预算中。资信评估机构会阅读这些报告，但是有多少官员会留意，就不得而知了。就像许多问题一样，这也许取决于有多少记者在报道它们。

另外还有其他的一些做法，可以帮助决策者获得对做出更为有效的决定所必需的重要信息。全面的成本结账有助于管理者们识别出其所在项目和部门的直接和间接成本，比如养老金和其他员工福利。以活动为基础的成本计算方法走得更远，它可以帮助管理者们找出每一项产出到底花费了多少成本。在知道了填一个坑洞、建一英里路或运行一个项目的真实成本之后，知情的管理者可以对价格、价值和其他工作的竞争力做出判断。

换句话说，如果会计体系设计得当的话，它们可以提供有用的信息。但是，人们往往自以为对会计体系十分了解。政府很少去问，我们的会计体系的战略是什么，它如何帮助我们实现大多数的目标而且纳税人还愿意付钱？事实上，我们从来没有看到有人这么做，直到有一天纽约州采取了行动。

纽约州现在的会计体系是在25年之前建立的。在那25年的时间里，它变得越来越复杂，成了一个由层层体系和次级体系拼凑成的混合物，使用的技术则是好几代之前的陈旧玩意。纽约州在几年前决定，现在该建立一个新体系了。在大多数辖区内，就仅仅意味着让当前的体系在技术上变得更加成熟。但是，把东西变成电子化的，并不必然意味着结果就会更好。纽约州的助理财务总监露丝·维特斯意识到，重建会计系统可以是一个技术性的机会，也可以是一个战略性的机遇。在急匆匆地去购买新软件之前，她和她的同僚们向自己提出了一个问题：新的系统应该建立在什么样的假设之上，应该产生什么样的后果。这一战略性的反思促使他们得出了一些有意思的结论。其中的一些列举如下：

- 纽约州和州财务总监办公室的运行战略，应该是实现运行上的卓越。也就是说，持续地改进所有活动的质量和成本效率（资金价值）。我们将设计出一个“集中会计体系”（Central Accounting System）来支撑这些战略。
- 纽约州和州财务总监办公室应该接受合理的风险，以换取合理的回报。这些回报的形式包括：

  更低的成本

  改进的成绩/结果，以及/或者：

  更好的客户服务
- 州财务总监办公室相信，纽约州的会计战略应该支持它的运行和财政战略。
- “集中会计体系”的核心目标是，为有效的决策提供所需的信息。对这些信息的使用，目的是改善纽约州的管理和运行、执行和责任。
- “集中会计体系”将被设计成用来鉴别错误、失误和前后不一致之处。在这样的建议下，“集中会计体系”将被设计得能够适应：

  组织的自我纠正；

  组织应对错误时的自我学习；

  罕见或独特情况下所需要的灵活性；

  各组织和州财务总监办公室之间分歧的解决之道；

  当各组织拒绝纠正错误时，州财务总监办公室在这些情况下的干涉方式……

这是对会计战略的一次独特的阐述，因为它说，会计的核心目的，是为决策提供信息，而不是为了控制。在这个意义上来说，它只是一项哲学陈述，是用来指导新体系建设的。这套哲学要想真正落实到新体系中，还需要时日。但是，沃特斯和她的同僚们问对了问题，而且从他们需要什么，而不是纽约州始终有什么出发，来回答这些问题。

除了政府会计标准委员会的新要求，以及纽约州所勾勒出的哲学模式，你还可以通过运用下列的原则，让你自己的会计体系来支持你的战略：

确保你做账的东西确实有所值。做账的时候，细节的程度要适当，而且不要把细节和精确性搞混。正如我们之前所介绍的明尼苏达州的案例所显示的那样，细节增加了，精确性可能反而降低了。

利用会计系统去收集信息，管理者们可以利用这些信息来自己管理他们的财政，而不是要会计系统自己去管理。在传统的公立会计系统中，人们通过创建多重的步骤和审核来控制风险。这制造了一大堆繁琐的程序。即便一位管理者有预算，也有责任去履行职责，他或她要想花一分钱都需要会计系统批准这笔预算金额；需要负责合同的官员、这名官员的上司（如果合同较大的话，还需要上司的上司）、会计部门来一起批准这份合同或订单；需要收据和发票；需要负责合同的官员、这名官员的上司（如果合同较大的话，还需要上司的上司）、会计部门核准这些发票；然后报销；最后，提交一份交易记录。这个流程实在是太慢，政府不得不通过法令，要求快捷地支付发票，给这个体系注入一种紧迫感。

需要注意的是，将所需的财政信息记录下来，只是众多步骤中的第一个。剩下来的步骤经过了严格的设计，用以确保开支处于控制当中。但是每一步和每一次审核都会消耗管理者的时间。一个会好得多的做法是，让管理者们对结果负责，让会计系统给他们提供他们所需要的信息，让他们自己管理自己的钱。

平衡风险和收益。一点风险都不允许是错误的做法，而且要做到这一点太昂贵——它要求太多的步骤和审核，会让组织变得迟钝。我们需要承认，某些风险，比如允许管理者在不经额外审核的情况下支出一定金额的费用，不仅是可以接受的，而且会降低成本和改善服务。如果你将自己的会计系统设计成以同样的方式处理每一笔交易，你是在花买西瓜的钱去省下买芝麻的钱。

对财务报告和绩效信息进行整合。今天，大多数政府官员都会从会计部门那里收到报告，里面详细罗列了他们花钱的细节；他们也会收到来自预算部门的报告，里面告诉他们，相对于预算，他们花了多少钱（以及对这些差异的费力的解释）；他们还会收到来自员工关于工作的报告，通常汇报的内容涉及投入（工资总额、常日班、加班、耗材等等）以及产出（填补路面塌陷、完成执行过程、撰写报告）。然后，剩下来的事情就取决于管理者如何来理解这一切了：去理顺一组信息与另一组信息之间的联系，在资源的配置或者员工的使用之间建立联系。这需要大量的文书工作，这些工作让人心力交瘁。

一个整合了的报告系统应该向管理者汇报有关绩效的最新总体信息：花费掉的投入（财力、人力、物力）、完成了的行动、达到的产出、实际的后果，以及与组织的绩效协议和预算相比，结果如何。事实上，会计系统应该每个月向每一位管理者递交一份绩效记分卡。这将使得管理者们掌握他们所需要的信息，从而能够持续地改进他们工作的质量。

对那些需要被计算的成本来说，使用全额成本结账法、以行动为基础的成本计算法，以及累积性的结账手段。把这些结合起来，管理者们将看到，实现他们被指派完成的后果，实际上需要花多少钱。

审 计

“一个持久不变的事实是，大多数人都会尽他们最大的可能少做多拿。”说这句话的人叫麦克·伊根，他是费城市财政局的一名审计官员。他继续说道：

> 这是人性的一个部分：懒惰和贪婪与生俱来，勤奋和诚实是后天培养的结果。人们需要某种刺激才能勤奋不懈地工作，才能让他们的手远离装钱的柜子。自从第一份管制规则在伊甸园里诞生和传播以来，那个刺激就是恐惧。这是一种本能，一种不能改变的驱动力，让我们去趋利避害。
>
> 恐惧是一种健康的人类情感，它有着无限的优点……
>
> 如果每一次，当官员们拿起笔去签署合同或者批准购买的时候，他都能感觉到审计员站在他身后紧盯着他的眼睛，纳税人就会过得更加轻松……
>
> 请把我看作一个死不悔改的对手。

伊恩的文章展示了为什么政府内部没有哪个部门比审计署（或者广义上的检察部门）更加让人感到害怕。在许多地方，审计似乎都被认为，它的职责就是要发现别人的错误并做出惩罚。在任何一个由人类所创造的系统中，这样的审计工作永远不会停止。

但是，在任何一个受到过于严格控制的环境里，人们都不再有自由去进行创新。如果缺乏适当的弹性规则，以及不对一些合理的失败给予适当的容忍，就不会再有人愿意冒风险。而一旦没有人冒风险，创新也就停止了。

在全国绩效评估委员会1993年的一份报告中，该委员会谴责了审计官员的“捉奸”心态。它对联邦检察官员进行了严厉的批评，他们过于热心地追踪每一项违规行为。“副总统几乎每到一处考察，都会听到联邦雇员们抱怨总检察长办公室所采取的行为方式阻碍了创新和承担风险。”该报告如是说：“在某些机关里，严厉的强制行为已经产生了一些负面的效果，比如，总检察长办公室严厉地督促联邦雇员们去遵循每一条规则、存储每一项决策的文件以及填写每一张表格。”

幸运的是，过去的10年里，公共审计部门发生了一场渐进的革命。审计官员们越来越多地将他们的角色，看作帮助政府部门更好地服务他们的客户，同时确保公众对这些机构的公正性抱有信心。加拿大审计总署被认为在这场革命中走在了世界的前列，总审计长丹尼斯·德索特尔斯对他们所发生的变化做了很好的总结：“在20世纪50年代和60年代，我们强调的是传统角色，也就是遵从财政法律法规。我们的基本任务，是确认那些政府部门是否用预算允许范围内的钱买了经过授权去购买的东西。”然而，到了20世纪70年代，一些审计员开始强调效率。他接下来说道：

> 出现了一场渐进的运动，人们开始关注让钱花得更有价值。而且事情并没有到此为止。最近，人们也开始关注效率。在这场演变中，我们也开始向前进。一方面，我们开始留意最佳实践、比较评估，从其他辖区那里学习他们在做什么；另一方面，我们也更关心正在实现的后果。这是一种视野更加广泛的审计方式。我们支持人们做出改善。

审计领域发生的这种趋势，可以在美国审计总署2003年版的“黄皮书”（也就是《政府审计标准》）里找到证据。它的主要修订之一，就是对绩效审计的界定进行了扩展：

> 绩效审计为改善项目的运行提供信息，帮助党派的决策担负起监督或发起正确行为的责任，以及为公共责任作出贡献。绩效审计这一术语是在广义上被使用的，包括了那些被某些审计组织归为项目评估、绩效审计、经济效率审计、经营审计和衡工量值审计的工作。

要想让市民们觉得他们缴纳的税款产生了他们需要的结果，审计可以作出重要的贡献。这个时候，审计就需要遵循如下的原则：

强调后果，而不仅仅是钱。在那些注重后果的公共组织中，需要有人帮助那些管理者搞明白去测量什么以及如何测量。一个中立和客观的部门也需要去审计“度量过程”，从而保证它能一直诚实可信下去。审计员处在一个最佳的位置上，来扮演上述两种角色。此外，审计员们业已开始比较性的报告，对类似组织之间的绩效进行评估。（参见第八章。）

强化竞争。在亚利桑那州的凤凰城，审计局对该市的“管理者参与的竞争”项目中的竞拍进行了审计，来确保公共和私营竞拍者提交的方案诚实可信，包含了所有的成本。该部门还帮助凤凰城评定其相对于其他西南部大城市的成本和服务质量。在英国，玛格丽特·撒切尔在 20 世纪 80 年代初创立了一个新的审计委员会来对地方政府进行审计。这个委员会针对 10 至 20 项关键服务收集和发表比较性的数据，并用简明的图标形式展示出来。当这些报告每年出炉的时候，它们都会成为小报上的热门话题，迅速引发公共讨论，给那些落后者施加了切实的压力去改善他们的绩效。（参见第 183 页。）

传播推广最佳实践。也许审计官员们开始扮演的最为成熟的角色，就是作为专家来评判什么是最佳实践。如果将焦点放到绩效上，他们的审计就能够让政府组织了解到，绩效优秀和绩效拙劣的组织之间的差别到底在什么地方。英国的审计委员会扮演的就是这个角色，他们将关键性的成功因素甄别出来、在网站上保留一个数据库，召开会议，开设一条电话咨询热线，为警署、消防和其他地方政府组织出版指导手册。凤凰城的审计局也定期地对政府服务中的最佳做法进行研究和报道，甚至带领执行官员去其他城市参观访问，学习他们的最佳做法并吸纳他们的创新之处。

强调对风险进行管理，而不是一点都不能容忍。正如我们已经指出的那样，大多数的政府行动都几乎不能容忍风险。传统的审计强化了这一倾向，因为当官员对规则做出轻微的改动去改善服务的时候，审计员就会横加指责。但是，并不是所有的风险都是一样的。小型的行动所承担的风险要比大型行动的要小得多。那些在历史上财政管理记录良好的机构，要比那些历史糟糕的机构的风险更小。审计员们需要学会如何评估风险，以及识别出那些会引发严重危害的领域。美国国税局并不是对每一个都进行审计，它只是关注那些带有高风险的投资效益。

在纽约州，州财政局沿着两个维度对风险进行追踪。一是可能性(也就是消极后果发生的概率)，二是影响(消极后果的严重性)。这种风险评估允许审计员将一个组织的经验和历史(一个问题的可能性)，以及他们工作的性质(问题的潜在影响)考虑在内。

当系统性改革不可能时

对行政体系的改革所引发的争议并不是特别的严重，但是也没有多少政治吸引力。在英国、新西兰、澳大利亚和加拿大，议会体系中的行政改革已经沿着我们所提倡的方向进行了彻底的重建。但是在美国，行政和立法分支分立的政治体系使得这样的改革更加困难。大多数的提案只是在立法机关石沉大海，立法机构对那些轰动性的议题更感兴趣。当全面的改革未能吸引政客们的眼球的时候，你还是可以采取短期的措施来实现自己的意图，同时为系统性的变迁积累素材。让我们以下面所介绍的“官僚机构改造小组”为例，这是公共战略研究所为某个州政府设计的。

利用“官僚机构改造小组”来消除不必要的规章、条例、文书工作以及流程。

下面要说的，是一项战略建议，用以甄别和消除不必要的或起反作用的规章制度。在这里，“规章制度”一词包括所有的内部角色、条例、政策、文书工作和流程，这些东西形成了州政府雇员们工作的环境。我们之所以要这么做的原因，有两个方面：

- 通过消灭遵从和执行这些规章制度的成本，来节约资金，并且
- 将州政府雇员的工作重点，放到制造公民满意的结果上，同时赋予政府雇员们以适当的灵活性来实现这些结果。

我们的做法是，创造出一种对单独的规章制度进行评估的“需求”。具体做法包括：(1) 公开鼓励政府雇员和管理者挑战不需要的规则；(2) 我们假设，那个被挑战的规章制度将会被修改、破例或废除，除非批准这项规则的人能够证明它仍然是必需的和有效的；(3) 赋予一个小组对有争议的申请进行评估并做出决定。

甄别出不需要的规章制度

州长(在他有时间的情况下)以及各部门领导应该与雇员们——最好是全体雇员——进行大范围的“官僚机构改造”座谈。这些座谈的目的，应该是鼓励雇员们对规章制度(以及政策、流程、文书工作等)提出他们的意见建议，哪些需要被修改、破例或者废除。在会议主持者解释了流程并举一些例子抛砖引玉之后，雇员们应该在小组讨论中发表他们的观点，然后向整个大组汇报。

在这些会议之后，如果要废除或修改的规章只适用于某个部门，该部门的领导应该被赋予相应的权力。如果不是，则应该交由上级处理(参见后文)。

我们还需要建立一个简单明了的以网页为基础的过程，这个过程允许雇员们通过官僚机构改造网页提出他们的建议。雇员们在提出他们的意见建议时，应该鼓励他们考虑以下的标准：

- 州政府应该对(被提议的)规章制度具有一定程度的决定权。其他辖区制定的规章不应该成为意见建议的一个部分。
- 雇员们针对的目标，应该是那些遵循费力、执行费钱，或者对州政府提供的服务产生消极后果的规章制度。
- 每一项规章制度背后，都通常有一个或者曾经有一个“好”理由。如果这些理由仍然有意义，雇员们应该被鼓励提出替代性的、更加节约的方法来实现这些规则当初所设立的目标。

对挑战的处理

雇员们对规章制度的挑战应该被立刻转达给负相应责任的州政府官员。(比方说，如果涉及的是一项全州性的人事规则，那么就应该转交给州人事署长。如果这只涉及某个部门的流程，那就应该递交给部门领导。如果只是涉及一个办公室内部的文书处理过程，那就应该转达给那间办公室的负责人。)这项规章制度的“批准人”也许是一位处于一线的管理者、一名部门领导或者州政府各行政支撑部门中的一名官员。规则的批准人应该在21个工作日里对挑战做出回应。规则的批准人可以采取下列做法：

- 立即废除这项规则；
- 在采取行动前收集更多的信息(在他们获得全面信息之后，他们必须在14天内采取行动)；
- 只对挑战者或者挑战者所在的团体破例，而且也许要附加一定的条件；

- 对规章制度进行修改，或者
- 向官僚机构改造小组提议继续保持原来的样子。

在30个工作日的挑战期内，挑战者应该通过网页为基础的系统，保持对他们的提议如何被处理的知情权。所有的处理结果，都应该被放到官僚机构改造网页上让所有的人看到。

挑战者如果对当局的处理结果不满，可以向官僚机构改造小组上诉。

官僚机构改造小组

这个小组应该由州长负责，对整个过程进行监督，同时对上诉做出裁决。该小组应该拥有修改、破例或废除任何内部规章或条例的权力，甚至反对条例的核准人所提出的意见。这个小组还应该对被挑战的规章制度中所反映出来的共性问题进行识别，并定期向州长提出有助于减低成本和提高服务的系统性改革的建议。

我们建议该小组的组成人员限制在3人。它不应该刻意成为一个成员具有代表性的机构。然而，3人工作小组的组成人员的多元性能够改善这个小组的绩效。我们建议该小组由下列人员组成：一线的雇员、一名高层或中层管理者，以及一名高层管理者。

该小组应该拥有州长直接颁发的特许。在第一年的运转中，它应该设立一名全职或者兼职的工作人员。随着时间的推移，这名工作人员的工作量将会减少。

丑闻爆发时

关于行政体制改革，人们最主要的担心是，政府雇员一旦被赋予了更多的权威，这就会把我们带回到过去的那条浪费、欺诈和滥用职权的老路上去。在2001年的时候，看上去这种担心正在变成现实。

在这章开始的部分，我们介绍了联邦政府使用购物卡的做法。银行向政治机构发放信用卡，每件商品的购买上限是 2 500 美元。（为了竭力获得这单生意，大银行已经向政府许诺，持卡购买的所有东西都享受贴现折扣。）在 1998 年，国会也批准了使用信用卡支付联邦公务旅行。

到了 2001 年，仅仅国防部一个部门的雇员，每年使用购物卡和旅行卡的消费额就已经达到了 100 亿美元。国防部估计，光购物卡一项累计节约下来的经费，就达到了 95 400 万美元——这一数字正以每年增长 2 亿美元的速度在不断攀升。该部门的官员使用购物卡完成了 95% 核准的交易，与旧的订单购物相比，每笔交易节约了 20 美元。此外，“旅行卡的推广使国防部节约了经费，它大幅减少了为支持公务旅行而开支的费用，政府雇员在公务旅行时可以用他们的卡从自动提款机里取款来支持他们的旅行”。

然而，在 2001 年，审计总署发表了一份针对国防部的报告，指控后者滥用职权。这很快就上了新闻媒体的通栏大标题。在向国会作证时，审计总署曝光了国防部人员的假公济私行为，包括从建材店购买材料装修自己的私宅，购买 DVD 播放器、衣服、珠宝、眼镜和宠物食品。另外还有超过 13 000 美元的经费用在了内华达州的合法妓院里——没有说明这笔钱是用来吃饭了还是干了别的什么。审计总署还发现其他政府机构也有利用旅行卡支付服装、房屋按揭和私人旅行的费用。

一些人认为，购物卡和旅行卡在劫难逃。但是，国防部并不情愿放弃，因为毕竟有超过 10 亿美元的节约经费记录在案。于是该部门组成了一个特别调查小组对此进行调查，并于 2002 年 6 月发布了一份报告。

许多政府部门本来打算彻底放弃这一做法。但是特别调查委员会指出，这些信用卡不仅节约了经费，而且改善了“工作效率”。比方说，让各机构使用信用卡购买小件“大幅提高了购买对完成任务起关键作用的便宜装备的能力”。特别调查小组的结论是，更好的解决方案是更好的管理，而不是恢复官僚作风。它推荐了25种办法来加强对购物和公务旅行的监督，强化内部控制，禁止使用购物卡购买特定的商品，利用数据挖掘技术(data-mining technologies)来侦查欺骗和滥用，对政府雇员进行更好的培训让他们理解界限何在。该委员会还指出，管理层已经注意到了旅行卡带来的问题，报销单已经从过去的每月17万美元降低到了3万美元。

今天，新的流程已经开始实施，用来改进和强化执行过程。并不是所有的问题都消失了。事实上，也永远不会。人性本恶。也没有任何一个执行体系运行得完美无瑕。但是，国防部的领导们认识到，提高我们的战士、水手和飞行员执行任务的能力(甚至带有一定的风险)，也比强制推行花费达数十亿美元却阻碍优秀绩效的严格措施要好得多。出乎一些人的意料，国会和民众对国防部的决定并没有强烈反对。很明显，当人民看到成效时，他们能够给予理解。

第十三章

明智的工作流程：来自产业界的工具

在20世纪90年代，约安·纽洛斯领导着密歇根州商务局的一个团队，他们的任务，是设计出一套方案，来减少支付给各市的经济发展援助资金的批准时间。她所在团队的第一步，是通过收集当前流程的有关数据来强化质量，然后通过对数据的分析来找到针对特定目标的改进方案。当他们终于将该部门批准一项资金的流程完整地勾勒出来之后，纽洛斯说："我心里想，我从来没见过(批准一项资金要花这么多步骤)。这个体系的毛病太大了。这真是新鲜事。"

在她的描述中，分析和发现的过程听起来几乎就像是一次宗教上的改革。"这个体系在和我们对话。当我看见规律开始出现的时候，我感觉我们之前一直都是在瞎忙。这就像阅读一个谜一般的故事——但是结论对我来说确实是非常重要的。"

纽洛斯和她的同僚只是数以千计的公务员团队中的一个。这些人都认同了一项持续的、增值的改进流程，也就是人们所知的"全面质量管理"。"全面质量管理"让公务员团队具有了分析能力和决策权力，来重新设计他们的工作。它使得他们既能消灭存在质量缺陷的案例，也能改进他们产出的质量。而且，还有一个原因使得"全面质量管理"如此受欢迎：它确实管用。当纽洛斯领导的密歇根团队将资金划拨时间减少了40%的时候，她这样说道："我被这样的成果惊呆了。”

虽然老式的政府一直都是浪费和低效的“坏孩子”，但是这些缺点在私营部门也不是不存在。在过去的25年里，美国的企业界在生产率方面已经取得了巨大的进步，这部分要归功于它们采用了相应的技术来重新设计自己的工作方式。政府改造者们也可以在同一个工具箱里仔细搜索，来重新思考那些往往已经成为老古董的工作流程。正是这些流程，将政府的绩效拖入泥潭：官僚机构里那些令人发狂的繁杂的表格、无穷无尽的推卸责任、无休止的拖延。有时候，改进绩效涉及发展出新的策略，但是更常见的情况是，它只需要对现在的工作进行重新的设计。在众多的技术中，我们在这里将讨论其中最重要的3种：“全面质量管理体系”、“群策群力”（WorkOuts）以及“业务流程再造”（Business Process Reengineering）。“全面质量管理体系”是这种工具中用得最普遍的，它帮助你在自己的工作流程里做出持续的改进。“群策群力”和“业务流程再造”适用于艰巨的任务，当你需要在绩效中做出激进的变化以及量的飞跃的时候可以使用。

全面质量管理体系

质量管理并不是20世纪的发明。工匠行会在中世纪形成的时候，他们就使用详细的说明和绩效审计来强制执行产品的质量。工业革命将工匠们变成了产业工人，引入了绩效测量和标准化手段来管理质量。然后，美国的商人们采用了泰勒的“科学管理”体系，使用检查作为质量控制的主要手段。

质量检查将优质产品和劣质产品区分开来，减少了将次品寄给客户的数量。在第二次世界大战期间，不少美国商人，包括约瑟夫·朱兰和W.爱德华兹·德明，在一开始就采取措施保证质量，对生产过程进行统计分析。他们的点子帮助美国公司生产了大量的高质量的武器来打赢战争。

在战后，美国政府把德明送到日本去主持一项人口统计。在那里，以及在后来的访问中，他教会了日本制造商采用新的生产手段。在美国，制造商们放弃了这个做法，因为战后的经济爆炸强调的是数量而不是质量。但是日本人却对质量改进技术的相关试验表示了认可，由此导致的结果是戏剧性的：在仅仅几个星期的时间里，工业家们报告的生产率获利就增加了30%甚至更多。到了20世纪50年代，德明和朱兰是日本产业界内受人尊重的人物，而几十年后，美国人才知道他们。

“全面质量管理体系”的核心就在于，用生产之前的质量改进，来替代生产之后的质量检查。正如“全面质量管理体系”的拥趸们反复强调的那样，质量必须在一开始就建立起来。

“全面质量管理体系”有许多的版本，而且质量的拥护者们对他们各自青睐的方法进行着不知疲倦的争论。然而，大多数版本都共享着相同的核心原则。

要从客户的角度来看待质量。在官僚主义的传统中，质量是由生产者，也就是控制生产的职业人士和经理人来决定的。“全面质量管理体系”将这种假设彻底颠覆了。正如该体系的先驱阿曼德·费根堡姆指出的那样：“客户说的是什么，质量就是什么。”“全面质量管理体系”驱使组织自始至终地去寻找客户想要什么，并实现他们的想法——无论是第一次，还是每一次。它还承认，客户的期待有可能随着时间的推移而改变，这也是为什么持续不懈的改进是该体系的核心的原因之一。

外部客户使用组织的最终产出，但是大多数生产过程包含许多步骤，每一个步骤都有一个内部的客户。采取“全面质量管理体系”的组织利用从两种客户那里得到的反馈，来决定采用哪种质量特征针对特定的问题做出改进。

要想改进质量，你就必须改进流程。“全面质量管理体系”的一个基本原则是，所有的流程在它们的质量中都会不断地发生变化。“全面质量管理体系”的基本目标是减少这种多变性，同时保证质量不断地提高。

以一个州政府向各市拨款为例。虽然州政府的官员对每一笔拨款都采用同样的流程，但是他们用来批准一项拨款的时间却可能有着很大的不同。第一步是确认，差异的背后到底是什么东西。有两种原因。第一就是特殊原因，当工作人员犯错误或受到特殊事件干涉的时候，这就会发生。比方说，州政府拨款流程中的一名工作人员也许会弄丢申请表，或者生了好几天病。其中任何一种情况都会延误整个流程，但是它们中没有一个本来就是流程的一部分。另一种原因叫做普遍原因，也就是流程内部的差错。比方说，如果在拨款过程中有许多连续的步骤，政府工作人员之间的相互推诿就会消耗很多的时间。或者，申请表也许过于复杂，以至于里面错误百出，这也会耽误事情的进展。

告诉工作人员工作得更努力一些或者在他们懒惰的时候推动他们并不能纠正普遍原因。你必须改变他们所使用的流程——这也正是“全面质量管理体系”要做的事情。

在其1982年的著作《摆脱危机》中，德明估计，有大约85%—94%的流程问题应该归结于普遍原因。他认为，管理层应该停止对雇员的指责，转而开始修正他们工作流程中的缺陷。

改进流程的决定应该建立在事实和数据的基础上，而不是主观意见。要想改进流程，你必须从对有关流程绩效的数据进行分析开始。这是一个非常理性的方法，与利用直觉或主观看法来猜测问题何在有着很大的不同。一旦你识别出了工作中的普遍问题，你就能决定如何改变你的流程。如果试探性的改变促进了结果，你就将这些措施变成固定的制度。

改进流程需要持续不断的努力，会对质量起到持续性的、增长性的改善作用。任何一个流程都有可能受到许多问题的困扰。解决一个问题也许会提高质量，但是它也会留下未解决的其他议题。此外，组织有很多的流程，每一个都可以被用来作为改善的目标。因为有太多的流程以及问题有太多潜在的肇因，持续性的改进工作需要一步一步地来，而且永无止境。

从事某项工作的人应该对改进工作流程负责。在过去，管理者控制着工作流程。在某些采取了“全面质量管理体系”的组织里，仍然是管理者来决定要改进哪些流程，以及哪些改进可以被执行。但是既然工作人员知道更多关于某项工作是如何开展的实际知识，他们才应该是负责改进流程的人。

利用一个团队去设计改进方案会将拥有关于此项流程的不同知识的雇员们聚到一起。它让更多的人参与到对问题的分析中，并且利用头脑风暴的形式来提出改进方案。在商界，这种做法已经赢得了马可姆·波里奇国家质量奖，这也是美国“全面质量管理体系”技巧的最高奖励；而已经有80%的企业雇员深入参与到了质量管理之中。

许多政府改造者对“全面质量管理体系”的基础做了大幅的扩展，将绩效管理、员工赋权和组织赋权包含了进来。例如，比尔·克里奇将军利用这3种手段以及竞争，将美国空军作战司令部的效率提高了一倍。事实上，克里奇认为“全面质量管理体系”的流程改进工具在过去是相对贫乏的，直到他把上述缺失的成分补充进来——在他的《“全面质量管理体系”的5个支柱》一书中，这成为他对质量进行界定的一种方式。

在对“全面质量管理体系”的基础要素进行深化的过程中，克里奇和其他人追随了德明的足迹，后者花了很多年的时间减少对

“全面质量管理体系”技术层面的关注，而是更多地致力于创造用来支持质量所必需的组织文化和领导力。他们都将这一技术性的工具，拓展成了一种更加广泛的管理哲学。但是由于这本书的其他部分(以及之前的著作)已经对我们自己的管理哲学作了概述，所以在这里，我们将继续把“全面质量管理体系”当作一种工具来讨论。

利用“全面质量管理体系”来制造进步

一个典型的“全面质量管理体系”改进流程包含一个由10人或10人以下的雇员所组成的团队。他们可以将一项流程绩效中的任何一个维度作为靶子：该流程所花费的时间、成本，或者对客户需求的反应如何。

他们所采取的步骤，也就是人们所知的持续的改进循环，有助于组织避免某些人所说的“准备、瞄准、开火”方式——在这种方式中，团队在对问题的肇因进行分析之前就急于得出结论，在团队成员的控制或影响之外解决问题，或者，未能对任何执行和评估他们的解决方法制定充分的方案。

在1992年，美国空军作战司令部总部所在地兰利空军基地的一家拥有50个病床的医院开始使用改进团队。这些团队都采用了同样的6步改进措施(参见下面文本框里的文字)。其中一个叫做“妊娠期满的明亮宝宝”的团队，利用“全面质量管理体系”减少了母亲在产后和新生婴儿留院的时间。他们提高了客户的满意度，减少了医院的成本，同时也没有给婴儿带来危险。通过对“妊娠期满的明亮宝宝”团队的考察，我们可以对改进流程的要旨有一个很好的理解。

整个流程从客户开始。这所医院的质量改进委员会创立了“妊娠期满的明亮宝宝”团队，是因为母亲们抱怨在生产之后必须在医院待上至少72小时。

"妊娠期满的明亮宝宝"团队有8名成员，他们被挑选出来的依据，是要让整个流程的每一个负责部门都有代表。小组成员接受如何使用"全面质量管理体系"技术的培训，他们还被配备了一名了解该体系的指导员以及团体设备。小组为团体行为设定了基本规则以及每周碰面的具体时间。在每次开会时，他们都使用正式的议程表，指定一名计时员，保证按时开会散会，并对会议的质量进行评估。

这个小组制作了一个流程图，显示了病人们从抵达医院开始到结账出院所发生的所有事情。这幅流程图让他们发现了许多可以减少时间的机会：简化正式的出院流程、提早进行必需的医学测试、在生产之前就向母亲传授哺乳技术的相关知识、调整医生的上班时间，这样他们就可以在一大早就完成出院手续。此外，该小组还研究了医生和护士用来决定一名婴儿是否可以出院的标准。

接下来，改进小组收集和分析与流程有关的数据。"妊娠期满的明亮宝宝"团队回收的问卷显示，许多母亲都希望在生产之后早于72小时就出院。它们测量了产妇留院的时间，平均是4天，包括生产的那天。由于小组并不希望缩减留院时间会危害到婴儿的健康，所以他们还就早期婴儿出院事宜查阅了相关的医学文献。

改进过程中的步骤

美国空军作战司令部的改进过程包括6个步骤：

1. 识别改进的机会。用可测量的术语，对要进行改进的过程进行界定，描述改进的目标。

2. 收集和分析数据。收集关于过程绩效的精确、可量化的数据。

3. 得出潜在的改进措施。尽可能多地识别出有可能改进流程的措施。

4. 对潜在的措施进行评估和选择。确定哪一个改进措施成本最低、效率最高、最为可行。

5. 执行改进措施。采用一个小规模的、临时性的变化来测试措施的后果。

6. 对流程改进的结果进行评估。对绩效进行追踪，找出变化的后果是什么。如果变化管用，就让它固定下来。如果不管用，找出原因并尝试其他办法。

许多组织将改进措施应用到全组织称为第 7 个步骤。因此他们会谈到“7 步改进流程法”。

然后，“妊娠期满的明亮宝宝”团队对所有可能的解决办法进行了成本—收益分析。他们发现，在生产之前进行哺乳教育是可行的，但是大幅增加了生育前探访的时间。他们发现，某些出院标准可以通过在出院后次日的跟进探访得以完成，而一些针对婴儿所必需的医学测试则可以完成得更快一些。该团队还了解到，母婴之间的亲密关系可以通过增加婴儿和母亲在医院时的共处时间来加快完成。

于是，这个小组决定进行一项为期 3 个月的试验。他们将加强生产之前的哺乳教育。更早地进行实验室检测，为那些符合出院标准的婴儿在第 2 天就完成出院的文书工作。用一种新的办法对待那些强烈要求尽早出院的患者。特殊的婴儿(比如那些稍微重量不足的婴儿)被要求在出院之后继续接受后续的约诊。

在试点期间，没有母亲或婴儿在提前出院之后还需要再次入院。97%的患者对提前出院这一办法感到满意。而让患者比平常提前一天离院节约了大约240 000美元的成本。

作为最后一步，“妊娠期满的明亮宝宝”团队让这些变化成为制度。这意味着把所有相关的工作人员都带入进来，来加快改进的步伐和改变医院的监护和存档流程。这所医院还在母亲离院一周内进行电话访问，来评估她们或她们的孩子在下一次约定的会诊之前是否需要做出其他安排。“妊娠期满的明亮宝宝”团队在对自己的工作做了全面的总结之后就解散了。

全面质量管理的技术

“全面质量管理体系”的参与者们使用许多统计技术来帮助团队采集信息、对有关进程的数据进行分析、得出解决问题的思路、达成共识以及制订行动计划。这些中的大多数都比较简单。与以数据为基础做出决策这一总体思路而言，人们所选择的特定技术要相对次要得多。

1. **流程图**。流程图是一种系统性的图式或图表，用来一步一步地描述一项流程中的活动和决策点。它为小组成员提供了共同的参考点，利用这些参考点，可以理解这一流程以及用来描述这一流程的共同语言。

2. **因果图式**。因果图式用图片的方式展示了一系列可能的问题以及/或者潜在的解决方案。团队成员采用一种结构化的“头脑风暴”讨论会来识别某一特定问题的可能肇因，或者有助于解决这一问题的因素。他们对议题进行界定、识别因果关系的主要范畴(比如缺乏信息、特殊的政策或者员工错误)、确定更加详细的肇因，然后使用数据来识别最重要的因素。他们所绘制的图经常被称作“鱼骨图”，因为最后的图形往往看上去就像是一副鱼骨。鱼头是结果，一支支的鱼骨则代表肇因。

3．利用图表或时间表。用此表来测量一项流程随着时间的不同而呈现的结果，来帮助团队检测与时间有关的变化（比如延误）是否会影响产出。

4．对那些描绘了一项流程随着时间的不同而呈现出不同结果的图表进行控制。小组成员使用那些标示了这些差异在常态下的最高和最低边界的图表。这种图表有助于人们去界定，在某些特殊原因不存在的情况下，哪些地方最容易出问题。它还有助于团队成员去检测那些特殊原因是否介入了一项流程。

5．柱状图。柱状图以形象的方式展示了数据之间的差异。它们有着直接的视觉冲击力，因为这些柱子形成了特定的形态。比如一条带着单一凸点的正态曲线（比方说，一幅柱状图可以显示，所有来电中的一半都是在响4下之后接听的，另外25%响了3下或5下，而很少有一下或两下，或者超过5次的）。通过对这些形态进行分析，团队有时候也许能发现问题的原因所在。

6．帕累托图。帕累托图（又译排列图）是一种用来展示导致一项流程出现不足的所有原因的柱状图，但柱子的长度不一，用以表示每项原因的相对重要程度。约瑟夫·朱兰用维尔弗雷多·帕累托的名字来给这种图命名——后者是一名19世纪的意大利经济学家，他曾说过，除了其他原因之外，80%的困难通常是由另外20%的困难所引发的。帕累托图有助于团队去识别导致一项流程所面对的困难的最重要的原因，从而确定第一步该做什么。

7．散点图。通过将两个变量在一张X和Y轴的图上标记出来，散点图显示了它们是否具有相关性。比如说，如果一个人想知道是否一名“福利户”接受更多的培训就能更快地找到工作，他就可以将一组人的经历在图上标示出来。一个在接受了24星期培训后在4个星期内找到工作的人，将在一个轴上标记为4，另一个轴上标记成24。如果这些因素之间没有相关性，这些点就会呈现为随机分布。如果更多的培训会帮助人们更快地找到工作，这些点就会围绕着一条线排列；如果培训起反作用，点就会沿着另一条线聚集。

8. **决策矩阵**。帮助团队在各种替代性的改进方案之间做出快速的比较。他们选择关键性的标准对所有的改进措施进行评判、测量它们的权重，然后按照每一条标准对每一个解决方案逐一评分。他们利用矩阵图对这些评分进行叠加，然后执行那些得分最高的改进措施。

（要想了解更多的细节以及其他的全面质量管理的技术，我们推荐“生产质量体系”出版公司出版的《全面质量的转型：改进工具》一书。）

全面质量管理在政府中的传播

随着德明和其他众多全面质量管理的专家对这一概念的传播，某些政府领导人也被吸引了过来——他们大多数是地方领导人，而地方一级正是美国政府中创新最多的平台。威斯康星州麦迪逊市市长约瑟夫·森塞布莱尔就是其中的一位颠覆者。在 1983 年当选之后，他发现，他的城市的税收在缩减，而对服务的需求却在飙升，市政服务体系已经崩溃。在 1985 年，森塞布莱尔在市政管理中发起了一项试验性的“全面质量管理”尝试，帮助建立了一套由公共和私营部门里的质量拥趸们组成的地方网络。到 1989 年，该市已经有了 30 个流程改进小组在工作。

大约就在同时，佛罗里达州的劳德代尔堡同意发起一项质量改进流程。它与佛罗里达州的电力和照明公司签订合同来寻求支持，后者是全美第一家获得享有盛誉的德明奖的公司。在 20 世纪

80 年代晚期，很多其他的市和县跟了上来，包括佛罗里达州的希尔斯伯勒县、科罗拉多州的科林斯堡以及亚利桑那州的凤凰城。

学校、学院和大学也开始拥抱质量管理。在美国联邦政府，国防部门引领潮流。根据美国人事管理局的数据，在 1988 年到 1993 年间，北卡罗来纳州切里波因特海军航空兵仓库通过“全面质量管理体系”节约了 18 500 万美元的经费。在与私营企业的竞争中，它还通过赢得外面的维修合同增加了 60%的收入。

1988 年，当国防部长弗兰克 · 卡卢西敦促用全面质量管理体系来实现这个庞大的机构的效率目标时，“全面质量管理体系”获得了一次长足的发展。就在同一年，里根政府创立了联邦质量研究所来推动和协助各政府部门开始实施全面质量管理。

在 1989 年，当威斯康星州州长汤米 · 汤普森针对他的高级官员们实行全面质量管理的时候，5 个州政府部门的主管组成了一个指导委员会在全州各政府部门推动全面质量管理。1990 年，在一名从私营部门请来的执政官员的帮助下。阿肯色州时任州长的比尔 · 克林顿在州政府开启了“全面质量管理体系”。

20 世纪 90 年代早期第一次财政危机期间，公共部门对全面质量管理的兴趣猛增。按照全面质量管理的一名重要推动者梅伦 · 翠柏斯的说法，有多达 1 500 个地方当时在进行质量管理方面的尝试。在 1994 年，有 40 个州报告说它们已经在挑选出来的部门中开始实施全面质量管理。

“全面质量管理”的力量和不足

为什么“全面质量管理”会发展得这么快？答案很简单：它确实管用。

全面质量管理的不足

“全面质量管理”无法做到：

- 改变政府体制；
- 改变行政体制：预算、人事、购买、会计和审计；
- 改变或厘清组织的目标；
- 引入对绩效结果负责的激励机制；
- 给予客户选择的权力；
- 通过组织赋权来降低集权的程度；
- 制造突破性的体系或重新设计流程，或者
- 对复杂、多元和非线性的流程（比如教学工作）负责。

更高的质量消灭了让雇员们去修正、替代或重新制造不合格产品或服务的需要。一些分析家相信，在服务行业，返工大概占成本的30%，而大多数的政府工作都属于服务业。

质量改善可以避免浪费和节约资金，但是它的优点还远不止于此。通过改善质量，消费者的满意度会提高。麦迪逊市就发现，许多工程也改善了工人—管理者之间的关系，提高了士气。“全面质量管理”让一线工人获得了一些控制权，增加了他们的工作满意度，而让职工参与到团队小组中以及调整他们的工作来实现客户的需求也改变了组织的文化。

尽管如此，单靠“全面质量管理”自己是无法转变公共组织的，因为它并没有赋予政府改造者们更大的权力去消除阻碍变化的更大的系统性障碍。这也是为什么“全面质量管理”最受机构管理者而不是政客们钟爱的原因。

“全面质量管理”也不能帮助组织厘清或改变它的目标。它帮

助组织把事情做对，但是不一定是在做正确的事情。而且，许多公立机构都存在目标混淆、冲突或落伍的问题。

“全面质量管理”在组织转型中能力不足的另一个原因是，它没有改变支撑公立组织运转的根本性激励机制。这在私营部门没那么重要，因为在私营部门里，竞争通常为组织制造了非常清晰的后果，而大多数公司都是按员工的绩效发放薪酬的。但是，正如比尔·克里奇将军所说的那样，你通过设立正确的基本原则来创造质量，淡化你通过改善流程的技术来对其进行控制。但是在更深一层，持续的改进要求一个清晰的目标、对员工给予根本性的赋权、真正对客户负责，以及有效的激励（关于这些基本原则的详情，请参见《摒弃官僚制》一书）。

> 克里奇写道：“当我接任司令的时候，空军作战司令部并不缺乏成熟的流程工具和方法。在观念上来说，司令部里之前的一系列质量部门、工具和技术被认为应该产生一种‘第一次就做对’的心智——它被设计出来的目的，不是在你犯错误之后再发现。但是，尽管这些手段确实有用，它们却在灌输质量意识方面严重不足——而且，也不能培养出每一次‘第一次就做对’所需要的能力和动力。到底问题出在哪里？……我们的新做法纳入了新组织、新领导力、新的赋权、灌输质量意识的新方法，以及让每一个雇员致力于消灭次品、在每一项流程和每一个活动中都努力做到持续改进的新刺激。”
>
> 只有当我们采用这些步骤时，空军作战司令部的质量和效率才会有显著的改善。它们让我们为了在流程分析和改进行动中更加聪明而采取的步骤变得黯然失色。

流程导向的“全面质量管理”甚至在员工赋权方面也有不足。

创立一个质量咨询会和改进小组可以让“全面质量管理”运转起来，但是要让它持续不停地运转（以及产生累加效应）的办法，是给一线工人转移更多的权力。如果你减少管理上的层级、消灭功能上的“谷仓”①、降低组织控制的集中程度以及创建固定团队，你的雇员们就会在质量管理中发挥真正的作用。

克里奇认为，对一个实行“全面质量管理”的组织来说，大幅度地降低集权的程度应该是一个固定的基础。临时性的改进团队可以被看作另一种管理时尚。除非雇员们感到权威确实转移到了他们这里，否则他们会将“全面质量管理”看作另一层控制，只不过穿上了新衣服而已。

最后，“全面质量管理”致力于通过减少公立部门的某些差异性工作来提高质量，但是对其他的功能却无能为力。当一项流程是线性的和经常重复的时候，它是管用的。但是对那种复杂和非线性的流程，比如教育，“全面质量管理”会怎么样呢？正如心理学家已经证实和我们从经验中得知的一样，每个人都有自己的学习方式。消灭学习中的多样性、将学习过程变得标准化，就等于判处了非典型学生去失败。好的老师应该创造多样性的环境，这样不同的学生就可以用他们自己的方式来学习。

公共部门的许多工作，从福利管理到雇佣和培训项目，都包括人的发展，而人的发展从天性上来说，就是复杂、多样和非线性的。大多数政策工作也是如此：它不仅仅是一种线性的重复性流程的集合，不可以通过消除多样性而得到改进。其他公共部门的工作，从警察到法院体系，要求对如何处理不同的个人做出主观的判断。警官可以利用“全面质量管理”来改进他们大多数的信息处

① silo，该词来自 silo effect（谷仓效应），指的是组织内部分权过度，导致各部门无法沟通，就像农舍之间高耸的谷仓一样，而这种各自为政的现象会让组织无法创造最高价值。——译者

理、排班等类似的工作，但是不可以在审讯嫌疑人或对冲突进行干涉时将多样性排除出去。

“全面质量管理”之旅：得到的教训

成为一个“质量”组织会牵涉一种进入全新地带的挑战性探索。一般来说，这会让大多数组织，不管是公立的还是私营的，花费若干年的时间来实现那些重要的结果。在对这一流程进行传播的过程中，牢记下面的经验教训应该是有用的：

从组织的高层开始。“全面质量管理”要求得到首席执行官的全面支持，他或她要能一直证明自己是一个“言行一致”的人。高层管理者需要接受集中的“全面质量管理”培训，访问那些已经实施了质量管理的组织。他们应该让自己对“全面质量管理”的承诺成为全组织内部人人周知的事情。乔治·沃伊诺维奇还是俄亥俄州州长的时候，他个人与俄亥俄州雇员协会建立了一个劳工—管理者合作伙伴关系来推动“全面质量管理”，而这个雇员协会之前曾是其竞选中的反对派。州长和他所有的高级管理者都接受了“全面质量管理”的培训。他雇用了一名“全面质量管理”主管直接对其汇报，年预算达5万美元。

不要仅仅用钱来测量成功。只盯着省钱这个目标，会低估“全面质量管理”的潜力。如果你一开始就觉得“全面质量管理”是费钱的玩意，在你启动之前就冒了与雇员疏远的风险，因为许多人会认为，质量管理就是让员工们更辛勤地工作，这样你就能缩减组织的规模。另外一些人则跳过这个动作，因为省钱对他们来说没什么吸引力，他们关心的是让组织更加有效。

“全面质量管理”的要点是提高质量。更低的成本只是其价值的一个方面。许多值得尝试的流程改进并不节约经费，但确实改进了后果。

让工会参与进来。“全面质量管理”改变了员工所做的工作，以及他们在工作场所中所承担的责任。它改变了管理者和工人之间的权力关系。它导致生产率的提高，这对雇员阶层也有意义。它往往会对集体谈判的协议和流程产生影响。所有的这些，都是公共雇员工会所关切的，而迟早他们都会卷入进来——不管是作为绊脚石还是合作者。

在俄亥俄州，沃伊诺维奇州长同意，所有的质量指导委员会中，有50%的成员应该来自工会。当工会坚持要求自己挑选那些人时，政府管理者们发火了——但是最终还是同意了。当工会要求保证“全面质量管理”不会以政府雇员丢掉工作为代价时，州政府同意了一项“零失业”的担保。被“全面质量管理”替换掉的公务员将在其他地方得到一份同样薪水的工作。

把管理者们拉进来，而且改变他们的角色。一些组织在开始使用“全面质量管理”来管理雇员的时候，会将中层管理者和一线督导排除在外。按照前美国联邦质量研究所的说法，让管理者置身于“全面质量管理”之外只会让他们变得更加令人讨厌。当森塞布莱尔市长在麦迪逊市启动“全面质量管理”的时候，最大的阻力就来自管理层。“有管理者无法接受让他们的雇员参与到决策中来的主意，还有人特别不喜欢花时间来对经验检验和实在的程序进行再评估。”森塞布莱尔市长如是说道。

联邦质量研究所推荐一种“层叠式”的培训：你首先培训高级管理者，然后是中层和督导，最后是一线员工。一旦管理者接受了培训，你就应该让他们参与到最初的改进团队中，这样他们就能理解这个流程是如何运转的。然后，让他们在“全面质量管理”流程中扮演关键性角色。让他们中的一些人来促进和督导改进过程，但别让他们指挥。让其他的管理者成为“全面质量管理”的培训者。最重要的是，让其他人组建团队来改进哪些需要管理层参与或涉及其他机构的流程，比如预算、人事和购买流程。许多组织往往会把他们的精力放到对流程的监督上而忽视了最重要的东西，因为他们没有将高级管理者放到改进团队中，而只有高级管理者才拥有改变某项流程的权力。

不要建立一个官僚机构来专门负责质量管理。在一开始，组织需要某人来扮演为质量管理开路的角色，这个人需要对“全面质量管理”有热情，而不是因为希望去管理一个什么官僚机构来掌握质量管理的大权。创建一个专门的部门来为整个组织“负责质量”会让其他人脱离这个过程，从而无法让质量管理成为他们日常工作的一个基本组成部分。它也低估了组织的潜力。我们的目标应该是让质量改进成为一个组织工作的固定组成部分。

“尽你最大的可能尽快地让质量管理与你的日常工作融为一体。”福克斯谷科技学院前院长斯坦利 · J.斯班鲍尔如此建议道。在推动了“全面质量管理”若干年之后，他的学院撤销了高级管理者指导委员会和质量督导这个职位。“每个管理者都必须成为一名质量督导员。”斯班鲍尔说。

利用即时培训（just-in-time training）来建立“全面质量管理”的实践知识。“在质量管理培训和将其应用到实践工作中之间如果时间拖得过久的话，人们往往就会产生犬儒主义的想法，怀疑质量管理的效力，会觉得所谓质量管理不过是管理层的又一次‘心血来潮’。”联邦质量研究所这样总结道。在你的人使用“全面质量管理”之前就对他们进行培训。除非他们立刻将所学到的东西应用到解决对他们来说是至关重要的问题上，他们不太可能记得住他们学到的大多数东西。

群策群力

设计质量管理的目的，不是对政府体系进行重新改革——比方说，给公立学校提供选择，为公家房屋里的住户提供担保，或者在职业培训中引入竞争。“全面质量管理”只是用来改进已有的流程的。即使是这样，它也主要关注的是增值性的改善，而许多公共体系和流程需要的是全面的重新设计。当政府改造者们希望给体系带来一次突然震动并在结果上取得显著改进的时候，他们有时候会从商业界借用另一种技术：群策群力。

“群策群力”是通用电气公司在20世纪80年代发展出来的一种技术，它是一种简短但集中的群体会议，目的是通过自下而上地重新设计工作流程来解决问题。这个手段的目的，是“摆脱自通用电气创立以来累积下来的数以千计的坏习惯”。该公司的前董事会主席杰克·韦尔奇这样说道：“在这个公司里，我们搞了112年的密室政治。我们想打破传统，开始一个全新的没有密室的新房子，重新开始一轮新游戏。”

在“群策群力”小组中，组织的成员聚集起来解决特定的问题。小组可小(十来个人)可大(100人甚至更多)，这取决于需要将多少人聚集起来才能备齐有关问题的所有知识。在一名受过训练的督导的支持下，小组在一起工作最多一周的时间。他们建构团队、头脑风暴、采用所有可能的手段去测试解决方案、向高层管理者递交全面的提议报告。管理者必须对拒绝还是接受这些建议做出回应。他们可以说，他们需要更多的信息，但是如果他们这么说了，他们就必须组织一个团队在指定的日期内收集来这些信息。

“群策群力”小组将那些平时在工作中往往互相不信任的人聚集在一起，这些人事实上也许会互相指责。他们必须在一起度过一段日子。这个过程会打破障碍，创造一种公开坦诚的气氛。它迫使那些长期埋藏下来的问题浮出水面。它挑战了旧的思维方式，要求参与者担负起改进组织的责任。它创造了机会以及需要，让人们发挥他们的创造性。它还迫使人们做出决定，要采取什么样的变革。

在1991年，美国海关总署东北地区分局与通用电气一起参与了一个“群策群力”小组，来解决一个与该公司有关的客户问题。该分局的领导十分喜欢这个做法，要求通用电气的管理层派人进来帮助他们建立海关自己的“群策群力”小组。在1992年，该分局举行了30次小组会议，然后开始训练海关总署的其他人。

西弗吉尼亚州和北卡罗来纳州的州政府部门也开始使用“群策群力”小组。当肯塔基州的路易维耳市的副市长在苦于寻找一种能够让她带来更快改变的工具时，她也开始这么做。里恩市的市长杰里·亚伯拉姆森则向通用电气的董事会主席杰克·韦尔奇讨教这个工具是否可以用于政府的工作当中。在1992年2月，通用电气的管理者们给亚伯拉姆森提出了一个为期两天的类似做法。哈佛大学肯尼迪政府管理学院的戴维·肯尼迪在他的一份个案研究中对随后发生的事情做了记录：

> 该项目的目标是空闲的地皮和废弃的建筑物……大约4 000块空闲地皮和空屋子。大量的市政资源和资金被用来应付由此导致的市容、健康、安全和法律问题，牵涉一大堆政府部门。
>
> 政府的“群策群力”小组一开始漫不经心……然而，小组的基调开始慢慢变化。“很明显，有人一开始在想，妈的，我们必须待在一起，搞得好像我们对这两天很有兴趣似的，”道格·汉密尔顿警长这样说道，“但是，人们看见真的有一大笔资产——大约200—300万美元的样子——在被闲置浪费，因为以前没有人关注这个事情。人们开始变得有点兴奋了。”

“群策群力”小组想加快该市对那些闲置资产的获取和再开发工作。但是要想获得那些资产的唯一渠道，就是通过刑事法庭，一块一块来弄——这个过程“缓慢、昂贵，而且取决于那些讨厌搭理这类案子的法官的心情”。小组在这个问题上卡壳了。

来自通用电气的督导小组成员们假装不存在这样的法律障碍，然后想想在这样的情况下他们会怎么办。果然不出意料，该市的律师表示反对。但是“其他人都感到放开了脑子，一个有用的点子冒了出来。修改法律，允许民用而不是刑事法庭采取行动，并且动用该市的发展资源来促进这些被占有的财产发挥新的作用。”这就是该小组向市长提出的建议。

亚伯拉姆森对此结果印象深刻。他喜欢这个结果，而且他也喜欢他的政府如此的有活力。他立刻劝说州议会去创立一个行政法庭，来处理那些空闲地皮。那年夏天，新的法庭开始工作，与此同时，路易斯维尔市建立了它的第二次“群策群力”小组。

“群策群力”小组是一种“停工检修”。美国空军作战司令部前质量主管克莱顿·弗里希科恩上校如是说道。该司令部自 1994 年以来就使用了这一工具。他说，“群策群力”小组的参与者将他们日常的工作放到一边，“利用一周集中思考的时间，来产生高质量的创造性的点子”。

> 这个工具让我们能够去移除那些以前一直没时间去修正的问题。还记得这样一个故事吧，一个人看见另一个正在拿一把钝锯子锯树。这个人问：“为什么你不停下来把锯子弄得更锋利一些呢？”那个人回答道：“哎，我没时间啊。”现在，有了“群策群力小组”，我们就有时间了。

在美国空军作战司令部的第一批“群策群力”小组里，有一个小组将检查 B1 轰炸机的时间缩短了 3 天半以上，节约了 42%的时间。另一个小组将检修一架战斗机的时间缩短了 65%，因此节约了 500 万美元的开支。到了 1996 年，空军作战司令部已经有了二十几个“群策群力”小组，而弗里希科恩则在每一个空军作战基地都展开过相关的培训。

查克·路易赛尔中校负责领导一个空军作战司令部“群策群力”小组，其任务是检测在佛罗里达的恩格林空军基地，要花多久时间才能让一架F15战斗机做好战斗准备。恩格林基地出色地通过了检测，与空军作战司令部制定的24小时这个标准相比，要快5个小时。但是路易赛尔对此并不满意。他要求自己的第60飞行中队将司令部的标准减少一半，也就是缩短到12小时。“每个人都说，‘这简直疯了，你不能一下子就从这跳到那’。”路易赛尔回忆道。于是，他计划再尝试一次“群策群力”。

在1996年12月，该中队的大约30名成员停下手头的工作，转而专注于如何改变他们的工作方式。路易赛尔让高级管理者和专家，比如工程师，来回答任何问题或帮助解决问题。

一开始，成员们被分成4个小组，示范他们平时是如何工作的。在其他基地的工作人员这些外来者以及督导的帮助下，他们将这个过程录了下来，然后对工作方式进行分析，得出了一些改进工作的点子。

他们几乎立刻就发现效率有了很大提高。升空之前的检查一般要花费两个半小时的时间，但是一个小组发现，检查员花了很多时间绕着飞机走，或者来来回回地在工具箱里取东西。“一名检查员一共要走4 097步。”路易赛尔说。该小组给检查员配备一条工具腰带，改变了工作流程，这样节省了工作中走步的时间。这一改进以及其他做法使得时间减少到了70分钟。

另一个小组对卸载外挂油箱的工作进行了追踪，这项工作要花掉5个人97分钟的时间。在该小组对作业流程进行再造以及为每一位工作人员指定特殊的工作任务之后，这只需要4个人花12分钟就可以完成了。“这个小组着实火了一把，”路易赛尔说，“这就像是在看印第安纳波利斯的 500 英里跑道汽车赛[①]一样。”

一周过去之后，各“群策群力”小组将这些以及许多其他变化汇聚起来，组成了一条为 F15 升空做准备的天衣无缝的新流程。他们在最后一天对此进行了实验，那天飞行员需要执行一场训练任务。所有的战斗机在 12 小时之内准备完毕。

“群策群力”小组的成功因素

在“群策群力”小组中，所有的行动都被高度压缩了，必须在短短几天内完成，这就给参与者制造了强大的压力。他们的责任很大。成员之间的互动十分密集。而人们在“群策群力”小组里做的实际上是新工作：识别问题、头脑风暴、测试观点，然后，在最后的闪光时刻，向管理者汇报他们打算怎么办。“群策群力”小组解决了特定的问题，而且同时改变了组织的文化。

空军作战司令部和海关总署的实践者们指出了若干有助于“群策群力”小组取得成功的关键要素：

确保让高层管理者投入到这个过程中来，因为他们才是对建议做出最后决定的人。这点是必须做到的，千万别在出发的时候忘记这一点。

向员工们保证，任何工作变化都不会导致失业。正如弗里希科恩上校指出的那样，“没有人会提出让自己丢掉饭碗的建议”。

精心准备。在挑选要改进哪项工作的时候，要确保这是一项迫切需要关注的工作。在挑选“群策群力”小组成员的时候，要确保将所有掌握你需要的技术性知识的人都纳入进来。

让一名受过训练的督导来领导整个过程。像“全面质量管理”

---

① Indianapolis 500，美国历史最久的高速跑道汽车赛，也是世界上赛速最快、最危险的汽车赛。——译者

和“业务流程再造”一样，“群策群力”是一个高度结构化的过程，需要有一个掌握相关技巧的人来提供专门的领导，这个人要让整个小组像一个团队一样运转，要对问题有创造性的思考，要专注于解决问题的思路，等等。这名督导还将客观性和解决冲突的能力带入到这个过程中。

业务流程再造

纽约市老兵事务办公室前主任乔伊·汤普森一开始先是用“全面质量管理”来培训自己的员工，但是很快他就觉得，这是不够的。“我们发现，那种解决小问题的小组无法解决我们的问题，”他回忆道，“我们必须引入一种根本性的变革。”“群策群力”小组所提供的有限空间和时间框架也不能创造出那种该组织所必需的连根拔起的变革。

当一个机构需要一次全面的重建的时候，它就可以使用“业务流程再造”。这种工具与“全面质量管理”和“群策群力”有某些共同点，但是致力于给那些过于复杂以至于无法在几天内就完成重塑的业务流程带来突破性的变革。

一些组织首先是进行再造，然后转向“全面质量管理”。他们认识到，虽然重新设计过的业务流程已经产生显著的改进效果，他们还是可以在作出转型之后继续得到改善。

“业务流程再造”关注的也是客户满意度和绩效改善，但是它更多的是一种持续的过程，而不是一种一次性事件。它是一项工程，而质量管理最多是一种哲学、一种做事情的方式。

《企业再造》一书的作者迈克尔·哈默和詹姆斯·钱皮是这样描述“业务流程再造”的：“这是对业务流程的根本性的重新思考和激进的重新设计，目的是在关键性的同步的绩效测量指标上取得显著的进步，比如成本、质量、服务和速度。”通过对一个组织大规模的工作流程一举做出重新设计，“业务流程再造”消灭或改变了许多人从事的工作，改变了职能部门和单位的组织结构。通常它也会给组织注入大量先进的信息科技。

和“全面质量管理”一样，“业务流程再造”让客户对质量作出界定，将工作流程作为重新设计的目标。但是，“全面质量管理”是针对组织里数以百计甚至数以千计的次级流程做一对一的处理，而“业务流程再造”则重新设计复杂的、大型的业务流程：决定申请者是否有资格享受某项福利的流程、收税或儿童服务福利的流程、批准新设备或新购买的流程。

一些组织进行再造，是因为它们需要让自己的信息体系变得现代化。过去的做法是将他们低效的官僚流程自动化，哈默和钱皮称之为“为老牛铺路”（paving the cow paths）。现在，他们重新设计他们的关键流程，然后重新设计他们的信息系统。

“业务流程再造”并不是一个可以无条件使用的工具。正如《流程创新》一书的作者托马斯·达文波特所说的那样，一个组织通常有10—20个大的业务流程。一个“业务流程再造”工程从本质上来说是费力的，往往也会惹人不快。在它的承诺和回报之间，是复杂、费时、费神和陌生的风险。哈默和钱皮说：“只有当需要大动手脚的时候，才可以使用业务流程再造这一手段。”

“业务流程再造”的回报就是绩效上的重大进步。比如：

- 亚利桑那州的交通局利用“业务流程再造”减少了司机申请驾照的时间，从平均21天减少到了5天；
- 亚利桑那州的经济安全局为儿童专用人行道收集的资金翻了一番；
- 该州的家庭援助办公室将它用来决定申报者是否符合资质的

时间从 26 天减少到了 1 天；

- 美国邮政署将批准大型设施工程的时间从 8 个月减少到了 3 个月；
- 美国国防部减少了大约 2/3 的医疗购买清单，在 12 年里节约了 30 亿美元；
- 美国社会保障管理局将决定申报者是否符合残疾人资质的时间从 155 天减少到了 40 天。

对收缴销售税进行重新设计

大多数人并不想逃税漏税。他们愿意在正确的时间里支付正确数额的税款。但是他们想把事情做对的良好意愿经常因为眼花缭乱的税表和纷繁复杂的程序而受到挫伤。

在 1991 年，明尼苏达州的税务局决定改变状况。他们决定将本部门的焦点从事后抓住那些逃税漏税者，转移到赢取他们对法律的遵从上。

对该部门的许多会计、律师、审计员和其他员工来说，这一新目标没有道理。多年以来，该机构的官员们一直假设，大多数商人是尽可能地少纳税，即便这意味着违反法律。于是，他们把一半的资金都用到了审计和税收员身上。他们中有些人习惯性地将那些按时缴税的人称为“摇钱树”，而那些不能按时缴税的人称为“人渣”。

但是税务局的新领导相信，变化将给该州带来更多的收入。“该部门的旧体系把注意力放到占人口 5%的那些不纳税的人的身上。”时任助理财政局长康妮 · 尼尔逊这样说道：“我们想建立一个新体系，把焦点放到让人们更轻松地纳税上。目标是 100% 的自愿守法。”

为了实现这一点，他们要帮助商家更好地确认他们的税收责任应该有哪些、正确地填写表单、及时纳税。但是这个体系设计得很难做到这一点。该州将所有的商家都看成一样的。不同的商家得到的是同样的税收信息和表格，即便应用于他们的税收法是非常不同的。那些信息往往是过时的，因为税务部门要花 6 个月时间才能将相关的变化反应到税收编码里。已经使用了 20 年的电脑系统无法应付每年超过 100 万的报税业务，于是要花上几个月的时间来识别报税单上的问题，甚至花上更长的时间来征收该收的税款。当他们对一家商家进行审计时，可以花上 3 年的时间。

明尼苏达州在 22 年前就开征了销售税，作为一种临时性税收。与此同时，该部门增加了对新税种的行政管理，几乎没做什么事先的设计工作。20 年后，销售税成了一种固定税收项目。“现在该是对此整个进行重新思考的时候了。” 尼尔逊总结道。

导致这些问题的根本性原因之一，就是税务局内部各自为政的现象十分严重。6 个不同的部门，向 3 个不同的助理局长报告，共同承担对销售税体系进行行政管理的职责。每一个部门只“拥有”一项单一的职能：一个向纳税人提供信息、一个审议报税单、一个审计退税等。这些各自为政的部门相互之间很少通气，更少关心整个体系的绩效。没有人对这个问题负责。

纳尔逊和她的同僚们识别出 8 个用以管理销售税的业务流程，每一个流程又有大量的次级流程。光其中的一项，报税并将信息输入到税务局的电脑中，就要平均花掉 40 天的时间。但是，当他们检查在这段时间里到底发生了什么的时候，他们发现只有 14 个小时才是“真正地在干活”。剩下的时间都用在了部门和客户之间的扯皮上。

他们意识到，不管他们如何拧紧现在的这个体系，它都不能产生出他们希望的后果，因为它就不是设计用来赢取客户的服从的。

他们决定，不如把现有系统推倒从头再来：对销售税进行再造。他们要求员工们帮助建立和执行一个新的设计，从对现有体系的大扫除开始。

再造者们看上去设立了一个不可能实现的目标。这个新体系应该针对每个商家的不同情况和需要，量身定做出有针对性的报税政策和信息；在服务商家时，从根本上提高效率；处理报税业务并征收税款；减少纳税人填表的负担；让审计成为对纳税人来说积极的体验。他们相信，所有的这一切都会有助于人们遵守税务法律法规。

为了实现这些目标，明尼苏达州的改革者们自上而下地重新设计了6项主要工作流程、为商家量身定做了报税和填表程序、用整合起来的作业团队代替各自为政的部门、向一线的员工赋予决策的权力、为他们提供客户服务培训、改造人事体系、更新电脑技术、修改州法、向商家宣传这套新体系。

在经历了一段长时间的执行期后，新体系开始显示自己的力量。商家现在能够得到有针对性的信息和服务。他们可以电子填表。他们可以利用电话快速地解决自己的问题。绝大多数的新消费税缴纳者可以在一个小时内完成注册（而以前是6个星期）；剩下的人几乎都能在两天甚至更短的时间内完成注册。他们可以用一张支票一次性地支付他们的州税和地方税。

甚至那些接受审计的商家也给予税务部门以更高的评价。在1995年末，圣保罗先锋报业对一项州级调查的结果做了报道。在1992年到1994年间接受审计的500家商户中，有97%的被访者认为自己受到的服务是公正的。在对税务局是否考虑了纳税人的时间以及在传递信息中是否有效（包括帮助纳税人理解自己的权利）这两项上，该部门也得到了80多和90多的评分。

格雷格·西奇达是该部门的一位财政分析师，他参与了这次重建的领导工作。他是这样解释为什么税务局要将审计转变成为教育经历的："我们在追求的，更多的是人们未来的守法，而不只是钱。我今年可以审计你，得到 1 万块钱。但是如果我教你怎么正确地遵守规定，在未来的 40 年里，不需要我自己出什么力，我就可以得到这些钱。"

很难去证明纳税人在遵纪守法方面是否有所改善，因为没有什么科学的方法对此进行测量。但是在 1995 年，该部门历史上一直存在的收税案件累积的现象消失了。

"业务流程再造"的三个阶段

"业务流程再造"是自上而下推动的。高级管理者自始至终对项目实施指导。他们的权力对批准那些激进的变化来说是不可或缺的。他们的专长和眼光是必要的，因为中层管理者和一线员工往往只是知道他们自己所在的特定的职能部门，而不是更大的流程。此外，需要高层领导发挥领导力来克服来自员工的惰性和抵制。

通常来说，一组高级管理者选择需要进行再造的流程并确立绩效目标。"导航"团队的一名成员任项目的担保人，这名高层领导的任务是指导整个项目、保护它不受攻击、维系高层对它的承诺、保证团队所需的自愿与机构中的其他部门保持联络。团队中的另一位成员担任项目经理，他具体引导整个项目和员工团队来改变流程。

"在寻找这些和其他的关键角色时，你是在寻找来承担风险的人。"明尼苏达州的尼尔逊这样说道，她现在是我们在公共战略研究所的同事。"你要找的是那些即便在官僚机构里也是经验丰富的人。你要看他们的特性。"

没有哪两个再造方案是完全一样的。但是，大多数的“业务流程再造”都会经历三个典型的阶段：研究、重新设计和执行。明尼苏达州的重建小组将它们称为“好奇起来”、“疯狂动脑”和“动真格”。

第一阶段:好奇起来

研究阶段的目的是确认你当前工作流程的绩效，决定哪一个才是要再造的目标，以及为再造流程设定绩效目标。

只是去厘清业务流程常常是困难的，因为它们一般很难识别——它们已经被支离破碎地分解到那些各自为政的职能部门里去了。这“让人头疼，因为它要求人们跨过组织的隔离去思考”。哈默和钱皮注意到，“这不是一幅关于组织的图画，而是对目前正在做的工作的描述”。

在研究阶段，明尼苏达州的再造小组对相关对象进行了访谈，去了解他们在遵守部门的规定时是什么样的状态。该小组与关键的立法者以及机构管理者会谈，来决定他们为州销售税所确立的目标、它询问了财政业务和其他经济部门，厘清它们的最佳做法和绩效层级。来自不同职能部门的小组成员也互相描述了自己所在部门的工作。

最后，该小组厘清了该体系主要的工作流程，包括注册、信息和教育、填表和支付、处理交款、确保守法以及强制收缴。然后它将每一步工作的流程描绘出来，标示出所有步骤的顺序。没有哪个雇员或管理者知道所有的步骤。当他们将一份详细的流程图合并到一起的时候，尼尔逊说，他们发现“他们正在做的许多工作在下一步的时候一点用处都没有”。

接下来，小组决定对哪些流程进行再造。他们寻找支撑点，也就是为客户和利益攸关方创造显著改进的方式。这一决定往往是一个艰难的判断。如果项目的范围很大，引发的效果可能会颠覆整个组织。但是如果范围不够有抱负，“业务流程再造”就不会产生大的效果。尼尔逊说，要点在于要让整个规划“足够大到能够实现激进的突破，同时又足够小到能够通过执行来进行管理”。“业务流程再造”的老手会建议组织选择那些对实现组织使命和战略来说至关重要、那将会对大多数客户产生最大影响、那些最为迫切地需要修复，以及那些实现激进变迁最为可行的流程作为目标。

一项典型的“业务流程再造”中的阶段和步骤

第一阶段：研究（“好奇起来”）

1. 鉴别组织的使命和目标；
2. 厘清现有的支持这些使命和目标的业务流程；
3. 对现有业务流程的绩效进行评估；
4. 选择一个或多个业务流程进行再造；
5. 为新业务流程确定绩效目标。

第二阶段：重新设计（“疯狂动脑”）

1. 从观念上的清理开始，为新体系的设计发展出新点子；
2. 为新体系的设计选择关键思想；将它们整合进一个完整的流程设计中；
3. 考虑相关的系统，比如技术体系和人事体系；
4. 为向新设计的体系过渡设计方案。

第三阶段：执行（“来真的”）

1. 确保高级管理层对新设计的首肯；
2. 在小范围内对关键设计进行试点；
3. 按照仔细协调好的顺序落实这些新变化。

明尼苏达州的再造团队选择关注6个流程：

- 纳税人的注册和信息登记。厂商在州一级机构登记，税务机关收集他们运行的信息，发放税收注册号。
- 填写报税和支付表。厂商与税务机关打交道处理报税和缴款业务。
- 向纳税人提供信息和服务。通过提供信息和援助，该部门帮助纳税人理解与销售税有关的法律、法规和程序。
- 处理业务归档工作。税务部门收集报税的相关信息，填补到电子数据库中。
- 确保严格守法。该部门对报税进行审核，识别出那些需要提供辅导来严格守法的纳税人。
- 确保支付和缴税。该部门通知那些违规的纳税人，收缴逾期费用。

最后，该团队选择这些业务流程绩效的延伸目标。“这是整个项目中最困难的部分，”尼尔逊说，“我们没有任何基础来做这样的事情。去设想应该有什么样的绩效是一件全新的事情。”

但是设定看似不可能的任务是关键。“它迫使再造设计团队为今天的实践去考虑替代性的方案，”尼尔逊说，“这有助于突破性的思考过程。”这些目标也让不同的职能部门有了降低他们门槛的动力，相互之间进行协同思考，否则，他们就不可能实现那些雄心勃勃的目标。

在设定目标的过程中，尼尔逊说：“你想要的改进不仅仅是20%或30%，你想要的是100%。”但是税务局的再造小组不知道他们到底能做到多好。“我们不得不摸着石头过河。”她这样说道。该小组设立的目标显示在下面的文本框里，他们问自己，哪个层次的绩效才会既让守法者和利益攸关者满意，又有助于组织实现其100%自愿遵从这一总体目标。

销售税再造项目的关键延伸目标		
流程绩效指标	之前的结果	延伸目标
完整和准确地处理报税所需的时间	40 天	7 天
在立法之后改变表格和指导手册所需时间	180 天	60 天
让机构工作人员获得有关存档信息所需时间	40 天	1 天
解决支付违规现象所需时间	600 天	90 天
可以得到电子档案和账单的纳税人比例	0%	90%
享受量身定做的报税服务的纳税人比例	0%	100%

第二阶段：疯狂动脑

明尼苏达州的导航团队为 6 个关键流程中的每一个都创建了再造小组。每个小组最多由 12 名成员组成，由一名指派的项目督导领导。工作人员参加一个为期三天的培训会议，标志着第二阶段的开始。然后他们开始重新设计业务流程，厘清出变迁所需要的成本和收益，然后制定一项“过渡”方案，从旧流程转到新流程。

他们的手段中的一个重要组成部分，是一种改变文化的工具，我们称为“让习以为常的东西浮出水面”。它有助于成员们去思考那些不成文的、往往未能言说的关于他们的组织应该如何运转的假设。比方说，税务机关最为重要的一个假设就是对纳税人来说什么意味着“公平”。大多数员工认为这意味着对所有的纳税人采用同样的方法。有些人，包括尼尔逊在内，则认为这些流程应该量身定做以反映纳税人不同的需求。“如果有人不理解人们希望他们去做什么，”尼尔逊说，“那么你就不能把你给其他人的东西活生生地塞给他们。如果他们不能阅读或者理解这些东西呢？”

量身定做服务这个想法还挑战了另外一个假设，那就是机构的工作人员只应该按章办事，而不应该做出自己的判断。如果让客户满意是最重要的事情，那么，工作人员就需要拥有适当的自由裁量权从而更好地服务客户。规则不可能面面俱到。

“除了少数几个外，我们将大多数这样的假设都抛弃了。”尼尔逊说。这给了设计小组重新思考的自由。

然后，他们展开头脑风暴，去想那些有可能会有助于实现那些延伸目标的点子。许多点子都涉及废除那些重复、费时或方向错误的步骤。由于他们是在设计理想化的流程而不仅仅是试图改善现存的程序，因此，他们会想出“不同的和更有戏剧性的点子”。尼尔逊说。他们依靠那些由再造专家发展出来的设计原则，包括：

围绕结果而不是任务来组织工作。为了确认正确的后果，去询问客户（或者，在某些情况下去询问执法对象）他们想要什么，然后组织相应的程序去实现它们。从客户的角度来看问题。“客户的声音是让人们作出改变的最强动力，”尼尔逊说，“人们想把工作做好。当他们听到客户的问题而且他们能解决这些问题的时候，他们就会解决问题。”

使用平行的而不是连续的流程。放弃一步一步的、流水线式的设计；厘清那些可以同步进行或者在平行的轨道上运行的活动。正如拉塞尔·林登在《无缝隙政府》一书中指出的那样：

> 一个流程中的步骤越多，就越有可能犯错误、拖沓和阻碍传递信息。当每个部门只是负责产品的一个方面，然后再将它传递给下一个单位的时候，一旦发生错误，就几乎不会有什么人负责，而是相互指责。一个平行的流程会加速进程，使得错误能够更快被发现。

接着，各小组将他们的点子汇聚到一起，让它们整合成一个整体。他们依靠的是两大支柱。第一，纳税人应该根据他们的不同需求和过去的支付表现区别对待。第二，“工作人员有更多的责任去解决税收问题，以及被赋予更多的资源来做这样的事情。”他们要拥有“更多的权威和机会……去完成一项给定的工作。工作人员将能够现场解决问题，而不是将案子转送给其他部门”。

然后，小组开始处理他们的重新设计所带来的问题：如何最佳地使用信息科技，设计新工种，为了让新流程运转而需要在人事体制上作出的变化，发展出一套测量他们绩效的体系。

最后，他们设计出一套体现变迁过程、程序和成本的过渡方案。他们还详细说明了如何让该体系能够转型来适应新的职业设计、新的信息和沟通体系、新的技术；该机构应如何让执法对象知道发生了哪些变化。

在1992年8月，改造者们向部门领导递交了一份67页的再造建议书。建议书列举了要想让新的设计成为现实，特定变化所需的资源。包括：

- 为纳税人设计出一套量身定做的报税表格、程序、指导手册和自我评估工具；
- 针对消费者服务技巧、争议处理、信息采集、新销售税程序、新科技和新职业技能进行强化培训；
- 创建一个新的职业类别——“岁入税专家”——为特定的纳税人提供信息、教育和服务；
- 采用联网的电脑工作站、广泛采用新软件和提高数据库的存储能力、建立双线电子沟通系统、运用扫描和摄像科技；
- 废除做税时繁杂的要求；
- 采用新方法对员工进行评估；
- 对一系列州法进行修改；
- 向商会和单个的纳税人宣传新的流程；以及
- 为税务职业人士提供特殊的教育课程。

该团队对他们提议的销售税改革做了大量的解释。他们估计这次转型将花费320万美元，不包括员工时间在内。

第三阶段:来真的

明尼苏达州的再造小组意识到他们提出的建议已经超出了税务机构一次所能消化的能力。他们将再造的执行拆分成14个独立的“单元”，每一个都包含一个重要的变化点，花费大约两年的时间来完成。

大约六七个执行团队每天开会，商量如何来落实这些单元。他们先在小范围内对一些关键变化做试点，来确认它们是否管用。

慢慢地，他们开始重新构建组织的流程图，用有效的和整合的工作流程对大多数职能部门进行改造。他们给大多数工作被裁减掉的员工重新安排了岗位，虽然有一小部分人被解雇了。这些团队还开展培训、引入新科技、建立了一个电脑化的沟通网络，可以让300名员工交换他们的想法和保持对进程的了解。他们用新信息技术修正了技术上的小故障——比方说，文件扫描仪之前在扫描销售税表格的时候总是出问题——他们还与立法者合作，确保能够得到对变化的政治和功能上的支持。

在1993年8月，该机构引入了它的新注册和登记流程，迈出了执行中的第一个重大步骤。到1995年末，所有的6个新流程都完成了大多数之前被认为想都不敢想的目标。

每一个纳税的商家都有一个个人的用户名，以及针对其特殊情况的报税单，节省了70%的时间来提交电子表格。支付问题在90天内可以得到解决。大约60%的新商家注册可以在1个小时内完成——而之前要花6个星期的时间。该机构在销售税法律上引入了4项修正，而且没有花几个月的时间，而是几天之内就完成了。

新商家第一次可以通过电话或传真进行登记——超过一半的人选择这一手段。纳税人每年少提交40万份报税表，减少了35%。他们可以用一张表格和一张支票缴纳28种州税和地方税。他们提交的信息的准确度也增加了98%。

政府中的“业务流程再造”：经验教训

再造是一项艰难的工作。它在启动时就很艰难：要政府清空头脑。某些立法、行政或司法律令也许是无法避免的。那些喜欢对机构进行微观管理的立法者也许就会这么做。很多时候，若干家机构共同承担某项业务流程的各个部分，但是它们不会合作进行再造。由于财政收入有限，那些被任命来管理这些机构的官员们追寻短期的创新，而且他们一般都不愿意去做带有风险的、费时的再造工作。

在众多不同的利益攸关方中，任何一个人——中层管理者、工会、利益团体、中央机构官员和立法者——都可以阻止再造工程或者中止相关进程。由于高层管理者常常变来变去，很难让一个组织的领导层关注自上而下的转型。

我们关于政府采用“业务流程再造”手段的研究，揭示了一系列要想获得成功的关键经验，它们有助于帮助改造者们克服上述潜在的阻碍。

确保同时维持高层管理者的参与。“别在没有高级管理者参与的情况下开始‘业务流程再造’。”康妮·尼尔逊如是说。只有他们才能保证该项目所需要的资源和政治支持。只有他们看得见的热情才能让管理者和员工们敢于去冒风险。而且，要确保让他们理解再造是什么。带他们去参观那些已经采用了这一做法的地方。当项目开展之后，让他们随时知道事态的发展。

预先考虑到雇员对裁员的恐慌。在CSC索引咨询公司1994年提交的再造报告中，他们承认，再造中最为困难的部分，是员工们担心丢掉自己的饭碗。政府部门里也存在同样的问题。某些机关保证，那些职位被裁减掉的员工不会被解雇，相反，他们会被调到别的工作岗位上去。

预先考虑到要对行政管理体系进行重新设计的需要。正如明尼苏达州的税务改造方案所显示的那样，再造工作流程往往就必须对人事和信息系统进行重新设计。“我们从工作流程开始，然后到最后，我们说，所有的一切都必须改变。”纽约市老兵事务办公室主任乔伊·汤普森回忆道，“如果你不改变你补偿和测量绩效的方法，如果你只是试图改变工作流程，你不会实现你的目标。”

确保获得政治支持。组织不可能瞒着民选官员搞再造项目；这项工程牵扯到太多的人，太招人显眼。最好在项目的一开始就获得政治支持，所以当激进的变迁到来的时候，它能有所准备。不管怎么样，管理者们通常都得请求民选官员给予再造所需的资源。明尼苏达州的团队在一开始就邀请了关键立法者参与了进来，把他们当作是重要的利益攸关方。他们询问政客们关于销售税体系有什么样的期待，然后将它们吸收成为项目的一个部分。他们每 90 天就向立法者们就项目的进展做一次简报。很少有政客不愿意从政府绩效的显著改善中分得一份荣誉，这也有助于产生一些短期的改进措施，于是民选官员不必等两到三年才能宣布成功。

让工会参与进来。要想让再造一帆风顺，就要在项目的一开始寻求与工会建立伙伴关系；如果与你打交道的工会领袖比较理性，就让他们参与到决策中来。至少要让他们知道项目会走向何方以及将如何实现这一目标。一般来说，工会最关心的是这个项目将如何改变职业的界定和分类，以及它是否会导致失业。在项目的一开始，没有人知道问题的答案，所以要坦诚。如果工会领袖们不相信管理者，他们就会怀疑结果是否最差，然后抵制。

利用外部人士帮助你的组织从外部思考：顾问、客户、立法者、其

他机构的雇员都是可以选择的对象。哈默和钱皮说，每两到三个内部人士配一个外部人士是一个正确比例，所以，如果那个人有着新鲜的视野、愿意改变现状，就把他或她带进来，让其成为改造小组的一个部分。鼓励他们去问幼稚的问题、打碎假设。明尼苏达州的每一个再造团队都包含一个“酵母”——一个对当下的流程一无所知的人。

想象一切障碍都已清空，即便事实上并非如此。在《无缝隙政府》一书中，林登建议，即便你无法摆脱法律法规的限制，你还是应该想象你已经清空了这些障碍。“要点是，尽可能多地让创造性的观点流淌出来，允许看上去匪夷所思的想法百花齐放。”他说，“如果设计团队能够用最轻快和愉悦的方式来进行头脑风暴，它就会发现，在明显可笑的点子里，也许会露出突破性的思想。”

当纽约市老兵事务办公室启动这一工程的时候，汤普森主任就为启发新思想设定了这一步骤。“我给了他们这样的假设。如果你是一家公司的头，必须与其他提供同样服务的公司进行竞争，你会怎么设计？我说，现实会让你从理想化的设计中缓过神来，但是，让我们先从理想化的设计开始。”

正如林登所说的那样，先是进行头脑风暴，然后比照着现实的限制因素，仔细审查那些观点的可行性。

与整个组织就“业务流程再造”进行沟通。在一个组织中，再造工程是一个巨大的、持续的和吓人的事件。谣言和误报会满天飞、通过新闻简报、专家陈述、项目吹风会以及其他让人们可以发问的形式，把正确的信息传递到人们的手中。尼尔逊的团队采取了一种他们称之为“3O”的沟通哲学：开放(Open)、经常(Often)和自始至终(Onest)。他们利用电子公告板来共享信息，并厘清员工们提出的问题和议题。

但是，即便做了这些努力，也不能满足所有人对信息的需求。

“来自员工的最常见的问题是，‘我的饭碗会怎么样’？”尼尔逊说，“我们在第二阶段无力回答这一问题。这有时候被当作了‘隐瞒事实’，即使这就是事实本身。”再一次的，一个解决方法是做出保证。如果你能够诚恳地这么做，那么再造就不会导致裁员。另一个办法就是把普通员工拉到“导航团队”中来，这样他们自己就会亲眼看到，当领导们说他们不知道就业形势如何发展的时候，他们是诚实的。

留心“分析带来的瘫痪”。再造要依靠大量的分析。但是再造顾问和有经验的参与者会警告说，许多组织都走过了头，试图制造出他们当下流程的详细模型。“过分的分析，”哈默和斯坦顿说，“是对时间的极大浪费”。

通过分析，你将得到大量的关于当前流程如何运转的详细信息，而这些信息都是你接下来要抛弃的。把太多的时间花费在分析和归档上会阻碍想象。你变得过于关注旧体制是如何运转的，这样你就无法构思奇特的方式。

明尼苏达州的再造团队设立了一个原则：对当下流程的理解要适度，足够做出决策即可。“进一步的工作会让你得到更多的细节，但是不要给决策过程画蛇添足。”尼尔逊说。

哈默和斯坦顿建议再造者给花费多长时间来分析当下的流程设定一个限制——一个“时间盒子”。“4—6个星期通常足够让一个团队达到对再造来说必要的理解水平。”他们说。

保持节奏。由于再造要花费很长的时间，失去心气神是一个可能性很大的风险。“如果一个项目过于缓慢”，尼尔逊说，“机构就会感到无趣，也许就会失去动力。”

哈默和斯坦顿说，在产生某种后果之前，一项工程不应该超过1年的时间。“如果你在1年多的时间里还没有让再造的效应显现，”没有带来什么具体的业务上的收益，他们警告说，“项目就会死掉。执行管理层也许就会失去信心，开始撤出他们的资金。”

当明尼苏达州的“业务流程再造”在1991年开工的时候，当时的部门经理唐·特林布尔就担心这不过是又一次的心血来潮。“我是那种当（高层管理者）十分在意的时候提出问题的那种人。”他解释道，“当时战鼓擂得隆隆响。”在员工会议上，特林布尔公开表示了怀疑。

尽管如此，他还是被带入到了项目的第一阶段，那时他开始同意一次全面的重新设计是需要的。“那个事情对我来讲说得通，”他说，“但是目标和后果看上去太激进了……它吓着了我。”

然而，当一名项目共同领导离开了税务局后，特林布尔接管了他的工作，引导着“业务流程再造”度过了第二阶段。这并不容易。“纸上谈兵是一回事，实际操作是另一回事。虽然我们已经做好了设计，但是我并不认为所有的人在头脑中都知道重建后的组织——这个新面孔——将如何变成现实。”

到了1996年，激进的流程设计和为1991—1992年设计的不可能的绩效目标，都已经成为实际工作中被接受的现实。该机构向前迈进了一大步，而它的成员们现在理解了“更聪敏地工作”是什么意思。特林布尔总结得很好：“再造给我们的未来做好了准备。”

而这也许正是更聪敏的工作流程所做的最有价值的事情。

第五部分

明智领导：以激进中间派的姿态管理变革

第十四章

应对变革的领导力

当彼得·哈钦森担任明尼阿波利斯公立学校主管的时候，他最喜欢做的事情就是视察教室。有一天，当他走进一间四年级的教室时，正在讲课的老师停了下来，转而向同学们介绍彼得·哈钦森。这位老师介绍了彼得·哈钦森是学校的主管并问同学们有谁知道主管是做什么的。

同学们齐刷刷地举起手来。(四年级的学生对学习充满热情，因此他们回答问题都会很认真。)老师叫了一位男生，他很自信地回答道："主管就是负责超级任天堂游戏的人。"老师评价了那是一个非常有创意的答案，随后，解释了主管就是学校的领导者。

接着，老师追问："有人知道领导者是什么吗?"同学们再一次踊跃举手。这次老师叫了一位坐在后面的女生，她用力将手举得很高，以至于彼得都担心她的手会脱臼。这名女同学笔直地站立在那里，就像她的回答一样鹤立鸡群："一位领导者就是能够付诸努力并让事情变得更加美好的人。"哈钦森震惊了：一个四年级的学生竟然能够准确地描述出政府所缺乏的东西，这也正是人们所期望的东西。

如果"让事情变得更加美好"的路径不是充满如此之多的障碍，更多的人可能会去迎接挑战。但是，如今，我们的公共机构陷入了自从第二次世界大战以来最严重的财政危机，公民们愤世嫉俗，媒体更是糟糕透顶，政治程序在陈词滥调和恶意的人身攻击之间变来变去，许多积极从事政治活动的人不断攻击的正是他们扬言想要领导的机构。无限上升的成本失去了控制，但是政府的价格是有限度的。有谁在内心里想成为领导者呢？

不幸的是，首先，太多朝前走的人不是被自我意识就是被某种思想意识所驱使。在他们中流行着一种观念，就是他们大多人是想成为什么，而不是想做些什么。从他们成为一所小学的食堂监管员开始，就有一种成为“领袖”的欲望在心底燃烧。问题是，这种类型的人几乎不会为了实际地改革他们领导的系统而让他们的政治生涯冒任何风险。

另一些人更加自鸣得意。他们拥有一个舒适的领导位置并想方设法维持着，因此他们说政府已经足够好了，或说我们已经尽最大的努力做事了，或者说出的问题全是其他人的过错。他们严词否认，其目的是为了进一步保护他们自己的位置，但是他们完全忽视了那个四年级学生以及另外一些指望领导者能“让事物变得更好”的人们。

其次，也有一些曾经承诺过让事物变得更好的传统的自由主义者，但是他们不愿意付诸实际行动去做那些改变事物的事情。他们常常是以关心他人的方式行事，但是并不会雇佣教师团体和公共雇员团体里的朋友，因为那些人总是阻碍变革。他们也不情愿冒得罪选民的风险，这些选民受益于那些效果极差或者浪费惊人的项目。他们竭尽全力反对那些明显会带来可怕后果的改革方案(例如公共房屋和旧福利系统)，主要是害怕改革将会伤及贫困者。我们并不质疑他们的动机，但是他们却否认了如下一点，即他们确实没有看到，体系已经存在根本性的缺陷。许多人仍然相信投资体系并试图更努力地去追求成果。他们谈论着远大的梦想，却忽视了“让事物变得更好”的现实要求，更不愿意放弃他们的自由来获得成效。

第三是意识形态的保守主义。他们中有很多人想改变整个体系，但是他们并不是想让其往更好的方向发展，原因是害怕人们将会期盼政府提供得更多。他们会告诉那个四年级的女生，政府是敌人。他们告诉我们财政上已经降低税收(starve the beast ①)，因此对私营企业的影响减弱了。他们否认了在市场经济中政府作为裁判员的重要角色。他们异常地依恋着个人主动性和自由的观念，却忽视了社区和共同体在市场经济中同样引人注目的角色。他们囿于蝇头小利而轻视公共教育、公共卫生、社会保障、医疗保险、医疗救助、环境保护等在维持一个健全社会中的作用。同时，他们认为政府在如下领域发挥作用是理所当然的，这些领域如：铺路修路、航空系统、法律制度、银行系统、金融系统，以及其他通过调和过度的行为来帮助维持经济的系统等。

最后，所有这些“领导者”只不过使危机持续，因为他们在每一个自身利益中都延续了危机。

要摆脱这个烂摊子，我们需要领导者们憎恶现状而不是禁锢思想；需要他们在公民愿意支付的价格上提供更好的成果；需要他们对公民提供的政府实际价格负责并给予真实的回报；需要他们一致认同摒弃官僚体制中的“死马”并怀有寻找到一匹更强壮的“骏马”的勇气。

我们所需要的领导者都来自“激进的中间派”(radical center)。他们思想上既不左也不右，但这不是折中主义。我们需要的领导者并不是模棱两可的人。他们是整个新政治范式即美国总统克林顿、英国首相布莱尔和其他当今的领导人所倡导的“第三条道路”的普及者。他们对世界有着共同的认识，并都怀有鼓动彻底变革的魄力。为了实现政府的传统目标，他们愿意从根本上改变公共系统的

① starve the beast，意指政府通过降低税收，以财政收入缩水为借口来减少政府为大众服务的义务和责任。——译者

结构和运行方式。

公共领导者都很辛苦，在未来的日子里也只会变得越来越困难。庆幸的是，在我们的领导者中间不失一些成功的例子，或者正在通向成功的彼岸。这些领导者可以成为希望和指引的源泉。在一个财政危机不断上演的时代，从他们身上我们可以得到赢得公众支持的重要经验。

首先，讲实话

长期闯荡江湖的医生、民意调查者和无孔不入的媒体只是大增了公众对真相的胃口。选民们厌倦了陈词滥调、含糊其词的推脱话、模棱两可的含糊话以及弥天大谎。在1976年的水门事件之后，吉米·卡特是承诺讲真话赢得总统选举的第一人，他说："我不会对你们撒谎。"在1992年，无党派人士罗斯·佩罗和民主党人士保罗·聪格斯将自己定位在带给我们客观的、直言不讳讲实话的领导者的身份上。2000年，麦凯恩在共和党初选时以"实话实说快车"(Straight Talk Express)的方式讲实话。同样的现象发生在州和地方政治活动中：明尼苏达州的杰西·文图拉，缅因州的安格斯·金以及康涅狄格州的洛厄尔·威凯尔都作为独立候选人赢得了州长的席位，他们都以超出常规的政治活动来面对严峻的现实。上一届明尼苏达州参议员保罗·韦尔斯通由于说了一些通常政治家们不会说出的事情而成为英雄。在2004年初选的启动时期，由于直白的演讲和局外人的立场，霍华德·迪安支持票数的上涨远远超出了其他名声响亮的候选人。只有当其他候选人开始纷纷效仿时，才使选情稍稍有些变化。

候选人在演讲中，使用典型的政治话语，对措辞精心修剪，这已经成为普遍现象，所以选民们都麻木不仁了。选民渴望候选人简单明了地表达他们的新奇的想法。美国人希望向他们发表讲话的领导人是成熟的和深思熟虑的人。他们不希望领导者们在公开辩论财政问题时，面对选民“在场”而退避三舍。他们应能够对付坏消息。选民只是希望领导者与他们处于同等地位，但更多的情况往往不是这样的。当选民被告知他们能够与候选人平等对话时，实际上这只是一种障眼法。

新西兰激进的中间派领导人罗杰·道格拉斯说：“不要陷入出卖公众短处的陷阱。”我们的困难与作为新西兰工党的财政部部长的道格拉斯所面临的财政危机比起来，真是小巫见大巫。他的国家经济衰退了一个时代。1950 年，新西兰人民人均收入在世界上排第 3 位，而 1984 年，他们下降到第 21 位。他们国家预算中消费支出多于国内生产总值的 40%。大量的贷款使每年的通货膨胀上升 15%，国债的利息几乎消耗了预算的 20%。一直到 1984 年道格拉斯上台时，道格拉斯的工党政府才将拖欠的国家债务缩小了数值。新西兰的储备银行不得不暂停外汇交易，并且政府不得不将本国的货币贬值 20%。在未来 6 年里该政府继续领导了一个现代的民主政府有史以来最根本的变革。

但道格拉斯和他的同僚们没有画蛇添足地去改善医疗或者减弱冲击。正如道格拉斯建议：

> 除非你信任、尊敬并通告选民，否则，结构性改革不可能成功。你应该使他们能对发生的事情作出正确的判断。
>
> - 对公众坦白，并且永不停止直截了当地和他们对话。
> - 问题是什么以及如何发生的。
> - 对他们的个人利益带来了什么损失。
> - 你在处理过程中的目标是什么。
> - 行动的成本和效益将是什么。

- 为什么你的工作方式优于其他的选择。

普通百姓可能不理解所有专业细节的情况，但是他们有一个工作和家庭的生活经历来帮助他们筛选出“米糠”中的“小麦”。他们知道什么时候关键性问题正被回避。当他们被袒护或哄骗的时候，他们是可以感觉到的，事实上他们不喜欢那样。他们尊重能诚实面对他们提出问题的人们。

正如道格拉斯所说，政府做事的方式可以被神秘化。政治家谈论的数字是庞大的，并且项目常常被行话和缩略语弄得隐晦不清。但是如果你不能用清楚明白的语言表述你的信用，公民们将认为你胡言乱语，或者更糟糕的是，他们认为，你不想让他们知道实情。

许多公民拥有海明威曾经讲述的“测谎仪”（crap detector）。它是根据一个非常简单的程序运行的：

我明白政治家们在说什么吗？

他们说的有什么意义吗？

如果是的话，他们说话算数吗？

用清楚明白的语言讲实话沟通是我们正确的沟通方式，那样可以使我们对所面临的一切有所掌握，是改变事物让他们往更好的方向发展的第一步。没有对事实的掌握，哪怕是残酷的事实，领导者们将只能依靠没有根据的希望或者毫无意义的欺骗来行事，如果你不能掌握，你就不应该去领导。

目标明确并持之以恒

1994 年 1 月 18 日，彼得·哈钦森和他的妻子正从电影院回家。一个月前他和公共战略研究所的同僚被任命为明尼阿波利斯公立学校的主管。由私营企业来领导学区，并签署合同，要求当学生的成绩有实质性的提高，才付款给私营企业？这种做法前所未见，所以当时尚无最终评论。

正当他们开车回家的时候，电台播报伴随着寒流，气温将达到零下华氏 60—70 度，为历史上最低点。哈钦森对他妻子说道："我想知道作为一名主管在这么冷的时候应该做些什么呢？"当他到家的时候他找到了答案：有 54 个信息请求他下令第二天放假，随后更多的电话接踵而至。

公共战略研究所被雇用的原因很简单：学区已经陷入困境。获得的收益缩减，财政成了一个烂摊子。公共战略研究所期盼尽快能解决这两个问题。在哈钦森和他的同事们着手这项工作的时候，决定是停课还是上课的问题从未引起他们的注意，幸运的是，当政府下令州内的所有学校都停课的时候，他们的问题获得了暂时的缓解。

第二天就是另一番景象了。在哈钦森去主管办公室的路上，几个小时都在接电话，先是警察局，警察局告知由于孩子们没有得到消息，所以数百名没穿大衣也没戴手套的孩子在等巴士。幸亏有警察，这些孩子们已经在回家的路上了。接着更多的是家长、学生和老师的电话，由于预报说这种寒冷的情况将继续，他们纷纷吵着要求明天也放假。随后，是媒体来电质询学校是否由一群窝囊废凭直觉行事的。就因为天气"冷"，明尼苏达州的学校都停课了吗？

随着时间一点点过去，各种电话的内容开始发生变化。哈钦森越来越多地听到来自痛苦的家长们的意见：希望他能让这些该死的孩子们重返学校。到一天结束的时候电话都快被打爆了，来电的人情绪都很激动。一部分人认为在如此恶劣的天气让孩子们上学只有蠢蛋才做得出来，另外一部分人认为再让孩子们待在家里会让家长们失去理智并且对白天没时间照顾孩子的家长们来说是一个巨大的麻烦。

当哈钦森思索着怎么办时，他突然想到，无论他怎么决定都不重要，无论他选择哪一种方案，他都会遭到另一方的反对。想到这里，哈钦森有了一点豁然开朗的感觉。他意识到在这种两级化的意见下，领导者可以很自由地做出选择，因为无论选择了哪种意见，批评都会接踵而来。但真正重要的只是那些决定将会带来怎样的最终后果。

这不是一种随意性的专断的特许权力，恰恰相反，它要求领导者忠于他们服务的公共部门的使命和目标，并且他们所做的每一个决定都能够进一步强化这样的使命和目标。

第二天，哈钦森就让他的助手把办学宗旨声明的副本拿给他。几个星期后，有人从一堆积满灰尘的文件中找到了办学宗旨声明。这是份很长的声明，然而，令哈钦森失望的是，根本找不到重点：声明中没有指出学校会给他们服务的孩子们带来什么不同。在学校委员会的支持下，公共战略研究所发表了新的目标声明："明尼阿波利斯所有学校的任务就是确保所有的孩子都能受教育。"这个任务成为公共战略研究所每一项行为的基础。哈钦森和他的同事们在三年半里都在严格地重申和执行这个使命。他们动员老师、保管员、巴士司机、助手、管理人员、委员会成员、家长和社区领导者们一起想办法如何确保所有学生都能上学读书。

全神贯注于"确保所有孩子们都能读书"这个目标，促使学生的成绩产生了大的转变。例如，当他们在草拟那份办学宗旨声明时，平均每年的阅读课成绩是呈下降趋势的，如今学生们阅读课成绩虽然还是比较低的，但降幅放缓了。在基础知识的测验中，如果一个学生在学年初期处于中流水平，他将需要一年的持续进步才能在学年末的时候维持在中流。明尼阿波利斯的学生们平均每年平均提高 2 个百分点，这对于一个城市的学区来说还算可以。但由于他们的起步低于全国平均水平，所以在主管人员或该社区的人看来，这并不算是很好的成绩。4 年后，这个分数增长了 3 倍，达到了 6 个百分点，出席率上升，处罚率下降。1996 年，在对学校增加 1.6 亿的财产税的提议举行公民投票时，有 70%的人投了赞同票。

1 月份的天气还是很寒冷，虽然是第一次出现了艰难的选择，但实际上很简单。如果确保所有学生都能上学是使命，不放假就是完成这一使命的方法。学校应该照常开放。

以取得的成果为取向，拟定所有工作计划

在明确自己的使命后，领导者们需要对该使命的陈述增加一些细节，正如我们在第一部分中讨论的，确认它能够正在试图产出的主要结果。他们必须确保那些产出的结果可以被测量，并且需要根据这个使命和那些成果来安排所有工作。在明尼阿波利斯校区，公共战略研究所的合同是以绩效为基础的，但是一年中的 65 000 美元是根据学生成绩的提高、学校的公众信任度以及其他成果目标来发放的。在哈钦森的推动下，学区对所有学生首先制订了一套高要求的学习标准，以及符合这些标准的测试。其次，还制定了不同种族和社会经济群体的学生之间成绩差距的报告（这虽然是其他领域的事情，但是对责任问题而言至关重要）。另外，还在学生的成绩、学习氛围、教学效益、惩罚和违规事件、毕业率和辍学率以及管理等方面制定了每季度的绩效报告。每所学校都有年度的成绩报告，写明了学生们平均每年阅读和数学的成绩、惩罚和违规率、毕业率和辍学率（这是对高中而言的），以及学生的转学率。这些都属于公共信息，哈钦森会不断地强调。

在当今的世界，为了有效率，领导者们不得不取消一些没有足够的资金支撑的良好的意图和希望。事实上几乎每个政府和学区缩

紧资金是永恒不变的现象。削减预算和增加税收为当今所流行。因此，公众都是易怒的，无论是民选的或任命的现任的官员都存在巨大的风险。

唯一走出这个陷阱的方法是通过一种手段给成果做个标签。领导者们需要根据他们试图达致的成果来拟定每场讨论和决定。这里所强调的不是根据需要和希望，也不是根据习惯上怎样，而是根据想要达致的成果。拟定讨论的方式可以让包括公民和政府人士的每个人都知道什么是最重要的，也能够通过公共部门加强责任制文化的培养。

正如我们所述，骆家辉州长在华盛顿州吸取了这个教训。有 6 年的时间里，他所获得的形象更多的是一名技术官僚而不是领导者。在此之后，他开始直面眼前的财政问题。他采用结果取向的预算编制，拟定了他认为对华盛顿州的公民们而言最重要的 10 个成果目标。这种决策所带来的行为改变了他的形象，给他在公众中带来了新的地位，在立法机构中获得了新的权力，并重振了他的政府。

贝弗利 · 斯坦作为县长和摩特诺玛县委员会的主席，花费了 8 年的时间集中在成果工作上。身为民主国家的立法人员，斯坦是曾经创建俄勒冈州进步委员会以及俄勒冈州基准目标（Oregon Benchmarks，该州的一套长期成果目标）的领导人。当她 1993 年被选为摩特诺玛县专员和执行委员时，她决定仍然用那套长期的成果目标来整顿县政府。正如我们第三章所述，斯坦和她的同僚们首先确立了 85 个县基准目标，之后再缩减到 12 个“首要基准目标”，最后，进一步缩减到 3 个优先目标，称为“长期基准目标”：提高中学的毕业率，减少贫困儿童的比例以及减少犯罪。

斯坦围绕基准目标重新设计了预算，对每一个项目提出了成果数据并确定哪些项目与哪一个基准目标要求相符。她削减了每个部门的预算，但告知他们可以通过制定能完成基准目标的新的战略来赚取资金。她用首字母缩合词“RESULTS”发起了一个质量倡议，这个内容我们将在下一节中描述。她聘请协调员来具体负责每一个基准目标，例如，少女怀孕的问题。她在委员会和部门领导之间召开会议，帮助300个县的项目抉择“关键性成果”。在她的预算中，她对照基准目标发表进度报告，要求每一个委员与大型组织合作(儿童和家庭县委员会，社区行动委员会和公共安全协调委员会)，负责起一个长期基准目标，她和他们一道发起了分别针对三个基准目标的公共论坛，在这个平台上，委员会成员们、员工和其他相关人员审查了以完成基准目标为目的的现有的战略；考察了有关人口数据和其他调查的最佳方式的信息；并为本县讨论新的发展战略。

当限制税收的倡议引起了预算的削减，斯坦和委员会就会有针对性地削减项目来对基准目标作些贡献。她还调拨资金至新的战略计划上，以此来完成长期的基准目标，例如，成功提高上学率的重大行动。她和同僚们甚至使用基准目标来为是否同意减税制定标准，以此来更新和维持现有工作。

8年里斯坦都是根据她想达到的成果目标来拟定所有工作的。事实上每次演讲，她都谈到有关该县的3个最重要的基准目标。2001年她辞职去竞选民主党州长候选人时，波特兰州最大发行量的报纸《俄勒冈报》这样报道：

> 斯坦管理县政府8年，期间提高了政府效率和效益，并且对儿童们特殊关照。即使当俄勒冈州的县从各级政府的第五项措施中受到打击时，她也做到了。
>
> ……斯坦完完全全的宣称已经给了县纳税人超出一般水平的收益，并且给予孩子的更多。
>
> 无论她去哪个岗位，摩特诺玛县的居民们都对斯坦在这里

感到高兴。

摩特诺玛县有150万的居民，可纽约市有着800万居民——10年前，人们认为纽约没法治理了。但是，共和党人士鲁迪·朱利安尼市长证明了这种看法是错误的。“我尝试着像经营企业那样运转着这座城市，采用商业上的原则实行政府问责制，”在他出版的《领导者》一书中的导论里，他写道，“客观的、可测量成功的指标让政府承担起责任，并且本人对这一主张坚持不懈。”

朱利安尼的这本畅销书是围绕领导者的14条经验来写的。其中，第3条是：“在任何时候每个人都有责任。”朱利安尼说在他的职业生涯中对自己的行为负责是“基石”。他为了建立一个负责任的政府，决定从最引人注目的机构开刀，要衡量这个机构的表现如何，不仅要看它节省了多少资金，还要看它挽救了多少人命。读到第八章的读者可以了解到他的这种方法，他说：“我们工作的核心力量是一个叫做‘计算机统计信息比对’的程序。”

> 这包括两种技术，之前都未曾使用过。首先是每天统计犯罪数据并分析，在事态蔓延之前了解行为模式和潜在的麻烦。在计算机统计信息比对的会议中，我们使用那个数据掌握各行政区消防命令的步调，从高官到普通官员，整个刑事司法系统的一百多名警察同时聚集到一起，在一个大会议室里详细审查每个人命令的分析数据……
>
> 即使8年后，我仍然对那些计算机统计信息比对会议效率感到兴奋。它成为我推行问责制的法宝。

朱利安尼不断地谈到计算机统计信息比对。这个程序已经成为美国最知名的公共管理措施。同时，朱利安尼在20个市政机构中反复使用它。

在1990年的9月，朱利安尼当选的前3年，一期《时代》杂志的封面头条写着“纽约的衰落”，这是根据民意调查而写的一宗报道，据称，如果可以，59%的居民将离开城市。

当朱利安尼离开纽约市的时候，事情就起了变化。犯罪率下降了57%，其中包括75%的枪击事件，62.5%的抢劫事件。监狱暴力下降了93%。福利支出下降了60%。房产所有率增加了10%以上。公民们评价城市中85%的街道达到可以被认可的清洁度。该市已经减少或削减掉23项城市税，企业和个人储蓄总值达到80亿美元。城市削减了2万名全职员工的就业，但是教师和正式警察人数均有所上涨。旅游人数从2 580万人上升到3 740万人，并且扎格特(Zagat)调查①称纽约是全国最好的旅游点。超过200家新兴企业在哈莱姆②开业。2000年，《财富》杂志在4年中第2次称纽约市是北美首屈一指的商业中心。尽管发生了“9·11”恐怖袭击事件，但是我们所了解的每个城市居民都感觉纽约已经复兴。

复兴是来自朱利安尼坚持不懈的注重成果目标的方略。如果这种方式能让纽约复兴，那么在任何地方都能管用。

回到重点

当危机发生的时候，无论是财政危机还是其他，明智的领导者都会把所有人的注意力拉回到真正重要的事情上来。

使命恐惧症是政府的职业病，立法工作在立法者的眼里就是通

① Zagat调查，是世界领先的消费者休闲调查出版商，其调查范围包括餐厅、酒店、观光景点及其他休闲活动场所，为人们提供一切关于吃、喝、住、玩的信息，是世界销售量最大的餐厅指南，在全球100多个国家和地区赢得了广大消费者的尊敬。——译者

② Harlem，美国纽约市的一个黑人居住区。——译者

过法律条文，于是他们就那样做了。既能区别出自己是个有效的立法者又能帮助人们的好方法是创造新的项目，于是他们也那样做了。对于政治的复兴，通过法律条文和创造新的项目远比废除法律条文和削减项目更有效果，于是，成文法典增厚。通常情况下，一个项目不能有效运转，对策往往是增加另外的项目，如果还不行，就再增加，直到有效运转为止。但是，每项新的法律条文和新项目的诞生都会带来新的工作量。

虽然单单一种变化并不会带来剧烈的反应，但是，持续增加的累计的变化完全能使一个公共部门丧失聚焦能力，它会结束一系列的创造性活动并且失去中心点。

正如我们在导论中所说的，华盛顿州面临着收入和支出增长以及核心活动费用增长的长期限制："教育、医疗和监禁。"州长骆家辉认为已经到了提出如下重大问题的时候了：州政府应该做什么？应该停止做什么？他和他的职员们确定了10条对公民最重要的成果目标，判断出哪些州政府行为最有利于这些结果目标，之后剩下的就从预算中排除出去。他们做了一些艰难的抉择，但是由于他们是根植于结果目标来选出清楚的优先次序，公众、媒体和立法机关将支持他们的大部分决定。许多公民都明白了，现在是确定州政府的优先事项并把一些项目排除在外的时候了。

朱利安尼市长这样说：

> 现实是市政府仅有这么多可以做的事情或者应该做的事情。花费在慈善项目的钱是不能花在别的地方的。一个好的领导者会确定优先事项并会坚持实施它们，并用资源来支持。有时候完成这些优先事项最好的方法是聚精会神，从那些妨碍工作完成的事务中脱身。我的直接目的之一就在于提高政府的效率，让我们致力于一些主要的优先事项。

强化为客户服务的激情

任何对核心目标的认真考虑都会使领导者回到这个问题：谁是我们的客户以及他们需要什么？

当然，在政府的语境下，仍然有人不喜欢使用“客户”这个词。很显然，政府很少出现一个客户拿着5美元过来，交给收银员，之后拿着一条面包、一箱牛奶和一打鸡蛋走出去这样的例子了。而且，我们也同意这样一种说法：在一个民主体制内，“公民”的观念比“客户”的观念更加重要。公民是政府的主人，通过投票，他们选出代表来驾驶国家这艘船。但是，当公民使用公共服务或受益于遵守的行为时，同样也是政府的客户。投票很少能帮助提高那些服务和行为的质量。事实上只要领导者们关心客户们有什么具体需要，就可以充分满足公民的需求。

在政府中，正如我们在第六章讨论的那样，一个公共部门的首要客户是其工作的主要目标受益人。如果你是一个学校教师，你的主要客户是学生及他们的家长。如果你是执法者或者保护环境人员，你的主要客户是广大公众。尽管你可能花费时间与罪犯或者商家打交道，但他们不是你的客户。实际上，他们反倒是遵守者：是被你强迫遵守法律和规章的对象。

忽视客户的公共部门必然也将忽略了他们的核心目标。当公共部门在满足他们客户的需求之前满足其他的利益相关者(承包商，工会，特殊利益集团，政治家)的需求时，他们就失去了方向。具体包括：

- 当校委员会在工会事务上花费的时间超过在提高学生阅读分数上花费的时间时；

- 当运输部门的职员认为他们的客户是铺路承包商，而不是在公路上开车的人时；
- 当一个城市在建造一个华丽的新办公室却不能修建城市的街道或者清理街道的垃圾时。

当公共部门忽略了他们的首要客户时，他们也就失去了激情。能给公共人员工作动力的不是获利而是服务的热情，没有热情会更加一片混乱。

当出现这种情况时，解决办法是重新把注意力集中在客户并与他们建立联系方面：如我们在第九章解释的那样，听取他们的意见，达到他们的质量要求并给他们想要的决定和选择方案。如果我们忽略我们所服务的公众，我们就不能够赢得公众的支持。

首席执行官杰克·韦尔奇在通用电气工作的早期时候，将他的公司描述成“笑脸面对首席执行官，屁股朝向客户”。联邦学生资助办是一个与该公司相似的公共部门。正如我们在第十一章阐述的那样，联邦助学金办公室监管学生贷款和联邦政府的一些大项目。当 1998 年底格雷格·伍兹接管联邦助学金办公室时，该办公室正在高度违约、高额成本和低落的士气中挣扎。作为联邦政府第一个“按绩效取向的公共部门”，为了加强问责制，该部门被授权不受内部规则制约。对于伍兹和他的团队来说，这意味着要履行一份 5 年期合约。

最初，伍兹发现联邦助学金办公室的核心问题是没有明确的服务对象。对于很多雇员来说，似乎银行才是他们的客户，而学生则是公共部门背后的痛。他发现这个问题之后，几乎立刻建立了一个客户服务任务组来制定改革该部门的政策。这个任务组的工作进展缓慢，直到其领导人史蒂芬·布莱尔决定用巴士将所有的 50 名成员载到附近的大学校园。他叫雇员们去和学生们谈论他们财政援助系统的工作经历，成员们听到了一些尖刻的回应，并且掌握了关于财政援助改变学生生活的权力的第一手资料。他们获得了大量关于如何提高这个系统的意见，踌躇满志地返回工作岗位。5 年后，他们中的很多人仍然认为那次巴士之旅是创造性的时刻。

任务团队制定了一系列的建议方案，使贷款和授予批准的过程更加方便客户，从而改善服务。正如我们在第十一章所述，这些工具包括网络应用、简化形式、可读语言和服务台。

伍兹在大礼堂里推出了一个新战略。他让联邦助学金办公室的成员们坐在折叠椅上，面对着主席台。他走上台，开始了在官僚机构中被看作战略会议的传统漫谈会。当他告诉聚集的员工们：联邦学生资助办的关键环节是“回头”，就是转身，看看他们的客户。他刻板地让在座的人站起来把椅子转了一下。当在场的人都照着做的时候，他们就面对着房间的正前方，那里有一小组的学生坐在那里，准备讨论学生贷款怎么样去改变人的一生，并且贷款的过程应该如何改善。结果顿时场内群情激昂。

他们由此开始了几年的努力，向联邦助学金办公室的方方面面发起挑战，使它服务于客户。正如我们在第十一章所见，其结果和伍兹在礼堂中上演的“回头”一样具有戏剧性。

愿意改变一切　除了你的准则

如果一个领导的职责所在是“让事情变得更好”，那么任何事情都可能面临这个问题，但这之中不包括公共部门的基本准则。

但是说起来容易做起来难。抵制变革的情绪会很强烈；这种情绪在每个公共部门都根深蒂固。公共部门习惯性的第一条定律就表明，一个公共部门除非是被迫改革，否则将保持不变，而这些推动力可能来自鼓舞人心的领导、增强了的竞争、急剧的经济衰退、颠覆性技术的侵犯和其他一些外部威胁。

大部分的抵制来自人们担心他们的准则受到威胁。正如我们在第十二章所述，公民和那些为他们服务的人希望政府将是公正、诚实、平等、高效和负责的，并且是在价值上而不是在偏好上做决策。公共服务正是以这些核心价值为基础。事实上，如果政府人员看到这些变革能使公民们变得更加富裕并且维护了这些准则，他们会接受并开始实施更多的变革。如果服务公民是激发一些人的热情，那么，保持完整的核心价值观就能维持这种热情。

为了推动变革，有效率的领导者抓住、有时候甚至是创造了一些外部的威胁。当然其中最强有力的是濒临灭绝的威胁。明尼苏达大学克鲁克斯顿校区，是加拿大边界以南 100 英里的一个两年制的农业学校，一直抵制变革，直到全州系统关闭了它的另外一个卫星学校，这个学校的校长才开始用变革的观念来审视克鲁克斯顿。在短短几年的时间，克鲁克斯顿接受了变革，改头换面成为了一个高科技的前沿阵地，在他们学校，每个学生都拥有一台笔记本电脑。该校生源大大增加，即使学费上涨时也是如此，变革可谓很成功。曾经被亲切地唤作是“奶牛大学”的明尼苏达大学很快就有了一个新的绰号——“计算机大学”。

只有当学校的生存受到威胁时才使转变成为可能，领导这次转变的是一位创业型的校长，他是唐·萨根特，他的关键理念是“自我导向学习”。他的主要创新（颠覆性技术）是笔记本电脑。1993 年，萨根特和他的同事们规定每位学生 1 年花 750 美元租用一台电脑，学生们支付了 25%的上涨额度。然而，3 年里全日制学生的人数增加了 22%，从 937 人增长到 1 133 人。

计算机的普及就需要克鲁克斯顿改建教室，在每一个座位下面安装一个电源和网络连接，并且给所有宿舍和公共空间提供网络接口。但是，真正的转变发生在工作人员的思维方式里。一旦认识到他们的学生将在秋天携带笔记本电脑来上学，教员们就在夏天开始“恶补”电脑知识。当学生们来上课的时候，教员们已经超前他们一周了。整个一年他们全速领先于他们的学生，这个过程对文化产生了重大的影响。

在1996年完成的调查中，超过80%的教员都说笔记本电脑刺激了他们授课方式和使用资源的改革，并且几乎60%的教员说他们的教学水平有所上升。但是也许最根本的改变是教员们如何看待他们的学生以及学习的过程。“以前他们认为教学就是他们能够很好地向学生们传递信息，也就是说学生在他们的掌握之中，现在他们认识到大部分的过程实际上是学生掌握的，”萨根特告诉我们，“这需要更多的项目和更多的互动。”

但是变革并不总是一定要来自威胁。在其核心价值观经受的严峻考验范围内，它也能够来自公共部门重新燃起的对公民的热情。当公民要求改善的时候，那些关心着服务公民的人们将会自发地推动改革。那也是当格雷格·伍兹让联邦助学金办公室与他们的客户面对面的时候所激发出来的干劲。

创建一个领导人的组织

领导不仅仅是一个公共部门的高层。很显然，高层领导拥有越多的权力，就越容易进行变革。但是，除非高层领导得到大量的各部门领导人的支持和帮助，才能够运转公共部门。比尔·克里奇将军改造了美国空军作战司令部，并称之为“分布式、自上而下的领导”。

有效率的高层领导者支持和维护他们公共部门中的各级领导者。他们给各级领导者勇气，并训练他们，同时，帮他们清除妨碍工作的障碍，在他们遇到困难时帮助他们。克里奇一再表示这是最好的方式：你不得不“寻找方法，告知方法，并按此方法行事”。

当贝弗利·斯坦当选为摩特诺玛县委员会的主席时，她就决心改变该县功能失调的政治和官僚制度。她做的第一件事情，就是让她的一个职员去研究，成功地提高质量的初始要素是什么。她的工作人员回来报告说，有关变革的文献显示，“来自高层的领导”是最重要的要素。

斯坦铭记于心，在接下来的8年里，管理者和一线工作人员都毫无疑义地认为她是把质量和成果目标作为优先事项的。但是，斯坦仍然懂得领导意味着不仅仅是她一个人，她需要公共部门中各级领导者们都致力于改革。因此，她建立了一个领导委员会，由公共部门的对角线部分组成，制定一项为期5年的改革计划，被她称为“结果路线图”。在委员会的建议下，她召开了整个部门的200名高层管理人员的第一次会议，解释路线图，并争取他们的帮助。

斯坦发起了一个质量倡议叫做“成果”（通过领导和团队战术达到优质的服务）。从一开始，她就声称这将是她唯一的口号。8年里，她在这一口号驱动下集中致力于成果目标，并将这一理念从公共部门下达到一线工作人员和基层组织。

成果产生于全面的质量管理（参见第十三章有关全面质量管理的阐述）。第1步是5万美元的小型赠款项目，这个项目包括县员工队伍能够申请资助来购买他们学习全面质量管理方法需要的培训和技术援助。斯坦说：“这个所要做的是把发生了什么事以及你能来参加什么的信息传递到基层。”大约200个“过程改进小组”在他们进行改善工作过程时接受了培训，并且斯坦见了他们中的很多人，表达了她的关心和支持。数十项改进导致了如下的成效：

- 一个团队计算出如何以2.5万美元改造一幢大楼来临时容纳罪犯，而不是承包人20万美元的报价。

- 社区和家庭服务重新设计了县签订合同的过程，将合同专家的数目从 9 个降低到 5 个，错误率也降低了 22%。
- 集中供应部将采购所需的表格数从 14 张减少到 5 张。
- 卫生署将需要等待 24 小时才能与护士说上话，减少到 3 分钟甚至更少，同时也将应急护士的数目从 13 个减到 7 个。

为了继续支持委员们的提案，斯坦要求程序改进团队，每三个星期向管理委员会报告一次他们的工作。这使得管理委员会的委员们能够实时地掌握具体信息，并且公开确认了员工们的领导权。“我们的顾问将会告诉员工们怎样用明智的方式去展现他们的工作成果，”斯坦回忆说，“我们经常会安排员工表演一些关于怎样省钱和更有效率工作的小品。对于大多数一线的员工来说，这是他们仅有的机会在管理委员会的委员们面前展示自己，所以他们都很紧张。”

一旦有什么迹象表明这不过是昙花一现的新鲜事物的话，提案就有可能被破坏，斯坦更加努力地“说到做到”（“walk her talk”）。例如，她会和一些工会合作。尽管最主要的工会——美国州、县、市雇员联盟，不支持她参选，而她怀疑如果工会反对，那么“成果”这个项目将不会被公共部门所认同。因此，她找到美国州、县、市雇员联盟当地的主席并告知她的意图。一开始美国州、县、市雇员联盟工会主席是怀有戒心的，他说这个县的工人们工作已经做得不错了。不过，他同意去阅读一些斯坦所推荐的书。最终，美国州、县、市雇员联盟工会主席改变了主意，答应帮助斯坦，他认为如果政府的工作人员的工作得到了公众的认同，他的成员们也会受益。从那时开始，“成果”项目成了劳资项目。

斯坦同意给予工会代表带薪休假去参加一个质量管理的会议。她和工会的主席每个月见次面，集中解决一些紧急的问题。并且工会在劳资双方工资协议书里面加入了对“成果”项目支持的声明。“美国州、县、市雇员联盟支持我去现场工作，这样我可以直接聆听员工们所关注的事情，”斯坦说道，“当我去现场工作的时候，我会经常谈到关于‘成果’项目及它的质量，并且这样做也使员工可以和我直接交流。”

从某种程度来说，最高领导需要放手把权力授予各部门的领导，这样才能使各部门领导能够真正地来领导他们的部门。斯坦和她的部门领导们就是这样做的。当“成果”项目的目标已经明确，斯坦解散了筹划指导委员会，并把筹划委员会的责任交给了各个部门：

> 我和各个部门的领导每隔一周见一次面。会议的议程总会包括7个部门轮番汇报它们在自己的部门中是如何具体实施“成果”项目的。每个部门都有个“成果”项目委员会，员工们来负责领导这个委员会。

除此之外，授权给公共部门领导人的另一部分内容是培训他们，包括训练、帮助各部门领导找到他们的指导人，并且帮助各部门领导学习怎样从失败中吸取教训。为了加强他们的领导才能，斯坦依照“成果”项目的目标重新规划了培训课程，并大幅提高培训课程的预算。她聘请了一名教练去训练她如何提升自己的办事效率，并且建议其他的原先不愿意这样做的部门领导也去这样做。

分散领导职能还包括当你的部门领导们获得成功后要懂得去奖赏他们，不但要奖赏，还要宣传他们的这种表现。斯坦写了贺词给那些在领导才能上表现突出的人员，并且每当一个部门在举行表彰大会时，她也会参加并发言。但她从一份常规的员工调查表中了解到，员工们希望得到更多的认可，因此，斯坦将团队组织到一起以形成更加系统性的力量。当公共部门赢得了巨大的成就时，她组织了一个非常大型的庆功会：

> 我们经历了为时1年的俄勒冈州的质量奖申报程序，这个奖项采用的是鲍德里奇评奖标准①。当我们赢了这个奖项时，我们举行了一个非常大的庆功会，我还记得我从来没笑过那么长时间。参与庆功会的人真真切切地感觉到他们的努力被认可了，因为当时我们这个庆功会是在希尔顿的舞厅举行的。这个表明了政府部门不是二等阶级，我们也可以在这么一个知名的酒店内开庆功会。

从某种意义来讲，赋予各公共部门的各部门领导权也意味着在他们沮丧的时候保护他们。各部门领导就像排在最前面的鸟，迎着寒风前进并为其他伙伴开辟道路。当有坏消息传来时，斯坦知道她必须去保护她的队伍：

> 如果有些事做得不对了，我们要立即告诉所有的委员们并给他们书面的陈述，这样，他们不会再在此事上回击我们。顾及委员们的感受是非常重要的。我不会为了那些错事先去辩解，而是首先尽我最大的努力来支持我的员工们。当真的发生了不好的事情，我就会承认这些错误，并将会从错误中吸取教训，以期改善。

---

① Baldrige criteria，鲍德里奇评奖标准。鲍德里奇国家质量奖由美国国会于1987年立法设立，是以美国原商业部部长马尔科姆·鲍德里奇的名字而命名。具体由国家标准技术学会（NIST）和美国质量管理协会（ASQC）和马尔科姆·鲍尔德里奇国家质量奖基金委员会负责组织实施。该奖是由制造公司奖、服务公司奖、部门奖3个奖项组成，该奖旨在提高质量意识，确认公司取得的质量成效，宣传推广成功的质量战略。——译者

在这8年的时间里，斯坦说道，她学到了要成为一名公共部门的领导者不可或缺的东西是：

> 我了解到，如果你真正地想进行变革的话，什么才是最基本的要素。我们所做的调查表明取得最高领导权是完全正确的，这是分权的开始。你必须从最高领导层分权。而这个分权的人必须持之以恒，并保证领导权能分散到公共部门的各个部门，否则将会使人们的优先事项落空。
>
> 这就像水和油：使油乳化并融入水中这个过程是一个很艰难的过程。但这个过程却是改变的唯一方法，因为你必须要彻头彻尾地改变你的员工，改变他们的思维，甚至是门卫人员。
>
> 它必须是一个有组织的部署。开个会告诉员工应该这样做或者应该那样做，这是远远不够的。你必须要有策略。你要学会怎么让你的那些部门领导参与其中，并让他们学会怎么让他们的部下参与其中，并让他们部下的部下——那些中层领导参与其中，以此类推，由此使各个部门的所有员工都参与进来。它必须是一个贯穿整个企业的战略部署，而不仅仅是一串没什么联系的活动。

最终，斯坦说道："我们的目标是改变公共部门的文化，因此这就是我们行事的方法，并且每个人都感到此种方法的重要性，都觉得我就是应该这么去做。"

"有件事我听到后感到很骄傲，一个部门的门卫告诉他的部门领导，说有人夸奖了他的工作，而他的目标正是如何提升他的客户服务水平。那天我知道了我们确确实实在改变，不仅仅是在理论上。"

第十五章

政治：真相、谎言和争取公共支持

5 个世纪前，马基雅维利就曾对政治改革的残酷事实做过详细阐述："对那些勇于变革的领导人来说，没有什么事情比处理变革更复杂，没有什么事情比从事变革更危险，没有什么事情比变革的成功更不确定。对这个想要引入变革的人来说，他所拥有的，只有敌人(也就是所有在现存秩序下受益的人)，以及只是不温不火的支持者(也就是那些有可能在新秩序下过得更好的那些人)。"

不幸的是，持久的财政危机使得"引入变革"成为必须。有效率的领导人别无选择，只能去掌握改革这门复杂和危险的技艺。

让我们以史蒂夫·戈德史密斯为例。这名共和党人在 1992 年到 1999 年间任印第安纳波利斯市市长，是当时世界上最为成功的政府改革者之一。作为一名前县检察官，戈德史密斯是一名冷静、有头脑的和有学识的政治家——在个性上与比尔·克林顿正相反。他并不是一个有天赋的鼓动家，也不是一名天生的政客。尽管如此，由于保持了一颗开放的心，他还是掌握了改革的政治。

当戈德史密斯在 1991 年成为市长之后，他许诺要将 25%的市政服务私有化(除了警局和消防部门)。美国州、县、市雇员联盟在城里的政府雇员工会对他提出了激烈的反对。于是，他决定从一些简单的地方开始这项私有化进程：该市的下水管道收费程序。该市每年花费将近 300 万美元的成本来征收 4 000 万美元的费用，而同样的客户，私营污水处理厂每个月就能收到几乎同样多的资金。戈德史密斯和他的幕僚与私营厂商联系，希望后者直接把两项业务都承担下来。私营厂商考察了该市的成本，然后说，他们愿意接手这项业务，但只能把成本降低5%。

戈德史密斯感到失望。他要求他的幕僚就这项提议向该州的每一家私营污水厂商询价。面对竞争，当地水厂现在开始说，他们能把成本降低30%——这样为该市每年又可以多节省100万美元。于是，戈德史密斯学到了珍贵的一课："关键的问题……并不在于是由公立还是私营企业来承担任务……真正让事情有所不同的，不是私有化，而是竞争。"

戈德史密斯还认识到，要想继续推进改革，他既可以与该市的工人们作斗争，也可以调动工人的个人利益来服从城市的利益。于是，他决定，让员工们也参与进来。他引入了"管理者参与的竞争"——在这样的竞拍过程中，公共机构可以与私营企业竞争，从而保住他们的工作。（参见第七章对此更为详细的介绍。）当他转向第二项私有化项目——该市东北部一个10街区大小的社区的路面维护和保养工作——他要求市政部门的工人们也参与到竞拍中来。但是工人们却觉得，他们肯定会输。戈德史密斯这样回忆道：

> 工人们抱怨说，他们不可能一边竞争，一边承担着他们的上级——管理者们不合理的工资。在一个只有94名员工的街道保养部门，却有32名政治性任命的督导，这个比例是极其不合理的，尤其考虑到大多数的督导还领着相对较高的工资。他们某种程度上也是想吓唬吓唬我，工人们告诉我，如果我们真的想严肃对待这场竞争，我们就必须裁减掉若干的管理职位，好让工会有一个真正的机会来参与竞争。

当他们提出这一要求的时候，工会的领导人史蒂夫·凡陶佐告诉我们："我感到我们把一颗手榴弹塞到了(行政管理者的)膝下。"

"要是按正常的政治标准来看，工会的要求会让这一切都无法进行下去。"戈德史密斯也持这样的观点。

> 该部门所有的督导都是注册的共和党人。我是一名共和党市长。这些督导以及他们在党内的庇护人，都曾在我的选举中支持过我。而工会之前却支持反对派，对我持强烈反对的态度。现在工会要求我去解雇在政治上支持我的共和党人，来让民主党人组成的工会看上去状况不错。
>
> 然而，我们还是这样做了。我们必须这样做。如果我庇护了我的共和党同仁们，那么，我们所传递的信息就是：我们对竞争并不是玩真的。

戈德史密斯解雇了32名督导中的一半。当地的共和党人都惊呆了，而工会领袖们则静观其变。"当市长真的开始解雇中层管理者的时候，"凡陶佐说，"对我们当地的领导层来说，这是一个正面的消息。"美国州、县、市雇员联盟同意与缩减后的管理层团队一起提出一项竞标方案，市政府则同意花钱请一名顾问来帮助他们——最后，工人们真的赢得了竞标。

"只是给这些工人们赋权，就在一夜之间将他们转变成了有效率的专家，"戈德史密斯说，"他们变得异常地有创造性，他们知道如何才能让他们的工作更为有效。"

戈德史密斯的政治支持者们再次向他施压。要求他取消这项决定。一些人觉得，将投标奖给市政工人们，会损坏市长在商业界的信誉。另一些人则担心，该市的工人团队低估了他们的成本，而且不会按预算运转——这样都是潜在的令人尴尬之处。但是市长的决心十分坚定。

在接下来的 7 年里，印第安纳波利斯成功地将 70 项市政服务竞拍了出去，其中的一些竞拍了不止一次。在最初的 64 项竞拍中，市政雇员团队完全赢得了 16 项，还有 13 项以上的竞拍与私营承包商平分。在 7 年里，该市节省了超过 12 000 万美元的资金，而印第安纳波利斯国际机场则通过竞拍把它的管理层淘汰出局节省了 1 亿美元。

在知道他可以与工会打交道之后，当工会领导人要求让员工们共享节约下来的经费时，戈德史密斯表示了同意。他批准了“收益共享”项目，在这些项目中，市政部门的工人们 1 年可以将多达 1 750 美元的盈余红利领回家。

到了 1995 年，凡陶佐成为市政府官员的伙伴，在各种会议上解释该市的“管理者参与的竞争”。他的工会仍然在市长竞选中保持中立，而戈德史密斯则在连任竞选中赢得了几乎 60% 的选票。与此同时，工会领导人也悄悄地接近管理者，就哪些职能可以被外包从而降低成本提供建议。自从工会成员可以分享预算节余之后，他们的利益也就与市长捆在了一起。

到了 1997 年，戈德史密斯报告说，他已经将该市共同基金的预算，从 1992 年时的 46 000 万美元，减少到了当年的 42 800 万美元。“让我们来做一个比较：如果预算仍然以 80 年代的速度继续增长的话，到 1997 年，预算将达到 54 700 万美元，将比我们实际的预算额高出 36%。”

戈德史密斯的身上体现了许多我们已经列举过的领导力原则，这些原则同样也适合于政治：

- 他说出了真相，即便真相伤人。但是，对选民和利益群体说出实话，从长远来看，将为领导人赢得这些人的信任，而要想做出大的改变，信任是必不可少的。用真相赢得公众的信任，然后他们会信任你。

- 他确定了明确的目标，并坚定不移地实施。戈德史密斯 8 年任期的核心目标，是降低印第安纳波利斯政府的成本，同时改善该市的服务——一个他反复不断讨论的目标。
- 他从成果的角度出发考虑所有的事情。戈德史密斯知道，市民们在乎的，是更低的开支和税收，以及更好的服务，而不是"管理者参与的竞争"的流程。他的卖点是成果，而不是过程——然后他才需要解释，为什么流程的变革对获得这些成果是必不可少的。工会天生的就是要保住其会员的饭碗，而戈德史密斯则要向工会证明，他们以一个比其他人都要低的代价取得了市民们所希望的成果。
- 他关注核心问题。戈德史密斯关注的，是市民们真正关心的事情，让市政府机关不再纠缠于其他的业务。"在好几年的时间里，"他说，"甚至印第安纳波利斯这样一个管理严谨的城市都在做很多不相关的事情。市政府开设高尔夫课程、建立苗圃，甚至还开设擦窗服务。我们做这些事情的时间太长了，以至于看上去这些都明显是市政府的职能，即使在外人看来，这也许都是可笑的。"
- 他对所有的事情都提出质疑，除了市政府的价值观。选民们不想市政府的服务一成不变，但是他们也不想市政府被折腾个底朝天。戈德史密斯保护了核心公共部门的价值——比方说，他裁员了超过 40%的政府雇员，但是警局和消防部门却几乎没怎么裁人。

戈德史密斯的故事还说明了其他的政治寓意。我们可以提出许多的建议，但是我们还是将它们浓缩成下面的几点，希望对那些想掌握再造政治技巧的领导人们有所助益。

1. 明确焦点、持之以恒

要想做大事，政治领导人就必须只关注一到两个公众关心的议题。一届政府可以完成许多的任务，但是如果政府官员试图将所有的一切都与公众做沟通的话，选民们就会不知道到底哪个才是重点。在今天这样一个信息爆炸的时代里，他们的成就就无法吸引媒体的注意。

比尔·克林顿还是阿肯色州州长的时候就知道了这一点。在他的第一届任期里，他是一名积极进取的年轻改革者，在数十个不同的战线上战斗。但是当1980年的选举到来时，选民们却把他选了下去。5年之后，戴维·奥斯本问克林顿从这场经历中学到了什么：

> 我得到的教训是，如果你做了很多事，而且当你在做这些事情的时候，你在说很多不同的事情，那么，公众的认识也许是，你什么都没做。你必须能够指出一个稍微更加清楚的方向感。如果你想得到公众对你在做的事情的支持，你就必须能让人们用一两句话来理解或解释你在做的事情。我觉得，对没有理解的那些同胞们来说，我所做的很多事情，就像是政府做了很多事情，但是却没有一个统一的主题来让人们真正地去理解。

在两年之后重新赢得州长宝座之后，克林顿在其接下来的10年州长生涯中只聚焦于两项主题：第一，教育改革；第二，经济发展。

2. 重新给议程设置框架：如果你想得到不同的答案，那就重新问一个问题

如果由你的反对者来设置议程，那他们就赢了。当特许学校的反对者控告把学生和资金移走会伤害到现存的公立学校的时候，你应该将辩论从学校的福利转移到学生的福利上来。把特许学校的学生和家长一起带上，到媒体上去谈论这些新学校如何改变了他们的生活。然后问，谁能够提议把这么好的机会从本州的孩子身边夺走呢？这就成了一场你不可能输掉的辩论。

将公立学校的选择权带给美国人民的政治家叫鲁迪·珀皮奇，他是民主党人，在20世纪80年代的大部分时间里都担任明尼苏达州的州长。（关于他的故事，请参见《摒弃官僚制》第157—174页。）当珀皮奇和他的盟友在全州范围内推广特许学校的时候，教师工会和教育局协会对此百般阻挠。珀皮奇然后把代表24个不同团体的61个人塞进了州长讨论小组中，要求他们提出一个一致性的方案。改革者们迅速停止了争论。他们中的一个人，凡尔纳·约翰逊，是这样概述他们的论点的：

> 你可以去一所私立学校就读，或者，你可以搬到另一个学区居住，而且，人们事实上一直都是这么做的。所以，选择是存在的。但是这与你的家庭财富有关。搬到另一种社区去住、换上另一种房子需要花钱。付学费需要花钱。你甚至可以在不搬家的情况下换到另外一所公立学校，如果你愿意付学费的话。如果你有很多钱，你就会有很多选择。如果你没有很多钱，你就没有多少选择。

约翰逊和他的同事们告诉工会，这就是他们准备在公众面前发布的论点。工会和教育局可以用这个论点来辩论，但是他们就等于说在否认穷人和工人家庭拥有平等的机会。“我想，对工会来说，这使得他们第一次感到自己的立场是多么的薄弱。”另一位改革者特德·科尔德瑞如是说。

华盛顿州州长骆家辉在他的《政府施政优先事项》中制止了这样的争论。在制定预算的早期他就认识到，如果他不停地问这个问题，他得到的答案都是一样的。如果问题是：“哪一个项目是我们能砍掉的？”那么，全州范围内，不管是谁，都会说：“反正不是我的！”所以，他转而问另外一个问题：“对华盛顿州的州民们来说，哪些结果才是最重要的？我们如何才能让我们有限的资源来产生那些结果？”

那些不同意州长的选择的人，必须解释为什么他们的项目能以同样的（或更低）的价格来产生更好的成果？通过以这种方式来组织辩论，骆家辉甚至在没有开始之前就已经赢了。因为如果有人可以证明用同样的价格可以导致更好的成果，州长会很乐见其成。正如《塔科马新闻论坛报》所说的那样，“如果你想改变立法机关辩论的终点，那就从起点开始。”

3. 动员大众利益

我们所赞成的改革对公民们的助益很大，但常常遭到利益团体的反对——不管是政府雇员工会还是私营企业赢得合同。在政治生活中，利益群体往往是有组织的，他们很善于捕捉媒体的注意，而大众利益却是无组织性的和没有声音的。给大众利益赋予一个强有力的声音，取决于领导人。

大多数的公民既非左派也非右派，既非僵化的保守派也非死硬的自由派。大多数公民对政治不感兴趣，他们并非某个有组织的利益团体的成员，就仅仅是普通的公民而已。他们依法纳税，他们希望政府（学校、社区、州、国家）能让他们引以为豪。领导人必须让变革所能带来的好处清晰可见，然后直接把他们所面对的情况告知公众，获得大众的同情，这样才能在立法程序中让大众利益击败特殊利益。如果媒体拒绝严肃地对待公众的情绪，领导人可以发起公民投票来支持自己的决策。比方说，1995 年，波士顿的媒体公开报道了一些白人家长对“学校选择项目”的抱怨，他们因为无法把自己的孩子送到他们喜爱的学校而感到沮丧。为了维护这一方案，市长和私营产业协会进行了一项客户问卷调查，针对的正是他们对选择方案的态度。结果显示，80%的家长对这一体系感到满意，大约90%的家长如愿以偿地把自己的孩子送到了第一或第二志愿的学校。

当明尼苏达州的珀皮奇州长第一次提出全州范围内的学校选择方案时，这绝对是一个非常新鲜的点子。在民意测验中，只有1/3的明尼苏达州人对此表示支持。但是他在4年里不断地教育公众，对他的方案做宣传。

珀皮奇喜欢这样告诉他的幕僚：“一旦你在圣保罗[①]让立法机构压制住了，那就出城去。”他会钻进自己的小汽车开始到那些小镇去视察，走进闹市区的一间咖啡屋或餐馆，要上一杯咖啡与人们攀谈。然后，他又会开车去另一个镇。由于他是州长，媒体会围着他转。他会向公众解释自己的方案、聆听民众的心声，而这个时候，立法机构却在州府听着特殊利益团体的汇报。有时候他会带着整个内阁离开圣保罗，与州民们进行一天的座谈。他会告诉他的幕僚们：“不要在圣保罗被压制住。那里不是政治真正上演的地方——真正的政治不在这些人那里。除非你首先赢得州民，你才能赢得圣保罗，一旦你做到了这一点，立法机构就会跟着你走。”

4. 培养和动员那些支持你所希望发动的变革的选民

要想发动变革，你需要权力；要想获得权力，你需要选民。有时候你确实需要将那些会从变革中获益的选民组织起来，来战胜已经组织好的反对派。明尼苏达州的改革者们就组织了两个小型的组织：“争取更好学校教育同盟”（People for Better Schools）和“公民

① St. Paul，明尼苏达州州府。——译者

联盟”（Citizens League）。然后，他们争取到了“明尼苏达商业伙伴联盟”（Minnesota Business Partnership）的支持。接着，他们转战少数族裔社区，那里的家长十分倾向多重选择，因为他们觉得自己被限制在了内城的公立学校体系中，而且承担不起私立学校的费用。最后，他们将那些从明尼苏达最早一批小型选择项目中获益的学生和家长组织起来——在这些小型项目中，高中三年级、四年级的学生可以选修大学的课程，或者双重学分。

5. 为那些可能会反对你的利益群体提供看得见的好处，从而让他们保持中立

在印第安纳波利斯，那些来自内城贫困社区的市议会成员大多数是自由派，这些人往往与政府雇员工会联盟，要求政府付出更多的公共开支。他们的本能反应，是投票支持他们的劳工盟友来反对“管理者参与的竞争”。但是戈德史密斯宣布，从“管理者参与的竞争”中省下的钱将被用于投资该市历史上最大的基础设施建设项目，而这些项目都正指向该市 7 个贫穷的内城社区。随着节省的资金开始累积，他通过预支未来的节省金额来加快这些投资的进程。在这项称为“打造更好社区”的项目中，他宣称要在 5 年内投资 10 亿美元来重建路沿和人行道、修理下水管道、重新铺设马路，以及改善公园、廉租房、消防站和警局的条件——其中 75 000 万美元将用于那 7 个贫困的内城社区。这就将不少市议员转变成了对“管理者参与的竞争”的坚定支持者。

6. 向民选官员提供他们无法拒绝的许诺

戈德史密斯的战术为我们提供了一个例子，显示了通过向立法者提供他们想要的东西，可以让他们倒戈。但是，还有其他的方法可用。其中的一个，就是用立法者们所希望的盈余来平衡预算。比方说，在衣阿华州，汤姆·威尔萨克州长在准备 2004 年预算的时候，不得不连续 3 年削减预算。为了在不损害关键服务质量的情况下做到这一点，他在预算中引入两项“更加聪明的”开支项目：一项是 8 300 万美元的盈余，由一系列改造创新项目产生；另一项是 500 万美元的投资，好让这些盈余成为现实。这 7 800 万美元的净盈余既能帮助立法机关避免大规模的削减预算，又能让威尔萨克获得进行他所希望的改造工程所需的立法授权。

另一个普遍使用的战术，是提前在重要的公共服务部门实现明显的改善，然后把功劳与立法机关分享。在改革的政治中，早期的成功至关重要：它们让政客们有了正面的报道，在改革者内部制造热情，在媒体和公众那里赋予改革以信誉。“不管什么时候，我一旦开始一项新举措，就会尽我的可能尽早地实现清晰和决定性的胜利。”纽约市前市长朱利安尼如是说。

7. 永远不要在根本原则上妥协

虽然做出妥协是常有的事情，但是永远不值得在改革的根本原则上做出妥协。教育改革者组成的小团体将此作为他们“变迁的 10 条基本规则”之一——这些人在明尼苏达州成功地将多元选择引入到了公立学校体系中，然后扩展到了全美。凡尔纳 · 约翰逊、泰德 · 柯德利和他们的盟友是这样说的：“不要用你的方案中的核心元素来玩那套‘华盛顿游戏’。妥协也许会产生糟糕的政策。说‘不’，而不是放弃你所真正希望实现的基本原则。”

真正的改革是要改变这个体系运转的方式：预算体系、人事体系、教育体系、儿童福利体系——各种各样的体系。改革就是要澄清这些体系的目标，改变它们的激励机制、责任结构以及权力结构从而产生不同的行为。如果你无法改变这些事情，你就不会得到根本性的改善。就这些基本因素中的任何一个作出妥协，都是一个错误。

新西兰前财政部部长罗格 · 道格拉斯曾领导过这个世界上最为彻底的一次政府改造工程。“妥协性政策所带来的问题很简单，”他说，“最终它们不会产生出公众所需要的正确结果。于是它们回过头来会找政客对此负责。”

你也许无法一鼓作气地落实这些基本原则。你也许不得不一次只是先赢得系统性变革中的一场，就像明尼苏达州的改革者们所做的那样。他们花了 4 年的时间在立法机关“作战”，通过一点点的胜利来将“公立学校选择”推广到全州，然后又花了好几年的时间才把特许学校加了进来。但是在每一步，他们都是按自己所想的那样赢得了根本性系统变革的“一个片段”。他们永远不会接受一项没法实现部分系统性改革的妥协，或者，更糟糕的，一项放弃了关键性要素的妥协。南希 · C.罗伯特和宝拉 · J.金写过一本书，讲述了明尼苏达州这些教育改革者们所扮演的角色。她们在书中引用了这么一段话：

> 你需要理解的是，重要的改革问题涉及的是系统性的问题，而不是程序性的问题。这也是我们与众不同的地方——我们推动的变革，是要改变这个体系运转的方式。如果你记住这一点的话，哪一点就都不可以少：更好的评价、改善班级规模，甚至将责任带到学校一层。我们不会感到满意，直到这些关系和激励得到了改变，而且，我们确实有合理的理由来期望这个体系会以不同的方式运转。

8. 积极进攻、不要打防卫战

当你试图对系统做出根本性变革的时候，速度和动量至关重要。一个快速移动的目标会让反对者们更难击中。一旦你获得了动量，当反对者来阻挠的时候，不要打防卫战，否则你就会失去动力。反复清晰地陈述你的目标，然后转移到你变迁战略的下一个要素上去。不要让你的对手逼迫你去防御：要逼迫他们对你的下一步进攻做出反应。

罗杰·道格拉斯在这一点上就说得非常有力：

> 对你的目标做出清晰的界定，然后大踏步地前进。否则，利益群体会有时间动员起来，来把你拖垮……速度是关键，而且，你也不可能走得太快……
>
> 如果你的行动不足够快，在成果还没有显现之前，支持改革的共识可能就会瓦解。而政府则依然处在其改革项目的半路上……
>
> 如果当你的对手们还在努力动员起来反对你的上一项提议时你已经做出了下一个决策，你就会在吸引全国人民的注意方面持续占据上风，而你的对手们也将被迫迎头而上。

9. 时时刻刻争取人心

争取公众的支持就是一场“选举之战”。与真正的选举不同的地方在于，每天都在“投票”——并不仅仅是11月2号或4号①。每一次公民们与政府打交道的时候，每一次当他们读到或者听到与政府有关的消息的时候，这都是关键时刻。领导人必须不遗余力地争取公众的支持。

10. 长期恪守承诺

“我感到很惊奇，”摩特诺玛县前执政官贝弗利·斯坦这样说道，“但是要想确保别人对我的改革方案的承诺，我对为任8年(最高年限)的承诺是非常重要的。”

根本性的变革需要花很长的时间。如果领导人觉得自己只是在做一个为期一到两年的项目，那么他们永远都不会成功。反对者会

① 11月2日或4日往往是美国总统大选日。——译者

更“能熬”，而那些坐下来静观的人则会很快发现，领导人并没有对他所设定的任务给予足够的承诺——于是，这些人会继续静观其变。一小群改革者们也许会冲锋陷阵，但是到第 3 年的时候，当他们发现领导者已经不在了，他们自己也就会放弃和解散了。

受到私营部门快速创新的滋养，公民们对政府的期望如今也水涨船高。与此同时，我们所面对的问题却越来越复杂。仅仅来想一想我们今天要面对的若干新挑战吧：在伊朗和阿富汗建立稳固的政府；与恐怖分子作战；减缓全球气候变暖；调节全球金融交易；数字经济；确保数以千计的新药品的安全性；确定克隆和转基因研究的伦理标准……

与此同时，我们的“老”问题也没有随风而去。44%的美国人仍然没有医疗保险。我们的公立教育仍然落后于其他发达国家。交通一年比一年拥堵。医疗保健和社会保障的成本在未来 25 年内将会占到联邦预算的 50%以上。随着战后婴儿潮一代进入退休年龄，社会保障、公共养老金和医疗保健将会合力制造出一个财政上的“完美风暴”，所有层级的政府都不会幸免。

常见的糟糕选择有两个，我们大多数的政治领导人会选择其中的一个：一是用更高的价格来承担政府的旧账：官僚体系、繁文缛节等；二是用更低的价格来运行一个缩小的政府，而这个政府放弃了许多公民最为看重的价值。但是，我们还有第三个选择：用公民们愿意支付的价格来提供甚至更多的服务。为了应对财政风暴，我们必须对自己的公立机构进行无情的重建。然后，我们必须对它们再次进行重建，反复进行。

我们中没有谁有预知未来的水晶球。我们中没有人知道美国人会做出什么样的选择。我们会决定采用全面医保、提高政府的价格吗？或者，我们会通过限制对穷人和老人的医保来让医疗的成本保持在目前水平吗？我们可以找到对公共开支进行大幅缩减的领域吗，就像我们在1970年之后对军费的削减一样？比方说，我们是否会改变我们打击犯罪的策略，减少监狱里的人数？或者，我们是否会做出社会性的决定，改变我们在生命晚期提供医疗服务的方式？科技又会发生什么样的变化呢？科技上的突破会让我们从根本上改变基本服务的成本和质量吗？

我们之前曾许多次地拥抱过根本性的变革。在过去的50年里，尽管公民们对政府的价格作出了限制，我们还是建立了全国性的高速公路网，我们为战后婴儿潮一代提供了教育，我们把人送上了月球，我们创立了医疗保险和医疗救助体系，我们打赢了“冷战”。

如果今天我们不能进行根本性的变革，一些我们可以使用的选项也会无效。积极利用政府来解决我们最大的问题——不管是全球气候变暖、伊拉克国家重建、交通堵塞或者数以百万计的没有医疗保险的美国老百姓——却建立在公众不信任的基础上。除非绝大多数的美国人相信他们的政府正在用他们纳税人的钱提供更多的价值，否则新的重大公共改革仍然是几乎不可能成功的。

如果我们未能赢得这场争取民心的战役的胜利，我们有一天就会面对痛苦的选择：要么放弃现在我们所珍视的东西——当前的社会保障水平、医疗保险、医疗救助、我们当前的警察保障水平、我们当前对公立教育的承诺；要么，我们就要用比过去50年高得高的价格来支撑这些政府服务。

我们能否不辜负那位四年级学生的期望——“让事情变得更加美好”？

我们已经处于成败关头，还有别的选择吗？

译后记

一个有点奇怪的书名，一部有些奇怪的书，现在终于翻译完毕。无论是作者，还是书的内容，都不用我在这里多说什么。戴维·奥斯本是中国政治学和公共行政学界的学者十分熟悉的，他的政府改革的话语在本书中已经由摆脱政府财政危机的话语所取代。说这是一部有些奇怪的书，是因为，如果按照中国学者的习惯，先要探询这本书的学科归属，由此可能犯难：把它摆在政治学的书架上，还是摆在公共行政学的书架上，抑或摆在公共财政问题的书架上？作为美国政府高级咨询专家，同时作为一个公共行政学家，戴维·奥斯本与彼得·哈钦森合作完成的这本著作，贯通了政治学、公共行政与公共财政等多学科知识，融入理论和实际生活的广泛视野，围绕政府财政危机及其克服的主题，提供了一个在新公共管理框架中的地方政府财政改革叙事。该书对政治学、公共行政及公共财政等学科领域的研究，有重要的启发意义和参考价值。

美国人务实、创新和求实效的品格在这部书里再次充分展现出来。传统的预算编制制度被奥斯本比喻为“骑死马”。他引用土著印第安人的谚语呼吁尚未醒悟的领导者，不要死马当活马骑，问题不出在骑手，也不是因为人们不熟悉牧马人，更无须组织兽医为它会诊，当然没必要为它添置饲料，所需要的是寻找可骑之马，特别是一匹骏马。我们仿佛从中能够获得一些启示。新公共管理的实践不是为了求证某种先验的理论，相反，它是在“走投无路”时经过投石问路的过程而产生的成果。本书抓住了美国各级政府特别是州和地方政府治理中的核心问题，在《改革政府》等一批探索的成果的基础上，从公共财政领域深化了重塑政府问题的思考。书中提供的来自实际创新过程的案例和经验教训的总结，对我们各领域实际工作都将具有启发性，并将促进我们对自己实践过程的反思与工作的改进。

本书主标题英文是“the price of government”。我们结合全书的内容和主旨，将之译为“政府的价格”而不是“政府代价”或其他，这个译法直接根据作者“结果导向的预算编制”以及按照公民意愿确定“政府优先事项”，并依此制定政府“购买计划”等基本思想来确定的，书中的“price of government”均译为政府的价格。

上海译文出版社十分重视本书翻译工作。本书的责任编辑不辞辛劳，严谨求真，在整个编辑过程中，提出许多重要修改意见和建议，为本书翻译工作作出了重要贡献，在此深表谢意！

本书翻译工作也得到了上海市教委重点学科行政管理项目(编号：J50406)的支持，特此说明，并致谢忱！

由于时间紧迫，加之翻译水平等原因，可能会有许多不妥当或比较生硬之处，诚请批评指正。

译者

David Osborne Peter Hutchinson
THE PRICE OF GOVERNMENT
Getting the Results We Need in an Age of Permanent Fiscal Crisis

图字：09-2009-563号

图书在版编目(CIP)数据

政府的价格：如何应对公共财政危机/(美)戴维·奥斯本(David Osborne),彼得·哈钦森(Peter Hutchinson)著;商红日,吕鹏译. —上海：上海译文出版社,2021.2

书名原文：The Price of Government: Getting the Results We Need in an Age of Permanent Fiscal Crisis

ISBN 978-7-5327-8670-1

Ⅰ.①政… Ⅱ.①戴… ②彼… ③商… ④吕… Ⅲ.①公共财政-财政管理-研究 Ⅳ.①F810.2

中国版本图书馆CIP数据核字(2021)第016384号

政府的价格：如何应对公共财政危机

[美] 戴维·奥斯本 彼得·哈钦森/著
商红日 吕 鹏/译 吕 鹏/校
责任编辑/衷雅琴 装帧设计/张志全工作室

上海译文出版社有限公司出版、发行
网址：www.yiwen.com.cn
200001 上海福建中路193号
启东市人民印刷有限公司印刷

开本 890×1240 1/32 印张 13.75 插页 2 字数 265,000
2021年3月第1版 2021年3月第1次印刷
印数：0,001-3,000册

ISBN 978-7-5327-8670-1/D·141
定价：68.00元